Claudia Hammerle

Willi Hofer

www.bikerides.at

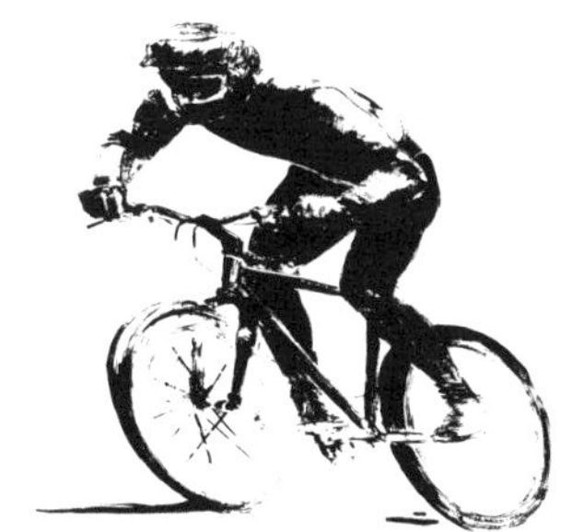

106 MOUNTAINBIKE TOUREN

TIROLER OBERLAND

Oberinntal von Telfs bis Nauders
Ötztal • Pitztal
Kaunertal • Paznauntal • Stanzertal
Lechtal • Tannheimertal
Außerfern

Michael Wagner Verlag

WICHTIGER HINWEIS

Die Naturschönheiten Nordtirols, einer der reizvollsten Landschaften des gesamten Alpenraums, lassen sich hervorragend auf dem Mountainbike entdecken. Verlag und Autoren freuen sich, nun einen weiteren Mountainbike-Führer präsentieren zu können. Nicht verschwiegen werden soll, dass in unserem wunderschönen Land leider immer noch Mountainbike-Routen existieren, die offiziell nicht freigegeben sind. Wir sind uns dieser Tatsache bewusst und haben die gesetzlichen Bedingungen zu akzeptieren. Selbstverständlich ist auch uns die Bewahrung unserer einzigartigen Landschaft ein großes Anliegen, denn nur wenn wir behutsam mit unserer Umwelt umgehen, bleibt uns diese als Erholungsraum erhalten. Deshalb hoffen wir, im Sinne aller Beteiligten, dass eine allseits beliebte Sportart in Zukunft auch in Tirol unter vernünftigen Rahmenbedingungen ausgeübt werden kann.
Weil wir aber nicht wissen, welche Routen in Zukunft freigegeben werden, haben wir die in diesem Führer beschriebenen Routen aufgrund ihrer theoretischen Eignung zum Befahren mit Mountainbikes ausgewählt. Im Vordergrund stehen die landschaftlichen Reize und die sportliche Herausforderung.
Deshalb weisen wir an dieser Stelle darauf hin, dass es für jeden Mountainbiker, der eine dieser Routen befahren möchte, selbstverständlich sein sollte, sich an geeigneter Stelle (z.B. der betreffenden Gemeinde, der Polizei, den Grundeigentümern etc.) zu erkundigen, ob das Befahren dieser Strecken rechtlich erlaubt ist.
Aufgrund der Länge einzelner Touren ist niemals auszuschließen, dass der eine oder andere Abschnitt wegen fehlender Zustimmung des Grundeigentümers nicht befahren werden darf. Sowohl solche Hindernisse als auch generelle Fahrverbote sind im Interesse jedes/r Einzelnen, aber auch im Interesse des Mountainbike-Sports, unbedingt zu beachten. Die Vorbereitung einer Tour muss daher auch derartige Nachforschungen umfassen.
Die einzelnen Routen und Tourenvorschläge wurden sorgfältig, nach bestem Wissen und Gewissen, zusammengestellt. Für die Richtigkeit der Angaben, besonders was die einzelnen Wegverläufe, die tatsächliche Beschaffenheit der Wege und die jeweilige rechtliche Erlaubnis zum Befahren betrifft, kann keinerlei Haftung übernommen werden. Darüber hinaus ist allgemein bekannt, dass der Mountainbike-Sport nicht unerhebliche Gefahren birgt. Das Befahren der in diesem Buch beschriebenen Routen erfolgt – wie auch sonst – stets auf eigene Gefahr und Risken. Eine Haftung des Verlages oder der Autoren für selbst erlittene oder anderen zugefügte Schäden ist ausgeschlossen.
Selbstverständlich müssen Gefährdungen von Menschen, Tieren und der Umwelt unter allen Umständen vermieden werden. Der verantwortungsbewusste Biker fährt so, dass er ohne Gefährdung für andere auf Anforderung stehen bleiben kann und keine ökologischen Schäden verursacht. Verlag und Autoren gehen davon aus, dass Benützer*innen dieses Buches durch ihr vorbildliches Verhalten zum positiven Image dieser Sportart beitragen. Bei Befolgung dieser und der allgemeinen Verkehrsregeln sollte einem genussvollen Mountainbiken nichts mehr im Wege stehen, wozu wir allen viel Spaß wünschen!

INHALT:

IMPRESSUM:

Überarbeiteter Nachdruck der 2004 bei Löwenzahn erschienenen Originalausgabe (ISBN 978-3-7066-2368-1).

Erlerstraße 10, A-6020 Innsbruck
E-mail: mail@uvw.at
Internet: www.michael-wagner-verlag.at

Umschlag- und Buchgestaltung sowie grafische Umsetzung:
W. Hofer, C. Hammerle

Fotonachweis:
Ötztal Tourismus: U1 | Scott: 24–27 | Topeak: 26 | FSA: 27 | Synchros: 27 | Sram: 27 | , Shimano: 27–32 | Race Face: 28 | Crank Brothers: 28 | Look, Time, BBB: 28 | Schwalbe: 28 | Avid: 29 | © Tirol Werbung: 30

Gedruckt auf umweltfreundlichem, chlor- und säurefrei gebleichtem Papier.

Bibliografische Information der Deutschen Nationalbibliothek
Die Deutsche Nationalbibliothek verzeichnet diese Publikation in der Deutschen Nationalbibliografie; detaillierte bibliografische Daten sind im Internet über <http://dnb.dnb.de> abrufbar.

ISBN 978-3-7107-6776-0

Oberinntal

Lechtal

Tannheimertal

Außerfern

Tourenverzeichnis

Tourkombinationen

Achtung! Diese angegeben Tourbkombinationen erfordern genaues Kartenstudium und gute Bergerfahrung. Wetter- und Schneeverhältnisse sind regional richtig einzuschätzen. Viele Tourverbindungen führen über Sättel, Kare und Joche und sind meist unfahrbar. Deshalb sind an diesen Übergängen, bergauf wie bergab, zusätzliche Fußmärsche zu erwarten. Generell sind solche Übergänge gewählt worden, wo der Gesamteindruck *das Fahren mit dem Bike* vordergründig in Erinnerung bleibt.

TKB001

BHF. IMST - PITZTAL - Arzl im Pitztal - Ried - Jerzens - Wiese - 044 Ludwigsburger Hütte - Lehner Joch - 037 Leierstalalm - Umhausen - Tumpen - Ötz - Sautens - Roppen - **BHF. IMST - PITZTAL**

TKB002

ZAMS - 016 Krahberg - E5: Glanderspitz - Wannenjöchl - Kreuzjoch - 009 Venetalm - Imsterberg - Schönwies - **ZAMS**

TKB003

ISCHGL - 057 Heidelberger Hütte - Fimbapass - Tschoffa - Farola - Pra San Peder - Praschan - Vna - Ramosch - Seraplana - Finstermünzpass - Compatsch - 058 Ironbike (über das Viderjoch) - **ISCHGL**

... Compatsch - 058 Ironbike (über das Zeblasjoch) - **ISCHGL**

TKB004

ST. ANTON - 071 Konstanzer Hütte - 062 Heilbronner Hütte - Galtür - Ischgl - 057 Heidelberger Hütte - Fimbapass - Tschoffa - Farola - Pra San Peder - Praschan - Vna - Ramosch - Seraplana - Finstermünzpass - Pfunds - Ried - Prutz - Landeck - Strengen - Flirsch - Pettneu - **ST. ANTON**

... Ischgl - 058 Ironbike (über das Viderjoch) - Compatsch - Pfunds - Ried - Prutz - Landeck - Strengen - Flirsch - Pettneu - **ST. ANTON**

TKB005

ST. ANTON - 071 Konstanzer Hütte - Winterjöchl - Silbertal (Vorarlberg) - Kristberg Sattel - Dalaas - Klösterle - Langen - Stuben - St. Christoph - **ST. ANTON**

... Klösterle - 096 Ravensburger Hütte - Stierloch Joch - Lech - Warth - Steeg - 092 Erlachalm - Bodenalm - Leutkircher Hütte - 074 Putzenalm - St. Jakob - **ST. ANTON**

TKB006

HOLZGAU - Steeg - Warth - 096 Ravensburger Hütte - Spuller See - Klösterle - Dalaas - Kristberg Sattel - Silbertal - Winterjöchl - 071 Konstanzer Hütte - St. Anton - St. Jakob - 074 Putzenalm - Leutkircher Hütte - Bodenalm - 093 Erlachalm - Steeg - **HOLZGAU**

... Klösterle - Langen - Stuben - St. Christoph - St. Anton - St. Jakob - 074 Putzenalm - Leutkircher Hütte - Bodenalm - 092 Erlachalm - Steeg

- **HOLZGAU**

... Winterjöchl - 062 Heilbronner Hütte - Galtür - Ischgl - 057 Heidelberger Hütte - Fimbapass - Tschoffa - Farola - Pra San Peder - Praschan - Vna - Ramosch - Seraplana - Finstermünzpass - Pfunds - Ried - Prutz - Landeck - Strengen - Flirsch - Pettneu - St. Jakob - 074 Putzenalm - Leutkircher Hütte - Bodenalm - 092 Erlachalm - Steeg - **HOLZGAU**

... Ischgl - 058 Ironbike (über das Viderjoch) - Compatsch - Pfunds - Ried - Prutz - Landeck - Strengen - Flirsch - Pettneu - St. Jakob - 074 Putzenalm - Leutkircher Hütte - Bodenalm - 092 Erlachalm - Steeg - **HOLZGAU**

TKB007

TELFS - Mötz - 003 Lehnberghaus - Obsteig - 014 Marienbergjoch - Biberwier - Ehrwald - Ehrwalder Alm - Gaistal - Obern - Mösern - **TELFS**

TKB008

ELMEN - 080 Hahntennjoch - Steinjöchl - Anhalter Hütte - Brennhüttental - Namlos - Stanzach - **ELMEN**

... Anhalter Hütte - Kromsattel - Hinterberg - 011 Tarrentonalm - Nassereith - Tarrenz - Imst - Hahntennjoch - **ELMEN**

... 011 Tarrentonalm - 009 Dirstentrittkreuz - Tarrenz - Imst - Hanhntennjoch - **ELMEN**

LINKS

COMMUNITY

www.bikerides.at | Die Homepage zum Buch von Willi Hofer. *News, Touren, Guides, Fotos, Renntermine, Archiv, Fahrtechnik*

www.team-vertriders.org | Die Innsbrucker Vertrider haben das Biken auf den Trails im hochalpinen Gelände kultiviert, und damit einer neuen Spielart des Mountainbikens einen Namen gegeben. *Blog, Vertriders, Rules, Videos, Support, Links, Tourenberichte mit Fotostory*

www.gams.50g.com | Gruppe außergewöhnlicher Mountainbike Spezialisten. *Touren, Fotostories, Mountainbikegeschichte ...*

www.bikerei.org | Innsbrucks offene Radlwerkstatt mit urbaner Bike Atmosphäre. *Workshops, Flohmarkt, Café, Präsentationen ...*

www.valkyriemtb.com | Netzwerk von Freeride, Downhill- und Dirtbike Women, Girls and Ladies. *Events, Fotostories ...*

www.biking-hiking.at | Verein der Innsbrucker Bikebergsteiger. Ihre Philosophie besteht darin, Gipfel mit dem Bike zu erklimmen. *Events, Fotostories, Videos ...*

www.bikewithpassion.com | Johannes Pistrol ist bekannt für seine Blogs im Internet. *Foto- und Videostories ...*

www.alpine-spirits.com | Benni Purner, Innsbrucker Alpinist mit oder ohne Bike. *Foto- und Videostories ...*

www.summitride.com | Harald Philipp bezeichnet sich selbst als „Berufsabenteurer“ und Mountainbiker. Arbeitet als Mountainbike-Guide mit Trainer-C Lizenz und als Ausbilder im DIMB / BDR (Deutsche Initiative Mountainbike / Bund Deutscher Radfahrer). *Blog, Vorträge, Bekleidung, Fotostories ...*

BIKESTORES

www.radstudio-innsbruck.at | Innsbruck
www.bkd.at | Innsbruck
www.dieboerse.at | Innsbruck
www.bike-point.at | Innsbruck
www.veloflott.at | Innsbruck
www.bikepalast.com | Volders
www.tomsiller.at | Wattens
www.probike.at | Schwaz, Probike

FORUM

www.bikeboard.at | *News, Forum, Magazin, Börse, Termine, Urlaub, Händler, Shop*

www.mtb-news.de | Internet Bike Community, *Bike Board, Events, Spezielle Bikes, Flohmarkt, Herstellerforen, Lokale Bikeforen*

www.fahrrad-news.com

www.alpenverein.at | Österreichischer Alpenverein. *Sektionen, Jugend, Hütten, Naturschutz, Sportklettern, Berg und Reisen, Karten, Links*

www.tirol.gv.at | Themen / Sport / Radfahren / Mountainbiken: Mehr als 3.800 km Mountainbikerouten und 750 km Radwanderwege machen Tirol zum Top-Bikerevier. Auf den offiziellen Mountainbikerouten ist Radfahren ausdrücklich erlaubt, Radfahrer sind hier willkommen. *Mountainbiken, Mountainbikemodell, Routenlisten, Routenfreigabe, GPS-Tracks, Routenplaner, Verhaltensregeln, Tirol Vital Route, Bike Trail Tirol, Radwandern, Rennradtouren, Links, FAQ*

www.tirol.at | Die Hompage der Tirolwerbung zum Thema Mountainbiken. *Aktuell, Biketouren und Routen, Radtouren und Routen, Trans Tirol Touren, Veranstaltungen, Hotels und Pauschalen, Spezialisten, Service*

www.publish.at | Vollständige Information über Österreichs Bergwelt. *Hütten, Wege, Orte, Weitwanderwege E1 – E10*

KARTEN

www.bev.gv.at | Bundesamt für Eich- und Vermessungswesen. *Geobasisdaten, Austrian Map, A-Map Fly, Vermessungsbehörde*

www.kompass.de | Analoge und digitiale topografische Karten. Der „Zoom“ ermöglicht mehrere Maßstäbe. Sehr hohe Genauigkeit bei maximaler Vergrößerung im Maßstab 1:25.000.

www.supertrail-map.com | Die weltweit einzigartige topographische Karte für ambitionierte Mountainbiker macht das Wissen der *Locals* erstmals frei verfügbar. Die *Supertrail Maps* sind auf reiß- und wasserfeste Folie gedruckt und deshalb nahezu unzerstörbar.

ONLINE SHOP

www.bikester.at | Deutschland/Österreich
www.bike24.at | Deutschland/Österreich
www.bikemailorder.de | Deutschland
www.bike-components.de | Deutschland
www.bikepalast.at | Österreich
www.zweirad-stadler.com | Österreich
www.bikestore.cc | Österreich
www.bikediscount.at | Deutschland/Österreich

BIKES AUS DER „SCHACHTEL“

www.bike24.at | Österreich
www.boc24.de | Deutschland
www.fahrrad.de | Deutschland
www.poison-bikes.de | Deutschland
www.radon-bikes.de | Deutschland
www.s-tec-sports.de | Deutschland
www.roseversand.de | Deutschland
www.trenga.de/shop/ | Deutschland

ZEITSCHRIFTEN

www.bike-magazin.de | *Mountainbike, Freeride, Teile, Bekleidung, Touren, Technik, Fitness:* deutschsprachige Printausgabe und Ebook

www.mountainbike-magazin.de | *Touren, Teile, Fitness, Wissen, Fahrtechnik, Werkstatt, Szene:* deutschsprachige Printausgabe und Ebook

www.pedaliero.de | Online Magazin

magazin.radsportland.at | *Kalender, Online-Magazin:* deutschsprachige Printausgabe

www.mtbrider.de | *Videos, Test, Technik:* deutschsprachige Printausgabe und Ebook

www.worldofmtb.de | *Geschichten, Material, Unterwegs:* deutschsprachige Printausgabe und Ebook

www.ride.ch | *Life, Style, Stuff, Race:* Schweizer MTB-Magazin, deutschsprachige Printausgabe und Ebook

www.spokemag.de/ | *Produkte, Events, Lifestyle, Kultur:* deutschsprachige Printausgabe und Ebook

www.enduro-mtb.com | *Test, Technik, Teile, Trails, Know How, Videos:* Magazin-App

SERVICE

www.oebb.at | Fahrpläne Züge, Bundes- und Postbusse

www.ivb.at | Fahrpläne Straßenbahn und Stadtbusse

wetter.orf.at/tirol/prognose | Wetterbericht Tirol

https://wetter.provinz.bz.it | Wetterbericht Südtirol

NAVIGATION

www.strava.com | Soziales Netzwerk für Sportler, Up- und Download von GPS-Tracks, Tracking, online Routenplanung, Navigation

www.trailforks.com | Tourenportal, Navigation, Routenplanung

www.alltrails.com | Up- und Download von GPS-Tracks, online Routenplanung, Tourenportal

www.viewranger.com | Up- und Download von GPS-Tracks, online Routenplanung, Tourenportal

www.komoot.de | Tourenportal, Navigation, Routenplanung

www.outdooractive.com | Up- und Download von GPS-Tracks und online Routenplanung

www.bike-gps.com | Download von kostenpflichtigen GPS-Tracks

www.apemap.com | App für die On- und Off-Road Navigation, für iOS und Android, on- und Offline verwendbar, individuelle Tourenplanung am PC und am Smartphone

www.upmove-mtb.eu | Touren suchen, aufzeichnen und nachfahren.

www.locusmap.eu | Zeigt Karten sowohl on- und offline, Trackaufzeichnung, Routenführung, Wetter-Service und vieles mehr.

www.topeak.de | Bike Zubehör – Smartphone Halterungen und Notstrom-Aggregate

www.klickfix.com | Smartphone-Schutzhüllen und Halterungen

TOUREN GEREIHT NACH SCHÖNHEIT UND SORTIERT NACH GEBIET

✿

No.	Gebiet	Tourname	Höhenmeter [m]	Distanz [km]	Fahrzeit netto [h:]	Schönheit	Schwierigkeit	Start [m]	Dach der Tour [m]
001	Oberinntal	Stamser Alm	1201	24,6	2:15	✿	❹	672	1873
008	Oberinntal	Latschenhütte	949	23	2:15	✿	❸	800	1623
011	Oberinntal	Tarrentonalm	801	23,2	2:00	✿	❹	838	1600
013	Oberinntal	Nassereither Alm	901	27	2:30	✿	❸	838	1739
015	Oberinntal	Meranzalm	1150	19,8	1:45	✿	❹	765	1915
017	Oberinntal	Silberhütte	1650	29,1	3:20	✿	❸	750	1911
018	Oberinntal	Flathalm	917	20,2	1:50	✿	❸	807	1687
022	Oberinntal	Stalanzalm	1055	21,8	1:40	✿	❹	876	1931
023	Oberinntal	Staföllalm	1148	21,9	2:00	✿	❸	876	2024
029	Oberinntal	Hohenzollernhaus	1150	26,8	3:00	✿	❹	970	2120
043	Pitztal	Jerzer Alm	1031	17,9	2:15	✿	❸	970	2001
044	Pitztal	Lehnerjochhütte	1118	23,4	2:15	✿	❹	1182	2200
045	Pitztal	Söllberg	715	12,6	1:40	✿	❸	1182	1849
045	Pitztal	Mauchelealm	667	13	1:40	✿	❸	1182	1849
046	Pitztal	Tiefentaler Alm	514	11,6	1:40	✿	❸	1366	1880
046	Pitztal	Neubergalm	523	8,4	1:15	✿	❸	1366	1889
063	Paznauntal	Jamtalhütte	581	20,4	1:45	✿	❷	1584	2165
067	Stanzertal	Nessleralm	411	10,1	1:00	✿	❸	1222	1633
068	Stanzertal	Malfonalm	635	13,9	1:25	✿	❷	1222	1857
078	Lechtal	Petersbergalm	176	14,6	1:15	✿	❶	1101	1250
079	Lechtal	Schwabegg	528	14,6	1:35	✿	❸	1101	1629
081	Lechtal	Stablalm	435	9,8	0:45	✿	❶	976	1411
082	Lechtal	Alpenrose	242	16,2	1:35	✿	❷	1000	1321
083	Lechtal	Lichtspitze	860	14,9	1:40	✿	❸	1000	1860
084	Lechtal	Kasermandl	574	10,8	1:25	✿	❸	1039	1613
085	Lechtal	Bernhardseck	773	11,2	1:30	✿	❹	1039	1812
090	Lechtal	Hager	320	13,6	1:15	✿	❷	1114	1434

No.	Gebiet	Tourname	Höhenmeter [m]	Distanz [km]	Fahrzeit netto [h:]	Schönheit	Schwierigkeit	Start [m]	Dach der Tour [m]
091	Lechtal	Jöchelspitz	686	15,5	1:50	✿	❺	1114	1800
094	Lechtal	Bockbacher Alm	343	16,4	1:20	✿	❶	1124	1467
095	Lechtal	Schöneggerhütte	607	24,2	2:15	✿	❷	1124	1731
101	Tannheimertal	Älpele	844	20,8	2:20	✿	❷	1040	1526
102	Tannheimertal	Lohmoos	456	16,1	1:30	✿	❶	1040	1450
105	Außerfern	Hochthörlehütte	371	13,7	1:25	✿	❶	1126	1500

✿✿

No.	Gebiet	Tourname	Höhenmeter [m]	Distanz [km]	Fahrzeit netto [h:]	Schönheit	Schwierigkeit	Start [m]	Dach der Tour [m]
002	Oberinntal	Simmeringalm	1159	23,4	2:30	✿✿	❸	654	1813
004	Oberinntal	Bielefelder Hütte	1800	44,8	4:15	✿✿	❺	654	2112
005	Oberinntal	Maisalm	1056	20,1	2:10	✿✿	❸	724	1780
006	Oberinntal	Karrer Alm	889	21	2 h	✿✿	❸	724	1613
007	Oberinntal	Wenner Alm	1251	24,6	2:45	✿✿	❹	740	1966
012	Oberinntal	Haiminger Alm	1200	30,7	2:45	✿✿	❸	838	1786
014	Oberinntal	Marienbergjoch	1133	30,2	4:05	✿✿	❹	875	1789
016	Oberinntal	Krahberg	1543	29,4	3:05	✿✿	❺	765	2202
019	Oberinntal	Goglesalm	1329	26,2	2:30	✿✿	❸	853	2017
021	Oberinntal	Aifneralm	1096	27,2	2:20	✿✿	❸	884	1980
024	Oberinntal	Fendler Alm	1283	35,9	2:45	✿✿	❸	876	1970
025	Oberinntal	Hexenseehütte	2161	51,2	5:25	✿✿	❺	930	2587
026	Oberinntal	Pfundser Tschey	1193	28,5	2:35	✿✿	❸	930	1917
027	Oberinntal	Kobler Alm	951	21,5	1:50	✿✿	❸	970	1921
028	Oberinntal	Ochsenbergalm	1051	16,8	1:50	✿✿	❹	970	2021
030	Oberinntal	Unterengadin	1356	37,4	3:30	✿✿	❹	1394	1822
033	Oberinntal	Bergkastelalm	786	18,6	2:00	✿✿	❸	1394	2180
034	Ötztal	Innerbergalm	1061	23	2:30	✿✿	❸	1031	2030
036	Ötztal	Gehsteigalm	1063	20,6	2:05	✿✿	❸	937	1894
039	Ötztal	Gaislachkogel	931	22,5	2:20	✿✿	❸	1368	2174
040	Ötztal	Langtalereckhütte	707	16	1:55	✿✿	❺	1907	2430
041	Ötztal	Martin-Busch-Hütte	606	16,4	1:45	✿✿	❸	1895	2501
042	Pitztal	Kielebergalm	867	15,6	2 h	✿✿	❸	970	1761
047	Kaunertal	Falkaunsalm	1063	24,3	2:15	✿✿	❸	1002	1962
048	Kaunertal	Langetsbergalm	1301	27,5	2:50	✿✿	❸	1002	2303
049	Kaunertal	Verpeilhütte	729	13,2	1:15	✿✿	❹	1287	2016
054	Paznauntal	Spiduralm	974	20,8	2:00	✿✿	❸	1256	2120
057	Paznauntal	Heidelberger Hütte	931	29,8	2:30	✿✿	❸	1376	2264
059	Paznauntal	Friedrichshafner H.	1045	28,6	2:10	✿✿	❸	1454	2499
060	Paznauntal	Lareinalm	941	22	2:10	✿✿	❸	1454	2320
066	Stanzertal	Ganatschalm	978	26,6	2:15	✿✿	❸	1186	1950
069	Stanzertal	Rendlalm	523	14,5	1:20	✿✿	❷	1268	1791
071	Stanzertal	Konstanzer Hütte	1094	41,2	3:30	✿✿	❹	1284	2308
072	Stanzertal	Verwall	474	14,4	1:20	✿✿	❷	1284	1640
073	Stanzertal	Gampen	533	13,9	1:20	✿✿	❸	1284	1817
074	Stanzertal	Putzenalm	519	14	1:25	✿✿	❸	1284	1726
075	Stanzertal	Ulmer Hütte	514	10,5	1:40	✿✿	❺	1765	2279
076	Lechtal	Fuchswaldhütte	482	32,2	2:25	✿✿	❸	939	1347
077	Lechtal	Ehenbichler Alm	1312	51,2	4:20	✿✿	❺	939	1736
080	Lechtal	Hahntennjoch	995	34	3:10	✿✿	❺	976	1894

No.	Gebiet	Tourname	Höhenmeter [m]	Distanz [km]	Fahrzeit netto [h:]	Schönheit	Schwierigkeit	Start [m]	Dach der Tour [m]
087	Lechtal	Grießbachalm	454	12	1:10	✿✿	❷	1021	1475
086	Lechtal	Baumgartalm	595	16,4	1:50	✿✿	❷	1066	1661
088	Lechtal	Rossgumpenalm	464	13,4	1:40	✿✿	❸	1114	1578
092	Lechtal	Erlachalm	900	29,2	2:15	✿✿	❸	1124	1689
093	Lechtal	Kaiseralm	565	17	1:50	✿✿	❷	1124	1922
103	Außerfern	Wolfratshauserhütte	747	16,5	2:30	✿✿	❸	1004	1751
104	Außerfern	Seebensee	782	22,1	2:20	✿✿	❸	994	1657
106	Außerfern	Füssener Hütte	735	18,8	1:40	✿✿	❸	800	1535

✿✿✿

No.	Gebiet	Tourname	Höhenmeter [m]	Distanz [km]	Fahrzeit netto [h:]	Schönheit	Schwierigkeit	Start [m]	Dach der Tour [m]
003	Oberinntal	Lehnberghaus	900	25,6	2:10	✿✿✿	❸	654	1554
009	Oberinntal	Venetalm	1663	34,1	3:15	✿✿✿	❹	726	1994
010	Oberinntal	Dirstentrittkreuz	984	35,6	3:15	✿✿✿	❹	836	1820
020	Oberinntal	Schönjöchl	1654	40,6	4:15	✿✿✿	❺	884	2436
031	Oberinntal	Dreiländereck	1057	28	2:30	✿✿✿	❹	1394	2045
032	Oberinntal	Plamord	1074	27,9	3:00	✿✿✿	❹	1394	2180
035	Ötztal	Schweinfurter Hütte	1047	26,4	2:45	✿✿✿	❹	1031	2028
037	Ötztal	Frischmann Hütte	1212	22	2:30	✿✿✿	❺	980	2192
038	Ötztal	Amberger Hütte	956	24,8	2:00	✿✿✿	❸	1180	2136
050	Kaunertal	Gletscher	1450	53,2	3:15	✿✿✿	❹	1300	2750
051	Paznauntal	Grübelesee	1329	39,7	3:15	✿✿✿	❹	1056	2129
052	Paznauntal	Ascher Hütte	1220	26,6	2:50	✿✿✿	❹	1056	2256
053	Paznauntal	Langestheialm	1247	28,9	2:40	✿✿✿	❹	1056	2120
055	Paznauntal	Niederelbehütte	1054	21,8	2:25	✿✿✿	❹	1256	2310
056	Paznauntal	Diasalm	878	19	2:10	✿✿✿	❸	1256	2104
058	Paznauntal	Ironbike	2496	46,4	4:35	✿✿✿	❺	1376	2750
061	Paznauntal	Wiesbadner Hütte	1520	52,5	3:45	✿✿✿	❺	1584	2443
062	Paznauntal	Heilbronner Hütte	909	30,1	3:00	✿✿✿	❹	1584	2308
064	Paznauntal	Saarbrückner Hütte	1899	49,3	4:20	✿✿✿	❺	1584	2538
065	Stanzertal	Dawinalm	1134	29	3:00	✿✿✿	❹	856	2000
070	Stanzertal	Darmstädter Hütte	1100	24,4	2:15	✿✿✿	❹	1284	2384
089	Lechtal	Sulzlalm	697	19	1:55	✿✿✿	❹	1114	1811
096	Lechtal	Ravensburger Hütte	1403	51,8	5:10	✿✿✿	❺	1495	2009
099	Lechtal	Stierlochjoch	617	26,8	2:30	✿✿✿	❹	1444	2009
098	Lechtal	Kriegerhorn	650	17,4	1:45	✿✿✿	❺	1444	2173
097	Lechtal	Körbersee	653	24,2	2:30	✿✿✿	❸	1444	1800
100	Tannheimertal	Gappenfeldalm	800	18,4	1:45	✿✿✿	❸	1130	1880

TOUREN GEREIHT NACH SCHWIERIGKEIT UND SORTIERT NACH GEBIET

❶

No.	Gebiet	Tourname	Höhenmeter [m]	Distanz [km]	Fahrzeit netto [h:]	Schönheit	Schwierigkeit	Start [m]	Dach der Tour [m]
078	Lechtal	Petersbergalm	176	14,6	1:15	✿	❶	1101	1250
081	Lechtal	Stablalm	435	9,8	0:45	✿	❶	976	1411
094	Lechtal	Bockbacher Alm	343	16,4	1:20	✿	❶	1124	1467

No.	Gebiet	Tourname	Höhenmeter [m]	Distanz [km]	Fahrzeit netto [h:]	Schönheit	Schwierigkeit	Start [m]	Dach der Tour [m]
102	Tannheimertal	Lohmoos	456	16,1	1:30	✿	❶	1040	1450
105	Außerfern	Hochthörlehütte	371	13,7	1:25	✿	❶	1126	1500

❷

No.	Gebiet	Tourname	Höhenmeter [m]	Distanz [km]	Fahrzeit netto [h:]	Schönheit	Schwierigkeit	Start [m]	Dach der Tour [m]
063	Paznauntal	Jamtalhütte	581	20,4	1:45	✿	❷	1584	2165
068	Stanzertal	Malfonalm	635	13,9	1:25	✿	❷	1222	1857
069	Stanzertal	Rendlalm	523	14,5	1:20	✿✿	❷	1268	1791
072	Stanzertal	Verwall	474	14,4	1:20	✿✿	❷	1284	1640
082	Lechtal	Alpenrose	242	16,2	1:35	✿	❷	1000	1321
087	Lechtal	Grießbachalm	454	12	1:10	✿✿	❷	1021	1475
086	Lechtal	Baumgartalm	595	16,4	1:50	✿✿	❷	1066	1661
090	Lechtal	Hager	320	13,6	1:15	✿	❷	1114	1434
093	Lechtal	Kaiseralm	565	17	1:50	✿✿	❷	1124	1922
095	Lechtal	Schöneggerhütte	607	24,2	2:15	✿	❷	1124	1731
101	Tannheimertal	Älpele	844	20,8	2:20	✿	❷	1040	1526

❸

No.	Gebiet	Tourname	Höhenmeter [m]	Distanz [km]	Fahrzeit netto [h:]	Schönheit	Schwierigkeit	Start [m]	Dach der Tour [m]
002	Oberinntal	Simmeringalm	1159	23,4	2:30	✿✿	❸	654	1813
003	Oberinntal	Lehnberghaus	900	25,6	2:10	✿✿✿	❸	654	1554
005	Oberinntal	Maisalm	1056	20,1	2:10	✿✿	❸	724	1780
006	Oberinntal	Karrer Alm	889	21	2 h	✿✿	❸	724	1613
008	Oberinntal	Latschenhütte	949	23	2:15	✿	❸	800	1623
012	Oberinntal	Haiminger Alm	1200	30,7	2:45	✿✿	❸	838	1786
013	Oberinntal	Nassereither Alm	901	27	2:30	✿	❸	838	1739
017	Oberinntal	Silberhütte	1650	29,1	3:20	✿	❸	750	1911
018	Oberinntal	Flathalm	917	20,2	1:50	✿	❸	807	1687
019	Oberinntal	Goglesalm	1329	26,2	2:30	✿✿	❸	853	2017
021	Oberinntal	Aifneralm	1096	27,2	2:20	✿✿	❸	884	1980
023	Oberinntal	Staföllalm	1148	21,9	2:00	✿	❸	876	2024
024	Oberinntal	Fendler Alm	1283	35,9	2:45	✿✿	❸	876	1970
026	Oberinntal	Pfundser Tschey	1193	28,5	2:35	✿✿	❸	930	1917
027	Oberinntal	Kobler Wiese	1104	18,6	1:50	✿✿	❸	970	2074
027	Oberinntal	Kobler Alm	951	21,5	1:50	✿✿	❸	970	1921
033	Oberinntal	Bergkastelalm	786	18,6	2:00	✿✿	❸	1394	2180
034	Ötztal	Innerbergalm	1061	23	2:30	✿✿	❸	1031	2030
036	Ötztal	Gehsteigalm	1063	20,6	2:05	✿✿	❸	937	1894
038	Ötztal	Amberger Hütte	956	24,8	2 h	✿✿✿	❸	1180	2136
039	Ötztal	Gaislachkogel	931	22,5	2:20	✿✿	❸	1368	2174
041	Ötztal	Martin-Busch-Hütte	606	16,4	1:45	✿✿	❸	1895	2501
042	Pitztal	Kielebergalm	867	15,6	2 h	✿✿	❸	970	1761
043	Pitztal	Jerzer Alm	1031	17,9	2:15	✿	❸	970	2001
045	Pitztal	Söllberg	715	12,6	1:40	✿	❸	1182	1849
045	Pitztal	Mauchelealm	667	13	1:40	✿	❸	1182	1849
046	Pitztal	Tiefentaler Alm	514	11,6	1:40	✿	❸	1366	1880
046	Pitztal	Neubergalm	523	8,4	1:15	✿	❸	1366	1889
047	Kaunertal	Falkaunsalm	1063	24,3	2:15	✿✿	❸	1002	1962

No.	Gebiet	Tourname	Höhenmeter [m]	Distanz [km]	Fahrzeit netto [h:]	Schönheit	Schwierigkeit	Start [m]	Dach der Tour [m]
048	Kaunertal	Langetsbergalm	1301	27,5	2:50	✿✿	❸	1002	2303
054	Paznauntal	Spiduralm	974	20,8	2:00	✿✿	❸	1256	2120
056	Paznauntal	Diasalm	878	19	2:10	✿✿	❸	1256	2104
057	Paznauntal	Heidelberger Hütte	931	29,8	2:30	✿✿	❸	1376	2264
059	Paznauntal	Friedrichshafner H.	1045	28,6	2:10	✿✿	❸	1454	2499
060	Paznauntal	Lareinalm	941	22	2:10	✿✿	❸	1454	2320
066	Stanzertal	Ganatschalm	978	26,6	2:15	✿✿	❸	1186	1950
067	Stanzertal	Nessleralm	411	10,1	1:00	✿✿	❸	1222	1633
073	Stanzertal	Gampen	533	13,9	1:20	✿✿	❸	1284	1817
074	Stanzertal	Putzenalm	519	14	1:25	✿✿	❸	1284	1726
076	Lechtal	Fuchswaldhütte	482	32,2	2:25	✿✿	❸	939	1347
079	Lechtal	Schwabegg	528	14,6	1:35	✿	❸	1101	1629
083	Lechtal	Lichtspitze	860	14,9	1:40	✿	❸	1000	1860
084	Lechtal	Kasermandl	574	10,8	1:25	✿	❸	1039	1613
088	Lechtal	Rossgumpenalm	464	13,4	1:40	✿✿	❸	1114	1578
092	Lechtal	Erlachalm	900	29,2	2:15	✿✿	❸	1124	1689
097	Lechtal	Körbersee	653	24,2	2:30	✿✿	❸	1444	1800
100	Tannheimertal	Gappenfeldalm	800	18,4	1:45	✿✿✿	❸	1130	1880
103	Außerfern	Wolfratshauserhütte	747	16,5	2:30	✿✿	❸	1004	1751
104	Außerfern	Seebensee	782	22,1	2:20	✿✿	❸	994	1657
106	Außerfern	Füssener Hütte	735	18,8	1:40	✿✿	❸	800	1535

❹

No.	Gebiet	Tourname	Höhenmeter [m]	Distanz [km]	Fahrzeit netto [h:]	Schönheit	Schwierigkeit	Start [m]	Dach der Tour [m]
001	Oberinntal	Stamser Alm	1201	24,6	2:15	✿	❹	672	1873
007	Oberinntal	Wenner Alm	1251	24,6	2:45	✿✿	❹	740	1966
009	Oberinntal	Venetalm	1663	34,1	3:15	✿✿✿	❹	726	1994
010	Oberinntal	Dirstentrittkreuz	984	35,6	3:15	✿✿✿	❹	836	1820
011	Oberinntal	Tarrentonalm	801	23,2	2:00	✿	❹	838	1600
014	Oberinntal	Marienbergjoch	1133	30,2	4:05	✿✿	❹	875	1789
015	Oberinntal	Meranzalm	1150	19,8	1:45	✿	❹	765	1915
022	Oberinntal	Stalanzalm	1055	21,8	1:40	✿	❹	876	1931
028	Oberinntal	Ochsenbergalm	1051	16,8	1:50	✿✿	❹	970	2021
029	Oberinntal	Hohenzollernhaus	1150	26,8	3:00	✿	❹	970	2120
030	Oberinntal	Unterengadin	1356	37,4	3:30	✿✿	❹	1394	1822
031	Oberinntal	Dreiländereck	1057	28	2:30	✿✿✿	❹	1394	2045
032	Oberinntal	Plamord	1074	27,9	3:00	✿✿✿	❹	1394	2180
035	Ötztal	Schweinfurter Hütte	1047	26,4	2:45	✿✿✿	❹	1031	2028
044	Pitztal	Ludwigsburger Hütte	1118	23,4	2:15	✿	❹	1182	2200
049	Kaunertal	Verpeilhütte	729	13,2	1:15	✿✿	❹	1287	2016
050	Kaunertal	Gletscher	1450	53,2	3:15	✿✿✿	❹	1300	2750
051	Paznauntal	Grübelesee	1329	39,7	3:15	✿✿✿	❹	1056	2129
052	Paznauntal	Ascher Hütte	1220	26,6	2:50	✿✿✿	❹	1056	2256
053	Paznauntal	Langestheialm	1247	28,9	2:40	✿✿✿	❹	1056	2120
055	Paznauntal	Niederelbehütte	1054	21,8	2:25	✿✿✿	❹	1256	2310
062	Paznauntal	Heilbronner Hütte	909	30,1	3:00	✿✿✿	❹	1584	2308
065	Stanzertal	Dawinalm	1134	29	3:00	✿✿✿	❹	856	2000
070	Stanzertal	Darmstädter Hütte	1100	24,4	2:15	✿✿✿	❹	1284	2384
071	Stanzertal	Konstanzer Hütte	1094	41,2	3:30	✿✿	❹	1284	2308

No.	Gebiet	Tourname	Höhenmeter [m]	Distanz [km]	Fahrzeit netto [h:]	Schönheit	Schwierigkeit	Start [m]	Dach der Tour [m]
085	Lechtal	Bernhardseck	773	11,2	1:30	✿	❹	1039	1812
089	Lechtal	Sulzlalm	697	19	1:55	✿✿✿	❹	1114	1811
099	Lechtal	Stierlochjoch	617	26,8	2:30	✿✿✿	❹	1444	2009
004	Oberinntal	Bielefelder Hütte	1800	44,8	4:15	✿✿	❺	654	2112
016	Oberinntal	Krahberg	1543	29,4	3:05	✿✿	❺	765	2202

❺

No.	Gebiet	Tourname	Höhenmeter [m]	Distanz [km]	Fahrzeit netto [h:]	Schönheit	Schwierigkeit	Start [m]	Dach der Tour [m]
020	Oberinntal	Schönjöchl	1654	40,6	4:15	✿✿✿	❺	884	2436
025	Oberinntal	Hexenseehütte	2161	51,2	5:25	✿✿	❺	930	2587
037	Ötztal	Frischmann Hütte	1212	22	2:30	✿✿✿	❺	980	2192
040	Ötztal	Langtalereckhütte	707	16	1:55	✿✿	❺	1907	2430
058	Paznauntal	Ironbike	2496	46,4	4:35	✿✿✿	❺	1376	2750
061	Paznauntal	Wiesbadner Hütte	1520	52,5	3:45	✿✿✿	❺	1584	2443
064	Paznauntal	Saarbrückner Hütte	1899	49,3	4:20	✿✿✿	❺	1584	2538
075	Stanzertal	Ulmer Hütte	514	10,5	1:40	✿✿	❺	1765	2279
077	Lechtal	Ehenbichler Alm	1312	51,2	4:20	✿✿	❺	939	1736
080	Lechtal	Hahntennjoch	995	34	3:10	✿✿	❺	976	1894
091	Lechtal	Jöchelspitz	686	15,5	1:50	✿	❺	1114	1800
096	Lechtal	Ravensburger Hütte	1403	51,8	5:10	✿✿✿	❺	1495	2009
098	Lechtal	Kriegerhorn	650	17,4	1:45	✿✿✿	❺	1444	2173

TOUREN GEREIHT NACH DER HÖHE

BIS 1000 m

No.	Gebiet	Tourname	Höhenmeter [m]	Distanz [km]	Fahrzeit netto [h:]	Schönheit	Schwierigkeit	Start [m]	Dach der Tour [m]
078	Lechtal	Petersbergalm	176	14,6	1:15	✿	❶	1101	1250
082	Lechtal	Alpenrose	242	16,2	1:35	✿	❷	1000	1321
090	Lechtal	Hager	320	13,6	1:15	✿	❷	1114	1434
094	Lechtal	Bockbacher Alm	343	16,4	1:20	✿	❶	1124	1467
105	Ausserfern	Hochthörlehütte	371	13,7	1:25	✿	❶	1126	1500
067	Stanzertal	Nessleralm	411	10,1	1:00	✿	❸	1222	1633
081	Lechtal	Stablalm	435	9,8	0:45	✿	❶	976	1411
087	Lechtal	Grießbachalm	454	12	1:10	✿✿	❷	1021	1475
102	Tannheimertal	Lohmoos	456	16,1	1:30	✿	❶	1040	1450
088	Lechtal	Rossgumpenalm	464	13,4	1:40	✿✿	❸	1114	1578
072	Stanzertal	Verwall	474	14,4	1:20	✿✿	❷	1284	1640
076	Lechtal	Fuchswaldhütte	482	32,2	2:25	✿✿	❸	939	1347
046	Pitztal	Tiefentaler Alm	514	11,6	1:40	✿	❸	1366	1880
075	Stanzertal	Ulmer Hütte	514	10,5	1:40	✿✿	❺	1765	2279
074	Stanzertal	Putzenalm	519	14	1:25	✿✿	❸	1284	1726
046	Pitztal	Neubergalm	523	8,4	1:15	✿	❸	1366	1889
069	Stanzertal	Rendlalm	523	14,5	1:20	✿✿	❷	1268	1791
079	Lechtal	Schwabegg	528	14,6	1:35	✿	❸	1101	1629
073	Stanzertal	Gampen	533	13,9	1:20	✿✿	❸	1284	1817
093	Lechtal	Kaiseralm	565	17	1:50	✿✿	❷	1124	1922

No.	Gebiet	Tourname	Höhenmeter [m]	Distanz [km]	Fahrzeit netto [h:]	Schönheit	Schwierigkeit	Start [m]	Dach der Tour [m]
084	Lechtal	Kasermandl	574	10,8	1:25	✿	❸	1039	1613
063	Paznauntal	Jamtalhütte	581	20,4	1:45	✿	❷	1584	2165
086	Lechtal	Baumgartalm	595	16,4	1:50	✿✿	❷	1066	1661
041	Ötztal	Martin-Busch-Hütte	606	16,4	1:45	✿✿	❸	1895	2501
095	Lechtal	Schöneggerhütte	607	24,2	2:15	✿	❷	1124	1731
099	Lechtal	Stierlochjoch	617	26,8	2:30	✿✿✿	❹	1444	2009
068	Stanzertal	Malfonalm	635	13,9	1:25	✿	❷	1222	1857
098	Lechtal	Kriegerhorn	650	17,4	1:45	✿✿✿	❺	1444	2173
097	Lechtal	Körbersee	653	24,2	2:30	✿✿✿	❸	1444	1800
045	Pitztal	Maucheleam	667	13	1:40	✿	❸	1182	1849
091	Lechtal	Jöchelspitz	686	15,5	1:50	✿	❺	1114	1800
089	Lechtal	Sulzlalm	697	19	1:55	✿✿✿	❹	1114	1811
040	Ötztal	Langtalereckhütte	707	16	1:55	✿✿	❺	1907	2430
045	Pitztal	Söllberg	715	12,6	1:40	✿	❸	1182	1849
049	Kaunertal	Verpeilhütte	729	13,2	1:15	✿✿	❹	1287	2016
106	Außerfern	Füssener Hütte	735	18,8	1:40	✿✿	❸	800	1535
103	Außerfern	Wolfratshauserhütte	747	16,5	2:30	✿✿	❸	1004	1751
085	Lechtal	Bernhardseck	773	11,2	1:30	✿	❹	1039	1812
104	Außerfern	Seebensee	782	22,1	2:20	✿✿	❸	994	1657
033	Oberinntal	Bergkastelalm	786	18,6	2:00	✿✿	❸	1394	2180
100	Tannheimertal	Gappenfeldalm	800	18,4	1:45	✿✿✿	❸	1130	1880
011	Oberinntal	Tarrentonalm	801	23,2	2:00	✿	❹	838	1600
101	Tannheimertal	Älpele	844	20,8	2:20	✿	❷	1040	1526
083	Lechtal	Lichtspitze	860	14,9	1:40	✿	❸	1000	1860
042	Pitztal	Kielebergalm	867	15,6	2:00	✿✿	❸	970	1761
056	Paznauntal	Diasalm	878	19	2:10	✿✿✿	❸	1256	2104
006	Oberinntal	Karrer Alm	889	21	2:00	✿✿	❸	724	1613
003	Oberinntal	Lehnberghaus	900	25,6	2:10	✿✿✿	❸	654	1554
092	Lechtal	Erlachalm	900	29,2	2:15	✿✿	❸	1124	1689
013	Oberinntal	Nassereither Alm	901	27	2:30	✿	❸	838	1739
062	Paznauntal	Heilbronner Hütte	909	30,1	3:00	✿✿✿	❹	1584	2308
018	Oberinntal	Flathalm	917	20,2	1:50	✿	❸	807	1687
039	Ötztal	Gaislachkogel	931	22,5	2:20	✿✿	❸	1368	2174
057	Paznauntal	Heidelberger Hütte	931	29,8	2:30	✿✿	❸	1376	2264
060	Paznauntal	Lareinalm	941	22	2:10	✿✿	❸	1454	2320
008	Oberinntal	Latschenhütte	949	23	2:15	✿	❸	800	1623
027	Oberinntal	Kobler Alm	951	21,5	1:50	✿✿	❸	970	1921
038	Ötztal	Amberger Hütte	956	24,8	2:00	✿✿✿	❸	1180	2136
054	Paznauntal	Spiduralm	974	20,8	2:00	✿✿	❸	1256	2120
066	Stanzertal	Ganatschalm	978	26,6	2:15	✿✿	❸	1186	1950
010	Oberinntal	Dirstentrittkreuz	984	35,6	3:15	✿✿✿	❹	836	1820
080	Lechtal	Hahntennjoch	995	34	3:10	✿✿	5	976	1894

BIS 1000 m - 1500 m

No.	Gebiet	Tourname	Höhenmeter [m]	Distanz [km]	Fahrzeit netto [h:]	Schönheit	Schwierigkeit	Start [m]	Dach der Tour [m]
043	Pitztal	Jerzer Alm	1031	17,9	2:15	✿	❸	970	2001
059	Paznauntal	Friedrichshafner Hütte	1045	28,6	2:10	✿✿	❸	1454	2499
035	Ötztal	Schweinfurter Hütte	1047	26,4	2:45	✿✿✿	❹	1031	2028
028	Oberinntal	Ochsenbergalm	1051	16,8	1:50	✿✿	❹	970	2021

No.	Gebiet	Tourname	Höhenmeter [m]	Distanz [km]	Fahrzeit netto [h:]	Schönheit	Schwierigkeit	Start [m]	Dach der Tour [m]
055	Paznauntal	Niederelbehütte	1054	21,8	2:25	✿✿✿	❹	1256	2310
022	Oberinntal	Stalanzalm	1055	21,8	1:40	✿	❹	876	1931
005	Oberinntal	Maisalm	1056	20,1	2:10	✿✿	❸	724	1780
031	Oberinntal	Dreiländereck	1057	28	2:30	✿✿✿	❹	1394	2045
034	Ötztal	Innerbergalm	1061	23	2:30	✿✿	❸	1031	2030
036	Ötztal	Gehsteigalm	1063	20,6	2:05	✿✿	❸	937	1894
047	Kaunertal	Falkaunsalm	1063	24,3	2:15	✿✿	❸	1002	1962
032	Oberinntal	Plamord	1074	27,9	3:00	✿✿✿	❹	1394	2180
071	Stanzertal	Konstanzer Hütte	1094	41,2	3:30	✿✿	❹	1284	2308
021	Oberinntal	Aifneralm	1096	27,2	2:20	✿✿	❸	884	1980
070	Stanzertal	Darmstädter Hütte	1100	24,4	2:15	✿✿✿	❹	1284	2384
027	Oberinntal	Kobler Wiese	1104	18,6	1:50	✿✿	❸	970	2074
044	Pitztal	Ludwigsburger Hütte	1118	23,4	2:15	✿	❹	1182	2200
014	Oberinntal	Marienbergjoch	1133	30,2	4:05	✿✿	❹	875	1789
065	Stanzertal	Dawinalm	1134	29	3:00	✿✿✿	❹	856	2000
023	Oberinntal	Staföllalm	1148	21,9	2:00	✿	❸	876	2024
015	Oberinntal	Meranzalm	1150	19,8	1:45	✿	❹	765	1915
029	Oberinntal	Hohenzollernhaus	1150	26,8	3:00	✿	❹	970	2120
002	Oberinntal	Simmeringalm	1159	23,4	2:30	✿✿	❸	654	1813
026	Oberinntal	Pfundser Tschey	1193	28,5	2:35	✿✿	❸	930	1917
012	Oberinntal	Haiminger Alm	1200	30,7	2:45	✿✿	❸	838	1786
001	Oberinntal	Stamser Alm	1201	24,6	2:15	✿	❹	672	1873
037	Ötztal	Frischmann Hütte	1212	22	2:30	✿✿✿	❺	980	2192
052	Paznauntal	Ascher Hütte	1220	26,6	2:50	✿✿✿	❹	1056	2256
053	Paznauntal	Langestheialm	1247	28,9	2:40	✿✿✿	❹	1056	2120
007	Oberinntal	Wenner Alm	1251	24,6	2:45	✿✿	❹	740	1966
024	Oberinntal	Fendler Alm	1283	35,9	2:45	✿✿	❸	876	1970
048	Kaunertal	Langetsbergalm	1301	27,5	2:50	✿✿	❸	1002	2303
077	Lechtal	Ehenbichler Alm	1312	51,2	4:20	✿✿	❺	939	1736
019	Oberinntal	Goglesalm	1329	26,2	2:30	✿✿	❸	853	2017
051	Paznauntal	Grübelesee	1329	39,7	3:15	✿✿✿	❹	1056	2129
030	Oberinntal	Unterengadin	1356	37,4	3:30	✿✿	❹	1394	1822
096	Lechtal	Ravensburger Hütte	1403	51,8	5:10	✿✿✿	❺	1495	2009
050	Kaunertal	Gletscher	1450	53,2	3:15	✿✿✿	❹	1300	2750

BIS 1500 m - 2000 m

No.	Gebiet	Tourname	Höhenmeter [m]	Distanz [km]	Fahrzeit netto [h:]	Schönheit	Schwierigkeit	Start [m]	Dach der Tour [m]
061	Paznauntal	Wiesbadner Hütte	1520	52,5	3:45	✿✿✿	❺	1584	2443
016	Oberinntal	Krahberg	1543	29,4	3:05	✿✿	❺	765	2202
017	Oberinntal	Silberhütte	1650	29,1	3:20	✿	❸	750	1911
020	Oberinntal	Schönjöchl	1654	40,6	4:15	✿✿✿	❺	884	2436
009	Oberinntal	Venetalm	1663	34,1	3:15	✿✿✿	❹	726	1994
004	Oberinntal	Bielefelder Hütte	1800	44,8	4:15	✿✿	❺	654	2112
064	Paznauntal	Saarbrückner Hütte	1899	49,3	4:20	✿✿✿	❺	1584	2538

ÜBER 2000 m

No.	Gebiet	Tourname	Höhenmeter [m]	Distanz [km]	Fahrzeit netto [h:]	Schönheit	Schwierigkeit	Start [m]	Dach der Tour [m]
025	Oberinntal	Hexenseehütte	2161	51,2	5:25	✿✿	❺	930	2587
058	Paznauntal	Ironbike	2496	46,4	4:35	✿✿✿	❺	1376	2750

CHARAKTERISTIK

Das **Ötztal** kann geographisch in drei Teile gegliedert werden. Das *vordere Ötztal* reicht bis knapp vor *Umhausen*. Das *mittlere Ötztal* um *Längenfeld* und *Huben* ist breit und hat hoch aufragende Talränder. Das *innere Ötztal* beginnt vor *Sölden* und teilt sich bei *Zwieselstein* in das *Gurgler Tal* und das *Venter Tal*.

Das **Pitztal** wird vom *Kaunertalgrat* im Westen und vom *Geigenkamm* im Osten eingegrenzt und findet seinen Talabschluss am *Pitztaler Gletscher*. Die Anordnung der Ortschaften entlang der Berghänge ist bedingt durch den großteils engen Talboden.

Das **Inntal** von *Telfs* bis *Imst* ist gekennzeichnet durch einen breiten Talboden, das *Mittelgebirge* mit der dahinterliegenden *Mieminger Kette* im Norden und die stark bewaldeten Berge im Süden. Das *Inntal* zwischen *Zams* und *Nauders* ist zentraler Ausgangspunkt in all jene zuvor genannten Gebirgsgruppen wie die *Lechtaler Alpen* im Norden, die *Ötztaler Alpen* im Osten, die *Sammnaungruppe* und die *Silvretta-Gebirgsgruppe* im Westen. Im *Dreiländereck* zwischen der Schweiz, Italien und Österreich im äußersten Winkel Nordtirols ist *Nauders* zu finden, das zu den niederschlagärmsten Dörfern der Alpen zählt. Weiter Richtung *Landeck* fährt man durch die bekannten Feriendörfer *Pfunds, Ried* und *Prutz*. Erwähnenswert sind noch die Ortschaften *Fiss* und *Serfaus*, die westlich oberhalb von *Ried* liegen. *Fiss* ist als sonnenreichstes Dorf Tirols und *Serfaus* für seine U-Bahn bekannt.

Das **Außerfern** setzt sich zusammen aus dem *Lechtal, Tannheimer Tal, Talkessel Reutte* und *Zwischentoren*. Der *Lech*, dem das Tal seinen Namen verdankt, entspringt in Vorarlberg, 5 km westlich von *Zug* als Vereinigung von *Spullers Bach* und *Formarinbach*. Das Ende des **Lechtals** ist bei der *Johannisbrücke* zwischen *Forchach* und *Weißenbach*. Im engeren Sinn jedoch erstreckt sich das *Lechtal* zwischen *Forchach* und *Steeg* als Trogtal mit einem flachen Talboden. Eingekesselt von den *Lechtaler Alpen* im Südosten und den *Allgäuer Alpen* im Nordwesten. Die *Lechtaler Alpen* trennen als längste und höchste Gebirgskette der nördlichen *Kalkalpen* das *Lechtal* vom übrigen Österreich. Ganz anders als das breite *Lechtal* sind seine langen Seitentäler sehr eng. Die abwechslungsreiche Gebirgslandschaft sowie das Fehlen großer Straßen, Stromleitungen und Fabriken verschafften dem *Lechtal* im Jahre 1997 die Auszeichnung *»Naturlandschaft 1997«*.

Das restliche *Außerfern* ist bekannt für seine Seen am *Fernpass*, im Talkessel *Reutte* und im **Tannheimertal**, sowie für die *Tannheimer Berge*.

Das **Kaunertal** (1250 - 3160 m) ist vergleichsweise dünn besiedelt. Der Hauptort *Feichten* liegt in wald- und wiesenreicher Umgebung in den *Ötztaler Alpen*, die als größte Massenerhebung in den *Ostalpen* auch als Gebirge der Superlative bezeichnet werden. Mehr als 100 Quadratkilometer Gletscherfläche und 250 Dreitausender mit der *Wildspitze* als höchster Erhebung (3768 m) sind hier zu finden. Den Talabschluss erreicht man über die mautpflichtige *Kaunertaler-Gletscher-Panoramastraße*, die nach 29 Kehren am *Kaunertaler Gletscher* endet.

Das **Paznauntal** liegt zwischen der *Verwallgruppe* und der kompakten *Silvretta-Gebirgsgruppe*, die mit ihren 70 Dreitausendern zu den bekanntesten Gletschergebirgen im *zentralen Alpenhauptkamm* gehört. Gleichzeitig bildet der Hauptkamm der *Silvretta* die Staatsgrenze zwischen Österreich und der Schweiz, wo sich auch die *Heidelberger Hütte*, als einzige DAV-Hütte auf Schweizer Boden, befindet. Die Hauptortschaften des *Paznauntales*, See, Kappl, Ischgl und Galtür, liegen alle über 1000 m Seehöhe und sind deshalb auch im Hochsommer idealer Ausgangspunkt für Biketouren. Zwischen dem nördlichen Ende der *Verwallgruppe* und den *Lechtaler Alpen* als bedeutendste Gebirgskette der nördlichen Kalkalpen liegt das **Stanzertal**. Das Tal ist als Verbindungsstrecke zwischen der Schweiz und Österreich bekannt, weniger aber als Ausgangspunkt ausgedehnter Biketouren. Der *Arlberg* (Passhöhe 1793 m) ist Grenzpass zwischen Tirol und Vorarlberg; diese Landesgrenze deckt sich großteils mit der europäischen Wasserscheide zwischen *Rhein* und *Donau* und kann darüber hinaus als Wetterscheide angesehen werden.

ANREISE AUTO

Achtung! Maut bedeutet Vignettenpflicht auf allen Autobahnen und Schnellstraßen Österreichs. Vignetten sind an den Grenzübergängen erhältlich.

von Süden: Autobahn Richtung Brenner, weiter auf der A13 nach Innsbruck. Bozen – Innsbruck 198 km; Verona – Innsbruck 283 km

von Norden: Kempten – Füssen – Reutte, weiter auf der B 314 über den Fernpass nach Nassereith – Holzleitensattel – Mötz, in Mötz weiter auf der A12 nach Innsbruck; oder von Garmisch-Partenkirchen über Mittenwald und Scharnitz nach Innsbruck.

von Westen: Auf der A 14 von Dornbirn nach Feldkirch und Bludenz, weiter auf der S16 Richtung Arlberg und auf der A12 Richtung Innsbruck.

von Osten: Von München bzw. Salzburg auf der A93 nach Kufstein, anschließend auf der A12 nach Innsbruck; München - Innsbruck 205 km, Salzburg - Innsbruck 214 km, Wien - Innsbruck 540 km

ANREISE BAHN

Tirol ist nicht nur in der Landeshauptstadt Innsbruck mit öffentlichen Verkehrsmitteln gut versorgt: der umfangreiche Service der Österreichischen Bundesbahnen (ÖBB) wird durch Busse der Bahn und der Post ergänzt. Bahnreisen mit dem Bike sind in Österreich problemlos möglich. Es ist jedoch zu beachten, dass nicht jeder Zug Bikes befördert. Genauere Informationen bekommen Sie von der Österreichischen Zugauskunft, siehe Telefonnummern.

von Norden: Kempten – Füssen – Reutte – Garmisch – Innsbruck oder München – Garmisch – Innsbruck

von Osten: München – Kufstein – Innsbruck

von Westen: Feldkirch – Bludenz – Innsbruck

von Süden: Italien – Brenner – Innsbruck

ESSEN & TRINKEN

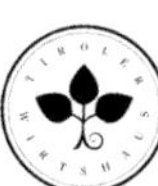

Ein rundes grünes Schild mit einem stilisierten Blatt und dem Schriftzug *Tiroler Wirtshaus* versichert dem eintretenden Gast, dass er im Begriff ist, sein Urlaubsland von der kulinarischen Seite kennen zu lernen: *Tiroler Wirtshäuser* sind solche, die sich speziell um Tiroler Gastlichkeit bemühen. Ein *Tiroler Wirtshaus* bietet Tiroler Kost, zubereitet aus garantiert frischen Produkten der heimischen Landwirtschaft. Die Häuser selbst sind, was die Baulichkeit und die Atmosphäre in den Gastzimmern anbelangt, der Tiroler Tradition verpflichtet. Das grüne Schild sagt nichts über die Raffinesse der jeweiligen Küche aus, allerdings alles über die Qualität. Die Tiroler Küche hält erfreuliche Überraschungen bereit: *Schlutzkrapfen, Gröstl* und *Blattl mit Kraut* gehören ebenso zu den Spezialitäten des Landes wie *Apfelradl, Kiachl, Moosbeerschmarren* und andere süße Köstlichkeiten.

Bach - Gasthof Post
(++43) (0) 56 34 / 63 45
Breitenbach - Wirtshaus Berglsteiner See
(++43) (0) 53 37 / 66 34 4
Hinterhornbach - Gasthof Adler
(++43) (0) 56 32 / 318
Holzgau - Hotel Neue Post
(++43) (0) 56 33 / 52 04
Kappl - Gasthof Hirschen
(++43) (0) 54 45 / 62 08
Kauns - Gasthof Falkeis
(++43) (0) 54 72 / 62 25
Ladis - Gasthof Rose
(++43) (0) 54 72 / 62 13
Mathon - Walserstube
(++43) (0) 54 44 / 54 67
Mötz - Gasthof Kreuz
(++43) (0) 52 63 / 62 72
Pfunds - Gasthof Traube
(++43) (0) 54 74 / 52 10
Roppen - Gasthof Stern
(++43) (0) 54 17 / 54 88
Schnann - Gasthof Traube
(++43) (0) 54 47 / 56 14
Serfaus - Tirolerhof
(++43) (0) 54 76 / 62 36
St. Anton - Gasthof Reselehof
(++43) (0) 54 46 / 36 00, 25 19
Steeg - Gasthof Stern
(++43) (0) 56 33 / 56 44
Tannheim - Gasthaus Enzian
(++43) (0) 56 75 / 65 27
Weißenbach - Gasthof Goldenes Lamm
(++43) (0) 56 78 / 52 16
Zams - Postgasthaus Gemse
(++43) (0) 54 42 / 62 47 8

REISEZEIT

Aufgrund des rauen Klimas in höheren Lagen und der langen Winter in den Tälern der Nord- und Südalpen ergibt sich die beste Reisezeit zwischen *Mitte Juni und Mitte Oktober.* Innerhalb dieses Zeitraums sind alle bewirtschafteten Hütten geöffnet. Ab Ende Oktober beginnt es in höheren Lagen regelmäßig zu schneien.

TELEFONNUMMERN

ÄRZTE

Elbigenalp - Dr. Franz Lackner
Hausapotheke (++43) (0) 56 34 / 62 22
Ehrwald - Dr. Martin Pöll
(++43) (0) 56 73 / 23 1
Holzgau - Dr. Vitus Wallnöfer
Hausapotheke (++43) (0) 56 33 / 52 11
Imst - Dr. Karl Eckhart
(++43) (0) 54 12 / 653 00
Ischgl - Dr. Thöni
(++43) (0) 54 44 / 52 56
Landeck - Dr. Thomas Frieden
(++43) (0) 54 42 / 63 67 3
Mötz - Dr. Armin Linser
(++43) (0) 52 63 / 67 60
Nassereith - Dr. Christian Mayer
(++43) (0) 52 65 / 57 34
Nauders - Dr. Johann Öttl
(++43) (0) 54 73 / 87 50 0
Prutz - Christof Angerer
(++43) (0) 54 72 / 62 02
Pettneu - Dr. Odo Gonzo
(++43) (0) 54 48 / 85 75
Reutte - Dr. Walter Bachlechner
(++43) (0) 56 72 / 722 27
See - Dr. Artur Prem
(++43) (0) 54 41 / 82 39
St. Anton - Dr. Markus Sprenger
(++43) (0) 54 46 / 32 00
Telfs - Dr. Stehlik Wolf
(++43) (0) 52 62 / 638 08
Telfs - Dr. Gerhard Moser
(++43) (0) 52 62 / 625 09
Weißenbach - Dr. Reinhard Reiger
(++43) (0) 56 78 / 52 26
Wenns - Dr. Christoph Unger
(++43) (0) 54 14 / 87 20 5

BERGRETTUNG

140

FEUERWEHR

122

POLIZEI

133

RETTUNG

144

ZUGAUSKUNFT

(++43) 05 17 17
www.oebb.at

BUNDESBUS

(++43) (0) 1 / 71 10 1

WETTERBERICHT

(++43) (0) 450 199 0000 18

Internet: http//www.alpenverein.at
Persönliche Beratung:
(++43) (0) 512 / 29 16 00
Montag bis Samstag 13.00 bis 18.00 Uhr

TIROL INFO

(++43) (0) 512 / 53 20-175
Internet: http//tiscover.com/tirol
e-mail:tirol.info.@tis.co.at

ALPINES NOTSIGNAL

In regelmäßigen Abständen sechsmal in der Minute ein optisches oder akustisches Zeichen geben, anschließend eine Minute Pause bis zur Wiederholung des Notsignals.

VERHALTEN BEI UNFÄLLEN

1. Verletzten vor Absturz, Steinschlag etc. sichern. **2.** Erste Hilfe (Atmung, Kreislauf, Blutstillung, Schienung etc.). **3.** Verletzten vor Wettereinflüssen (Wind, Regen, Schnee, Sonne etc.) schützen. **4.** Hilfe verständigen. **5.** Die Wartezeit beim Verletzten: Ruhe bewahren, regelmäßige Kontrolle der Vitalfunktionen, komfortable Bedingungen schaffen, intensives Vertrauen zum Verletzten aufbauen, dem Verletzten positiv zusprechen, durch Körperkontakt Halt geben (auch bei Bewusstlosigkeit), auf intakte Körperfunktionen hinweisen, bei notwendigen Aktivitäten zur Mitarbeit auffordern

UNFALLMELDUNG

Wer meldet (Name, evtl. Telefonnummer)? | **Wo** ist das Unfallgebiet? Bestehen Flughindernisse (Leitungen Materialseilbahn)? | **Was** ist geschehen? | **Wie viele** Personen benötigen Hilfe? | **Wetter** im Unfallgebiet (Sichtverhältnisse, Nebel, Wind usw.)?

WOHNEN

PRIVATZIMMER

Euro 30 – 40
wahlweise auch mit Frühstück möglich
Verband der Privatzimmervermieter Tirols.
Adamgasse 2a, A-6020 Innsbruck
Tel.: ++43 (0)512 587748

HOTEL - GASTHÖFE - PENSIONEN

mit Frühstück	Euro 30 – 60
Halbpension	Euro 45 – 90

APPARTEMENTS

wahlweise auch mit Frühstück und HP möglich

für 2 – 7 Personen	Euro 45 – 80

Elbigenalp - Gasthof Stern
(++43) (0) 56 34 / 62 02
Ehrwald - Hotel Grüner Baum
(++43) (0) 56 73 / 23 02
Flirsch - Hotel Pezina
(++43) (0) 54 47 / 52 90
Galtür - Hotel - Gasthof zum Rössle
(++43) (0) 54 43 / 82 32
Galtür - Sporthotel Ballunspitze
(++43) (0) 54 43 / 82 14
Holzgau - Hotel Gasthof Neue Post
(++43) (0) 56 33 / 52 04
Imst - Hotel Linzerhof
54 12 / 68 94 4
Kappl - Chasa Varbella (R. u. P. Ladner)
(++43) (0) 54 45 / 64 90
Längenfeld - Hotel Restaurant Bergwelt
(++43) (0) 52 53 / 53 01
Landeck - Hotel Schrofenstein
(++43) (0) 54 42 / 62 39 5
Nassereith - Hotel-Restaurant Fernpass
(++43) (0) 52 65 / 52 01
Nauders - Pension Ploner
(++43) (0) 54 73 / (87) 22 10
Prutz - Hotel-Restaurant Post
(++43) (0) 54 72 / 62 17
Reutte - Hotel-Gasthof Zum Mohren
(++43) (0) 56 72 / 62 34 5
Ried - Hotel Linde
(++43) (0) 54 72 / 62 70
See - Ferienhotel Gasthof Post
(++43) (0) 54 41 / 82 19
Serfaus - Hotel Alpenhof
(++43) (0) 54 76 / 60 58
Sölden - Waldcafé Hotel-Restaurant
(++43) (0) 52 54 / 23 19
St. Anton - Hotel Grieshof
(++43) (0) 54 46 / 23 31
Stanzach - Hotel Föhrenhof
(++43) (0) 56 32 / 371
Steeg - Hotel Tannenhof
(++43) (0) 56 33 / 52 36
Umhausen - Hotel-Café-Restaurant Johanna
(++43) (0) 52 55 / 52 48
Wenns - Hotel Sailer
(++43) (0) 54 14 / 87 21 5

CAMPINGPLÄTZE

Die Tiroler Campingplätze haben grundsätzlich einen hohen Qualitätsstandard. Was Ihr Wunschplatz bietet, erfahren Sie unter der angegebenen Telefonnummer.

Ehrwald - Campingplatz Dr. Lauth
(++43) (0) 56 73 / 26 66
Häselgehr - Rudi Riedmann 1000 m
(++43) (0) 56 34 / 64 25.
Imst West - Langgasse 62 780 m
(++43) (0) 54 12 / 66 29 3
Imst - Campingplatz am Schwimmbad 827 m
(++43) (0) 54 12 / 66 61 2
Innsbruck - Camping Eichenwald 670 m
(++43) (0) 512 / 28 41 80
Längenfeld - Grüner Veronika 1180 m
(++43) (0) 52 53 / 55 91
Landeck - Sport Camp Tirol 807 m
(++43) (0) 54 42 / 64 63 6
Nassereith - Camping Roßbach 861 m
52 65 / 51 54
Nauders - Alpencamping Nauders 1394 m
(++43) (0) 54 73 / 87 26 6
Pfunds - Sonnencamping 970 m
(++43) (0) 54 74 / 52 32
Prutz 884 m
(++43) (0) 54 72 / 26 48
Ried - Camping Dreiländereck 876 m
(++43) (0) 54 72 / 65 71
Reutte - Ehrenbergstraße 53 856 m
(++43) (0) 56 72 / 28 09
Reutte - Camping Reutte 856 m
(++43) (0) 56 72 / 62 80 9
Sölden - Camping Sölden 1368 m
(++43) (0) 52 54 / 26 27
Umhausen - Camping Ötztal-Arena 1031 m
(++43) (0) 52 55 / 53 90

BIKEVERLEIH

Elbigenalp - Gasthof Stern
(++43) (0) 56 34 / 62 02
Häselgehr - KFZ Karl Burtscher
(++43) (0) 56 34 / 63 07
Holzgau - Sport Strobl VK, Service
(++43) (0) 56 33 / 52 46
Holzgau - Sport Knitel
(++43) (0) 56 33 / 52 38
Stanzach - Hotel Föhrenhof
(++43) (0) 56 32 / 371
Steeg - Tannenhof
(++43) (0) 56 33 / 52 36

TOURISMUSVERBÄNDE

Hier wird folgender Service für Biker geboten:
- Rad- u. Mountainbikeverleih
- Bike-Servicestelle im Ort
- Bikergerechte Unterkünfte

Ehrwald - (++43) (0) 56 73 / 23 95, 21 09
Flirsch - (++43) (0) 54 47 / 55 64
Haiming - (++43) (0) 52 66 / 88 30 7
Imst - (++43) (0) 54 12 / 69 10-0
Ischgl - (++43) (0) 54 44 / 52 66
Längenfeld - (++43) (0) 52 53 / 52 07
Landeck - (++43) (0) 54 42 / 62 34 4
Nauders - (++43) (0) 54 73 / 205 oder 206
Prutz - (++43) (0) 54 72 / 62 67
Pettneu - (++43) (0) 54 48 / 221
Reutte - (++43) (0) 56 72 / 23 36, 20 41
Reutte - (++43) (0) 56 72 / 23 36, 20 41
Serfaus - (++43) (0) 54 76 / 62 39
Sölden - (++43) (0) 52 54 / 22 12
St. Anton - (++43) (0) 54 46 / 22 69 0
Telfs / Mösern - (++43) (0) 52 62 / 62 245
Wenns - (++43) (0) 54 14 / 87 26 3

Noch mehr Informationen gibt der Faltplan *Radwegweiser Tirol*. Dieser Faltplan mit Tirol-Karte informiert über jene Orte Tirols, welche infrastrukturelle Einrichtungen für Mountainbiker aufweisen.

LEGENDE

CHARAKTERISTIK

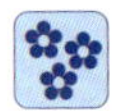

Mit Blumen wird die Schönheit einer Tour charakterisiert.

✿ attraktiv,
✿✿ sehr attraktiv
✿✿✿ außergewöhnlich attraktiv

ÜBERSICHTSKARTE

Der Tourenverlauf sowie die Abstände einzelner Etappenziele zueinander sind anhand der Übersichtskarte auf einen Blick erkennbar.

▲ In Fahrtrichtung bis zum nächsten Etappenziel verläuft die Tour nur bergauf.

▼ In Fahrtrichtung bis zum nächsten Etappenziel verläuft die Tour nur bergab.

◆ In Fahrtrichtung bis zum nächsten Etappenziel verläuft die Tour abwechselnd bergauf und bergab.

HÜTTENBESCHREIBUNG

Seehöhe, zurückgelegte Höhenmeter, netto Fahrzeit, Bewirtschaftungsform

SINGLE TRACK ODER SINGLE TRAIL

Ein *Single Track* ist ein auf Grund der Wegbeschaffenheit (Wurzeln, große Steine) technisch anspruchsvoller Abschnitt. Besonders steile, schwierige und nicht befahrbare Abschnitte werden in der Tourenbeschreibung genauer erläutert.

DISTANZWERT

Im Gegensatz zur Etappenbeschreibung gelten diese Zahlen für den gesamten zurückgelegten Weg. Somit bilden die letzten Tourenwerte immer eine Beschreibung der Gesamttour.

WEGARTEN

Asphalt: geteerter Untergrund
Forstweg: schottergepresster Untergrund
Karrenweg: grobsteiniger Untergrund
Single Track oder Single Trail: künstliche, von Menschenhand geschaffene, schmale Erosionsfurche

KONDITIONSSTUFEN

Die Konditionsstufe ist eine Kombination aus *Steigung*, *Wegbeschaffenheit* (siehe auch Wegart) und *Distanz*. Wetterbedingte Einflüsse wie extreme Kälte, große Hitze oder schwierige Fahrbahnverhältnisse aufgrund heftiger Niederschläge werden dabei nicht berücksichtigt.

❶ Anfänger, ❷ Sonntagsfahrer, ❸ Hobbyfahrer
❹ Fortgeschrittene, ❺ Profis

Diese Angaben sind Richtwerte, die nach einigen Touren relativiert und neu bewertet werden können.

FAHRZEIT

Die Zeiten gelten für gut trainierte Mountainbiker und Mountainbikerinnen. Sie bilden (wie alle Zeitangaben) nur einen Richtwert. Anfänger sollten sich bei schwierigen Touren nicht wundern, wenn sie doppelt so lange unterwegs sind.

HÖHENMETER

Angabe über die gesamt zurückgelegten Höhenmeter.

HÖCHSTER UND TIEFSTER PUNKT

Die Angaben zum höchsten und tiefsten Punkt einer Tour helfen bei der Wahl der richtigen Bekleidung.

QR-CODE

Bei jeder Tour ist im Kopf der Seite ein QR-Code zu finden, der den direkten Link zu den jeweiligen *GPS-Dateien* im universellen *GPX-Format* beinhaltet. Den QR-Code mit der eingebauten Kamera des Smartphones oder Tablets scannen und den Link zum Herunterladen der *GPX-Files* anklicken. Die gezippte Datei entpacken und anschließend die *GPX-Datei* mit der Navi-App ihrer Wahl öffnen.

BEWIRTSCHAFTUNGSFORMEN

Berggasthof, Schutzhütte, Jausenstation: Die Verpflegung reicht hier von einem Glas Buttermilch bis zum mehrgängigen Menü.

Alm: Bezüglich Verpflegung sind diese Almen unbewirtschaftet.

GEFÄHRLICHKEITSSTUFEN: G1 – G5

Die *Gefährlichkeit* eines Weges ist maßgebend dafür, ob der Weg fahrend, schiebend oder tragend bewältigt wird. Umdrehen und nach alternativen Varianten suchen, ist in Extremsituationen eine sehr kluge Entscheidung. Die *Gefährlichkeit* ist objektiv schwer zu beschreiben. Die an dieser Stelle beschriebenen *Gefährlichkeitsstufen* erleichtern die Einschätzung des Unfallrisikos. Voraussetzung für die Beschreibung der *Gefährlichkeit* ist *Schwindelfreiheit, hundertprozentige physische Leistungsfähigkeit* und keine zusätzlichen Störfaktoren wie *starker Wind, Lärm* oder *Sichtbehinderungen* wie zum Beispiel Schnee, Regen oder Staub.

G1: Absolut ungefährliches Gelände. Das Absteigen und Anhalten ist unabhängig von der *Gefährlichkeit.* Beispiele dafür sind gut präparierte Forststraßen mit einem maximalen Gefälle von 20 Prozent.

G2: Diese *Gefährlichkeitsstufe* beschreibt Wege in relativ homogenem Gelände mit mäßigem Gefälle. Unfreiwilliges Anhalten und Absteigen vom Bike, bei meist niedrigem Tempo, ist jederzeit möglich, sollte nicht zum Sturz führen und ist Teil der Fahrtechnik. Ein Beispiel dafür sind grobschottrige, vom Regen ausgewaschene, steile Forst- und Karrenwege.

G3: Diese *Gefährlichkeitsstufe* beschreibt Wege mit vorhandenem Sturzraum oder Sturzraumsicherungen, wie man sie aus Bikeparks kennt. Rechtzeitiges Abspringen vom Bike im homogenen Gelände ist vermutlich eine Situation, die bereits jeder kennt – mit Schürfwunden muss gerechnet werden. *Endurohelm, Knieschützer* und *Langfingerhandschuhe* schützen vor gröberen Verletzungen.

G4: Bei dieser *Gefährlichkeitsstufe* beträgt die maximale Sturzhöhe zwei Meter. Bei einem Sturz sind Verletzungen nicht auszuschließen. Volle *Schutzausrüstung* ist empfehlenswert.

G5: Diese *Gefährlichkeitsstufe* beschreibt den *Freien Fall* über drei Meter, Sturzräume mit extremer Hangneigung, auf denen Anhalten unmöglich ist, Stürze in einen reißenden Bach oder Wege, die aufgrund von Lawinengefahr oder Steinschlag gesperrt sind. Volle *Schutzausrüstung* mit Integralhelm ist empfehlenswert.

FAHRTECHNISCHE SCHWIERIGKEITSSTUFEN – „HOFER-SKALA“

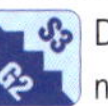

Die „Hofer-Skala“ beschreibt fahrtechnisch schwierige Abschnitte in fünf Schwierigkeitsstufen – von S1 bis S5. Angewendet wird sie auf Wegabschnitten, auf denen die *Fahrtechnik* im Vergleich zur *konditionstechnischen Leistungsfähigkeit* eine übergeordnete Rolle spielt. Deshalb führen diese Abschnitte fast ausschließlich bergab. Horizontal führende Wege mit kurzen Anstiegen können auch von dieser Bewertung betroffen sein und sind sehr oft *fahrtechnisch* und konditionell gleichwertig. Steile und schmale *Karrenwege, Hohlwege, Single Trails,* aber auch Wege, die durch Unwetter stark in Mitleidenschaft gezogen wurden, sind zu erwarten. Diese Wegarten werden im folgenden Text kurz als *Trail* oder *Track* bezeichnet.

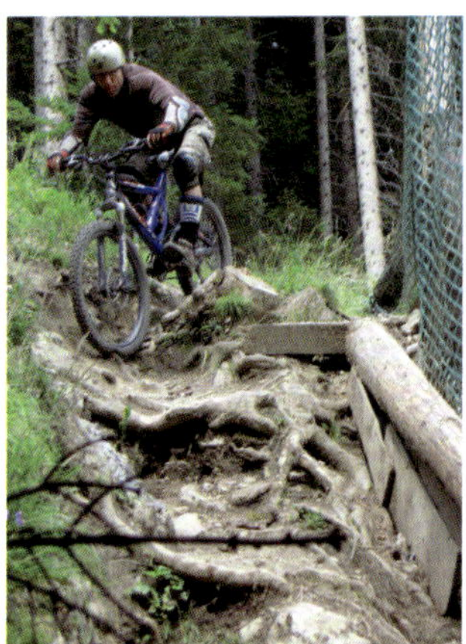

Weit aus dem Boden ragende Wurzeln – S3/G3

Die Trails führen sehr oft auf grobschottrigem losen Untergrund, auf Waldböden mit oder ohne Wurzeln, die als *Wurzelteppich* oder vereinzelt aus dem Boden ragen und Stufen bis zu einen halben Meter bilden können, auf *weichen sumpfigen Wiesenböden* oder auf großflächigen, im Boden fest verankerten *Stein-* bzw. *Felsplatten.* Abhängig von der Jahreszeit, der Witterung und der Pflege können auf den Trails viel *Laub* und *Gras,* viele *Tschurtschen,* kleine *Äste* und *loses Geröll* liegen. Witterungsbedingt können *umgestürzte Bäume,* im Weg liegende große *Äste, Muren* und *Lawinen* die fahrtechnischen Herausforderungen auf diesen Abschnitten verändern.

Die Bewertung der *Schwierigkeit* ist unabhängig von der *Gefährlichkeit* und setzt trockenen Untergrund voraus. *Nässe, Schnee* und *Eis* erhöhen meistens, aber nicht immer den Schwierigkeitsgrad. Zum Beispiel sind nasse Schotterstraßen in der Regel griffiger als trockene.

S1: Die *Schwierigkeitsstufe S1* beschreibt Trails, die für jeden geübten Mountainbiker bewältigbar sind. Die Trails führen auf *verfestigten Untergrund,* es sind keine engen Kurven, Spitzkehren oder hohe Stufen zu erwarten. Das maximale Gefälle bzw. die maximale Steigung beträgt *30 Prozent.* Abhängig von der Kondition (siehe Konditionsstufen) sind diese Trails für Fortgeschrittene und Profis auch bergauf fahrbar.

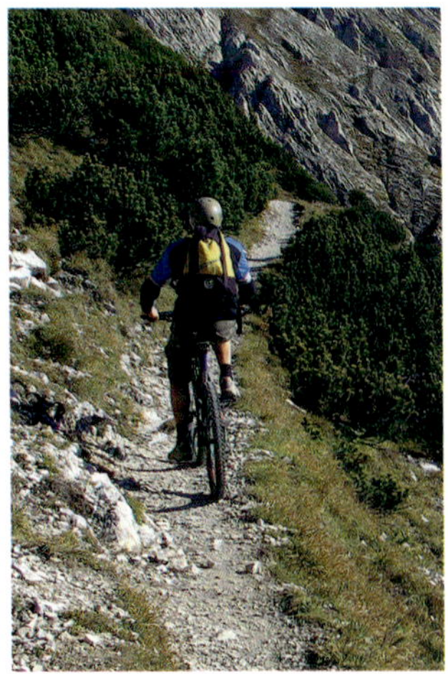

Dieser horizontal verlaufende Trail ist in beiden Richtungen fahrbar. In der Wegbreite liegt die fahrtechnische Herausforderung – S1/G2.

S2: Die *Schwierigkeitsstufe S2* beschreibt Trails mit starker Neigung bis zu 70 Prozent, *engen Kurven,* aber *keine Spitzkehren.* Der Untergrund ist *wurzelig* oder *steinig,* meist verfestigt, selten lose. Diese *Schwierigkeitsstufe* erfordert noch keine *Trialtechniken.* Bergauf sind diese Trails nur noch abschnittsweise fahrbar. Das Bike lässt sich abhängig von der Wegbreite komfortabel schieben.

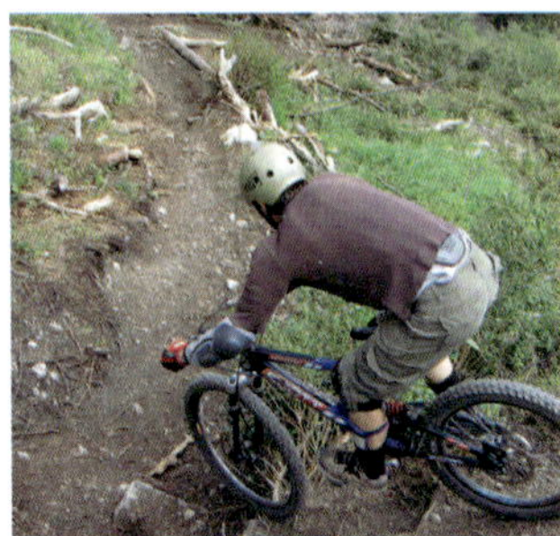

Dieser steile Trail mit engen Kurven wird mit S2/G3 bewertet.

S3: Die *Schwierigkeitsstufe S3* beschreibt Trails, die ohne *Trialtechnik* gerade noch fahrbar sind. Große Wurzeln als *Wurzelteppich* oder vereinzelt als *Stufen, loser Schotter, große Steine* oder *fester Fels* bilden den Untergrund. *Wurzel-, Stein-* bzw. *Felsstufen* bis zu einer Höhe von einem halben Meter, *Spitzkehren,* steile schmale *Schräghangfahrten, trickreiche Bachüberquerungen* im Wasser oder über Stege sind zu erwarten. Bergauf muss das Bike meistens getragen werden.

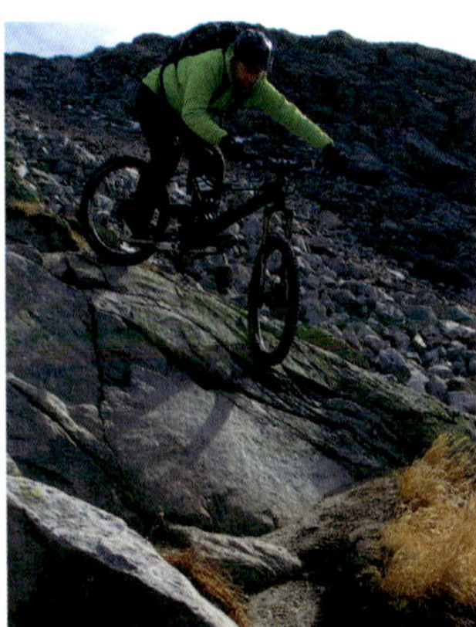

Dieser Abschnitt ist aufgrund des steilen, stumpfen und nicht geradlinigen Überganges mit S3/G4 zu bewerten.

S4: Die *Schwierigkeitsstufe S4* beschreibt Trails, auf denen sehr oft *Trialtechniken* erforderlich sind, um das Absteigen vom Bike zu verhindern. *Spitzkehren* sind ohne seitliches Versetzen des Hinterrades nicht mehr fahrbar. *Wurzel- Stein-* bzw. *Felsstufen* sind so hoch, dass sie ohne Anheben des Vorderrades weder bergauf noch bergab fahrbar sind.

Große Wurzeln als *Wurzelteppich* oder vereinzelt als *Stufen, loser Schotter, große Steine* oder *fester Fels* bilden den Untergrund.

Die Hangneigung kann so groß werden, dass nur dosiertes Bremsen von Beginn an eine unbeschleunigte Fahrt ermöglicht.

Sehr oft ist die Kombination aus schwierigem Untergrund und Trailverlauf Grund genug für eine sehr hohe Schwierigkeit. Das heißt, Trails führen am *Schräghang* oder durch *Spitzkehren* über *hohe Stufen* und *schwierigen Untergrund.* Zum Beispiel: Ein Trail mit *wurzeliger Anfahrt* zu einer *Spitzkehre,* in der sich eine 40 Zentimeter hohe *Stufe* befindet. Zudem blockiert nach dieser Stufe ein *großer Stein* die Ideallinie und muss kompliziert umfahren werden.

Bergauf muss das Bike getragen werden, Schieben ist kaum noch möglich bzw. sehr kräfteraubend und deshalb nicht sinnvoll.

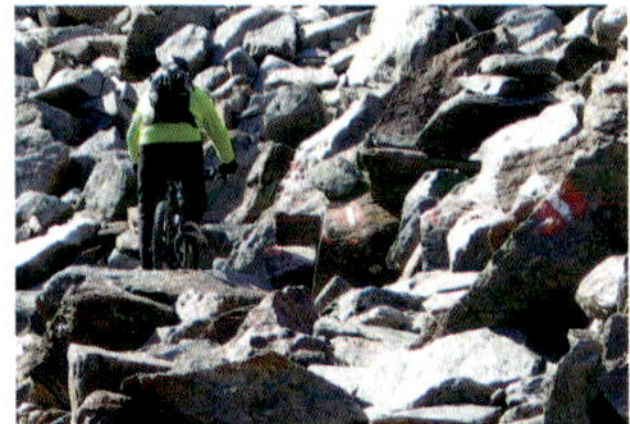

Dieser Trail führt horizontal durch verblocktes Gelände auf verfestigtem Untergrund mit viel Grip. Eine kräftezehrend dynamische Fahrweise ermöglicht eine fehlerfreie Fahrt durch dieses Geröllfeld. Wichtig dabei ist das richtige Timing beim Anheben des Vorderrades, Nachziehen des Hinterrades und beim seitlichen Versetzen des Vorder- und Hinterrades – S4/G3.

S5: Die *Schwierigkeitsstufe S5* beschreibt Trails, die fast ausschließlich nur noch mit *professioneller Trialtechnik* zu bewältigen sind. Die Kombination aus *Hangneigung, Untergrund* und *Trailverlauf* sind sehr oft für diesen Schwierigkeitsgrad verantwortlich. *Ösenartige Spitzkehren, extrem hohe Stufen, sehr schmale Schräghangfahrten, verblocktes Gelände, schwieriger Untergrund* und *extremes Gefälle* sind zu erwarten. Zu Fuß ist auf diesen Trails teilweise Trittsicherheit erforderlich.

Bergauf muss das Bike getragen werden, Schieben ist nicht mehr möglich.

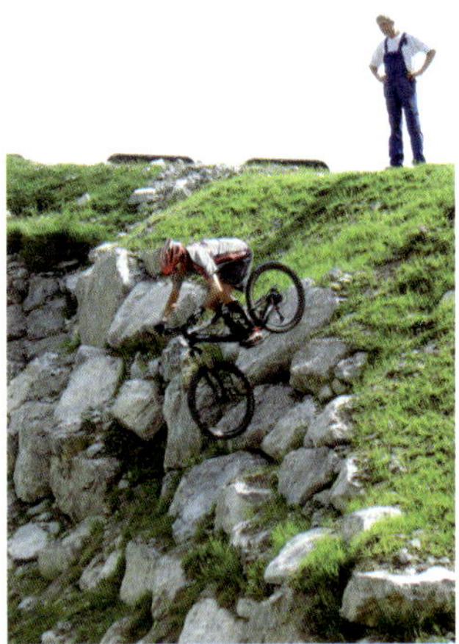

Eine unbeschleunigte Fahrt ist aufgrund der extremen Hangneigung nicht mehr möglich. Dosiertes Bremsen entlang der Ideallinie und erst im Auslauf stark verzögern ist der Schlüssel zum Erfolg – S5/G5.

FAHRTECHNIK

Achtung! Bei allen Übungen Sattel absenken nicht vergessen, den Luftdruck in den Reifen anpassen und Plattformpedale verwenden.

GUTES UND SCHLECHTES PEDAL

Als *Gutes Pedal* wird jenes bezeichnet, mit dem der Biker seinen besten Antritt hat. Durch einfaches Rollen kann man feststellen, welches Pedal das gute ist. Ist überwiegend das linke Pedal vorne, so kann man sich als *Linksfüßer* bezeichnen. Im weiteren Text soll dieses Pedal, das beim Rollen vorne ist (Grundstellung, aus der heraus angetreten wird), als *Gutes Pedal* bezeichnet werden.

FAHREN IN DER EBENE

Rollt das Bike, stehen die Tretkurbeln waagrecht, in diesem Fall ist das Körpergewicht auf beiden Pedalen gleichmäßig verteilt und Beine und Arme sind gestreckt, aber nicht ganz durchgedrückt, und für die Bewegung bereit.

Beim Treten wird der *Po* etwas abgesenkt, und zwar so weit, dass bei senkrechter Kurbelstellung das lange Bein nicht ganz gestreckt ist. Anfangs sollte darauf geachtet werden, dass aus den Beinen heraus und nicht mit dem Körpergewicht getreten wird. Der *Po* folgt also nicht den Tretbewegungen aufwärts und abwärts, sondern bleibt praktisch unverändert auf einer Höhe. Diese *Trettechnik* ist auch besonders wichtig für komplexere Fahrzustände, wie zum Beispiel Fahren auf dem Hinterrad.

Je kräftiger der Biker in die Pedale tritt, desto stärker gerät das Bike aus dem Gleichgewicht. Das aufrechte Treten in die Pedale ist nichts anderes als eine ständige *Gewichtsverlagerung* von rechts nach links. Der Tritt rechts lässt das Bike nach rechts kippen, also muss auch nach rechts gelenkt werden, um das Umkippen zu verhindern. Das Gleichgewicht wird verbessert, indem der auf die Pedale ausgeübte Druck durch Zug am Lenker aufgefangen wird. Will man schnell vor einem Hindernis beschleunigen, hilft eine Gewichtsverlagerung am besten. Das Bike wird in jene Richtung geneigt, auf der man gerade nicht in die Pedale tritt.

SCHRÄGHANGFAHREN

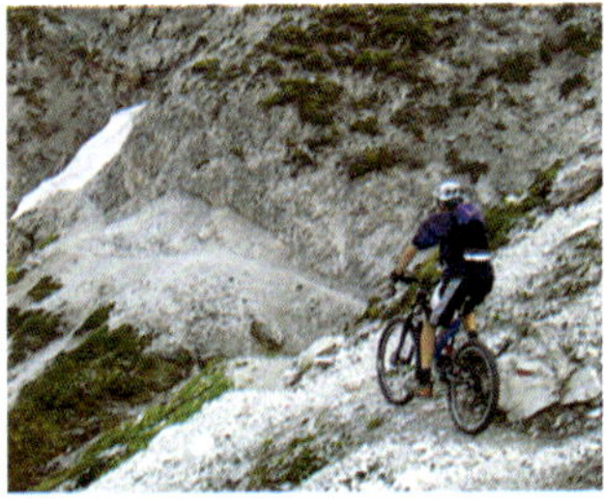

Je langsamer man fährt, desto größer ist die Gefahr, dass die Räder abrutschen. Abrupte Aktionen und Bewegungen wie zum Beispiel *plötzliches Bremsen* führen zum Absturz. Auf jeden Fall sollte man versuchen, das Bike gegen den Hang zu neigen. Das verringert die Gefahr, mit den Rädern abzurutschen. Je mehr von der vorhandenen Haftung dafür benötigt wird, das Bike am *Schräghang* zu halten, desto weniger steht für den Vortrieb zur Verfügung. Einfacher ausgedrückt: Droht das Hinterrad wegzurutschen, verschlechtert der Tritt in das Pedal die Situation. Also sachte: *Optimale Gewichtsverlagerung über Vorder- und Hinterrad, die richtige Geschwindigkeit und keine abrupten Bewegungen ermöglichen gelungene Schräghangfahrten.*

Alle Positionen – *Körperhaltungen* und *Neigung des Bikes* – sind situationsbedingt und lassen sich nicht so ohne weiteres in ein Schema pressen. So wird die Neigung des Bikes zum Hang immer auch davon abhängig sein, wie die Tretkurbel steht, also wo sich das dem Hang zugewandte Pedal gerade befindet. Gilt es, aus der *Parallelfahrt* heraus Schwung zu holen, muss man vorher genau abschätzen, wann und wo das innere Pedal ganz unten ist. Notfalls muss mit dem Antritt später angefangen werden, damit es passt. Auch ist *kurzes Nachfassen* (nach einer halben Pedalumdrehung wieder eine halbe Pedalumdrehung zurücktreten) beim Antritt bzw. beim Treten erforderlich, um Kollisionen mit dem Hang zu verhindern.

BREMSEN

Der eine Biker benutzt zwei Finger, der andere nur einen, je nach Gewohnheit. Auf jeden Fall sollte man aber nie mehr als zwei Finger zum Bremsen nehmen. Theoretisch ist es am vernünftigsten, nur mit dem Zeigefinger zu bremsen, weil dann der Mittelfinger, in dem die meiste Kraft steckt, sicher den Lenker führen kann.

HANGABWÄRTSFAHREN

Beim *Hangabwärtsfahren* wird das Körpergewicht nach hinten verlagert. Im Extremfall so weit, wie es die Arme zulassen (weit hinter den Sattel und knapp über dem Hinterrad). Ebenso wichtig ist es, das Gewicht dabei niedrig zu halten, d.h. den Hintern abzusenken.

Weiters wird eine sehr gefühlvolle Bedienung der Bremse verlangt. Ob dabei das Hinterrad blockieren darf oder nicht, ist situationsabhängig. Sollte das Heck seitlich wegrutschen, hilft nur noch das Öffnen der Hinterradbremse. Dennoch ist es sinnvoller, das Hinterrad die ganze Zeit blockieren zu lassen und mit der Vorderradbremse die Geschwindigkeit zu regeln. Also Hinderradbremse anziehen und mit der Vorderradbremse spielen, und zwar so, dass das Vorderrad kurz vor dem Blockieren ist, vielleicht sogar kurzzeitig blockiert.

HINTERRAD VERSETZEN

Das *Anheben des Hinterrades* erfolgt meist mit gezogener Vorderradbremse. Will man nun das Hinterrad seitlich rechts versetzen, ist es wichtig, den *Körperschwung* beim Hochschnellen etwas zur Seite auszuführen, in Richtung des rechten Lenkerendes. Bei Bedarf kann man zusätzlich noch mit dem linken Fuß, der in diesem Fall hinten stehen sollte, und der Wade auf den Rahmen bzw. auf den Sattel drücken. Für die andere Richtung funktioniert alles entsprechend seitenverkehrt. Wichtig ist die angesprochene *Pedalstellung,* denn der hintere Fuß sorgt für ein seitliches Übergewicht, das automatisch ein Versetzen des Hinterrades zur Folge hat. Das exakte Absetzen des Hinterrades an jener Stelle, wo es angehoben wurde, ist technisch schwieriger als das seitliche Versetzen des Hinterrades.

VORDERRAD VERSETZEN

Diese Art von Richtungswechsel ist eine Alternative zum Kurvenfahren. Für besonders enge Ecken und zum ganz normalen Gleichgewichthalten ist diese Technik sehr hilfreich und im *Fahrradtrial* eine Pflichtübung.

Um das Vorderrad beispielsweise nach links zu versetzen, muss man sich zuvor mit seinem Bike in ein Übergewicht nach links bringen – und bevor man umfällt, hebt man das Vorderrad an und schwenkt es automatisch in die gewünschte Richtung. Der Oberkörper ist dabei seitlich nach vorne über den Lenker gebeugt. Wichtig ist, dass der *Körperschwung* das Vorderrad nicht zu arg in die Höhe hebt, sondern dazu führt, dass es möglich flach über den Boden geschwenkt werden kann.

ABSATZTECHNIK 1

Das *Stufenfahren* in Fahrtrichtung wird mit dieser Technik begonnen. Wer diese Technik perfekt beherrscht, kann Stufen bis zu einer Höhe von 80 cm bewältigen.

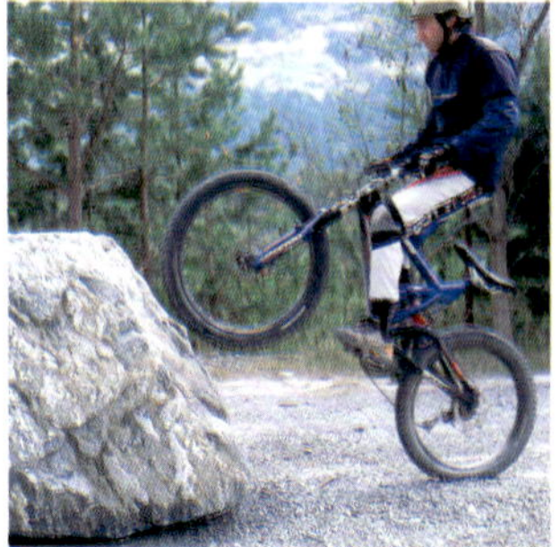

Schrittgeschwindigkeit bis doppelte Schrittgeschwindigkeit vor dem Anheben des Vorderrades auf die Stufe reicht aus. Das Vorderrad wird mit einem Tritt in das *Schlechte Pedal* angehoben. Hat der Abstand zur Stufe gestimmt (ca. eine Radlänge), ist das *Gute Pedal* genau dann antrittbereit, wenn das Hinterrad nachgezogen werden muss. Für niedrige Stufen ist es sinnvoll, nur durch kräftiges Ziehen am Lenker das Vorderrad anzuheben, ohne dabei gleichzeitig in die Pedale zu treten. Dabei muss weniger koordiniert werden, aber der kräftige Zug am Lenker führt zur *Imbalance.*

ABSATZTECHNIK 2

Hier geht es jetzt um eine *Variante der Absatztechnik,* die dann aktuell wird, wenn unmittelbar nach der Stufe noch eine weitere folgt, zum Beispiel bei Stiegen. Gemeint sind also *Doppelstufen,* die nicht ausreichend Platz für das Bike in Längsrichtung aufweisen.

Die Anfahrt zur ersten Stufe ist absolut identisch mit der zuvor beschriebenen *Absatztechnik 1.* Eine Radlänge vor der ersten Stufe mit dem *Schlechten Pedal* das Vorderrad anheben und auf die Stufe setzen. Jetzt wird nicht einfach das Hinterrad nachgezogen, sondern mit beiden Rädern gleichzeitig abgesprungen. Das *Gute Pedal* ist dabei vorn. Die Landung erfolgt auf dem Hinterrad – das Vorderrad ist dabei in der Luft bzw. es landet auf der nachfolgenden Stufe. Die Hinterrad-Bremse ist bei der Landung geschlossen. Auch bei dieser Technik, vor allem bei niedrigen Stufen, ist es sinnvoll, nur durch kräftiges Ziehen am Lenker das Vorderrad anzuheben, ohne dabei gleichzeitig in die Pedale zu treten. Dabei muss weniger koordiniert werden, aber der kräftige Zug am Lenker führt wie bereits erwähnt zur *Imbalance.*

ANLIEGER

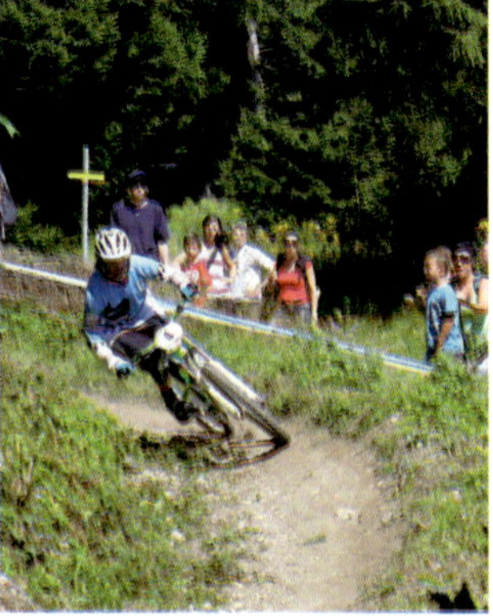

Kurven Fahren – Durch die *Steilwand surfen.* Der Sattel soll versenkt werden, damit ist größtmögliche Bewegungsfreiheit gegeben – aber nur so weit, dass die Führung mit den Beinen nicht verloren geht. Der *Anlieger* wird mit *mittlerer Geschwindigkeit* angefahren. Achtung! Ist die Geschwindigkeit zu niedrig, sind Schräglagen nicht möglich. Sobald der *Anlieger* auftaucht, ist er *anzupeilen,* damit man die Einfahrt in die Kurve nicht verpasst. Wer den *maximalen Kurvenradius* ausnützt, nimmt am meisten Geschwindigkeit mit. Auf jeden Fall sollte man vermeiden, zu *spitz* in den *Anlieger* zu fahren, und dann erst einzulenken. Dabei besteht Sturzgefahr und es geht viel *Speed* und *Traktion* verloren.

Wichtig ist das *Bremsen* vor der Kurve auf die *optimale Geschwindigkeit,* damit man beim Einfahren in die Kurve und in der Kurve die Bremsen öffnen und sich dynamisch in die Kurve neigen kann. Zur Not darf noch mit der Hinterradbremse gebremst werden, das Vorderrad ist jedoch mit Führungsaufgaben voll ausgelastet. Der Oberkörper beugt sich etwas nach vorne, um Druck auf das Vorderrad zu bringen. Der kurvenäußere Fuß stellt sich nach unten und trägt das gesamte Körpergewicht. Der innere Fuß ist völlig unbelastet und jederzeit bereit, auszuklicken. Der *Po* schiebt sich etwa 10 bis 15 Zentimeter hinter den Sattel, ohne diesen zu berühren. Auf gar keinen Fall sitzend fahren! Der *kurveninnere* Arm drückt das Rad nach unten und streckt sich etwas, der *kurvenäußere* Arm ist nach außen gebeugt. Sehr wichtig dabei ist auch die *Blickführung.* Der Blick geht weit voraus und definiert exakt die Linie, die kurz darauf das Vorderrad fahren soll. Das bedeutet ein deutliches Drehen des Kopfes. Der Körper und das Bike folgen immer der Kopfbewegung. Die tiefste Körperhaltung soll sich im *Scheitelpunkt der Kurve* befinden, denn hier tritt der maximale Anpressdruck auf. Eine *hohe Körperspannung* ist genauso wichtig wie das Vermeiden von *ruckartigen Lenkbewegungen.* Die Ideallinie befindet sich sehr oft dort, wo die Kurve festgefahren ist und wenig loses Material liegt. Beim Ausfahren aus der Kurve wieder aufrichten. Aus engen Kurven drückt man sich dynamisch aus der Kurve und baut so wieder Geschwindigkeit auf. Der Blick bei der *Kurvenausfahrt* richtet sich weit voraus auf den Verlauf der Strecke und darf nicht in der *Kurvenausfahrt* kleben bleiben. Damit ist die Ideallinie zur nächsten Kurve garantiert. Kurz aufeinander folgende, enge Steilkurven werden am besten mit *waagerechter Pedalstellung* gefahren, da keine Zeit für die Pedalumstellung bleibt – dabei werden die Beine für einen tieferen Schwerpunkt angewinkelt.

OUTFIT / EQUIPMENT

RACE OUTFIT

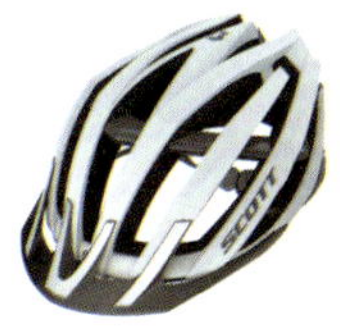

Halbschalenhelm: Racer verwenden leichte MTB-Helme (ca. 200 g) mit erstklassiger Belüftung. Einhändig verstellbare Systeme bringen zusätzliche Sicherheit beim Öffnen und Schließen während der Fahrt.

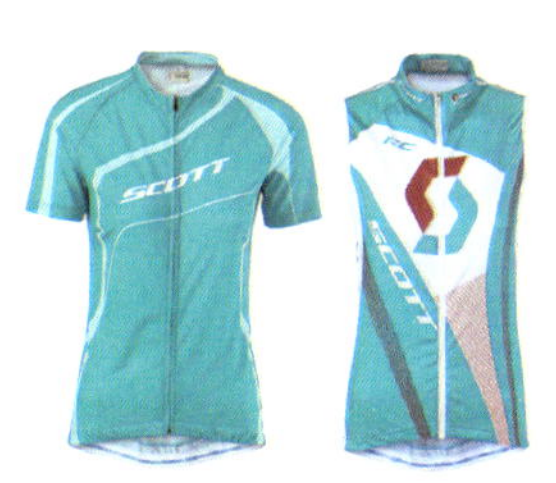

Das **Trikot** sollte mindestens drei Rückentaschen besitzen. Praktisch ist auch eine kleine separate Tasche mit Reißverschluss für *Schlüssel, Geld* usw. Ein durchgehender Reißverschluss ermöglicht beim Öffnen des Trikots mehrere Klimastufen.
Bei Bergfahrten an ganz heißen Tagen ist das Öffnen des Trikots ein nicht zu unterschätzender Energiegewinn. Das Ausziehen des komplett verschwitzten Trikots nach der Tour fällt mit komplett geöffnetem Zipp erheblich leichter.

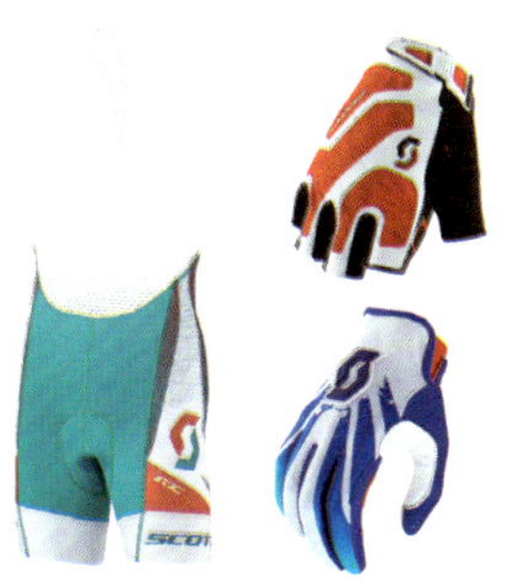

Lycrahosen (Trägerhosen) halten den Sitzpolster immer in optimaler Position. Abhängig von der Fahrposition rutscht das Gesäß vor, über oder hinter den Sattel, dabei bleibt die windschnittige *Lycrahose* im Schritt beim Sattel nicht hängen. Auch bei Nässe hängt die Hose im Schritt nicht durch und bringt so mehr Sicherheit bei fahrtechnischen Herausforderungen, vor allem dann, wenn der Sattel nicht abgesenkt wird.
Handschuhe vermeiden Druckstellen bei langen Touren, schützen die Hände bei einem Sturz und bieten besseren Halt am Lenker bei Nässe und schweißnasser Haut. *Langfingerhandschuhe* halten in der kühleren Übergangszeit die Gelenke fürs Bremsen und Schalten beweglich.

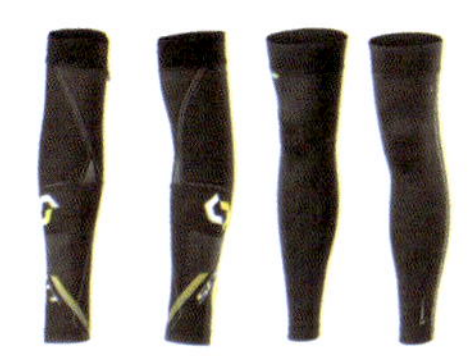

Ärmlinge bieten Schutz vor Wind und Kälte und lassen sich während der Fahrt ausziehen. Zusammengerollt beanspruchen sie sehr wenig Platz in den Trikottaschen.
Beinlinge: Für niedrige Temperaturen frühmorgens oder auf hohen Bergen sind Beinlinge sehr ratsam. Zur Not kann man auch mit heruntergerollten Beinlingen fahren.

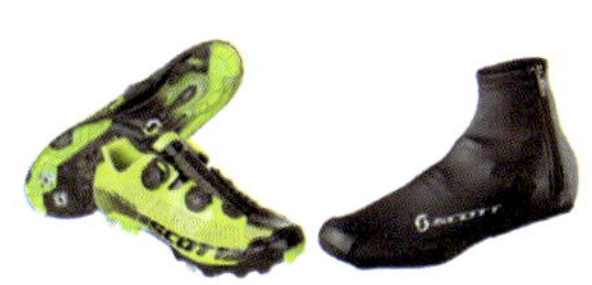

Schuhe: Damit keine Energie bei der Schnittstelle zwischen Mensch und Maschine verloren geht, werden Schuhe und Pedale optimal aufeinander abgestimmt und mit *mechanischen Klicksystemen* verbunden. Falsches Material führt hierbei oft zu schmerzhaften *Knieproblemen*. Achtung! Neue Schuhe und neue Pedale verursachen beim gleichzeitigen Kauf eines Bikes erhebliche Zusatzkosten.
Schuhüberzieher halten die Füße trocken und warm. Die Schuhe bleiben sauber und die *Schuhüberzieher* wäscht die Waschmaschine.
Die **Windstopperjacke** muss besonders leicht und auf *Faustgröße* komprimierbar sein. Für die Einkehr am Dach der Tour und für die Abfahrt von hoch gelegenen Pässen, aber auch bei einem Wetterumschwung auf langen Touren ist die *Windstopperjacke* fast so wichtig wie das Bike.

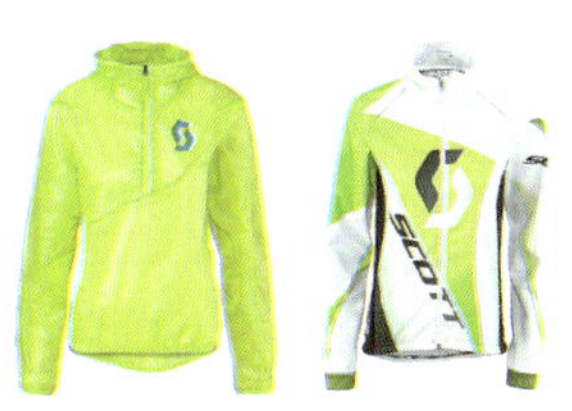

All Season Langarmtrikots eignen sich für Herbst- und Frühlingsausfahrten. Sie schützen vor Wind und Nässe, verfügen über einen durchgehenden Reißverschluss und drei Rückentaschen.

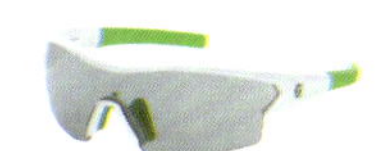

Brillen zum Biken schützen vor Sonne, Regen, Staub, kleinen Steinen, Insekten und Ästen. Ein weites Sichtfeld, guter Sitz, kratzfeste Gläser und gute Ventilation werden verlangt. Spezielle *Polfilterbrillen* reduzieren Spiegelungen.

TRAIL OUTFIT

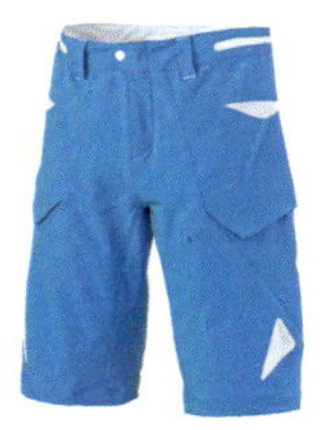

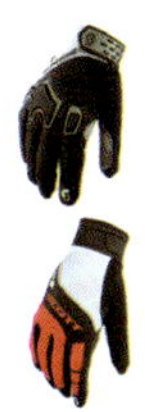

Shorts kombinieren technische Features mit stylischem Design. Die *Außenshort* sollte aus einem widerstandsfähigen, wasserresistenten und atmungsaktiven Material gefertigt sein.
Die *Innenshort* sollte herausnehmbar sein und einen guten Sitzpolster besitzen. Achtung, Sturzgefahr! Weite und lange Shorts, die bis zu den Knien reichen und im Schritt zu weit durchhängen, bleiben auf technischen Single-Trail-Abfahrten gerne beim Sattel oder Schnellspanner hängen.
Handschuhe: Abhängig von der Witterung und den fahrtechnischen Herausforderungen sind *Langfingerhandschuhe* mit guter Ventilation und eingenähten Protektoren *Kurzfingerhandschuhen* vorzuziehen.

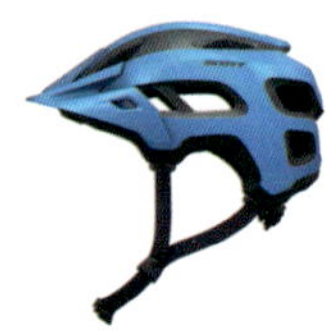

Halbschalenhelm – Das Tempo auf fahrtechnischen Trails wird immer höher. *Endurohelme* besitzen eine größere Oberfläche mit speziellen Verstärkungen in den am häufigsten vorkommenden *Crashzonen.* Der Stil, die Funktionalität und die Innovationen versucht man mit der Sicherheit von *Mountainbike Helmen* zu vereinen.

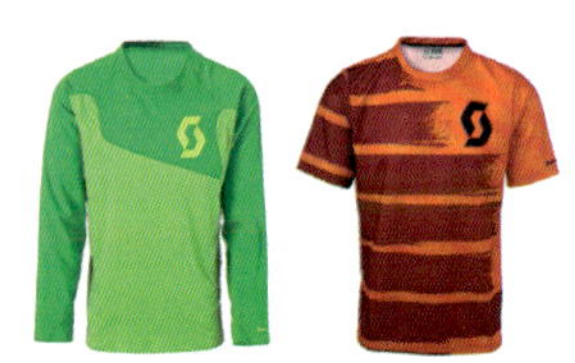

Flatternde **Trikots** verleihen auf der Haut ein angenehmes Gefühl. Eingenähte Rückentaschen gibt es keine, aber das Material muss atmungsaktiv, feuchtigkeitstransportierend und strapazierfähig sein.

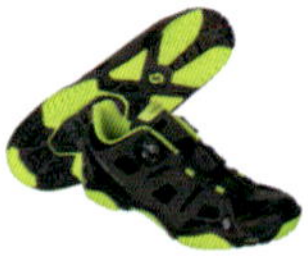

Die **Schuhe** sollten auf Vielseitigkeit konzipiert sein, um den Anforderungen beim Treten und Gehen gleichermaßen gerecht zu werden. Sie sollen die Kraft beim Treten optimal auf die Pedale übertragen und flexibel genug sein für einen sicheren Halt beim Gehen im Gelände.

BIGMOUNTAIN OUTFIT

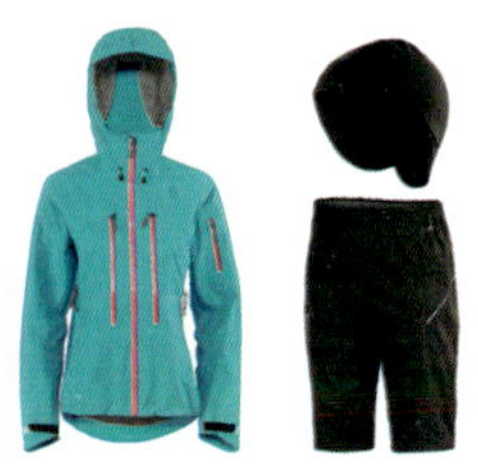

3-Lagen-Jacken sind im Herbst im Hochgebirge zu empfehlen, denn sie sind leicht, schützen vor Wind, Kälte und Nässe und lassen sich sehr gut komprimieren.

Knielange GORE-TEX® Regenhosen stören beim Treten deutlich weniger als *lange Regenhosen,* sind extrem leicht und passen wie die Windstopperjacken in die Trikotrückentaschen.

Winddichte Helmmützen trotzen der Kälte und passen problemlos unter den Helm. Bei Dauerregen zusätzlich über den Helm eine *Einwegduschhaube* ziehen.

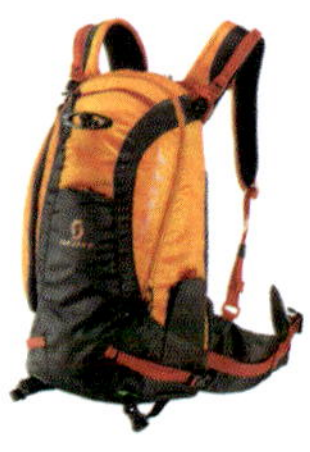

Rucksack: Der *Scott Grafter Protect* wurde mit einer herausnehmbaren *Rückenprotektorplatte* ausgestattet. Die schaumgepolsterte Hüftgurtkonstruktion hält den *Rucksack* auf allen Trails sicher und bequem auf Position – man spürt ihn kaum. Dank des integrierten Helmbefestigungssystems lassen sich sowohl *Integral-* als auch *Crosscountry-Helme* problemlos auf dem *Rucksack* fixieren, dabei gibt es zusätzliche Befestigungsmöglichkeiten für das Anbringen von *Protektoren.* Es gibt eine spezielle Tasche für das *Werkzeug* und eine Hartschalentasche für die *Sonnenbrille.* Zudem ist der Rucksack kompatibel mit *Trinksystemen* und besitzt ein eigens dafür vorgesehenes Trinkbeutelfach.

SAFETY OUTFIT

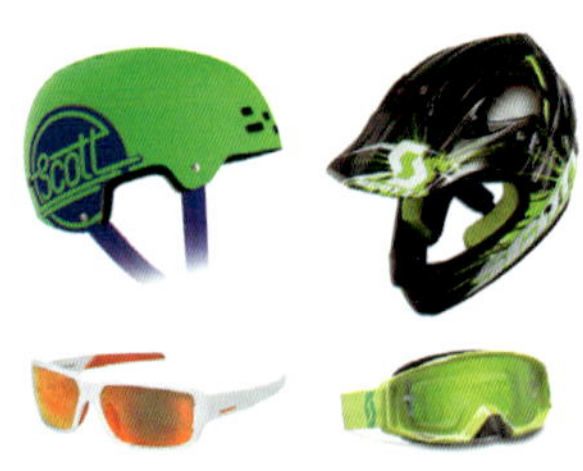

Integralhelme werden *Downhillern, Bikecrossern* und *Dual-Bikern* empfohlen. Wer nur gelegentlich in die *Gravity-Szene* wechselt und nicht um sein letztes Hemd fährt, kann auch einen *Endurohelm* oder *Skaterhelm* verwenden und auf *Protektorwesten* bzw. *Rückenprotektoren, Schienbeinschützer* und *Ellbogenschützer* verzichten.

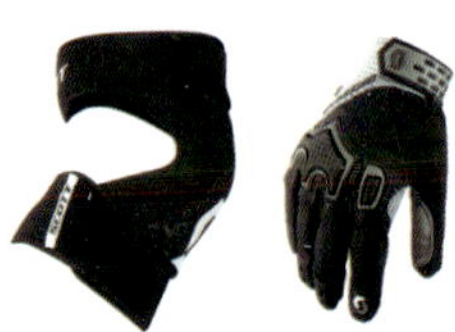

Leichte **Knieschützer,** die sich, ohne die Schuhe ausziehen, öffnen lassen, sind eine sinnvolle Investition. Sie finden nicht nur im Bikepark Verwendung, sondern auch im Wald hinterm Haus oder auf Touren im Hochgebirge entlang technischer Single Trails.

Langfingerhandschuhe mit eingenähten Protektoren und guter Belüftung finden ebenfalls universelle Verwendung.

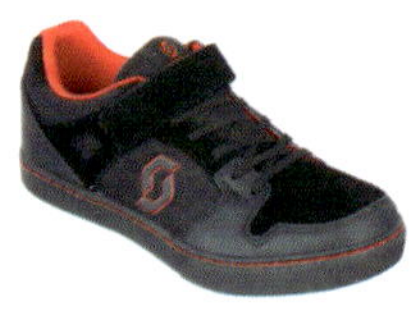

Schuhe: Profillose, robuste Schuhe mit ordentlichen Dämpfungseigenschaften garantieren sicheren Halt und perfekte Kontrolle auf großen *Plattformpedalen.* Zunehmend gibt es wieder Modelle mit integriertem *SPD-Klicksystem.*

BIKE EQUIPMENT FÜR UNTERWEGS

Flaschenhalter, Trinkflasche, Trinkrucksack:

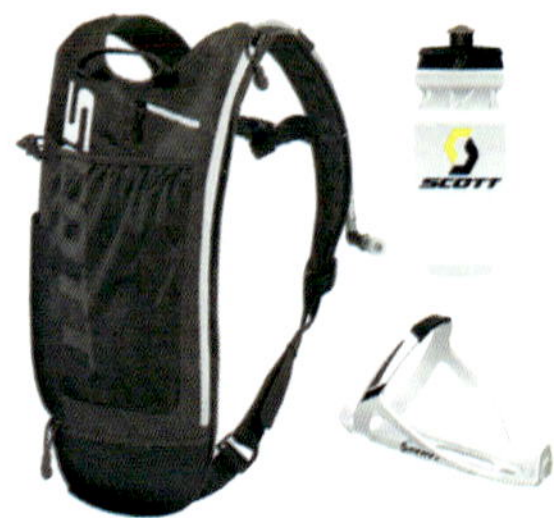

Flaschenhalter und *Trinkflasche* gehören auf das Bike, sofern Platz dafür vorhanden ist. Auf längeren Touren empfiehlt es sich, *zwei Flaschenhalter* zu montieren, und zwar so, dass *längere Flaschen* mit einer Füllmenge von 0,7 Litern problemlos herausgezogen werden können. *Flaschenhalter* mit seitlicher Öffnung erleichtern das Hineinstecken und Herausziehen der Flasche während der Fahrt. Fullys mit kleinem Rahmen machen die Aufnahme von *Flaschen* teilweise unmöglich. Wer unterwegs nicht bei jedem Brunnen stehen bleiben will, verwendet *Trinkrucksacksysteme.*

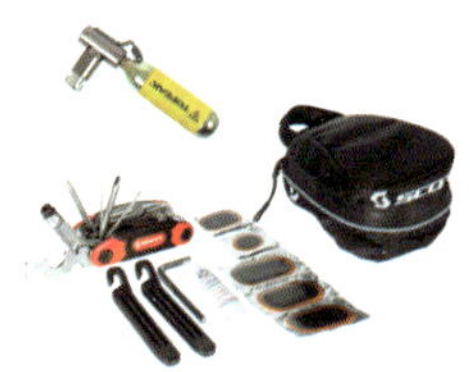

Reparaturset: In die *Satteltasche* gehören ein *Ersatzschlauch, Flicken, Aushebelwerkzeug,* ein *Multifunktionstool,* eine *CO²-Minipumpe* mit einer *Ersatzpatrone,* ein *Kettenschloss* und eine *Duschhaube* als Helmüberzieher, falls es stark zu regnen beginnt. Alle Teile sollten möglichst leicht sein. Unverzichtbar sind auf jeden Fall die *Minipumpe,* das *Aushebelwerkzeug* und der *Ersatzschlauch.* Die Größe der *Satteltasche* ist so zu wählen, dass der Inhalt den Raum bestmöglich füllt, damit während der Fahrt keine nervtötenden Klappergeräusche auftreten.

DAS BIKE

CYCLO-CROSSBIKE

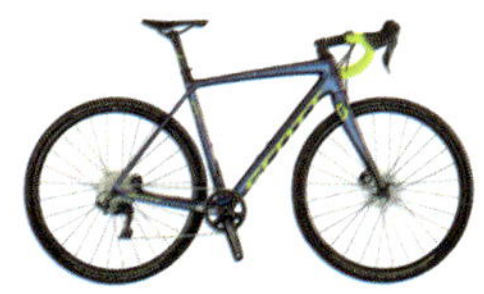

Scott Addict CX RC: *Carbon | 28 Zoll | 11 Gänge (42 // 11-34) | Reifen Schwalbe X-One CX 35-622 bzw. 1.3 | 8,1 kg*

Cyclocross-Bikes unterscheiden sich nur marginal von den *Gravelbikes.* Die Sitzposition ist etwas sportlicher und die Reifenbreite ist limitiert mit 33C bzw. 1.3 Zoll. Es gibt sie wahlweise mit Einfach- und Zweifachkurbeln mit entsprechenden Kassetten. Das Gewicht dieser Bikes, in der mittleren Preisklasse, liegt unter 9 kg. **Einsatzgebiet:** *Uphill, Crosscountry, Tour, Race*

GRAVELBIKE

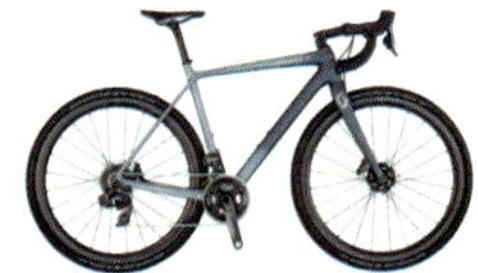

Scott Addict Gravel: *Carbon | 28 Zoll | 24 Gänge (46/33 // 10-33) | Reifen Schwalbe G-ONE 35C bzw. 1.3 | 8,3 kg*

Gravelbikes sind für viele die neuen *Mountainbike Hardtails.* Sie rollen auf dicken 28 Zoll Rennrad-Profilreifen und bremsen hydraulisch. Die Sitzposition ist komfortabler als auf einem *Crossbike* oder *Rennrad.* Es gibt sie wahlweise mit Einfach- und Zweifachkurbeln mit entsprechenden Kassetten. Das Gewicht dieser Bikes, in der mittleren Preisklasse, liegt unter 10 kg. **Einsatzgebiet:** *Uphill, Crosscountry, Tour, mehrtägige Etappen, Reisen*

HARDTAIL

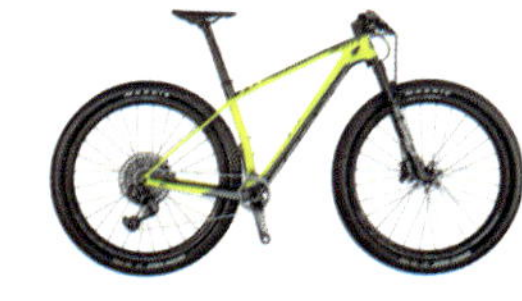

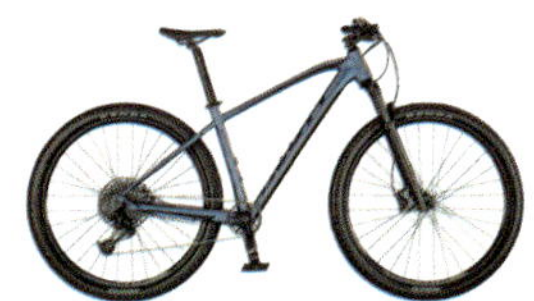

Scott Aspect: *Alu | 29 Zoll | Federgabel 100 mm | 12 Gänge (30 // 11-50) | Reifen Kenda Booster 2.4 | 13,5 kg*

Mountainbike Hardtails werden fast nur noch als 29-Zoll Bikes angeboten. Ein steifer Hinterbau, Luftfedergabeln bis 110 mm, hydraulische Scheibenbremsen und der klassische Diamantrahmen sind charakteristisch für diese Bikekategorie. Einfach- und Zweifachkurbeln mit den passenden Kassetten sind auf diesen Bikes zu finden. Das Gewicht dieser Bikes, in der mittleren Preisklasse, liegt unter 11 kg. **Einsatzgebiet:** *Uphill, Crosscountry, All-Mountain, Marathon*

RACEFULLY / MARATHONFULLY

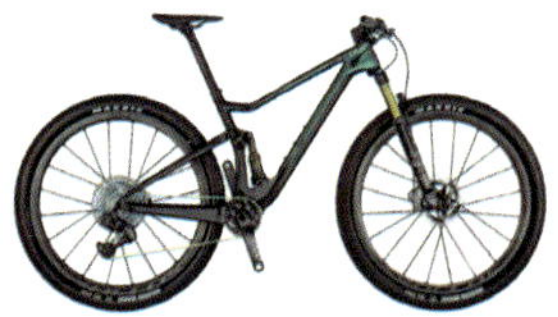

Scott Spark RC: *Carbon | 29 Zoll | Federgabel 110 mm / Hinterbau 100 mm| Twinloc | 20 Gänge (32 // 10-52) | Reifen Maxxis Rekon Race 2.35 | 10 kg*

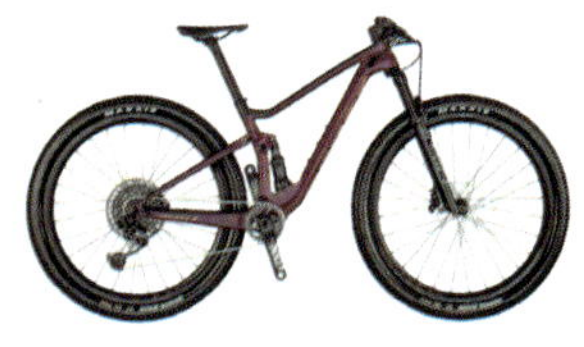

Scott Contessa Spark RC: *Carbon | 29 Zoll | Federgabel 110 mm / Hinterbau 100 mm | Twinloc | 10 Gänge (30 // 10-52) | Maxxis Rekon Race 2.35 | 10,7 kg*

Race- und *Marathonfullys* sind superleichte und wendige Full-Suspension-Bikes mit maximal 110 mm Federweg. Sie werden nur noch als 29-Zoll Bikes angeboten. Die Bikes sind ausgestattet mit Luftfederelementen, hydraulischen Scheibenbremsen, Locksystemen zum Sperren der Federungen und mit Einfachkurbeln. Das Gewicht dieser Bikes, in der mittleren bis gehobenen Preisklasse, liegt unter 12 kg. **Einsatzgebiet:** *Cross Country, All-Mountain, Marathon, Alpenüberquerungen bzw. mehrtägige Touren*

TRAIL-BIKE

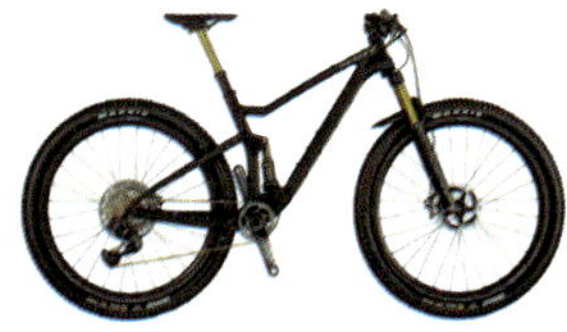

Scott Spark: *Carbon | 29 Zoll | Federgabel 130 mm / Hinterbau 120 mm | Twinloc CTD | 12 Gänge (32 // 10-52) | Reifen Maxxis Rekon 2.4 | 11,3 kg*

Trail-Bikes sind stabile Full-Suspension-Bikes mit 120 mm Federweg werden nur noch als 29-Zoll Bikes angeboten. Die Bikes sind ausgestattet mit Luftfederelementen, Federgabeln mit Niveauregulierung, hydraulischen Scheibenbremsen, Locksystemen zum Sperren der Federungen, per Remote Control versenkbarer Sattelstütze und mit Einfachkurbeln. Das Gewicht dieser Bikes, in der mittleren bis gehobenen Preisklasse, liegt unter 12 kg. **Einsatzgebiet:** *Uphill, Crosscountry, All-Mountain, Freeride*

ALL-MOUNTAIN-BIKE

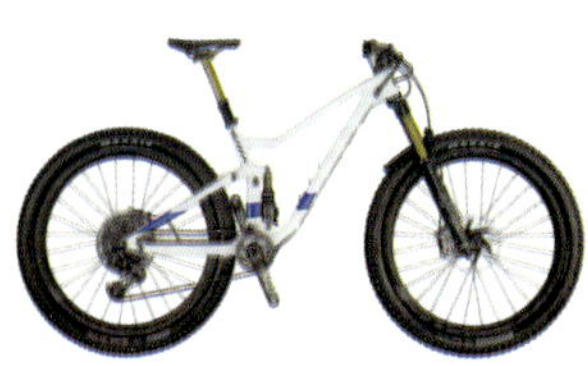

Scott Genius: *Carbon | 29 Zoll | Federgabel 150 mm / Hinterbau 150 mm | Twinloc CTD | 12 Gänge (32 // 10-50) | Reifen Maxxis Rekon 2.6 | 13 kg*

All-Mountain-Bikes sind stabile Full-Suspension-Bikes mit 150 mm Federweg werden nur noch als 29-Zoll Bikes angeboten. Die Bikes sind ausgestattet mit Luftfederelementen, Federgabeln mit Niveauregulierung, hydraulischen Scheibenbremsen, Locksystemen zum Sperren der Federungen, per Remote Control versenkbarer Sattelstütze und mit Einfachkurbeln. Das Gewicht dieser Bikes, in der mittleren bis gehobenen Preisklasse, liegt unter 14 kg. **Einsatzgebiet:** *Uphill, Crosscountry, All-Mountain, Freeride, Enduro, Big-Mountain*

ENDURO-BIKE

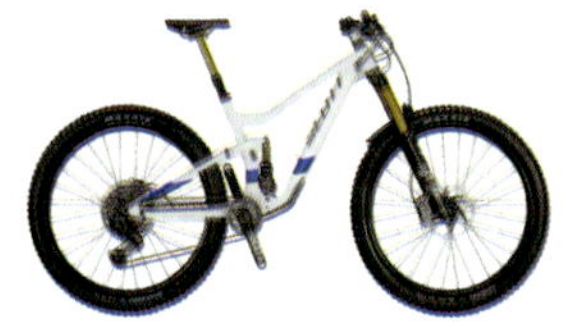

Scott Ransom: *Carbon | 29 Zoll | Federgabel 170 mm / Hinterbau 170 mm| Twinloc CTD | 12 Gänge (32 // 10-52) | Kettenführung | Reifen Maxxis Dissector 2.6 | Gewicht 13,7 kg*

Enduro-Bikes sind sehr robuste Full-Suspensions-Bikes mit 170 mm Federweg werden als 29-Zoll-Bikes angeboten. Die Bikes sind ausgestattet mit Luftfederelementen, Federgabeln mit Niveauregulierung, hydraulischen Scheibenbremsen mit großem Rotor, Locksystemen zum Sperren der Federungen, per Remote Control versenkbarer Sattelstütze, Kettenführung und mit Einfachkurbel. Das Gewicht dieser Bikes, in der mittleren bis gehobenen Preisklasse, liegt unter 14 kg. **Einsatzgebiet:** *in Enduro-Regionen wie zum Beispiel Dreiländer-Enduro in Nauders oder Overmountain-Challenge in Ischgl oder Bikerepublik Sölden*

DOWNHILL-BIKE

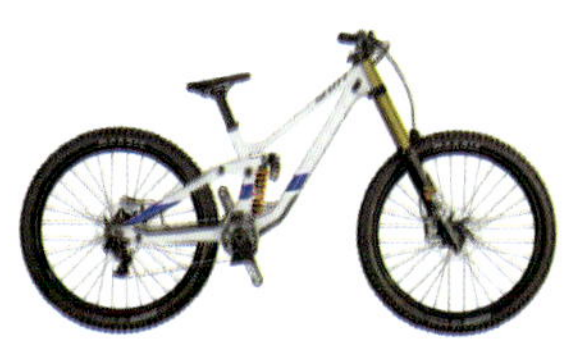

Scott Gambler: *Carbon | 29 Zoll | Federgabel 203 mm / Hinterbau 200 mm | 7 Gänge (34 // 11-25) | Kettenführung | Reifen Maxxis Assegai 2.5 DH | Gewicht 15,6 kg*

Downhill-Bikes sind kompromissloses Bikes, die sich ausschließlich nur zum Bergabfahren eignen. Die Sitzposition und der Antrieb lassen keine längeren Transferstrecken zu. Features wie eine tiefere und flachere Geometrie, einen längeren Dämpfer und ein optimiertes Übersetzungsverhältnis kennzeichnen dieses Bike. Das Bike wird serienmäßig in der Laufradgröße 29 Zoll ausgeliefert. Das Bike kann aber auf 27,5 Zoll umgerüstet werden. **Einsatzgebiet:** *in Bikeparks auf Downhillstrecken*

DER LENKERVORBAU

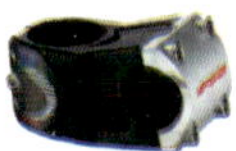

Ein *langer Vorbau* bringt ordentlich Druck auf das Vorderrad. Das freut einen *XCO-Piloten,* ist aber im groben Gelände eher von Nachteil. Mit *kurzen steilen Vorbauten* lenkt es sich direkter in *Kurven* und *Anlieger* ein, zudem lässt sich das Vorderrad erheblich leichter hochziehen. Die Länge des *Vorbaus* ist schlussendlich ein individueller Kompromiss. Zu *kurze Vorbauten* verschlechtern die Steigfähigkeit beim Bergauffahren und die Laufruhe des Vorderrades. Sehr *kurze* und *hohe Vorbauten* erleichtern dafür aber extrem steile Abfahrten. Um auf *29-Zoll-Bikes* eine sportlichere Sitzposition zu ermöglichen, werden *Vorbauten* mit *negativem Vorbauwinkel* montiert.

DER LENKER

Ein *stabiler, breiter Lenker* sollte mindestens *700 Millimeter* breit sein. *Breite Lenker* verbessern das Gleichgewicht, die Kontrolle beim Springen (Droppen) und wenn große Kräfte auf das Vorderrad

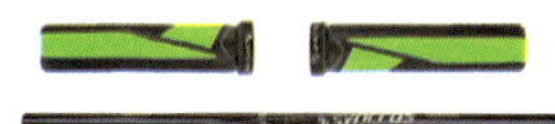

einwirken. *Überbreite Lenker* sind fürs Gelände jedoch nicht zu empfehlen. Es besteht die Gefahr, dass man in engen Passagen hängen bleibt. Dünne harte *Kunststoffgriffe* ermöglichen einen optimalen Halt des Lenkers und eine *exakte Linienführung* bei kniffligen Trialpassagen. Der Durchmesser der *Kunststoffgriffe* ist der Größe der Hände entsprechend anzupassen.

ANTRIEB

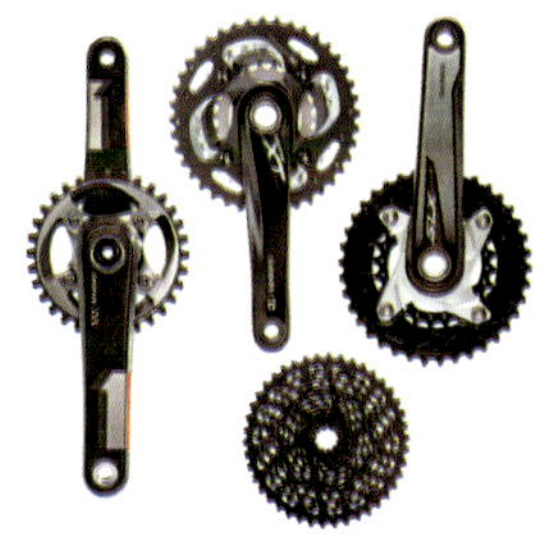

Der Einsatz und die Laufradgröße bestimmen die Wahl des Antriebes. Die Übersetzungsbandbreite von *Einfachkurbeln (28–34)* mit *Zwölffach-Kassetten (10–52)* auf *29-Zoll-Hardtails* reicht für Uphills und crosscountryartigen Runden. Alle zwölf Gänge sind ohne Überschneidungen nutzbar und die Schaltvorgänge werden deutlich reduziert. *Zweifachkurbeln (39/26* oder *38/24)* mit *Elffach-Kassetten (11-36)* findet man auf *29-Zoll-Hardtails, Racefullys* und *Trailbikes.* Auf *All-Mountain-Bikes,* und *Enduro-Bikes* sind nur noch *Einfachantriebe* zu finden. Auf *Freeride-* und *Downhillbikes* gibt es ohnehin schon seit längerem nur noch *Einfachantriebe.* Die *Dreifachkurbel (40/30/22)* kombiniert mit *Zehnfach-Kassetten (11-36)* ist nur noch auf günstigen *Kaufhaus-Bikes* zu finden. Der *Vortrieb* eines Bikes pro Pedalumdrehung wird in Meter angegeben. Dieser Wert ist ein Maß für die Zuordnung leichter und schwerer Gänge. Der *Vortrieb* ist abhängig von der Anzahl der Zähne der Kurbel, der Anzahl der Zähne der Kassette, der Laufradgröße und der Reifengröße. Der *Online-Ritzelrechner* www.ritzelrechner.de hilft bei der Ermittlung des Vortriebes, der Übersetzungsbandbreite und der effektiv nutzbaren Gänge.

DIE SCHALTUNG

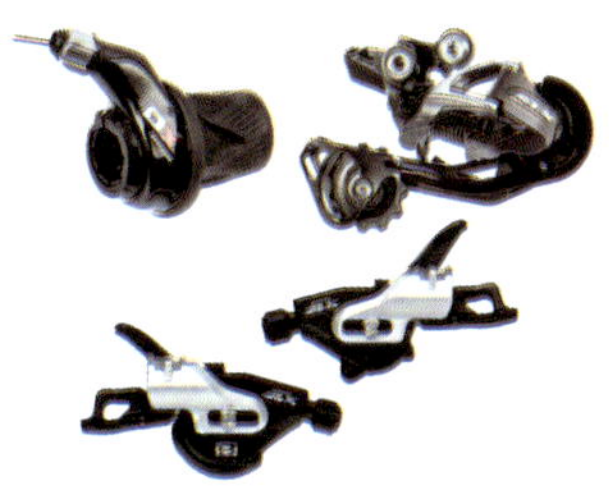

Ob *Shimano* oder *SRAM*, ob *Zeigefinger-Daumen-Schaltung* oder *Drehgriffschaltung*, ist Geschmackssache. Der Unterschied zwischen einer Einsteiger- und einer Topgruppe sind der Preis und das Gewicht, nicht aber die Funktion. *Sieben-, Acht-* und *Neunfach-Schalthebel, Umwerfer* und *Schaltwerke* lassen sich untereinander und zwischen den Herstellern *Shimano* und *SRAM* großteils problemlos kombinieren. Ab der *Zehnfach-Schaltgruppe* aufwärts ändert sich das Übersetzungsverhältnis der Schalthebel von *SRAM* und *Shimano*, deshalb können *Schalthebel, Umwerfer* und *Schaltwerk* nicht mehr gemischt werden. *Neun-, Zehn-, Elf-* und *Zwölffach-Schaltgruppen* innerhalb eines Herstellers können ebenfalls nicht wahllos kombiniert werden. Schaltungsteile unterschiedlichen Niveaus können weiterhin gemischt werden. Zum Beispiel funktioniert ein *Shimano SLX-Zehnfach-Schalthebel* mit einem *Shimano XT-Zehnfach-Schaltwerk* oder ein *SRAM X7-Zehnfach-Schalthebel* mit einem *SRAM X9-Zehnfach-Schaltwerk. Schaltwerke* mit *Reibungsdämpfer* reduzieren das Schlagen der Kette, ungewollte Gangwechsel und das Herunterspringen der Kette vom Zahnkranz. *Shimano* kennzeichnet *Schaltwerke mit Reibungsdämpfer* mit *Shadow+* und *SRAM* mit *Typ2. SRAM* bietet zusätzlich zur *Daumen-Zeigefinger-Schaltung* weiterhin die *Drehgriff-Schaltung* an. Achtung beim Wechseln der *Schaltwerke! Schaltwerke* werden meistens in drei unterschiedlichen Längen angeboten. Für eine optimale Kattenspannung gilt: Je größer der *Zahnkranz* der *Kassette*, desto länger muss das *Schaltwerk* sein. Wer das *Schaltwerk* wechselt, sollte gleichzeitig *Bowdenzüge* und *Schaltseile* tauschen, um eine optimale Funktion zu gewährleisten.

DER BASH GUARD

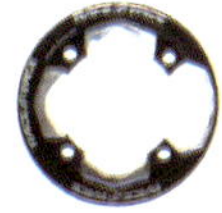

Der *Bash Guard (Rockring)* schützt die *Kettenblätter* vor *Zahnausfall*. Zwingend erforderlich für hohe Stufen und querliegende Bäume. *Rockringe* sind für *Kettenblätter* von *32* bis *42 Zähnen* erhältlich.

DIE PEDALE

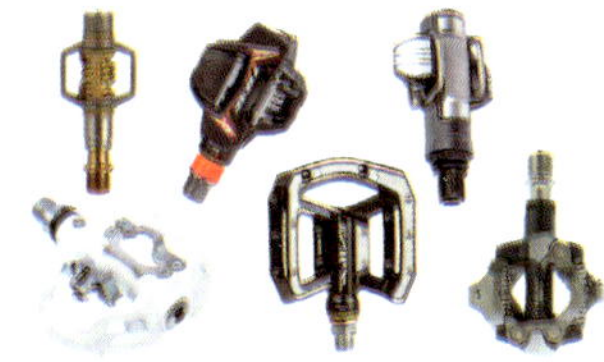

Klickbare Systempedale, die eine mechanische Verbindung mit dem Schuh herstellen und optimal aufeinander abgestimmt sind, ermöglichen beste Kraftübertragung beim Treten. Die Bewegungsfreiheit, das Gewicht, die Funktion des Einrastens vor allem bei verdreckter Schuhsohle und nicht zuletzt der Preis sind wichtige Kaufkriterien. Auf jeden Fall rentiert sich ein Blick auf Systeme folgender Hersteller: *Shimano, Crank Brothers, Look* und *Time*. Auf schwierigen Single Trails erleichtern *Plattformpedale* den Absprung vom Bike ohne Zeitverzögerung. Zudem ermöglichen sie beim Balancieren im technisch anspruchsvollen Gelände, die Pedalposition und den Pedaldruck großflächig zu verändern. Die *Pins* an der Oberfläche der *Pedale* müssen austauschbar sein und bestmöglichen *Grip* mit den Schuhen garantieren. *Dualride-Pedale* oder auf Deutsch *Kombipedale* besitzen auf einer Seite eine rutschfeste Plattform und auf der anderen Seite ein Klicksystem. Das Klicksystem im Schuh sollte gut versenkt sein, damit es auf der Plattformseite des Pedals nicht hängen bleibt oder die Reibung verschlechtert.

DIE REIFEN

Die Wahl der *Reifen, Schläuche* und *Felgen* erweitert oder spezialisiert die Verwendung eines Bikes. Schwere Bikes werden leichter und eignen sich plötzlich für die Bergfahrt. Umgekehrt kann man aus leichten Bikes schwere Bikes machen und im Bikepark fahrtechnische Herausforderungen suchen. Ausschlaggebend für den Rollwiderstand eines *Reifens* sind die Gummimischung, die Profilierung, das Gewicht und die Form des *Reifens* – nicht zwangsläufig die Reifenbreite. So wichtig, wie für *Uphillbiker* der geringe Rollwiderstand ist, so wichtig ist für *Downhillbiker* der Pannenschutz und der Grip. *Crosscountrybiker* und *Marathonbiker* benötigen leichte Reifen mit erhöhtem Pannenschutz. *Endurobiker* und *Freeridebiker* suchen mittelschwere Reifen mit hohem Pannenschutz.

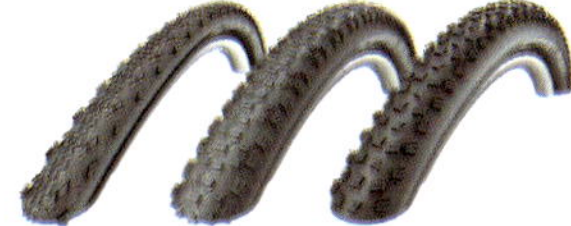

Furios Fred | Racing Ralph | Rocket Ron

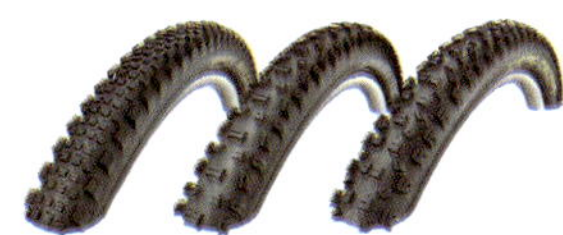

Rock Razor | Nobby Nic | Hans Dampf

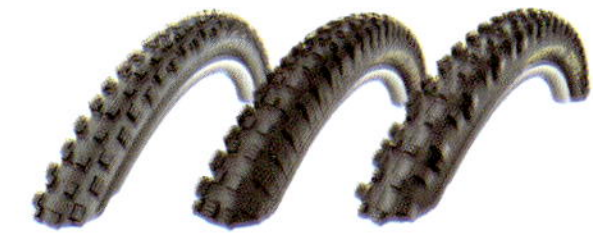

Magic Mary | Hans Dampf / Dirty Dan

Der Untergrund und die Fahrbahnverhältnisse spielen ebenfalls eine wichtige Rolle bei der Wahl der *Reifen. Mountainbiker* fahren auf Asphaltstraßen, groben oder feinen Schotterstraßen, die lose oder gepresst sein können, auf der Wiese oder im Wald über Wurzelteppiche und im Hochgebirge über felsige Steinplatten. Abhängig von der Jahreszeit und vom Wetter kann der Untergrund trocken, nass oder verschneit sein. Das führt dazu, dass im Wald und auf der Wiese der Boden tief und schlammig wird.

Es gibt *Faltreifen, Drahtreifen, Schlauchreifen* und *Reifen,* die man *schlauchlos* fährt. Die Hersteller kennzeichnen ihre Produkte dementsprechend. *Schlauchreifen* sind rundum geschlossen und werden ins *Felgenbett* geklebt. Sie benötigen keinen zusätzlichen *Schlauch.* Wer seine Reifen *schlauchlos (tubeless)* fahren möchte, benötigt *Felgen* und *Mäntel,* die dafür vorgesehen sind. *Drahtreifen* sind meistens schwerer als *Faltreifen* und finden deshalb häufig bei *Enduro-, Freeride-* und *Downhill-Bikes* Verwendung.

Die *Reifenbreite* wird in Zoll (2.1 oder 2.35) gemessen und ist seitlich auf dem *Reifen* angegeben. Achtung! Bei der *Reifenmontage* auf die angegebene Laufrichtung achten.

REIFENTIPP BEI TROCKENEN BODEN

Uphill-Bike (29" Hardtail) – vorne und hinten *Furios Fred 29 x 2.0 (360 g)* | **Crosscountry-Bike (29" Hardtail)** und **Marathon-Bike (29" Fully)** – vorne *Rocket Ron 2.25 (29": 570 g),* hinten *Racing Ralph 2.1 (29": 585 g)* | **Bigmountain–Bike (27,5" Fully)** und **All-Mountain-Bike (27,5" Fully)** – vorne *Minion 3C 2.3 (850 g),* hinten *Nobby Nic 2.35 (675 g)* | **Enduro-Bike** und **Freeride-Bike (27,5" Fully)** – vorne *Magic Mary VertStar 2.35 (1100 g),* hinten *Rock Razor Trailstar 2.35 (965 g)* | **Downhill-Bike (27,5" Fully)** – vorne *Minion 3C 2.5 (1390 g),* hinten *High Roller II 2.4 (1250 g)*

REIFENTIPP BEI NASSEN UND SCHLAMMIGEN BODEN

Uphillbike (29" Hardtail) – vorne und hinten *Rocket Ron 2.25 (490 g)* | **Crosscountry-Bike (29" Hardtail)** und **Marathon-Bike (29" Fully)** – vorne und hinten *Nobby Nic 2.25 (29": 575 g | 29": 645 g)* | **All-Mountain-** und **Bigmountain-Bike (27,5" Fully)** – vorne *Minion 3C,* hinten *Rock Razor Pacestar 2.35 (695 g)* | **Enduro-, Freeride-** und **Downhill-Bike (27,5" Fully)** – vorne und hinten *Dirty Dan 2.35 (1075 g)*

DER LUFTDRUCK

Der *Luftdruck* ist ein entscheidender Faktor für die Traktion. Er muss so abgesenkt werden, dass eine möglichst große Auflagefläche entsteht. Zu wenig *Luftdruck* ist aber auch sehr schlecht, da der Reifen an Seitenstabilität verliert, was dazu führt, dass er bei seitlichen Belastungen und Kräften wegwalkt. Das Gleichgewicht geht verloren, außerdem vergrößert sich die Gefahr eines Durchschlages *(Snakebite – Platten),* oder dass die Felge beschädigt wird. Zu *niedriger Luftdruck* ist bei Sprüngen und schnellen Abfahrten besonders gefährlich. Die seitliche Instabilität des *Reifens* führt zum Schleudern.

DER LUFTDRUCK IST ABHÄNGIG

Vom Reifen: Breite Reifen mit starken Seitenwänden ermöglichen niedrigen Luftdruck.

Vom Gewicht des Fahrers und dessen Fahrstil.

Vom Gelände: Asphaltstraßen, Forststraßen mit losem Schotter, der grobsteinig oder feinkörnig sein kann, felsiger oder steiniger Untergrund, wurzeliger Waldboden oder sumpfiger tiefer Wiesenboden. Achtung! Hartes kantiges Gelände erfordert einen *höheren Luftdruck,* um Reifen- und Felgenschäden zu verhindern.

Vom Speed: Schnelle Abfahrten erfordern einen *höheren Luftdruck,* der die seitliche Stabilität des *Reifens* verbessert.

Zwei Bar ist ein Richtwert für den *Reifendruck* für Biker bis 70 Kilogramm. 2,4 Bar für schmale und leichte *Reifen* und 1,8 Bar für schwere und breite *Reifen.*

DIE BREMSEN

Es werden kaum noch Bikes verkauft ohne *hydraulische Scheibenbremsen.*

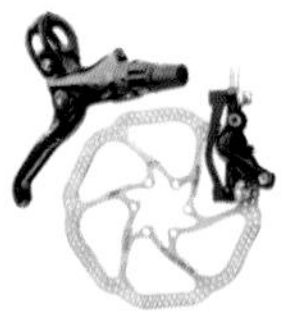

Die sehr gut dosierbare und hohe Bremsleistung ist maßgeblich von der Scheibengröße abhängig. 160 mm, 180 mm und 203 mm sind derzeit die Standardgrößen. Am Vorderrad werden sehr oft größere *Bremsscheiben* montiert, weil dort größere Bremskräfte wirken als am Hinterrad. Die meisten *Scheibenbremsen* lassen sich nachträglich mittels Adapter auf andere Scheibengrößen umrüsten. Wer größere Bremsscheiben nachrüstet, erhöht die Bremsleistung und verringert den Bremsbelagverschleiß. *Bremsscheiben* sind Verschleißteile. Sollte ein Wechsel der Bremsscheibe notwendig sein, ist zu überlegen, ob es Sinn macht, auf größere Scheiben umzusteigen. Adapter kosten meistens weniger als ein paar Bremsbeläge. *Hydraulische Scheibenbremsen* haben sich in den letzten Jahren enorm weiterentwickelt. Sie müssen maximal einmal im Jahr entlüftet werden und die Laufräder bzw. Scheiben drehen sich schleiffrei im Bremssattel. Der Wechsel neuer Bremsbeläge ist einfacher geworden, als es bei *Cantilever-Bremsen* jemals war.

EINSTELLUNG DER BREMSHEBEL

Die Position am Bike ist abhängig vom Gelände. Steile Abfahrten machen eine Position erforderlich, die sich weit hinter dem Sattel befindet und knapp über dem Hinterrad endet. Dabei sind die Arme gestreckt und parallel zum Oberrohr. Sind die *Bremshebel* zu weit nach unten geneigt, sind sie schwer zu greifen. Sind sie aber zu hoch eingestellt, verursachen sie bei normaler Sitzposition und langen Abfahrten Schmerzen in den angewinkelten Handgelenken. Die Einstellung erfolgt über eine Imbusschraube am *Bremshebel* und am besten unterwegs. Der *Bremshebel* ist so zu platzieren, dass der Zeigefinger beim Drücken der Bremse die größten Hebelkräfte ausüben kann und der kleine Finger fünf Millimeter vom Lenkerende entfernt ist. Besitzt die Bremse eine *Bremshebelweitenverstellung,* ist diese so zu justieren, dass der Zeigefinger den *Bremshebel* leicht erreicht. Zum Schluss ist noch der Druckpunkt einzustellen. Der Druckpunkt definiert den Bremspunkt. Biker mit großen Händen stellen einen früheren Druckpunkt ein als Biker mit kleineren Händen. Da man die Bremsen nicht mit allen vier Fingern betätigen sollte, muss die volle Bremswirkung mit maximal zwei besser nur mit einem Finger erreicht werden, ohne dass der *Bremshebel* die Finger einklemmt, die den Lenker greifen.

NAVIGATION

www.bikerides.at ermöglicht den Download von *GPS-Tracks.* Alle Touren und Varianten, die in diesem Buch beschrieben sind, stehen als *GPX-Files* zur Verfügung.

Apemap – *Digitale Straßenkarten* und *Topografische Karten* werden von der Software und von der App *Apemap* (http://apemap.com/) auf dem PC und dem Smartphone (iOS, Android) dargestellt. Die amtlichen topografischen Karten für *Deutschland* und *Österreich,* sowie die topografischen Karten von *Kompass, Alpen-*

verein, Swiss Map, Kümmerly & Frey werden ebenfalls unterstützt. Kartenausschnitte können mit der Software von *Apemap* vom PC auf das Smartphone übertragen werden, damit entfällt die Notwendigkeit der Mobilfunkunterstützung während der Navigation. Wer sich außerhalb des Mobilfunknetzes befindet, orientiert sich weiterhin mit den heruntergeladenen Karten im Smartphone, solange bis die GPS-Verbindung abreißt. Die kostenlose App, und PC-Software stellt sicher viele zufrieden, alle Funktionen lassen sich mit 20 Euro freischalten. Die Farbe und die Linienstärke des GPS-Tracks können in der App eingestellt werden. Sobald man sich auf dem GPS-Track befindet, wird ein Teil des GPS-Tracks in einer anderen Farbe dargestellt und akustisch signalisiert. Das Tracking ist genauso möglich wie das Einzeichnen individueller Tracks zum Nachfahren. Sprachunterstütztes Routing gibt es aber nicht. Mit der App können auch radtachospezifische Daten wie Geschwindigkeit, zurückgelegte Höhenmeter, Distanz und vieles mehr während der Fahrt angezeigt werden.

Energiespartipps – Abgesehen vom Telefonieren benötigt das *Display* eines Smartphones den Großteil der Energie. Reduzieren Sie deshalb die Displayhelligkeit, aktivieren Sie den Standbymodus und schalten Sie die automatische Tastensperre ein. Mit einem *Zweitakku* oder einer *Powerbank* können Sie die elektronische Navigation verlängern.

Datenvolumen – Achtung! Die Navigation mit Onlinekarten verbraucht sehr viel Datenvolumen. In 30 Minuten werden ungefähr 250 MB verbraucht. Mit der App *Apemape* können die meisten Karten als Offlinekarten am Smartphone gespeichert werden, so dass sie während der Navigation kein Datenvolumen verbrauchen. Es ist auch möglich, individuelle Kartenausschnitte festzulegen und auf das Smartphone zu übertragen. Dazu wird aber ein Computer benötigt.

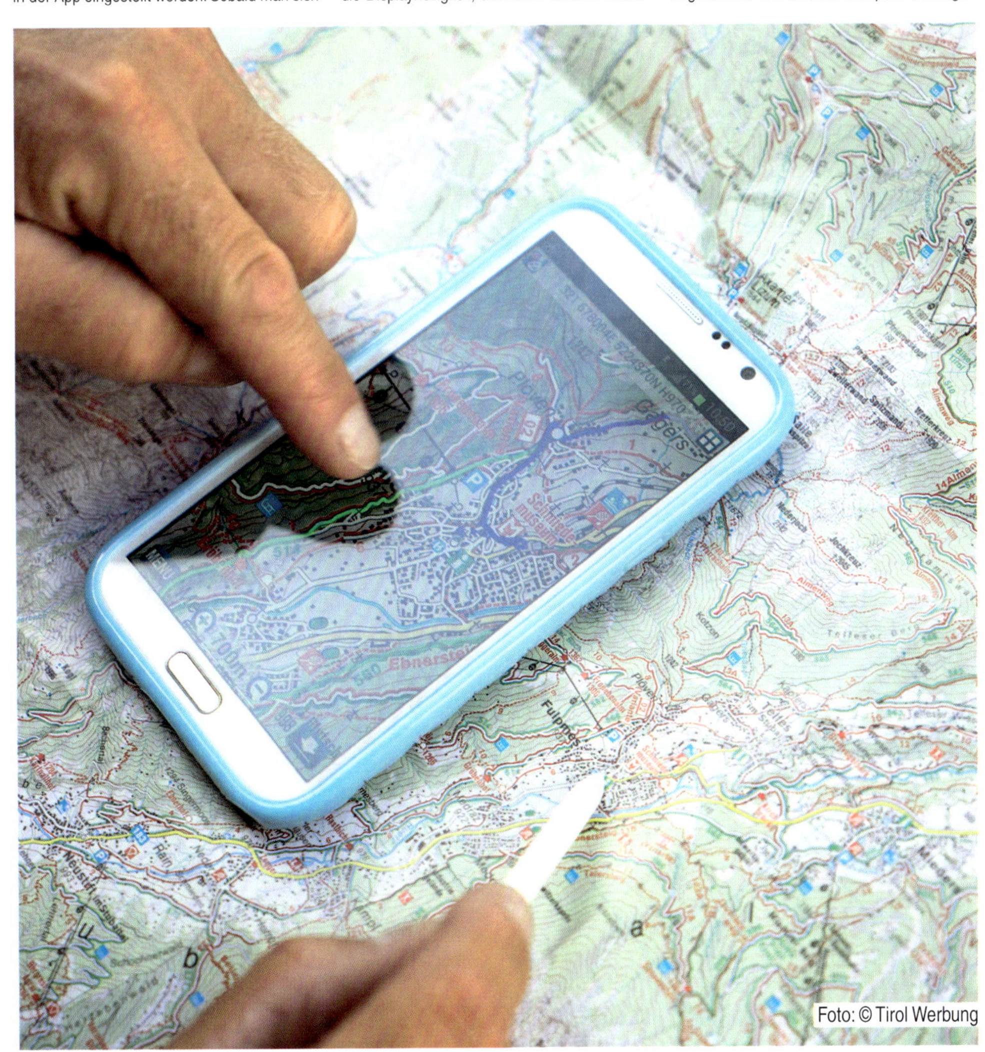
Foto: © Tirol Werbung

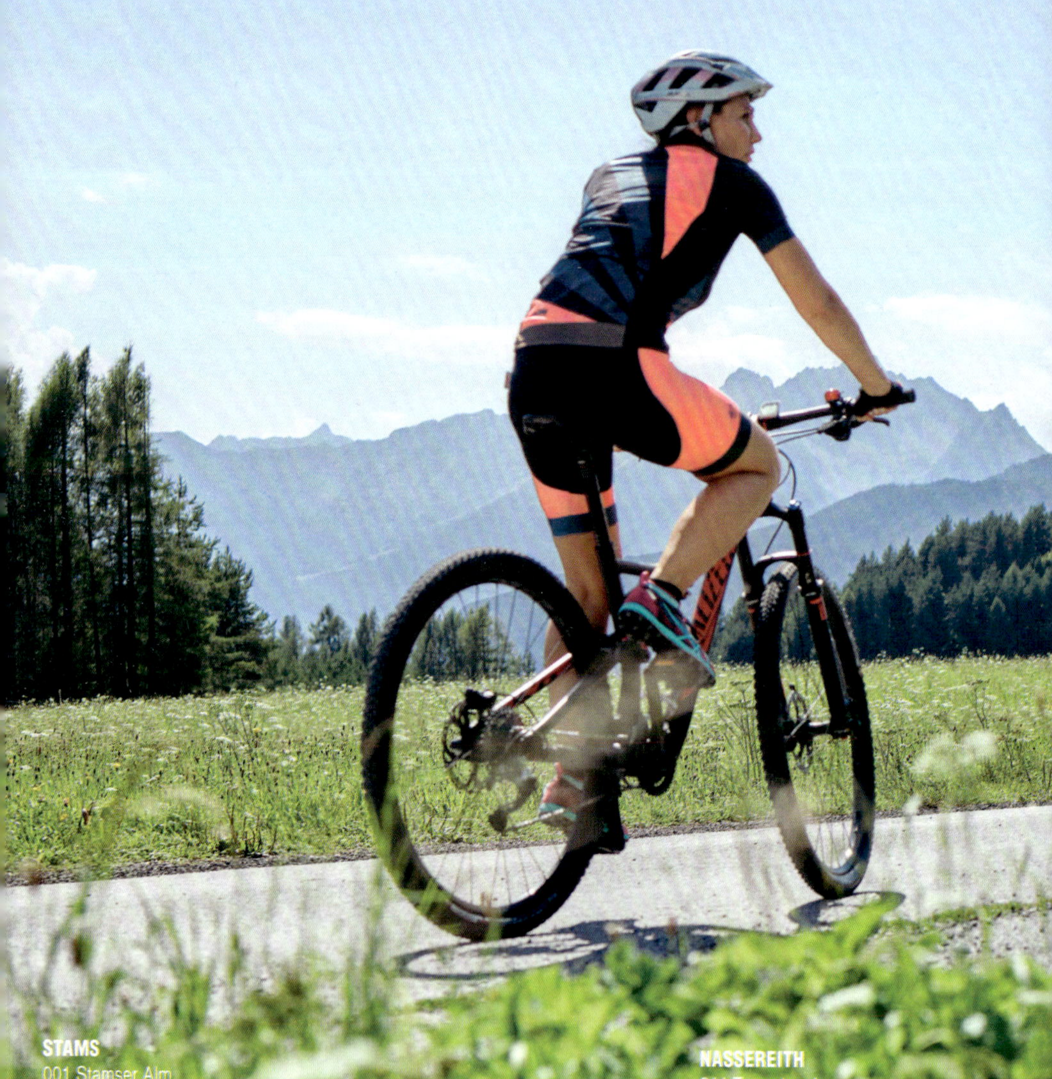

STAMS
001 Stamser Alm

MÖTZ
002 Simmeringalm
003 Lehnberghaus

SILZ
004 Bielefelder Hütte

ROPPEN
005 Maisalm
006 Karrer Alm

WALDELE
007 Wenner Alm

IMST
008 Latschenhütte

IMSTERAU
009 Venetalm

TARRENZ
010 Dirstentrittkreuz

NASSEREITH
011 Tarrentonalm
012 Haiminger Alm
013 Nassereither Alm

ROSSBACH
014 Marienbergjoch

ZAMS
015 Meranzalm
016 Krahberg
017 Silberhütte

001 – 033

OBERINNTAL

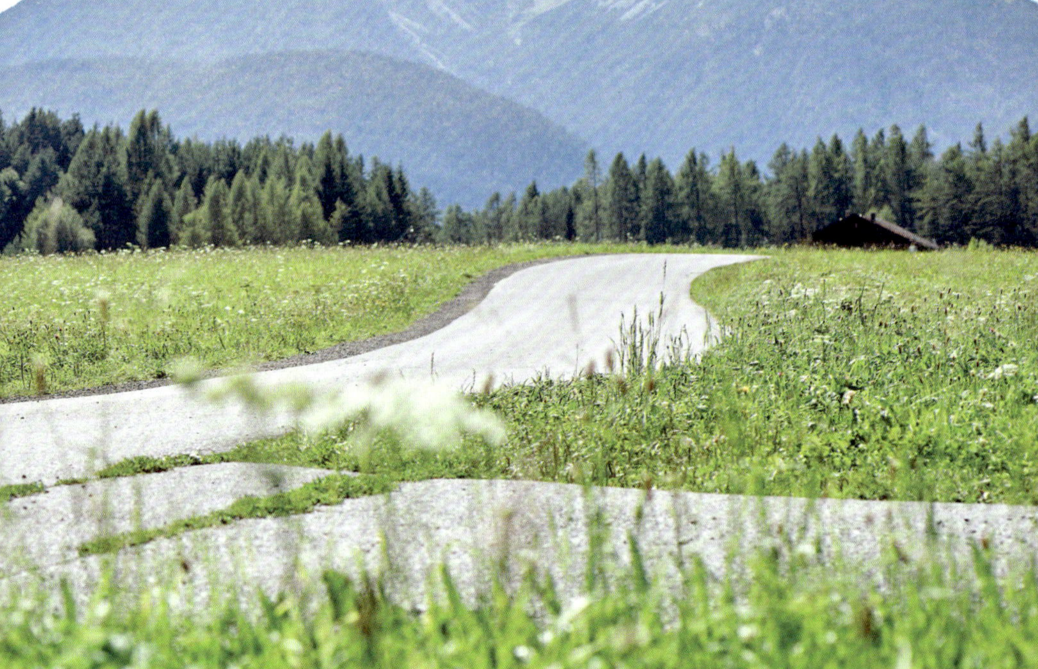

LANDECK
018 Flathalm

NEUER ZOLL
019 Göglesalm

PRUTZ
020 Schönjöchl

FAGGEN
021 Aifneralm

RIED
022 Stalanzalm
023 StafölIalm
024 Fendler Alm

TÖSENS
025 Hexenseehütte
026 Pfundser Tschey

PFUNDS
027 Kobler Alm
028 Ochsenbergalm
029 Hohenzollernhaus

NAUDERS
030 Unterengadin
031 Dreiländereck
032 Plamord
033 Bergkastelalm

001 STAMSER ALM

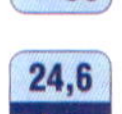
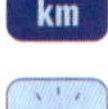
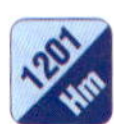

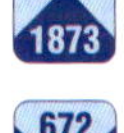
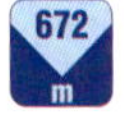

ANFAHRT – *Innsbruck – Stams* 36 km: A12 Richtung *Bregenz,* Ausfahrt *Mötz,* weiter auf der Bundesstraße nach *Stams,* anschließend der Beschilderung zum *Stift Stams* folgen

PARKMÖGLICHKEIT – Parkplatz *Stift Stams*

START – beim P für Stift Stams Besucher, vom Besucherparkplatz ins Zentrum von Stams, vorbei am *Stift Stams* und weiter Richtung *Campingplatz Eichenwald,* der Beschilderung zur *Stamser Alm* folgen

TOURENBESCHREIBUNG – 12,3 km und **1201 Hm** sind von *Stams* bis zur *Stamser Alm* auf Asphalt und Forststraßen großteils bergauf zurückzulegen. Der Rückweg ist derselbe. Insgesamt sind **24,6 km** und **1201 Hm** ohne nennenswerte Schwierigkeiten zu bewältigen.

KARTEN – ÖK: 1:25000 116 / 146 |
F&B: 1:50000 252

INFOS – Stamser Alm: zeitweise bewirtschaftete Almhütte

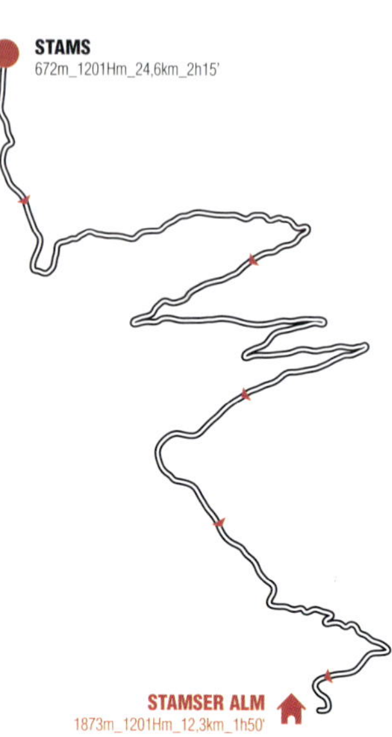

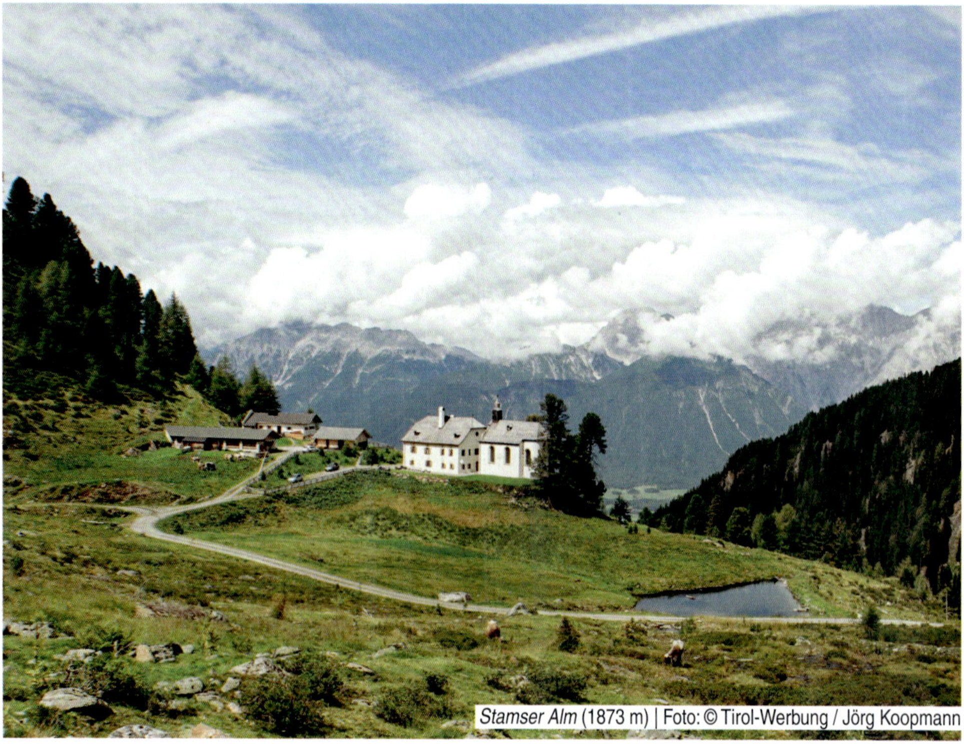

Stamser Alm (1873 m) | Foto: © Tirol-Werbung / Jörg Koopmann

002 SIMMERINGALM

ANFAHRT – *Innsbruck* – *Mötz* 38 km: A12 Richtung *Bregenz*, Ausfahrt *Mötz*, weiter auf der Bundesstraße Richtung *Reutte*, vor einer lang gezogenen Rechtskurve links abbiegen nach *Mötz* zur Pfarrkirche

PARKMÖGLICHKEIT – Parkplatz in der Nähe der *Pfarrkirche Maria Schnee* in *Mötz*

START – bei der Dorfkirche, von der Pfarrkirche in Richtung der Volksschule, dem Straßenverlauf leicht bergauf folgen, anschließend rechts in den Forstweg einbiegen zur langgezogenen Linkskurve

TOURENBESCHREIBUNG – **11,7 km** und **1159 Hm** sind von *Mötz* über die Talstation der *Bergbahn Grünberg* bis zur *Simmeringalm* auf Asphalt und gut präpariertem Forstweg großteils bergauf und flach zurückzulegen. Der Rückweg ist derselbe. Insgesamt sind auf dieser Tour **23,4 km** und **1159 Hm** ohne nennenswerte Schwierigkeiten zu bewältigen.

Tourverbindungen: *012 Haiminger Alm, 003 Lehnberghaus, 014 Marienbergjoch*

KARTEN – **ÖK: 1:25000** 116 | **F&B: 1:50000** 252

INFOS – **Simmeringalm:** im Sommer bewirtschaftete Almhütte

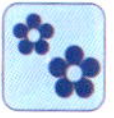

23,4 km

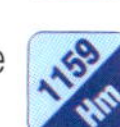

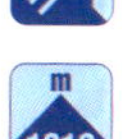

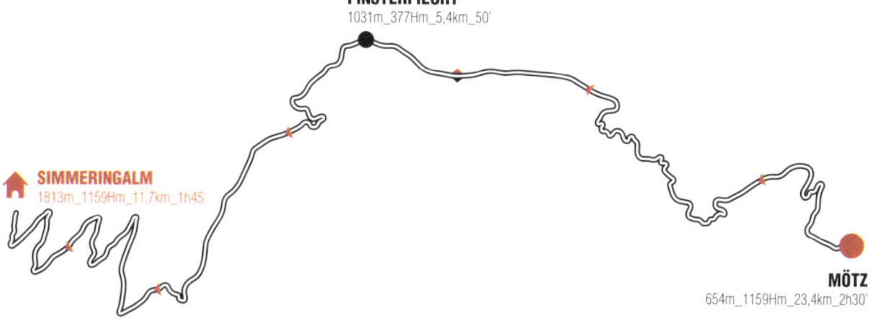

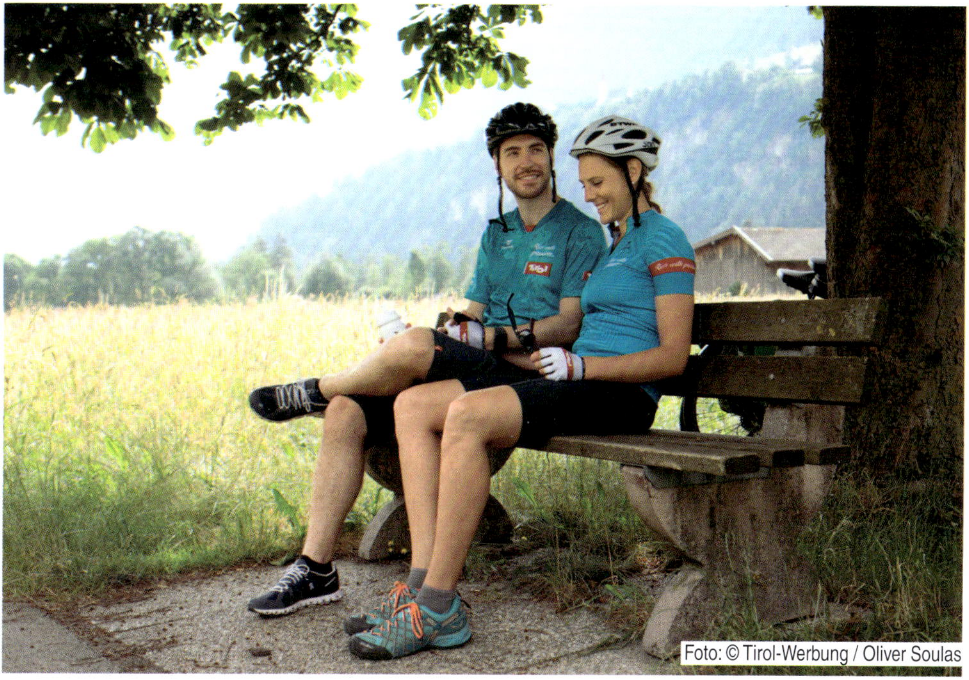

Foto: © Tirol-Werbung / Oliver Soulas

003 LEHNBERGHAUS

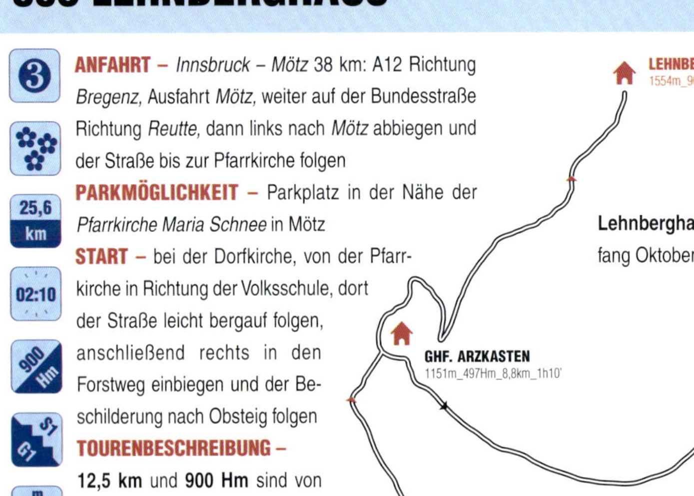

ANFAHRT – *Innsbruck – Mötz* 38 km: A12 Richtung *Bregenz,* Ausfahrt *Mötz,* weiter auf der Bundesstraße Richtung *Reutte,* dann links nach *Mötz* abbiegen und der Straße bis zur Pfarrkirche folgen

PARKMÖGLICHKEIT – Parkplatz in der Nähe der *Pfarrkirche Maria Schnee* in Mötz

START – bei der Dorfkirche, von der Pfarrkirche in Richtung der Volksschule, dort der Straße leicht bergauf folgen, anschließend rechts in den Forstweg einbiegen und der Beschilderung nach Obsteig folgen

TOURENBESCHREIBUNG – **12,5 km** und **900 Hm** sind von *Mötz* über *Finsterfiecht* und *Ghf. Arzkasten* bis zum *Lehnberghaus* auf Asphalt und Forststraßen großteils bergauf ohne nennenswerte Schwierigkeiten zurückzulegen. Der Rückweg über die *Schlossbachklamm* führt abgesehen von einem 600 m langen Single Track auf Forst- und Asphaltstraßen permanent bergab. Der Single Track ist für jeden Biker leicht zu bewältigen. Insgesamt sind auf dieser Rundtour **25,6 km** und **900 Hm** zu bewältigen.

Tourverbindungen: 002 *Simmeringalm,* 012 *Haiminger Alm,* 014 *Marienbergjoch*

KARTEN – **ÖK: 1:25000** 116 | **F&B: 1:50000** 252

INFOS – **Ghf. Arzkasten:** ganzjährig bewirtschafteter Ghf; **Lehnberghaus:** bewirtschaftet Mitte Juni bis Anfang Oktober

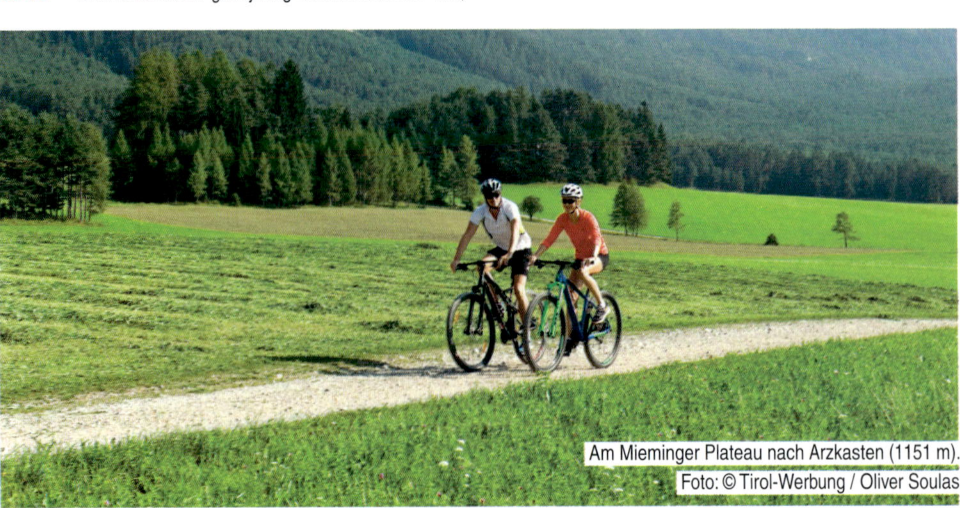

Am Mieminger Plateau nach Arzkasten (1151 m).
Foto: © Tirol-Werbung / Oliver Soulas

004 BIELEFELDER HÜTTE

GPX 

ANFAHRT – *Innsbruck – Silz* 40 km: A12 Richtung *Bregenz,* Ausfahrt *Mötz,* weiter auf der Bundesstraße B171 nach *Silz*

PARKMÖGLICHKEIT – beim Parkplatz gegenüber der *Pfarrkirche Petrus und Paulus* in Silz

START – gegenüber der Dorfkirche, von der Pfarrkirche der Bundesstraße Richtung Westen folgen und nach 200 m links abbiegen Richtung Sattele und Kühtai, dem Verlauf der Straße folgen

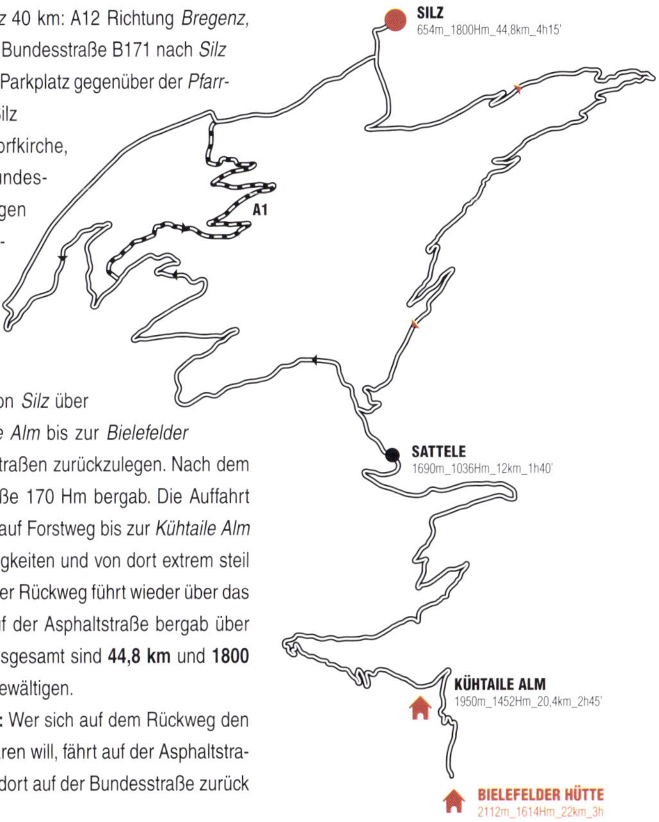

TOURENBESCHREIBUNG –

22 km und **1614 Hm** sind von *Silz* über das *Sattele* und die *Kühtaile Alm* bis zur *Bielefelder Hütte* auf Asphalt und Forststraßen zurückzulegen. Nach dem *Sattele* führt die Asphaltstraße 170 Hm bergab. Die Auffahrt zur *Bielefelder Hütte* verläuft auf Forstweg bis zur *Kühtaile Alm* ohne nennenswerte Schwierigkeiten und von dort extrem steil bergauf weiter bis zum Ziel. Der Rückweg führt wieder über das *Sattele* und anschließend auf der Asphaltstraße bergab über *Höpperg* zurück nach *Silz*. Insgesamt sind **44,8 km** und **1800 Hm** auf dieser Rundtour zu bewältigen.

Variante Alternativroute A1: Wer sich auf dem Rückweg den Anstieg auf das *Sattele* ersparen will, fährt auf der Asphaltstraße bergab nach *Ötz* und von dort auf der Bundesstraße zurück nach *Silz*.

KARTEN – ÖK: 1:25000 116 / 146 | **F&B: 1:50000** 252

INFOS – Kühtaile Alm: bewirtschaftet Anfang Juni bis Anfang Oktober; **Bielefelder Hütte:** Anfang Juni bis Anfang Oktober bewirtschaftete AV-Hütte

SILZ
654m_1800Hm_44,8km_4h15'

A1

SATTELE
1690m_1036Hm_12km_1h40'

KÜHTAILE ALM
1950m_1452Hm_20,4km_2h45'

BIELEFELDER HÜTTE
2112m_1614Hm_22km_3h

5

44,8 km

04:15

1800 Hm

S1 G1

m 2112

654 m

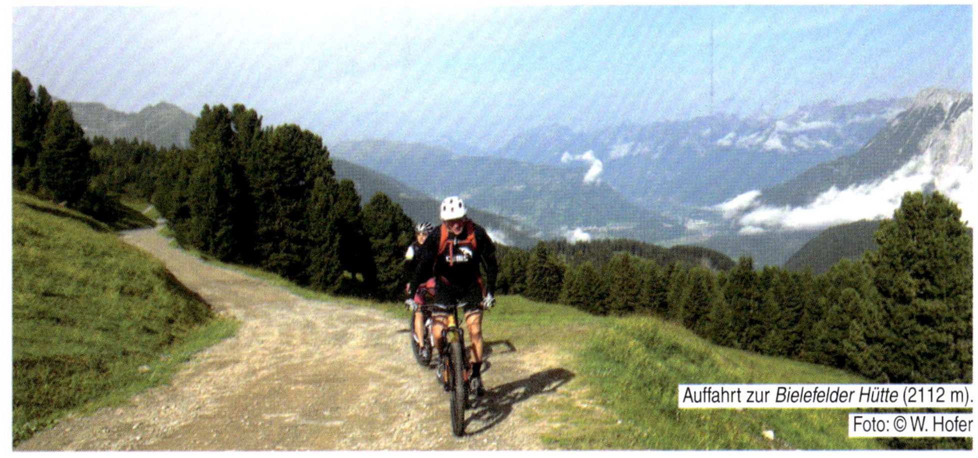

Auffahrt zur *Bielefelder Hütte* (2112 m).
Foto: © W. Hofer

005 MAISALM

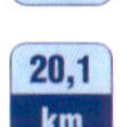

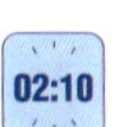

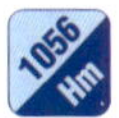

ANFAHRT – *Innsbruck – Roppen* 52 km: A12 Richtung *Bregenz,* Ausfahrt *Haiming / Ötztal,* weiter auf der Bundesstraße nach *Roppen,* die Innbrücke überqueren und links abbiegen zum *Roppener Bahnhof*

PARKMÖGLICHKEIT – Parkflächen in der Nähe vom Bahnhof in *Roppen*

START – beim Ghf. Stern, vom Bahnhof in Richtung Postamt und der Beschilderung zur *Maisalm* folgen

TOURENBESCHREIBUNG – 9,1 km und **907 Hm** sind von *Roppen* bis zur *Maisalm* auf Forstweg permanent bergauf ohne nennenswerte Schwierigkeiten zurückzulegen. Der Rückweg verläuft bis zur *Reichenbachalm* auf Forstweg 150 Hm bergauf und anschließend auf Karren- und Forstweg permanent bergab bis nach *Roppen.* Der Karrenweg nach der *Reichenbachalm* führt extrem steil bergab, deshalb ist die Tour in umgekehrter Richtung nicht zu empfehlen. Insgesamt sind **20,1 km** und **1056 Hm** auf dieser Rundtour zu bewältigen.

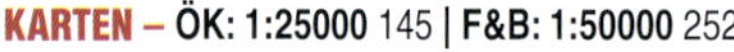

KARTEN – ÖK: 1:25000 145 | **F&B: 1:50000** 252

INFOS – Maisalm: im Sommer bewirtschaftete Almhütte; **Reichenbachalm:** unbewirtschaftete Almhütte

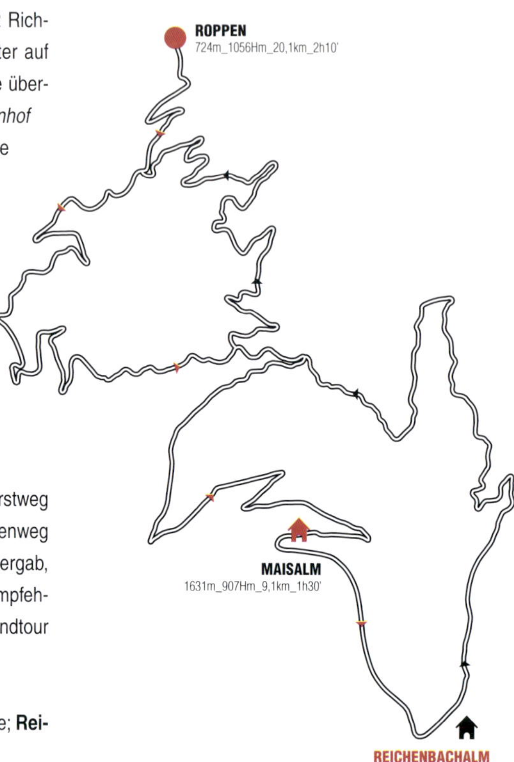

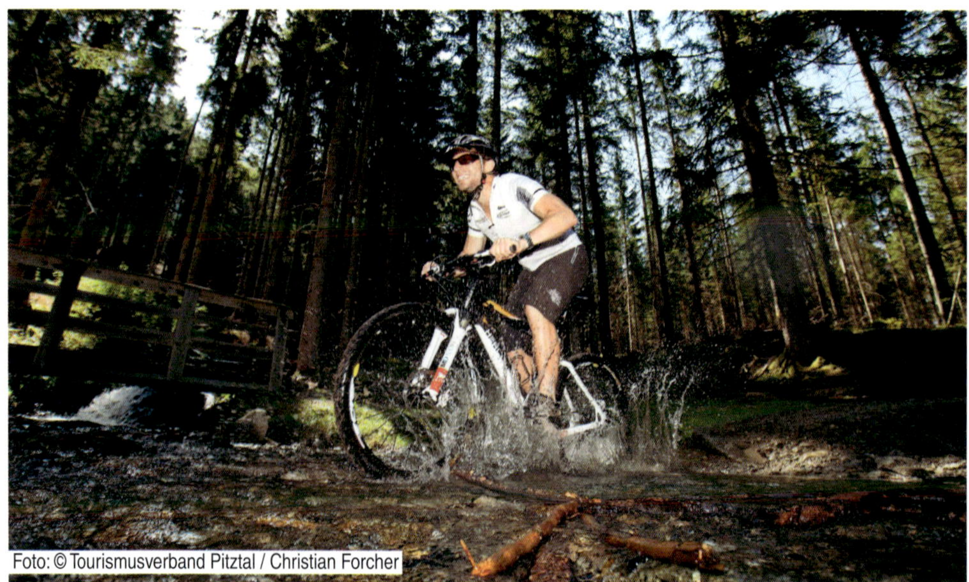

Foto: © Tourismusverband Pitztal / Christian Forcher

006 KARRER ALM

ANFAHRT – *Innsbruck – Roppen* 52 km: A12 Richtung *Bregenz,* Ausfahrt *Haiming / Ötztal,* weiter auf der Bundesstraße nach *Roppen,* die Innbrücke überqueren und links abbiegen zum *Roppener Bahnhof*

PARKMÖGLICHKEIT – Parkflächen in der Nähe vom Bahnhof in *Roppen*

START – bei der Parkmöglichkeit, von der Innbrücke Richtung *Imst,* nach 100 m rechts abbiegen und der Beschilderung Richtung Gewerbegebiet folgen, kurz vor dem *Roppener Tunnel* links abbiegen auf den Radwanderweg

TOURENBESCHREIBUNG –

10,5 km und **889 Hm** sind von *Roppen* über *Karres* bis zur *Karrer Alm* auf Asphalt und gut präpariertem Forstweg großteils bergauf zurückzulegen. Der Rückweg ist derselbe. Insgesamt sind **21 km** und **889 Hm** ohne nennenswerte Schwierigkeiten zu bewältigen.

KARTEN – ÖK: 1:25000 145 | **F&B: 1:50000** 252

INFOS – Karrer Alm: im Sommer bewirtschaftete Almhütte

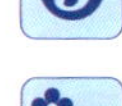
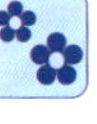
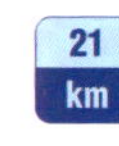
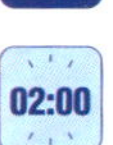

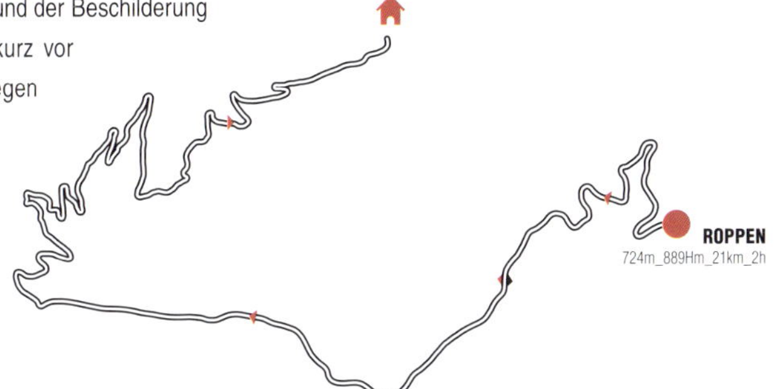

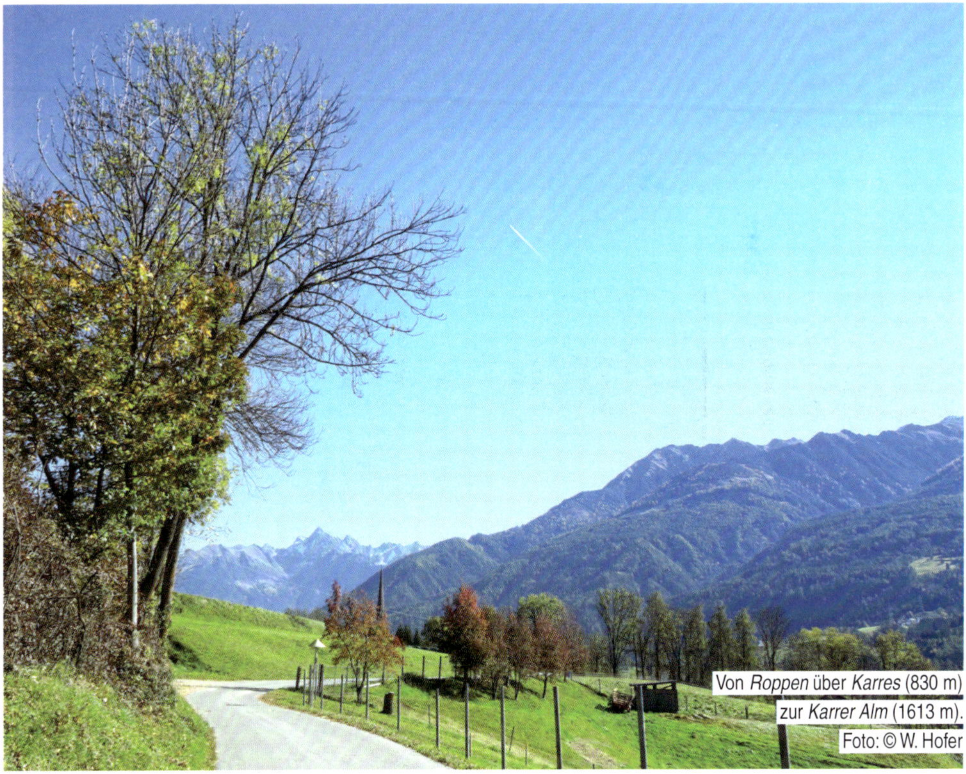

Von *Roppen* über *Karres* (830 m) zur *Karrer Alm* (1613 m). Foto: © W. Hofer

007 WENNER ALM

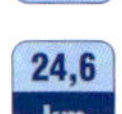

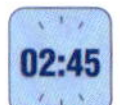

ANFAHRT – *Innsbruck – Waldele* 55 km: A12 Richtung *Bregenz,* Ausfahrt *Haiming / Ötztal,* weiter auf der Bundesstraße nach *Roppen,* die Innbrücke überqueren, durch die Unterführung, rechts abbiegen und weiter nach *Waldele*

PARKMÖGLICHKEIT – am Straßenrand nach der Ortschaft *Waldele*

START – beim *Ortstafelschild Waldele Ende,* bei der Ortsendetafel *Waldele* der Straße entlang Richtung Westen, anschließend links abbiegen und der Beschilderung bergauf nach *Hohenegg* folgen

TOURENBESCHREIBUNG – **12,7 km** und **1251 Hm** sind von *Waldele* über den *Ghf. Waldeck* und die *Vordere Wenner Alm* bis zur *Hinteren Wenneralm* auf Asphalt, Forstweg und Karrenweg großteils bergauf zurückzulegen. Der Forstweg nach der *Vorderen Wenner Alm* führt abschnittsweise extrem steil bergauf. Der Rückweg über *Wald* verläuft auf Karrenweg, Forstweg und Asphalt ohne nennenswerte Schwierigkeiten großteils bergab nach *Waldele.* Insgesamt sind **24,6 km** und **1251 Hm** auf dieser Rundtour zu bewältigen.

Variante Alternativroute A1: Bei Kilometer 8,8 rechts zur *Leiner Alm* abbiegen.

KARTEN – **ÖK: 1:25000** 145 | **F&B: 1:50000** 252

INFOS – **Ghf. Waldeck:** ganzjährig bewirtschafteter Ghf.; **Vordere Wenner Alm, Hintere Wenner Alm, Leiner Alm:** im Sommer bewirtschaftete Almhütten

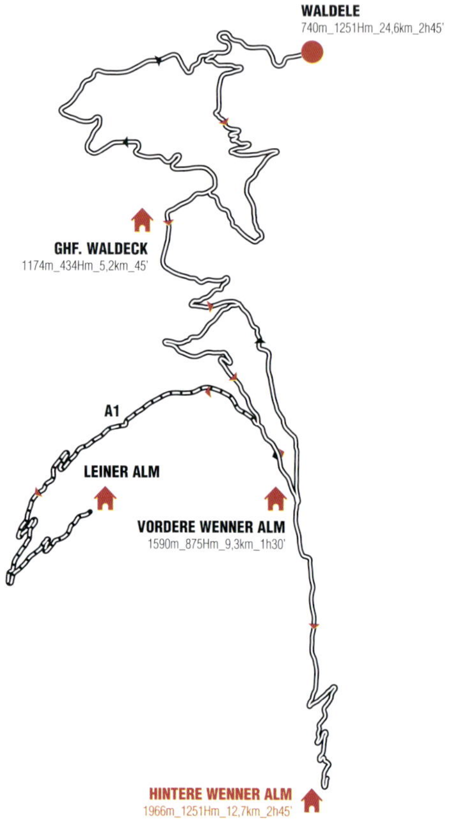

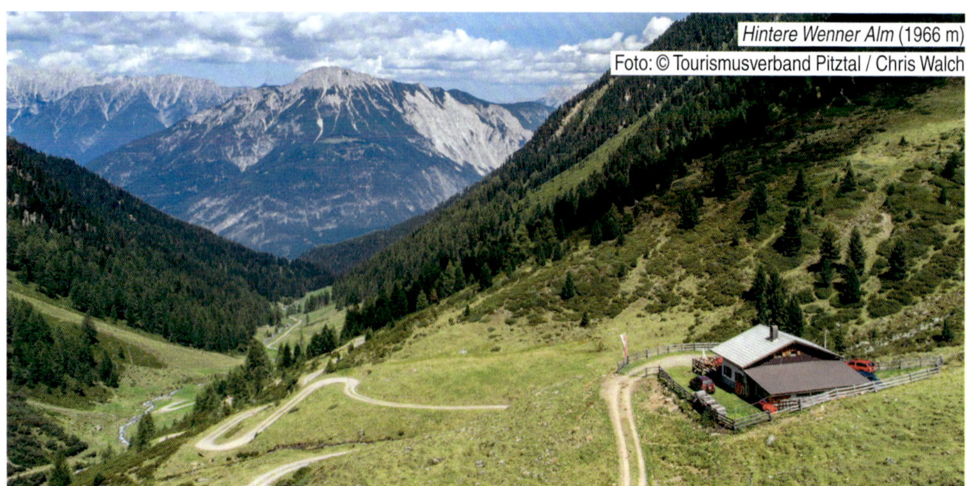

Hintere Wenner Alm (1966 m)
Foto: © Tourismusverband Pitztal / Chris Walch

008 LATSCHENHÜTTE

ANFAHRT – *Innsbruck – Imst* 60 km: A12 Richtung *Bregenz,* Ausfahrt *Imst,* weiter auf der Bundesstraße Richtung *Fernpass, Imsterberg* und *Hoch-Imst*

PARKMÖGLICHKEIT – in der Einkaufszone in *Imst*

START – beim Schuhgeschäft *Vögele,* von der Einkaufszone über das Zentrum von Imst weiter Richtung *Hoch-Imst,* anschließend in die Straße auf der gegenüberliegenden Straßenseite vom *Parkplatz Hoch-Imst* einbiegen und nach 100 m links bergauf weiter

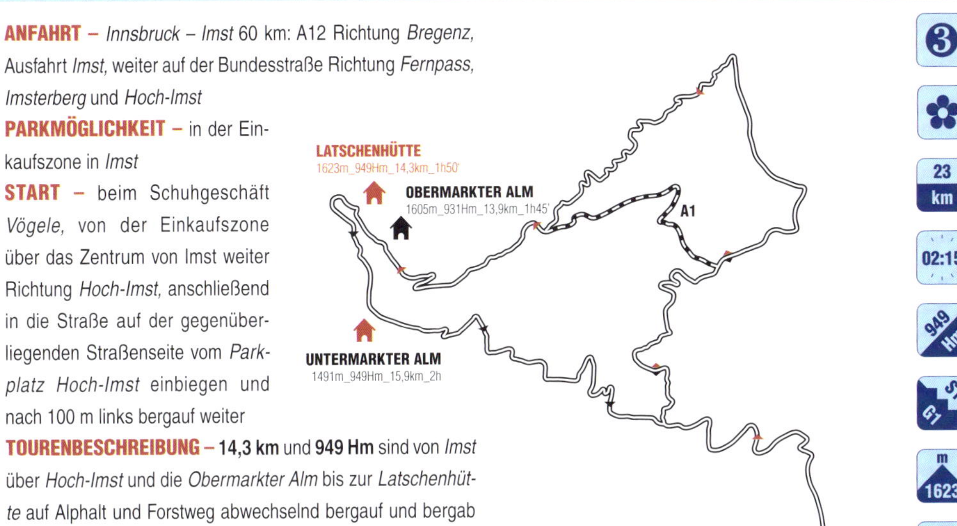

TOURENBESCHREIBUNG – 14,3 km und **949 Hm** sind von *Imst* über *Hoch-Imst* und die *Obermarkter Alm* bis zur *Latschenhütte* auf Alphalt und Forstweg abwechselnd bergauf und bergab zurückzulegen. Der Rückweg führt über die *Untermarkter Alm* auf Single Track, Forstweg und Asphalt permanent bergab bis *Imst.* Der 300 m lange Single Track nach der *Latschenhütte* ist für jeden Biker leicht zu bewältigen. Insgesamt sind **23 km** und **949 Hm** ohne nennenswerte Schwierigkeiten auf dieser Rundtour zurückzulegen.

Variante Alternativroute A1: Bei Kilometer 5,9 links abbiegen zur steileren Abkürzung Richtung *Latschenhütte.*

KARTEN – ÖK: 1:25000 115 / 145 | **F&B: 1:50000** 252

INFOS – Obermarkter Alm: unbewirtschaftete Almhütte; **Latschenhütte:** bewirtschaftet Mitte Mai bis Ende Oktober; **Untermarkter Alm:** ganzjährig bewirtschaftete Almhütte

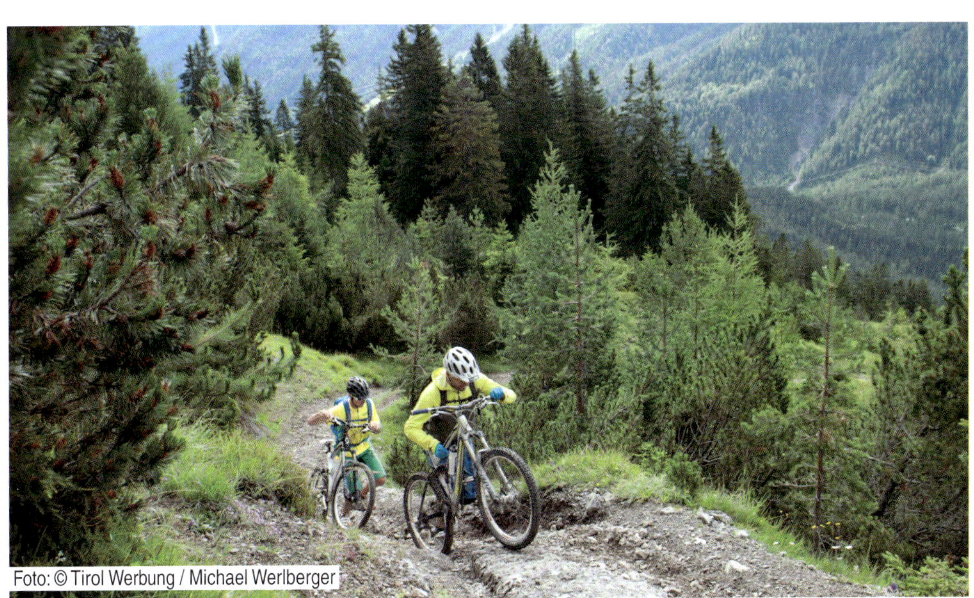

Foto: © Tirol Werbung / Michael Werlberger

009 VENETALM

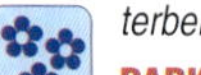

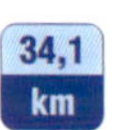

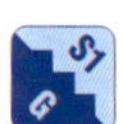

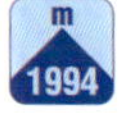

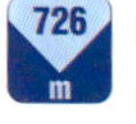

726 m

ANFAHRT – *Innsbruck* – *Imsterau* 65 km: A12 Richtung *Bregenz,* Ausfahrt *Imst-Au* und weiter nach *Imsterberg*

PARKMÖGLICHKEIT – beim *Bahnhof Imsterberg*

START – beim Bahnhof *Imsterau,* vom Bahnhof entlang der Landesstraße nach *Imsterberg* und dort weiter nach *Vorderspadegg*

TOURENBESCHREIBUNG – **12,7 km** und **1268 Hm** sind von *Imsterau* bis zur *Venetalm* auf Asphalt und Forstweg permanent bergauf zurückzulegen. Nach der *Venetalm* führen Forstweg und Asphalt 800 Hm bergab und anschließend wieder 400 Hm über den *Ghf. Plattenrain* bergauf. Der Rest des Rückwegs führt wieder auf Forstweg und Asphalt bergab und flach bis *Imsterau.* Insgesamt sind **34,1 km** und **1663 Hm** ohne nennenswerte Schwierigkeiten auf dieser Rundtour zu bewältigen.

Variante Alternativroute A1: Bei Kilometer 18,6 besteht die Möglichkeit links abzubiegen, um den Rückweg abzukürzen.

KARTEN – **ÖK: 1:25000** 145 | **F&B: 1:50000** 252

INFOS – **Venetalm:** im Sommer bewirtschaftete Almhütte; **Ghf. Plattenrain:** ganzjährig bewirtschafteter Ghf.

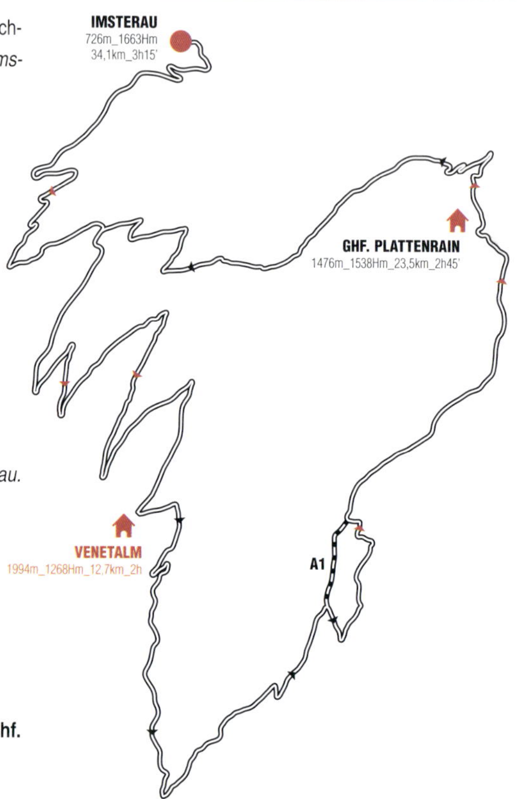

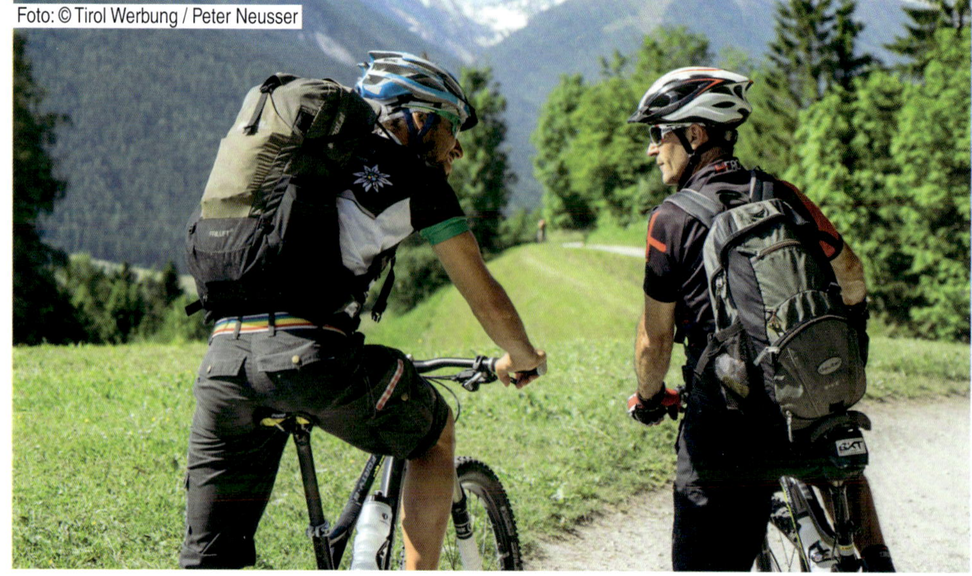

Foto: © Tirol Werbung / Peter Neusser

010 DIRSTENTRITTKREUZ

4

35,6 km

03:15

984 Hm

S1 G1

m 1820

836 m

ANFAHRT – *Innsbruck – Tarrenz* 61 km: A12 Richtung *Bregenz,* Ausfahrt *Imst,* weiter auf der B171 über *Imst,* anschließend weiter auf der B189 nach *Tarrenz*

PARKMÖGLICHKEIT – bei der *Shell-Tankstelle* am Beginn der Ortschaft *Tarrenz*

START – bei der Parkmöglichkeit, vom Parkplatz der Straße entlang ins Zentrum, dort der Beschilderung nach *Obertarrenz* folgen, in *Obertarrenz* links in den Single Track bergauf abbiegen

SCHWEINSTEINJOCH
1564m_984Hm_17,3km_2h35'

DIRSTENTRITTKREUZ
1820m_984Hm_13,5km_2h15'

NASSEREITH
838m_984Hm_25,9km_3h5'

SCHIHÜTTE
1671m_835Hm_10,5km_1h45'

SINNESBRUNN
1520m_684Hm_9,1km_1h30'

GHF. KAPPAKREUZ
1230m_394Hm_6,3km_1h

TARRENZ
836m_984Hm_35,6km_3h15'

TOURENBESCHREIBUNG – **13,5 km** und **984 Hm** sind von *Tarrrenz* über den *Ghf. Waldrast Kappakreuz, Sinnesbrunn* und *Schihütte* bis zum *Dirstentrittkreuz* auf Asphalt, breitem Single Track, gut präpariertem Forstweg und Karrenweg großteils bergauf zurückzulegen. Vom *Ghf. Waldrast Kappakreuz* bis zur *Schihütte* sind abschnittsweise extreme Anstiege zu bewältigen. Grobschottriger, loser Untergrund erschwert die Auffahrt zusätzlich. Der schmale Karrenweg von der *Schihütte* bis zum *Dirstentrittkreuz* führt abschnittsweise auf losem Untergrund durch exponiertes Gelände. Der Rückweg über das *Schweinsteinjoch* und *Nassereith* verläuft auf Karrenweg, Forstweg und Asphalt großteils bergab und flach bis *Tarrenz*. Vom *Schweinsteinjoch* führt der Forstweg durch das *Tegestal* abschnittsweise sehr steil bergab. Von *Nassereith* führt ein schöner Radwanderweg weiter bis *Tarrenz*. Insgesamt sind auf dieser Rundtour **35,6 km** und **984 Hm** zu bewältigen.

Tourverbindungen: 011 *Tarrentonalm,* 077 *Ehenbichler Alm*

KARTEN – **ÖK: 1:25000** 115 / 116 | **F&B: 1:50000** 252

INFOS – **Ghf. Kappakreuz:** im Sommer bewirtschafteter Ghf.; **Schihütte:** unbewirtschaftete Hütte

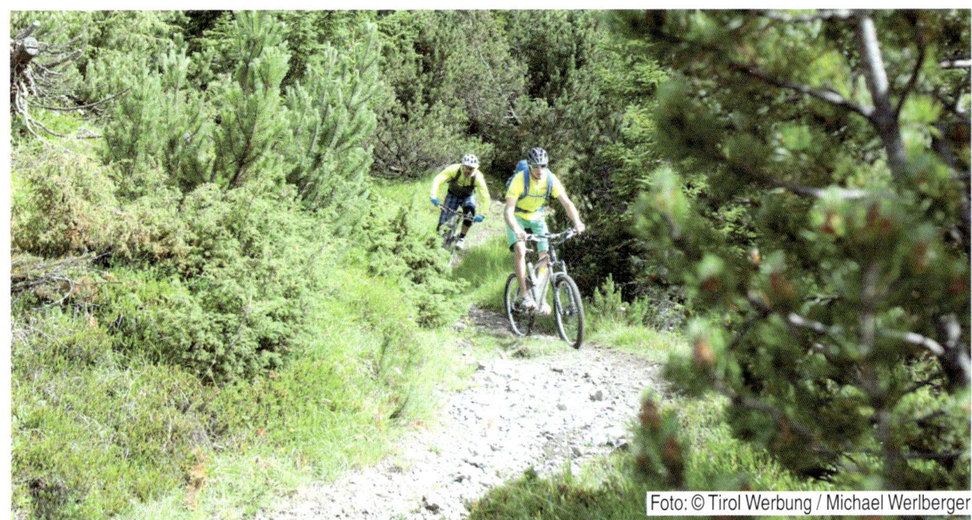

Foto: © Tirol Werbung / Michael Werlberger

011 TARRENTONALM

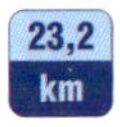

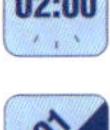

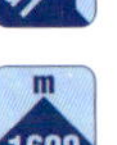

ANFAHRT – *Innsbruck* – *Nassereith* 51 km: A12 Richtung *Bregenz,* Ausfahrt *Mötz,* weiter auf der Bundesstraße B189 Richtung *Fernpass* und *Nassereith,* in *Nassereith* am Dorfbrunnen vorbei bis zum *ADEG* Lebensmittelgeschäft

PARKMÖGLICHKEIT – Parkplatz beim Lebensmittelgeschäft in *Nassereith*

START – am Dorfplatz beim Lebensmittelgeschäft, von *Nassereith* der Straße Richtung *Fernpass* folgen, nach 500 m vor der Tankstelle links abbiegen und anschließend der Beschilderung ins *Tegestal* folgen

TOURENBESCHREIBUNG – 11,6 km und **741 Hm** sind von *Nassereith* bis zur *Tarrentonalm* auf Asphalt und gut präpariertem Forstweg großteils bergauf zurückzulegen. Der Forstweg durch das *Tegestal* führt größtenteils extrem steil bergauf. Der Rückweg ist derselbe. Insgesamt sind **23,2 km** und **801 Hm** auf dieser Tour zu bewältigen

Tourverbindungen: 010 *Dirstentrittkreuz,* 077 *Ehenbichler Alm*

KARTEN – ÖK: 1:25000 115 / 116 **| F&B: 1:50000** 252

INFOS – Tarrentonalm: im Sommer bewirtschaftete Almhütte

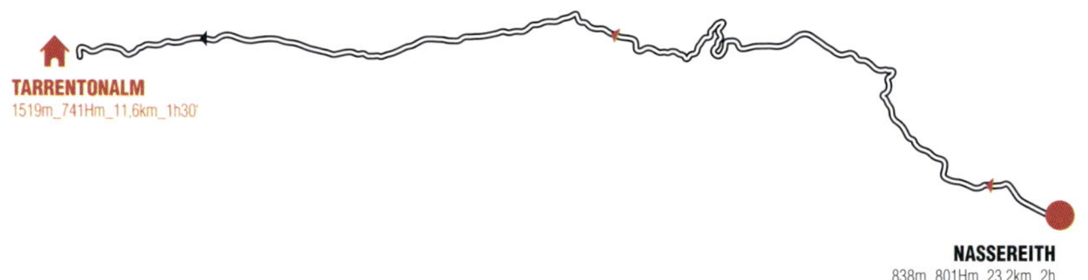

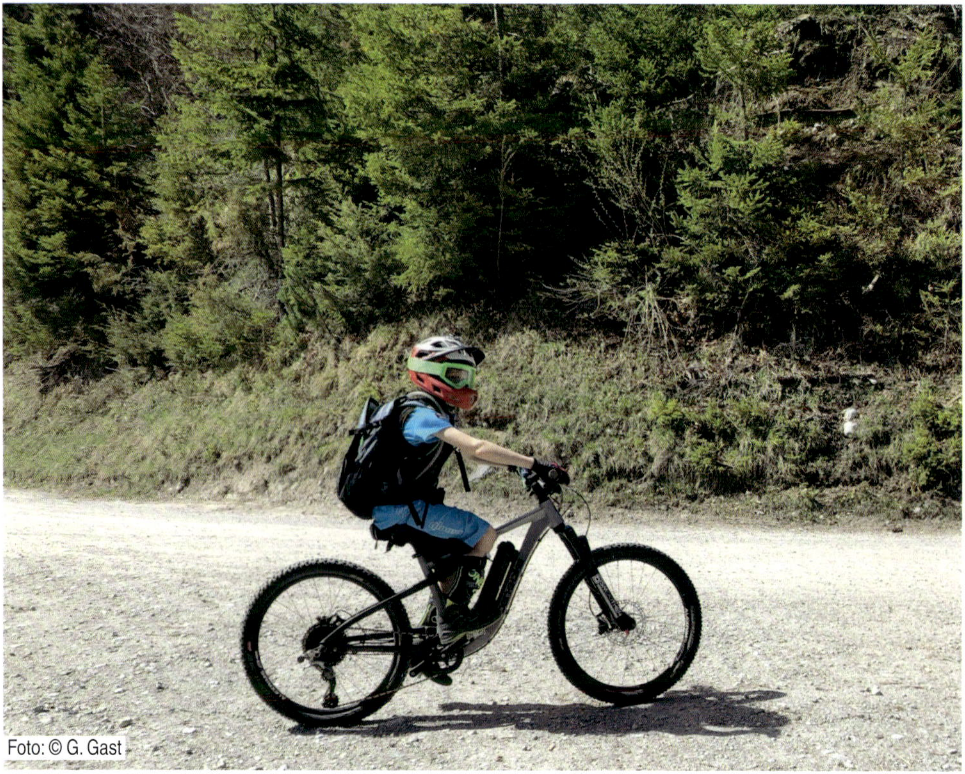

Foto: © G. Gast

012 HAIMINGER ALM

ANFAHRT – *Innsbruck – Nassereith* 49 km: A12 Richtung *Bregenz,* Ausfahrt *Mötz,* weiter auf der Bundesstraße B189 Richtung *Fernpass* und *Nassereith*

PARKMÖGLICHKEIT – am Straßenrand beim *A&B Kieswerk*

START – beim Zementwerk, durch die Unterführung zum Kieswerk und entlang dem Forstweg ins *Gurgeltal,* anschließend links abbiegen und der Beschilderung nach *Strad* folgen

TOURENBESCHREIBUNG –

13,8 km und **948 Hm** sind von *Nassereith* bis zur *Haiminger Alm* auf Forstweg großteils bergauf und abschnittsweise sehr steil bergauf zurückzulegen. Der Rückweg führt auf Forstweg, Karrenweg, Single Track und Asphalt größtenteils bergab sowie ein kurzes Stück flach und leicht bergauf zurück nach *Nassereith.* Der 1,8 km lange Single Track ist für geübte Biker leicht zu bewältigen. Insgesamt sind **30,7 km** und **1200 Hm** auf dieser Rundtour zurückzulegen.

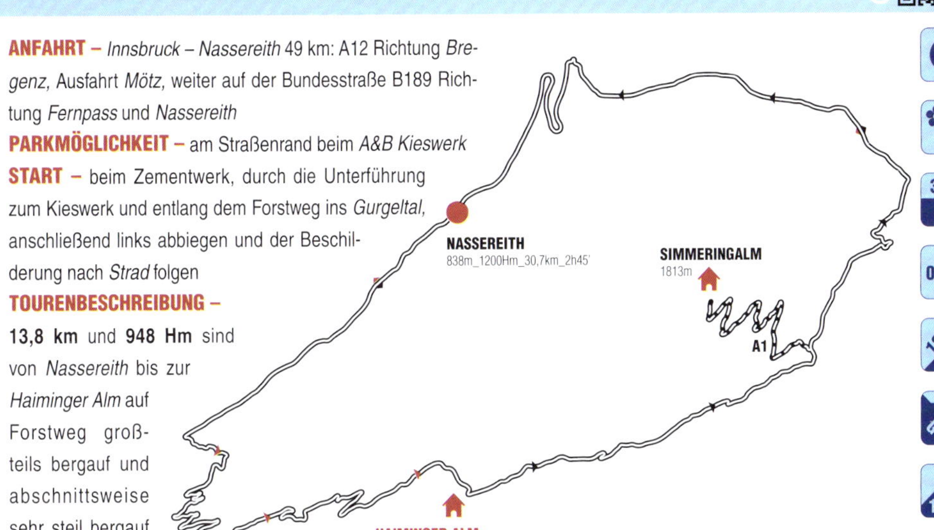

3

30,7 km

02:45

1200 Hm

S2 G1

m 1786

838 m

Tourverbindungen: 002 *Simmeringalm,* 003 *Lehnberghaus,* 014 *Marienbergjoch*

KARTEN – **ÖK: 1:25000** 115 / 116 | **F&B: 1:50000** 252

INFOS – **Haiminger Alm, Simmeringalm:** im Sommer bewirtschaftete Almhütten

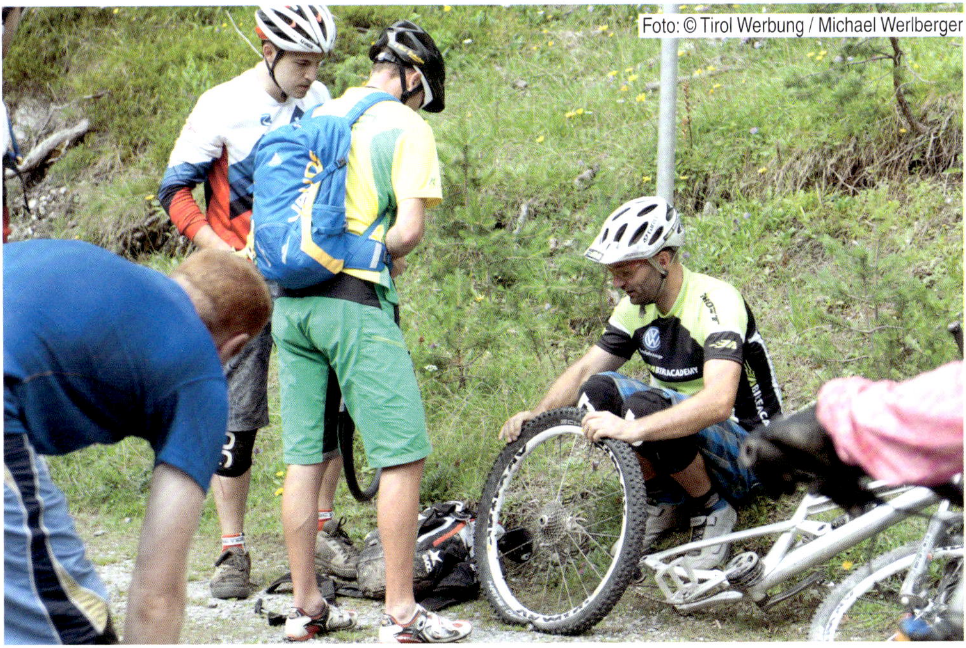

Foto: © Tirol Werbung / Michael Werlberger

013 NASSEREITHER ALM

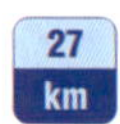

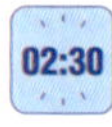

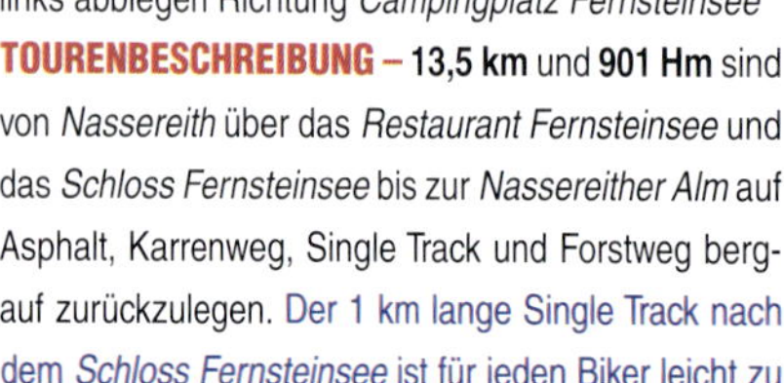

ANFAHRT – *Innsbruck* – *Nassereith* 51 km: A12 Richtung *Bregenz*, Ausfahrt *Mötz*, weiter auf der Bundesstraße B189 Richtung *Fernpass* und *Nassereith*, in *Nassereith* am Dorfbrunnen vorbei bis zum *ADEG* Lebensmittelgeschäft

PARKMÖGLICHKEIT – Parkplatz beim Lebensmittelgeschäft in *Nassereith*

START – im Zentrum von Nassereith beim Lebensmittelgeschäft, von *Nassereith* der Straße Richtung *Fernpass* folgen, anschließend rechts abbiegen zur *Fernpassbundesstraße*, von der *Fernpassbundesstraße* links abbiegen Richtung *Campingplatz Fernsteinsee*

TOURENBESCHREIBUNG – **13,5 km** und **901 Hm** sind von *Nassereith* über das *Restaurant Fernsteinsee* und das *Schloss Fernsteinsee* bis zur *Nassereither Alm* auf Asphalt, Karrenweg, Single Track und Forstweg bergauf zurückzulegen. Der 1 km lange Single Track nach dem *Schloss Fernsteinsee* ist für jeden Biker leicht zu bewältigen. Insgesamt sind **27 km** und **901 Hm** auf dieser Tour zurückzulegen.

Tourverbindungen: 014 *Marienbergjoch*

KARTEN – **ÖK: 1:25000** 115 / 116 | **F&B: 1:50000** 252

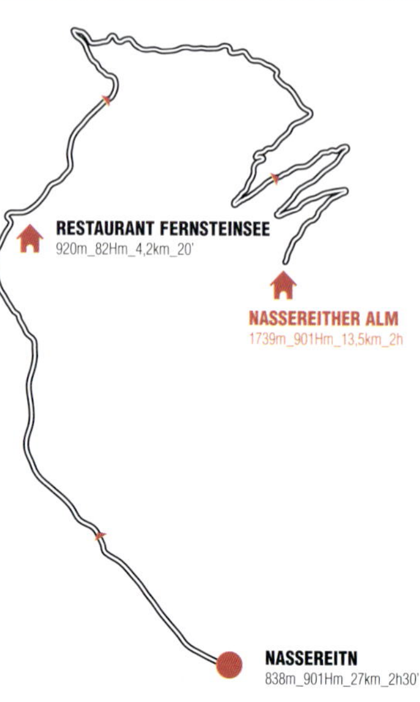

INFOS – **Restaurant Fernsteinsee:** ganzjährig bewirtschaftet; **Nassereither Alm:** im Sommer bewirtschaftete Almhütte

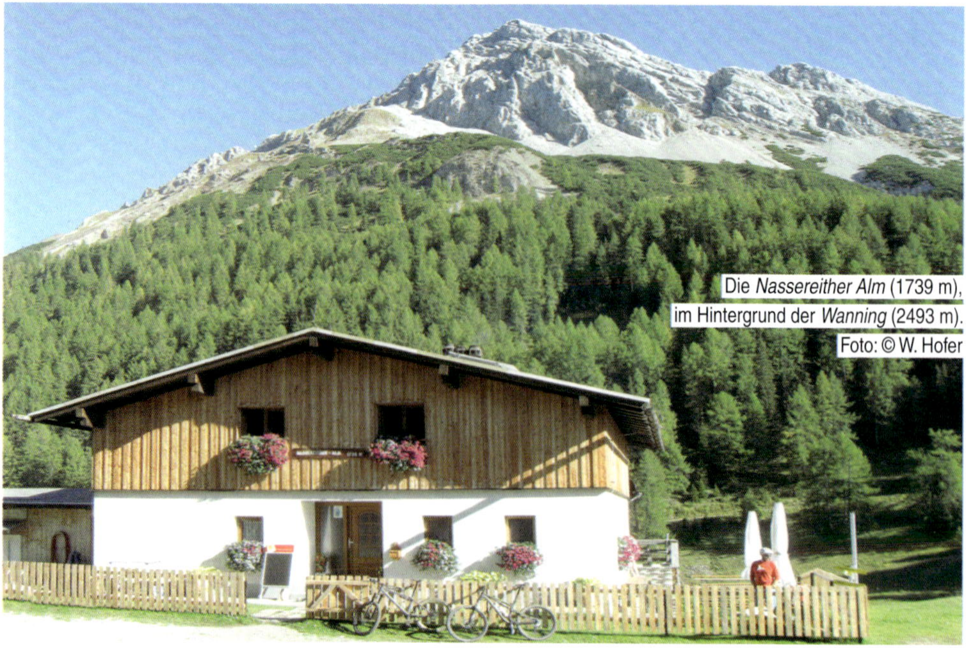

Die *Nassereither Alm* (1739 m), im Hintergrund der *Wanning* (2493 m). Foto: © W. Hofer

014 MARIENBERGJOCH

ANFAHRT – *Innsbruck* – *Roßbach* 51 km: A12 Richtung *Bregenz,* Ausfahrt *Mötz,* weiter auf der Bundesstraße B189 Richtung *Fernpass* und *Nassereith,* bei der Bushaltestelle rechts nach *Dormitz* abbiegen, an der *Kirche St. Nikolaus* vorbei weiter bis zum *Campingplatz Roßbach*

PARKMÖGLICHKEIT – *Campingplatz Roßbach* in *Nassereith*

START – beim *Campingplatz Roßbach,* vom *Campingplatz Roßbach* entlang der Straße Richtung Osten Richtung *Aschland,* 700 m nach der Ortsdurchfahrt links abbiegen der Beschilderung zur *Marienbergalm* folgen

TOURENBESCHREIBUNG – **9,9 km** und **914 Hm** sind von *Roßbach* über den *Ghf. Alpenblick* und die *Marienbergalm* bis zum *Marienbergjoch* auf Asphalt, gut präpariertem Forstweg und Karrenweg permanent bergauf zurückzulegen. Der Karrenweg nach der *Marienbergalm* führt abschnittsweise sehr steil zum *Marienbergjoch* hinauf. Der Rückweg über die *Marienberghütte,* den *Weißensee* und das *Schloss Fernsteinsee* verläuft auf Karrenwegen, Forstwegen, Single Tracks und Asphalt zurück nach *Roßbach.* Der Karrenweg nach der *Marienberghütte* führt 3 km sehr steil bergab und ist deshalb als technisch anspruchsvoll einzustufen. Der 300 m lange Single Track vor dem *Weißensee* ist für jeden Biker leicht zu bewältigen. Nach dem *Weißensee* erfolgt ein neuerlicher Anstieg von 219 Hm auf teilweise sehr steilem Karrenweg. Die anschließende Abfahrt zum *Schloss Fernsteinsee* auf Forstweg, Single Track und Karrenweg weist keine nennenswerten Schwierigkeiten auf. Insgesamt sind auf dieser Rundtour **30,2 km** und **1133 Hm** zu bewältigen.

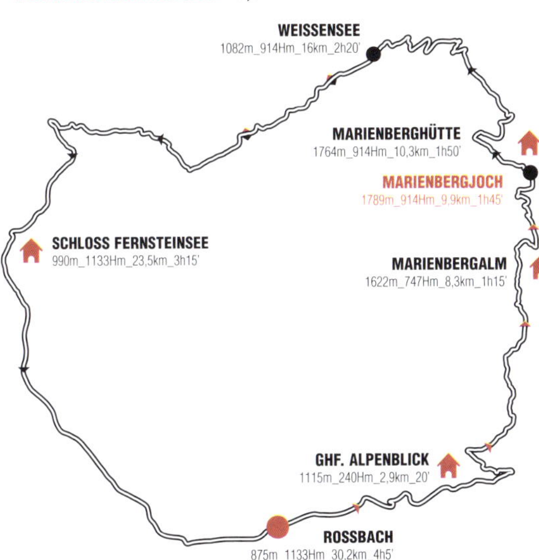

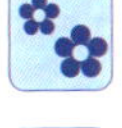
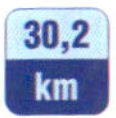

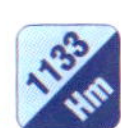

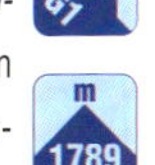

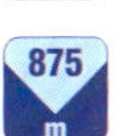

Tourverbindungen: 013 *Nassereither Alm,* 011 *Tarrentonalm,* 012 *Haiminger Alm,* 002 *Simmeringalm,* 010 *Dirstentrittkreuz,* 003 *Lehnberghaus*

KARTEN – **ÖK: 1:25000** 115 / 116 | **F&B: 1:50000** 252

INFOS – **Ghf. Alpenblick:** ganzjährig bewirtschafteter Ghf.; **Marienbergalm:** ganzjährig bewirtschaftete Almhütte; **Marienberghütte:** ganzjährig bewirtschaftete Schihütte

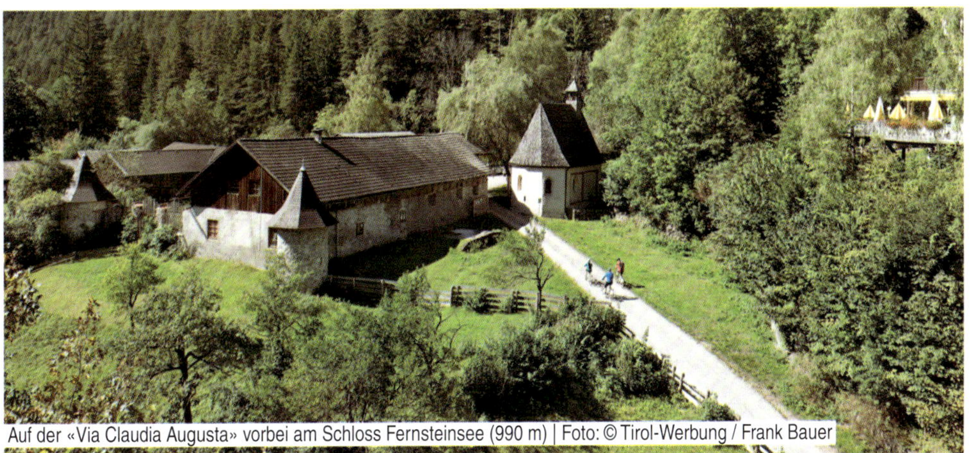
Auf der «Via Claudia Augusta» vorbei am Schloss Fernsteinsee (990 m) | Foto: © Tirol-Werbung / Frank Bauer

015 MERANZALM

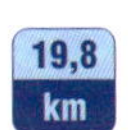

S1 G1

ANFAHRT – *Innsbruck – Zams* 70 km: A12 Richtung *Bregenz,* Ausfahrt *Zams / Landeck Ost,* anschließend der Beschilderung nach *Zams* folgen, die Innbrücke überqueren und vorbei am Kirchturm

PARKMÖGLICHKEIT – Parkplätze bei den *Venet-Bergbahnen* oder der *Rifenalbahn* in *Zams*

START – beim ehemaligen Bahnübergang, von *Zams* in Richtung *Zammerberg* und *Rifenalbahn,* dem Verlauf der Landesstraße geradeaus bergauf folgen, anschließend rechts in den Forstweg einbiegen und der Beschilderung zur *Meranzalm* folgen

TOURENBESCHREIBUNG – 9,9 km und **1150 Hm** sind von *Zams* über *Anreit* und die *Venethütte* bis zur *Meranzalm* auf Asphalt, gut präpariertem Forstweg und Karrenweg permanent bergauf zurückzulegen. Der Rückweg ist derselbe. Insgesamt sind **19,8 km** und **1150 Hm** ohne nennenswerte Schwierigkeiten zu bewältigen.

Tourverbindungen: 016 *Krahberg*

KARTEN – ÖK: 1:25000 145 | **F&B: 1:50000** 252

INFOS – Venethütte: unbewirtschaftete Almhütte; **Meranzalm:** im Sommer bewirtschaftete Almhütte

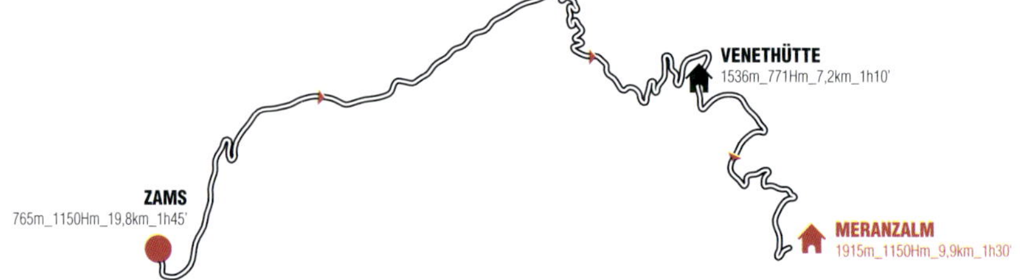

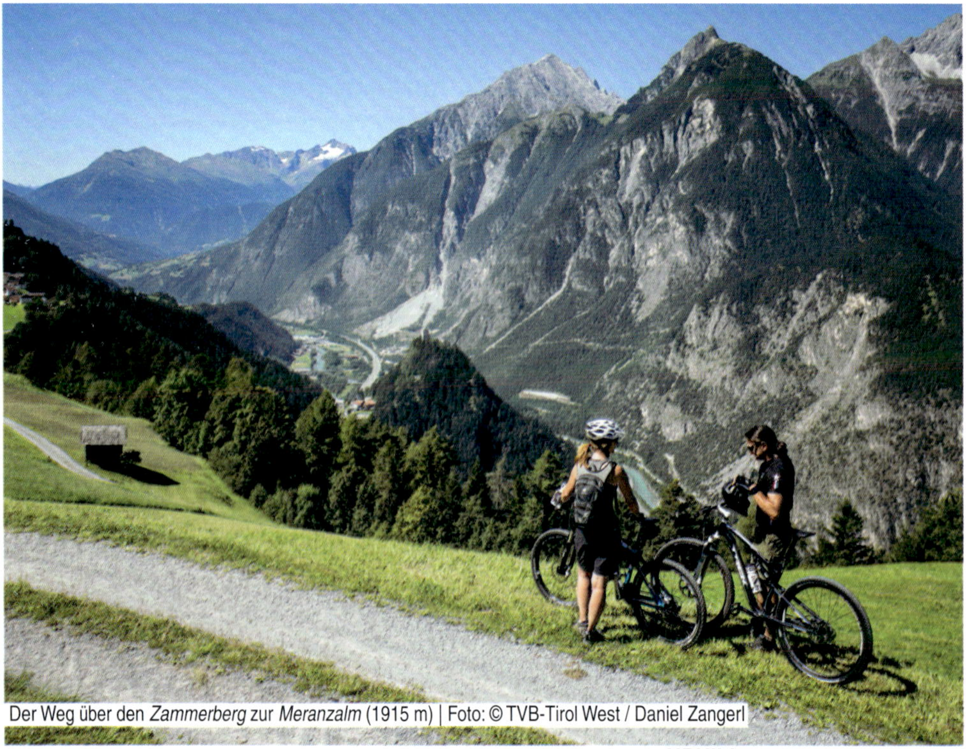

Der Weg über den *Zammerberg* zur *Meranzalm* (1915 m) | Foto: © TVB-Tirol West / Daniel Zangerl

016 KRAHBERG

ANFAHRT – *Innsbruck – Zams* 70 km: A12 Richtung *Bregenz,* Ausfahrt *Zams / Landeck Ost,* anschließend der Beschilderung nach *Zams* folgen, die Innbrücke überqueren und und vorbei am Kirchturm

PARKMÖGLICHKEIT – Parkplätze bei den *Venet-Bergbahn* in *Zams*

ZAMS
765m_1543Hm
29,4km_3h5'

A1

MERANZALM
1915m_1543Hm_19,5km_2h45'

LANGESBERGALM
1765m_1000Hm_10,1km_1h45'

ZAMMER SCHIHÜTTE
1740m_1000Hm_10,4km_1h48'

GHF. KRAHBERG
2202m_1477Hm_16,4km_2h15'

START – beim ehemaligen Bahnübergang, in *Zams* der Straße bergauf nach *Zammerberg,* unmittelbar vor dem Ortsendeschild *Anreit* links in den Forstweg abbiegen, der Beschilderung zum *Krahberg* folgen

TOURENBESCHREIBUNG – 16,4 km und **1477 Hm** sind von *Zams* über die *Zammer Alm* und die *Zammer Schihütte* bis zum *Ghf. Krahberg* zurückzulegen. Von *Zams* verläuft die Tour auf Asphalt und Forstweg bis zur *Zammer Alm* permanent bergauf und nach der *Zammer Alm* bis zur *Zammer Schihütte* bergab. Von der *Zammer Schihütte* führt ein 200 m langer Single Track, der für jeden Biker leicht fahrbar ist, bergab. Anschließend verläuft die Tour auf Forstwegen, Single Tack und Karrenweg bergauf zum *Ghf. Krahberg.* Achtung! Der Single Track 1,7 km nach der *Zammer Schihütte* zweigt 50 m nach einer Linkskehre vom Forstweg rechts ab und ist leicht zu verfehlen, aber für jeden Biker leicht fahrbar. Der letzte Anstieg auf Karrenweg zum *Ghf. Krahberg* ist großteils extrem steil. Das einmalige Panorama der *Westtiroler Bergwelt* ist vom *Ghf. Krahberg* im *Venetmassiv* an klaren Tagen besonders gut zu sehen. Diese Aussicht entschädigt den zum Schluss steilen, schweißtreibenden Anstieg. Vom *Ghf. Krahberg* bis zur *Meranzalm* sind 3,1 km und 66 Hm auf Karrenweg und Single Track abwechselnd bergab und berauf zurückzulegen. Dieser Single Track ist bis zur Weggabelung bei km 17,9 zur Gänze und von dort hinunter zur *Meranzalm* zu 80% für geübte Trialbiker befahrbar. Ungeübte Biker müssen für diesen Abschnitt einen Fußmarsch von 30 Minuten einplanen oder fahren über die *Alternativroute A1* zurück nach *Zams.* Der Rückweg von der *Meranzalm* über die *Venethütte* und *Anreit* führt auf Karrenweg, gut präpariertem Forstweg und Asphalt permanent bergab bis *Zams.* Insgesamt sind auf dieser Rundtour **29,4 km** und **1543 Hm** zu bewältigen.

Tourverbindungen: 015 *Meranzalm,* 019 *Goglesalm*

KARTEN – ÖK: 1:25000 144 / 145 | **F&B: 1:50000** 252

INFOS – Zammer Alm, Meranzalm: im Sommer bewirtschaftete Almhütten; **Zammer Schihütte, Ghf. Krahberg:** ganzjährig bewirtschaftete Bergghf.

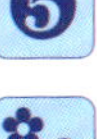

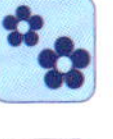

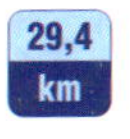

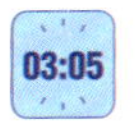

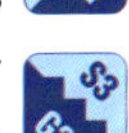

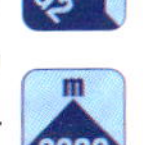

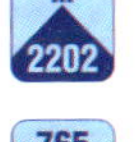

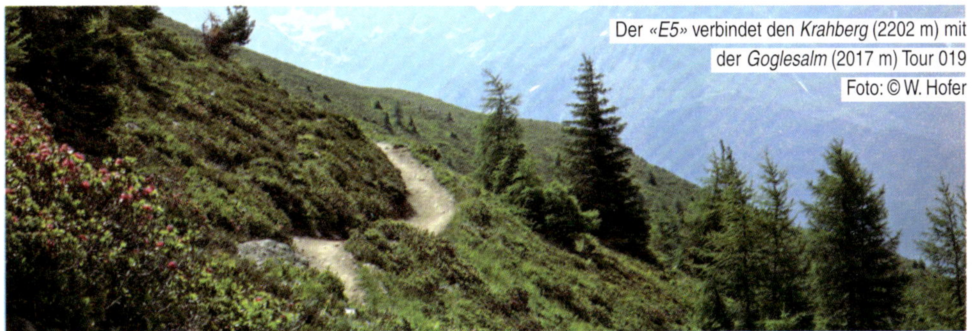

Der *«E5»* verbindet den *Krahberg* (2202 m) mit der *Goglesalm* (2017 m) Tour 019
Foto: © W. Hofer

017 SILBERHÜTTE

29,1 km

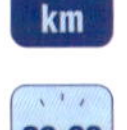

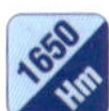

S1 G1

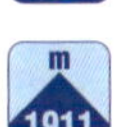

750 m

ANFAHRT – *Innsbruck – Zams* 70 km: A12 Richtung *Bregenz,* Ausfahrt *Zams / Landeck Ost,* anschließend der Beschilderung Richtung *Imst* folgen, nach dem Straßentunnel links in die Unterführung zum *Schotterwerk Prantauer* abbiegen, nach der Kurve rechts Richtung *Alfuz*

PARKMÖGLICHKEIT – bei der Kreuzung Richtung *Alfuz* nach der Autobahnunterführung auf der rechten Straßenseite

START – bei der Parkmöglichkeit, vom Startpunkt der Beschilderung zur *Steinseehütte* folgen und nach 100 m am linken Forstweg bergauf weiter, anschließend dem Straßenverlauf folgen und der Linkskurve entlang zum *Silbersattel*

TOURENBESCHREIBUNG – 9,9 km und **1161 Hm** sind von *Zams* bis zur *Silberhütte* auf Asphalt, gut präpariertem Forstweg und Karrenweg permanent bergauf und ohne nennenswerte Schwierigkeiten zurückzulegen. Der Rückweg ist derselbe. Insgesamt sind auf dieser Tour **19,8 km** und **1161 Hm** zu bewältigen.

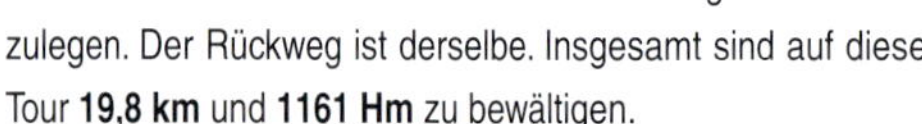

8,4 km und **920 Hm** sind von *Zams* über die *Alfutzalm* und die *Vorderstarkalm* bis zur *Materialseilbahn Steinseehütte* auf Asphalt, Forstweg und Karrenweg großteils bergauf zurückzulegen. Der Karrenweg von der *Alfutzalm* hinauf zum *Dach der Tour* ist sehr grobschottrig und überwiegend extrem steil. Der Rückweg ist derselbe. Insgesamt sind **16,9 km** und **920 Hm** zu bewältigen.

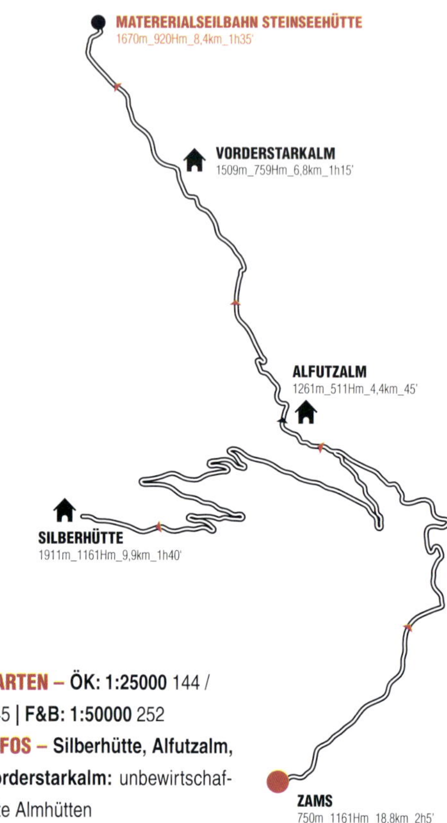

KARTEN – ÖK: 1:25000 144 / 145 | **F&B: 1:50000** 252

INFOS – Silberhütte, Alfutzalm, Vorderstarkalm: unbewirtschaftete Almhütten

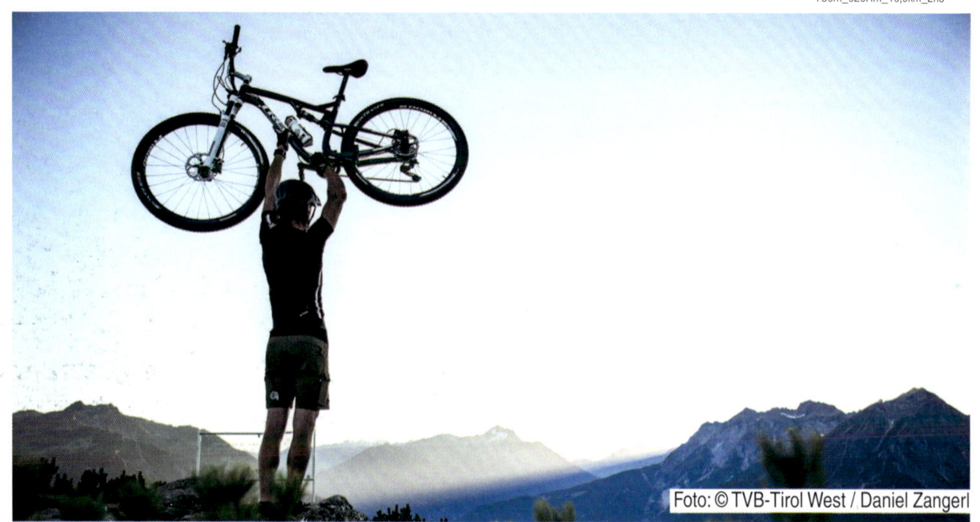
Foto: © TVB-Tirol West / Daniel Zangerl

018 FLATHALM

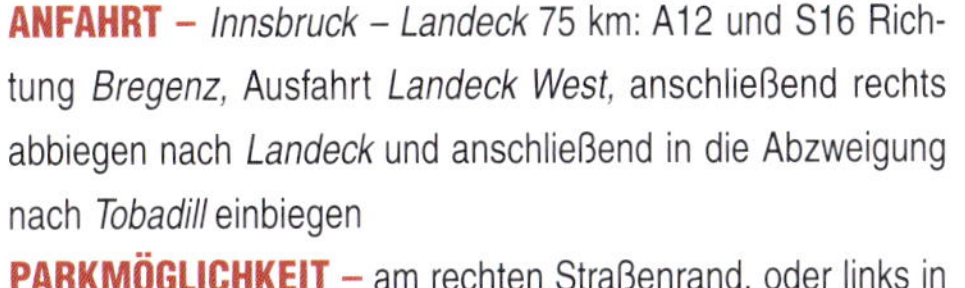

ANFAHRT – *Innsbruck – Landeck* 75 km: A12 und S16 Richtung *Bregenz,* Ausfahrt *Landeck West,* anschließend rechts abbiegen nach *Landeck* und anschließend in die Abzweigung nach *Tobadill* einbiegen

PARKMÖGLICHKEIT – am rechten Straßenrand, oder links in der Nähe der Handelsschulen in *Landeck*

START – bei der Kirche, der Landestraße von *Landeck* nach *Tobadill* folgen, beim *Sägewerk Zangerl* links abbiegen und dort bergauf weiter

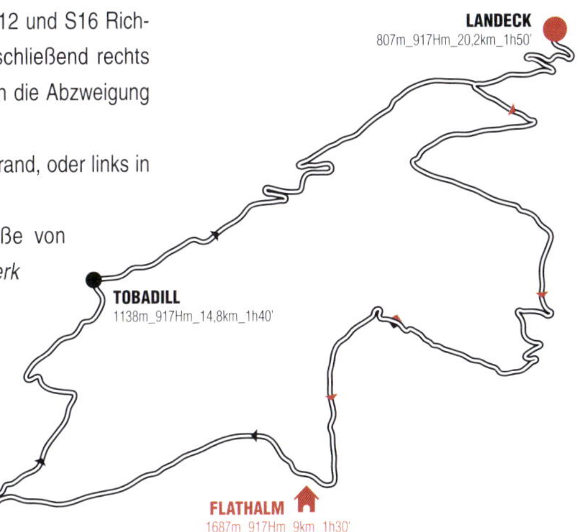

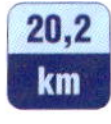

TOURENBESCHREIBUNG – 9 km und **917 Hm** sind von *Landeck* auf Asphalt, Forstweg und Single Track großteils bergauf zurückzulegen. Dieser 900 m lange, schmale Single Track führt anfangs großteils bergauf und ist daher nicht befahrbar. Für diesen Abschnitt ist ein Fußmarsch von 7 Minuten einzuplanen. Der Rest des Single Tracks verläuft leicht ansteigend einem Rinnsal entlang und ist für geübte Biker mit Trialkenntnissen befahrbar.

Der Rückweg über *Tobadill* verläuft auf Forstweg und Asphalt bergab und flach ohne nennenswerte Schwierigkeiten bis *Landeck*. Insgesamt sind auf dieser Rundtour **20,2 km** und **917 Hm** zu bewältigen.

KARTEN – ÖK: 1:25000 144 | **F&B: 1:50000** 252

INFOS – Flathalm: im Sommer bewirtschaftete Almhütte

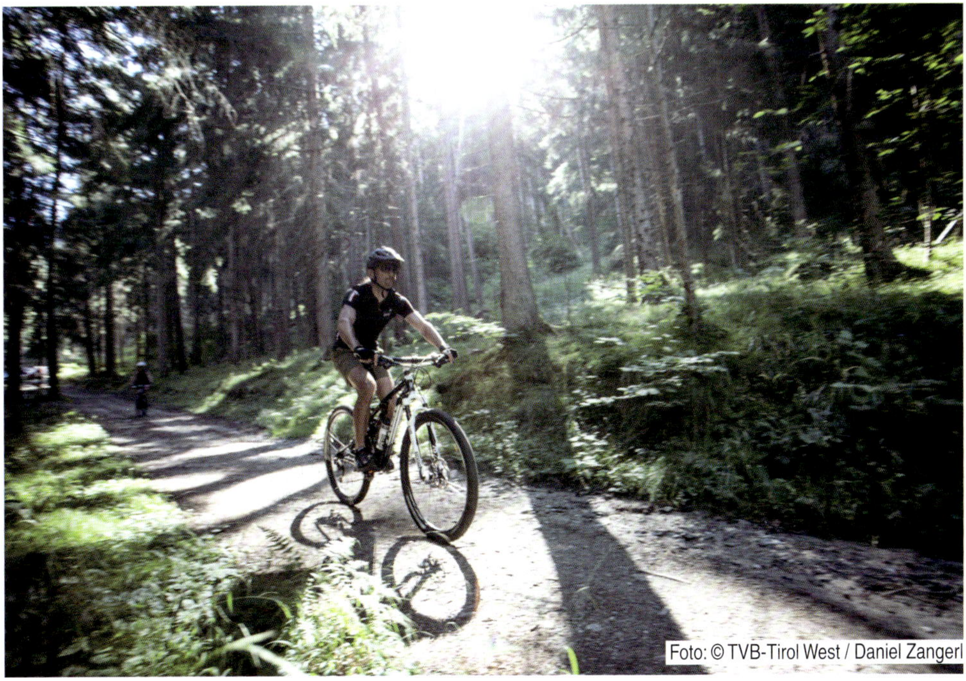

Foto: © TVB-Tirol West / Daniel Zangerl

019 GOGLESALM

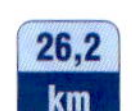

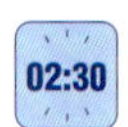

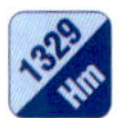

m
2017

ANFAHRT – *Innsbruck - Neuer Zoll* 80 km: A12 und S16 Richtung *Bregenz,* auf die B180 nach *Meran* abbiegen, nach dem Tunnel rechts Richtung *Fließ* bis nach *Neuer Zoll*

PARKMÖGLICHKEIT – vor dem ehemaligen *Gasthof Neuenzoll*

START – bei der Abzweigung nach *Fließ,* der Landesstraße Richtung Norden bergauf Richtung *Fließ* folgen, im Zentrum von *Fließ* vor der Dorfkirche rechts abbiegen und der Beschilderung nach *Piller* folgen

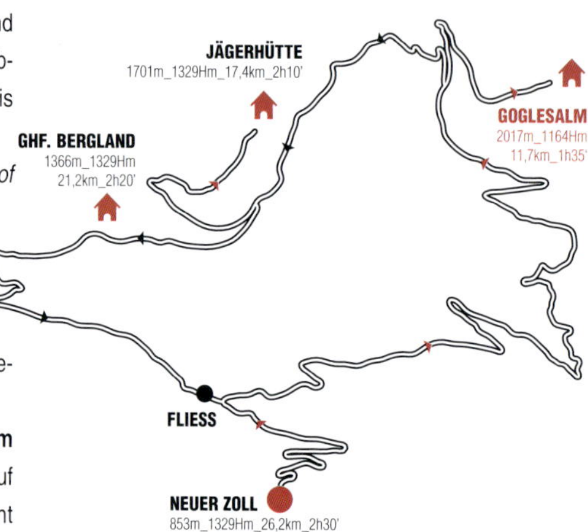

TOURENBESCHREIBUNG – 11,7 km und **1164 Hm** sind von *Neuer Zoll* über *Fließ* bis zur *Goglesalm* auf Asphalt und gut präpariertem Forstweg permanent bergauf ohne nennenswerte Schwierigkeiten zurückzulegen. Der Rückweg über die *Jägerhütte* und den *Ghf. Bergland* führt auf Forstwegen, Single Track und Asphalt bergab und bergauf zurück nach *Neuer Zoll.* Der 800 m lange Single Track ab Kilometer 13,2 ist für geübte Biker mit Trialerfahrung zur Gänze befahrbar. Ungeübte Biker müssen für diesen Abschnitt einen Fußmarsch über leicht begehbares Gelände von 10 Minuten einplanen. Der anschließende Karrenweg führt abschnittsweise sehr steil bergab. Wer sich den neuerlichen Anstieg von 165 Hm zur *Jägerhütte* ersparen will, fährt gleich bei Kilometer 15,6 links permanent bergab auf dem Rückweg nach *Neuer Zoll.* Insgesamt sind auf dieser Rundtour **26,2 km** und **1329 Hm** zu bewältigen.

Tourverbindungen: 016 *Krahberg,* 021 *Aifneralm*

KARTEN – ÖK: 1:25000 145 | **F&B: 1:50000** 252

INFOS – Goglesalm, Jägerhütte: im Sommer bewirtschaftete Almhütten; **Ghf. Bergland:** ganzjährig bewirtschafteter Ghf.

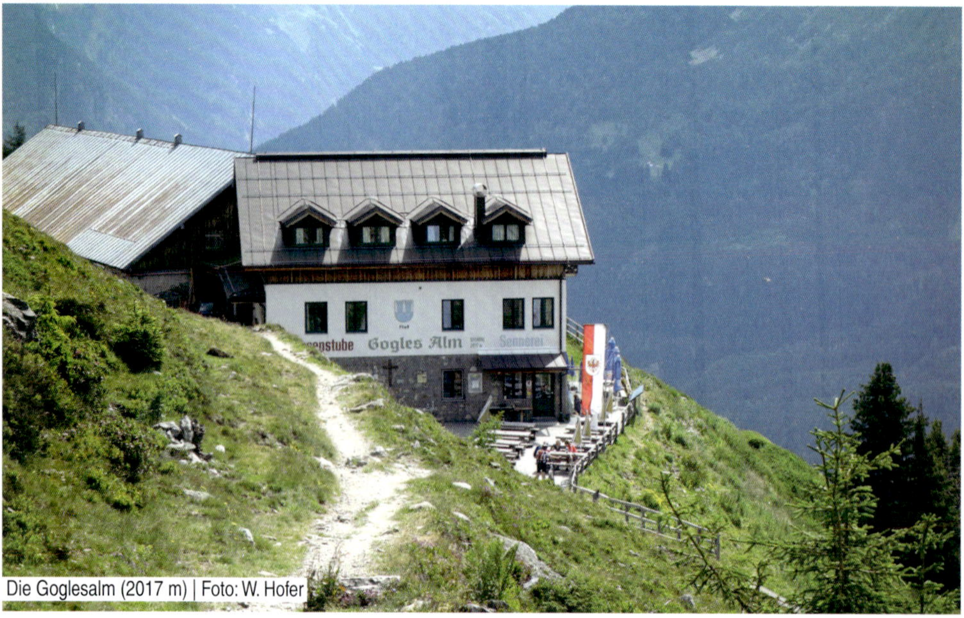

Die Goglesalm (2017 m) | Foto: W. Hofer

020 SCHÖNJÖCHL

ANFAHRT – *Innsbruck – Prutz* 87 km: A12 und S16 Richtung *Bregenz,* auf die B180 nach *Meran* abbiegen, anschließend der Beschilderung Richtung *Reschenpass* nach *Prutz* bis zur Abzweigung ins *Kaunertal* folgen

PARKMÖGLICHKEIT – in der Nähe der Tourismusinformation in *Prutz*

START – auf der Innbrücke, die *Innbrücke* überqueren und rechts abbiegen, am Flußufer entlang am *Camping Prutz* vorbei und links abbiegen Richtung *Asterhöfen*

TOURENBESCHREIBUNG – 20,2 km und **1654 Hm** sind von *Prutz* über den *Ghf. Steinegg* bis zum *Ghf. Schönjöchl* auf Asphalt und gut präparierten Forstwegen bergauf und bergab zurückzulegen. Die Asphaltstraße von *Prutz* zu den *Asterhöfen* führt teilweise sehr steil bergauf. Der Rest des Aufstiegs ist ohne nennenswerte Schwierigkeiten zu bewältigen. Der Rückweg über die *Fisser Alm* führt großteils auf Forstwegen und Asphalt bergab und flach zurück nach *Prutz*. Es sind keine nennenswerten Schwierigkeiten zu erwarten. Insgesamt sind auf dieser Rundtour **40,6 km** und **1654 Hm** zu bewältigen.

Tourverbindungen: 025 *Hexenseehütte*

KARTEN – ÖK: 1:25000 144 / 145 | **F&B: 1:50000** 252

INFOS – Ghf. Steinegg, Ghf. Schönjöchl: ganzjährig bewirtschafteter Ghf.; **Fisser Alm:** im Sommer bewirtschaftete Almhütte

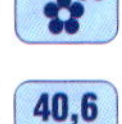

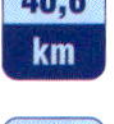

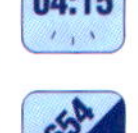

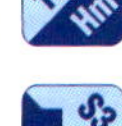

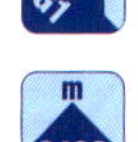

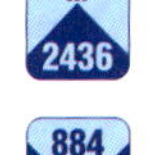

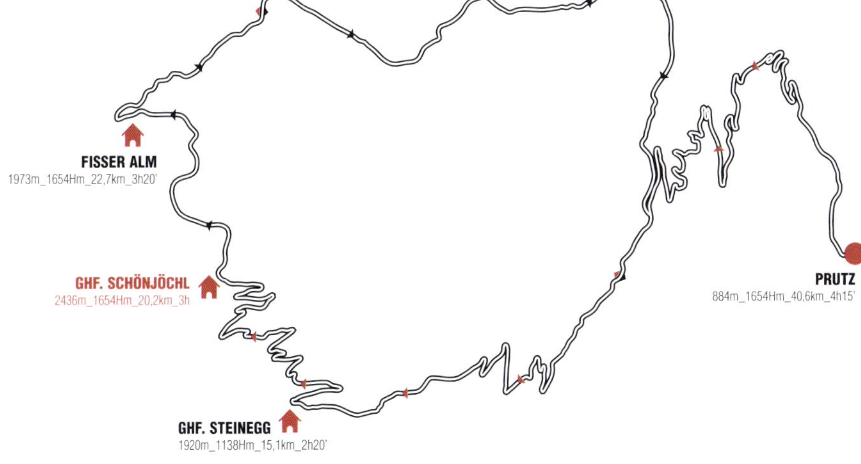

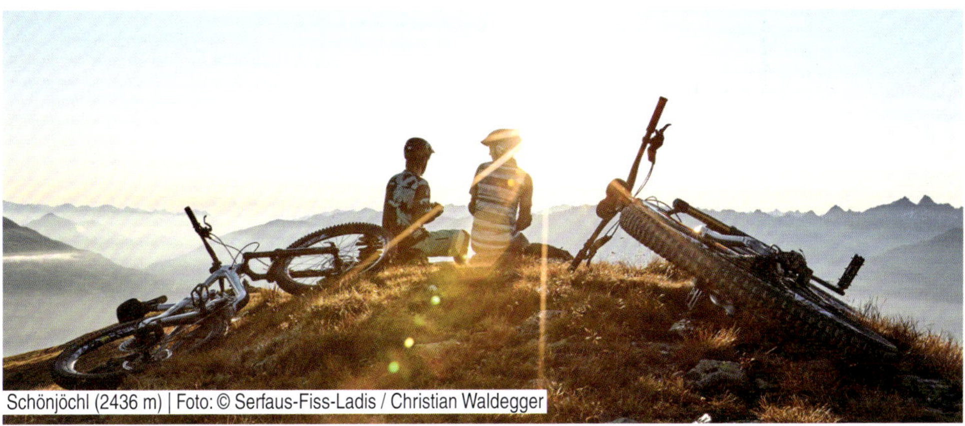

Schönjöchl (2436 m) | Foto: © Serfaus-Fiss-Ladis / Christian Waldegger

021 AIFNERALM

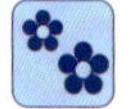

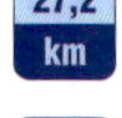

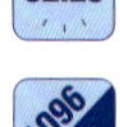

ANFAHRT – *Innsbruck – Faggen* 88 km: A12 und S16 Richtung *Bregenz,* auf die B180 nach *Meran* abbiegen, anschließend der Beschilderung Richtung *Reschenpass* nach *Prutz,* dort bei der ampelgeregelten Kreuzung links abbiegen ins Zentrum und der Beschilderung nach *Faggen* folgen

PARKMÖGLICHKEIT – in *Faggen* in der Nähe von Bach und Brücke auf der rechten Straßenseite

START – bei der Parkmöglichkeit, der Straße entlang am Gemeindeamt vorbei, jetzt rechts bergauf in die Serpentinenstraße abbiegen, der Beschilderung nach *Puschlin* folgen

TOURENBESCHREIBUNG – 14,9 km und **1096 Hm** sind von *Faggen* über den *Ghf. Alpenrose* bis zur *Aifneralm* auf Asphalt und gut präparierten Forstwegen großteils bergauf zurückzulegen. Der Rückweg über *Kauns* verläuft auf Forstwegen und Asphalt bis *Faggen.* Insgesamt sind auf dieser Rundtour **27,2 km** und **1096 Hm** ohne nennenswerte Schwierigkeiten zu bewältigen.

Tourverbindungen: 019 *Goglesalm,* 047 *Falkaunsalm*

KARTEN – ÖK: 1:25000 145 | **F&B: 1:50000** 252

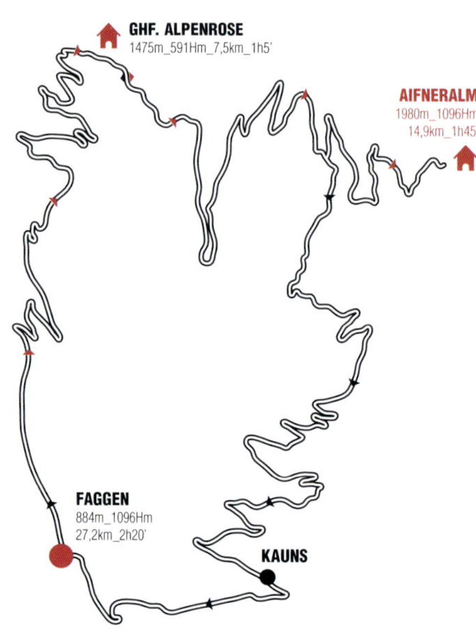

INFOS – Ghf. Alpenrose: ganzjährig bewirtschafteter Ghf.; **Aifneralm:** im Sommer bewirtschaftete Almhütte

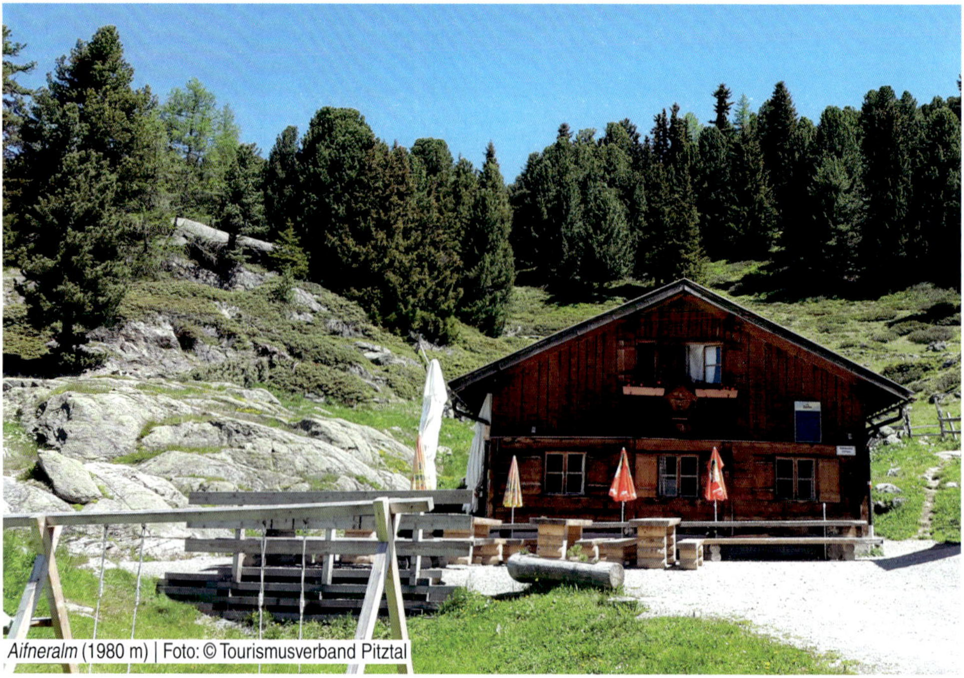

Aifneralm (1980 m) | Foto: © Tourismusverband Pitztal

022 STALANZALM

ANFAHRT – *Innsbruck – Ried* 89 km: A12 und S16 Richtung *Bregenz,* auf die B180 nach *Meran* abbiegen, anschließend der Beschilderung Richtung *Reschenpass* nach *Ried* folgen

PARKMÖGLICHKEIT – bei der *Loretokapelle* in *Ried*

START – beim Lebensmittelgeschäft, dem Straßenverlauf taleinwärts folgen und vorbei an der Ortsendetafel *Ried,* anschließend rechts abbiegen Richtung *Freitzberg* und *Staföllalm,* beim nächsten Abzweig rechts abbiegen zur *Anton-Renk-Hütte*

TOURENBESCHREIBUNG – 10,9 km und **1055 Hm** sind von *Ried* bis zur *Stalanzalm* auf Asphalt und Forstweg permanent bergauf zurückzulegen. Achtung! Die letzen 2,3 km vor der *Stalanzalm* führt der Forstweg extrem steil bergauf. Der Rückweg ist derselbe. Insgesamt sind **21,8 km** und **1055 Hm** zu bewältigen.

Variante Alternativroute A1: Bei Kilometer 6 rechts abbiegen zur bewirtschafteten *Bichlialm.*

Tourverbindungen: 023 *Staföllalm,* 024 *Fendler Alm*

KARTEN – ÖK: 1:25000 145 | **F&B: 1:50000** 253

INFOS – Stalanzalm: im Sommer bewirtschaftete Almhütte; **Bichlialpe:** unbewirtschaftete Almhütte

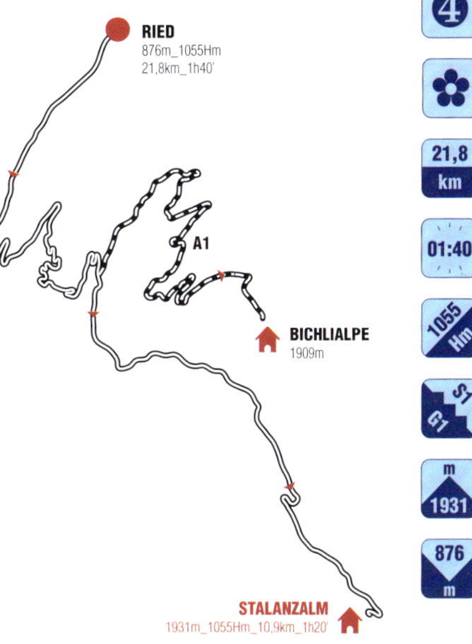

4

21,8 km

01:40

1055 Hm

S1 G1

m 1931

876 m

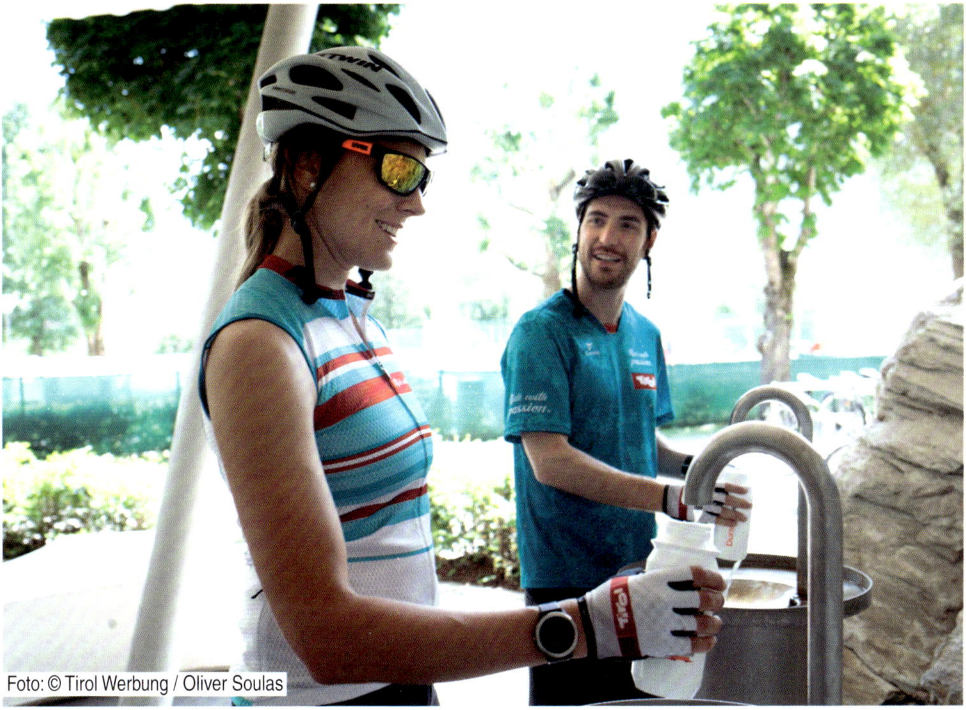

Foto: © Tirol Werbung / Oliver Soulas

023 STAFÖLLALM

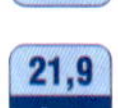

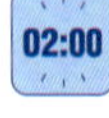

ANFAHRT – *Innsbruck – Ried* 89 km: A12 und S16 Richtung *Bregenz,* auf die B180 nach *Meran* abbiegen, anschließend der Beschilderung Richtung *Reschenpass* nach *Ried* folgen

PARKMÖGLICHKEIT – bei der *Loretokapelle* in *Ried*

START – beim Lebensmittelgeschäft, dem Straßenverlauf taleinwärts folgen und vorbei an der Ortsendetafel *Ried,* rechts abbiegen Richtung *Freitzberg* und weiter der Beschilderung zur *Staföllalm* folgen

TOURENBESCHREIBUNG – 10,7 km und **1148 Hm** sind von *Ried* bis zur *Staföllalm* auf Asphalt, gut präpariertem Forstweg und Karrenweg permanent bergauf zurückzulegen. Der 400 m lange Karrenweg vor der *Staföllalm* ist extrem steil und daher nur für *Uphillfreaks* befahrbar, andernfalls muss für diesen Abschnitt ein Fußmarsch von 15 Minuten auf dem gut präparierten Karrenweg eingeplant werden. Der Rückweg ist großteils derselbe. Insgesamt sind **21,9 km** und **1148 Hm** ohne weitere nennenswerte Schwierigkeiten zu bewältigen.

Tourverbindungen: 022 *Stalanzalm,* 024 *Fendler Alm*

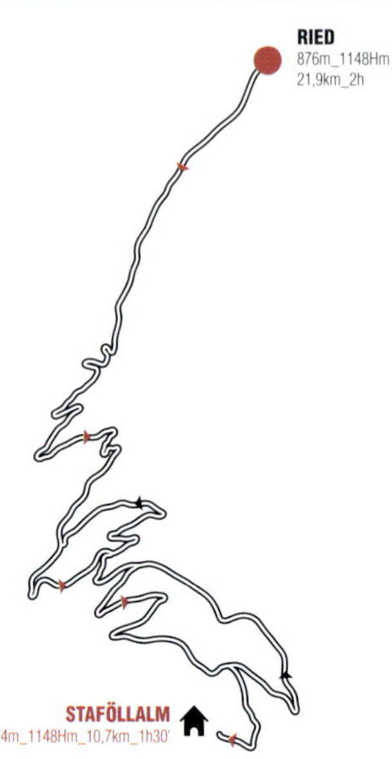

KARTEN – ÖK: 1:25000 145 | **F&B: 1:50000** 253

INFOS – Staföllalm: unbewirtschaftete Almhütte

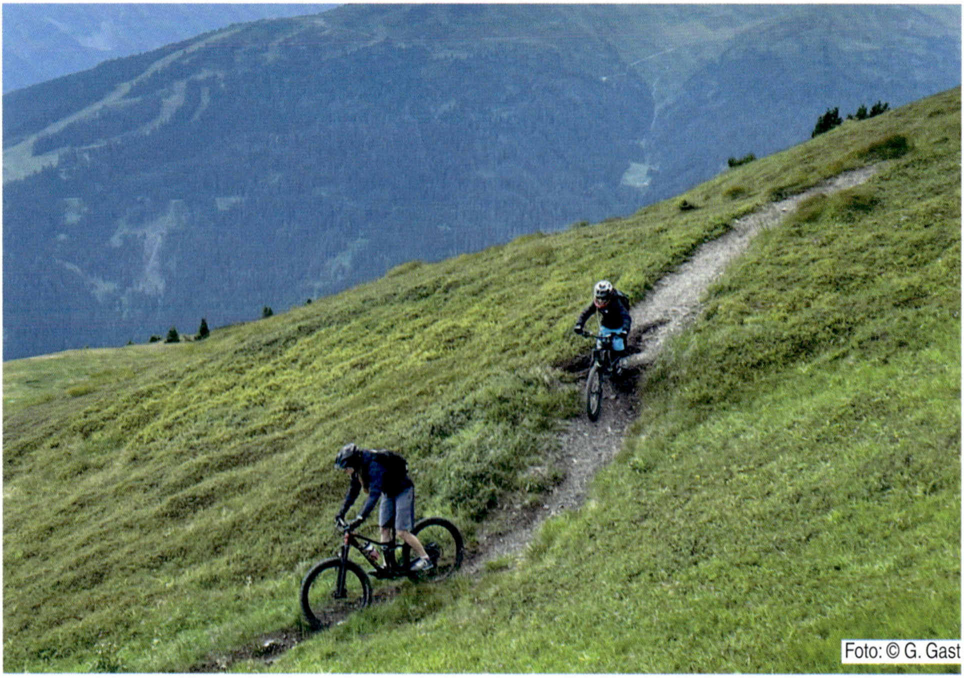

Foto: © G. Gast

024 FENDLER ALM

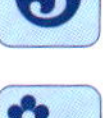

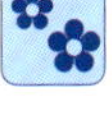

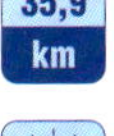

ANFAHRT – *Innsbruck* – *Ried* 89 km: A12 und S16 Richtung *Bregenz*, auf die B180 nach *Meran* abbiegen, anschließend der Beschilderung Richtung *Reschenpass* nach *Ried* folgen

PARKMÖGLICHKEIT – bei der *Loretokapelle* in *Ried*

START – beim Lebensmittelgeschäft, dem Straßenverlauf taleinwärts folgen und vorbei an der Ortsendetafel *Ried*, anschließend rechts abbiegen und Richtung *Freitzberg* und *Staföllalm*, anschließend der Linkskehre entlang und der Beschilderung zur *Bimlialm* folgen

TOURENBESCHREIBUNG – **13,9 km** und **1134 Hm** sind von *Ried* über den *Ghf. Sattelklause* bis zur *Fendler Alm* auf Asphalt und gut präpariertem Forstweg großteils bergauf zurückzulegen. Der Rückweg ist bis zum *Ghf. Sattelklause* derselbe und verläuft anschließend auf Karrenweg, Forstweg und Asphalt abwechselnd bergab und bergauf bis *Ried*. Insgesamt sind auf dieser Rundtour **35,9 km** und **1283 Hm** ohne nennenswerte Schwierigkeiten zu bewältigen.

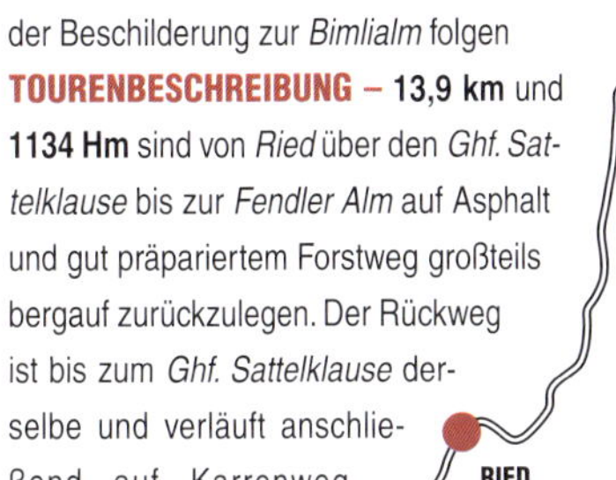

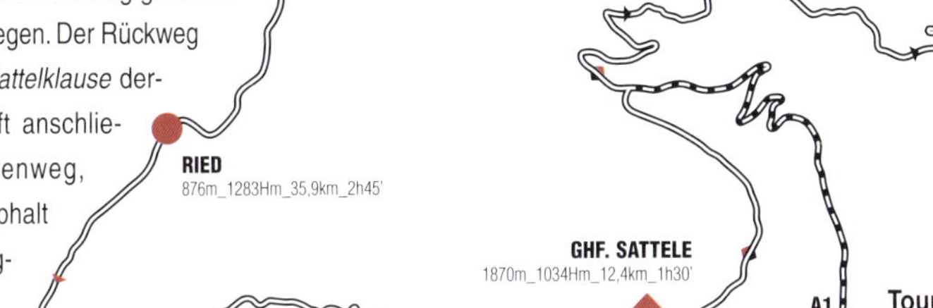

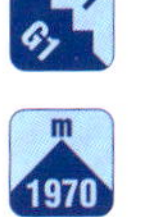

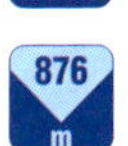

Variante Alternativroute A1: ist nur geübten Bikern zu empfehlen. Von der *Fendler Alm* führt ein Karrenweg bergauf bis zur *Lift-Bergstation*. Dort beginnt ein Single Track, der für Trialbiker zur Gänze befahrbar ist. Dieser Single Track verbindet die *Lift-Bergstation* mit dem *Ochsenkopf*. Vom *Ochsenkopf* geht es auf einem breiteren Single Track, der von jedem geübten Biker befahrbar ist, bergab zur Weggabelung bei Kilometer 17,9 im Tourenverlauf.

Tourverbindungen: 022 *Stalanzalm*, 023 *Staföllalm*, 047 *Falkaunsalm*, 048 *Langetsbergalm*

KARTEN – **ÖK: 1:25000** 145 | **F&B: 1:50000** 252 / 253

INFOS – **Ghf. Sattelklause:** ganzjährig bewirtschaftete Schihütte; **Fendler Alm:** im Sommer bewirtschaftete Almhütte

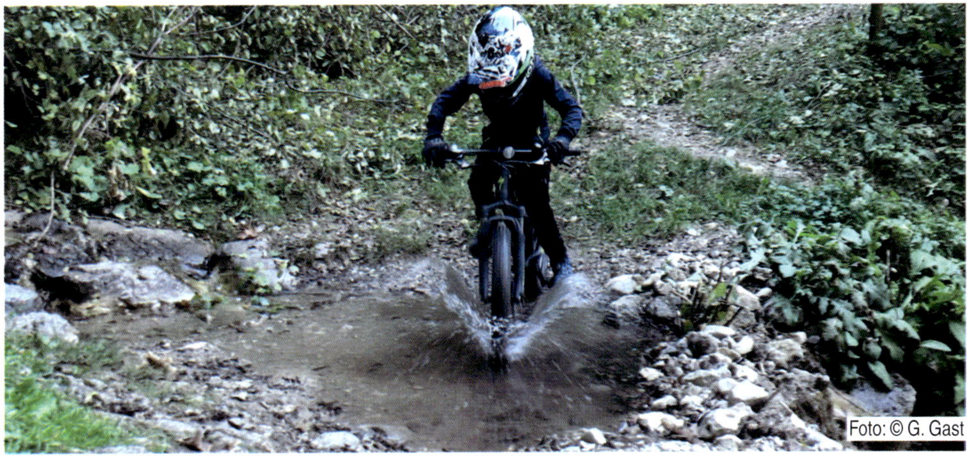
Foto: © G. Gast

025 HEXENSEEHÜTTE

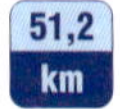

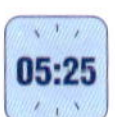

2161 Hm

m 2587

930 m

ANFAHRT – *Innsbruck – Tösens* 96 km: A12 und S16 Richtung *Bregenz,* auf die B180 nach *Meran* abbiegen, anschließend der Beschilderung Richtung *Reschenpass* nach *Tösens* folgen

PARKMÖGLICHKEIT – bei der *Pfarrkirche St. Laurentius* in *Tösens*

START – bei der Dorfkirche, dem Straßenverlauf taleinwärts entlang und nach der Brücke über den *Inn* links abbiegen Richtung *Tschuppbach,* 50 m vor dem Ortstafelschild *Tschuppbach* rechts in den Forstweg einbiegen, der Beschilderung nach *Stadelwies* und *Serfaus* folgen

TOURENBESCHREIBUNG – 21,5 km und **1846 Hm** sind von *Tösens* über *Serfaus,* die *Rodelhütte,* das *Kölner Haus,* die *Lazidalm,* den *Lazidkopf, Scheld* und das *Arrezjoch* bis zur *Hexenseehütte* zurückzulegen. Von *Tösens* bis zur *Lazidalm* führen Asphalt und Forstwege großteils bergauf. Auf diesem Abschnitt sind keine nennenswerten Schwierigkeiten zu erwarten. Von der *Lazidalm* über den *Lazidkopf* bis zum *Scheld* verläuft die Tour auf Karrenweg extrem steil bergauf. Der Uphill bis zum *Lazidkopf* ist nicht fahrbar, ein Fußmarsch von 45 Minuten muss eingeplant werden. Zum *Scheld* führt der Karrenweg bergab und anschließend bis zum *Arrezjoch* wieder extrem steil bergauf. Dieser Anstieg ist bis auf wenige kurze steile Passagen fahrbar. Ein 1,2 km lange Single Track verbindet das *Arrezjoch* mit der *Hexenseehütte.* Dieser Single Track führt großteils über riesige Steine und ist deshalb nicht befahrbar. Für diesen Abschnitt ist ein Fußmarsch über unwegsames Gelände von 20 Minuten einzuplanen. Der Rückweg ist bis einen Kilometer nach dem *Kölner Haus* derselbe, führt dann auf Forstweg bergab nach *Serfaus* und anschließend auf Asphalt über *Fiss* und *Ried* im *Oberinntal* großteils bergab und flach zurück nach *Tösens.* Insgesamt sind **51,2 km** und **2161 Hm** zu bewältigen.

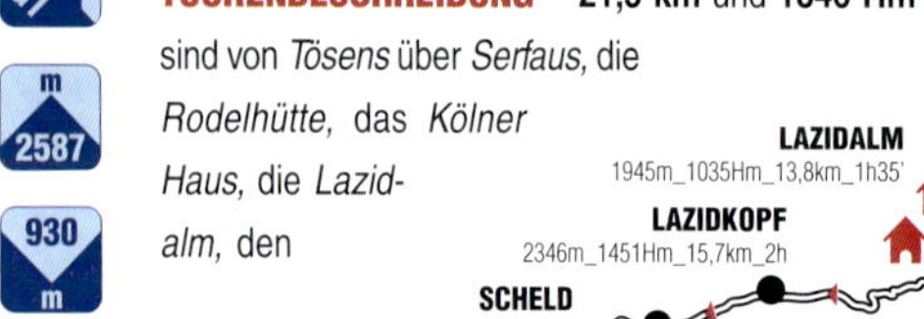

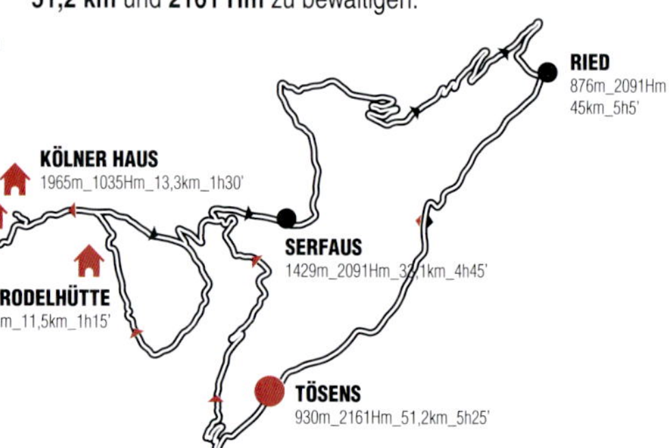

Tourverbindungen: 051 *Grübelesee,* 028 *Ochsenbergalm,* 020 *Schönjöchl*

KARTEN – ÖK: 1:25000 144 / 171 | **F&B: 1:50000** 253

INFOS – Rodelhütte, Lazidalm: im Sommer bewirtschaftete Almhütten; **Kölner Haus, Hexenseehütte:** im Sommer bewirtschaftete AV-Hütten

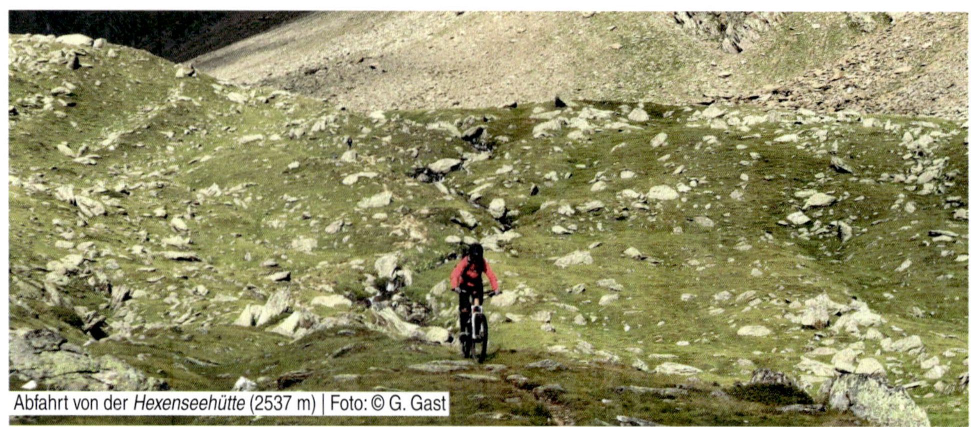

Abfahrt von der *Hexenseehütte* (2537 m) | Foto: © G. Gast

026 PFUNDSER TSCHEY

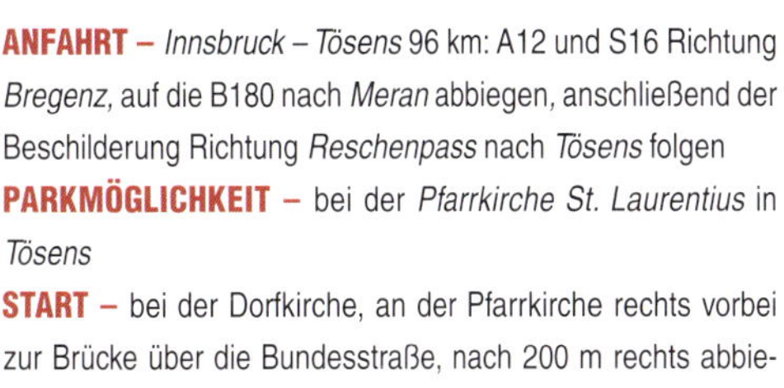

ANFAHRT – *Innsbruck – Tösens* 96 km: A12 und S16 Richtung *Bregenz,* auf die B180 nach *Meran* abbiegen, anschließend der Beschilderung Richtung *Reschenpass* nach *Tösens* folgen

PARKMÖGLICHKEIT – bei der *Pfarrkirche St. Laurentius* in *Tösens*

START – bei der Dorfkirche, an der Pfarrkirche rechts vorbei zur Brücke über die Bundesstraße, nach 200 m rechts abbiegen und der Beschilderung nach *Übersachsen* folgen

TOURENBESCHREIBUNG – 13,4 km und **987 Hm** sind von *Tösens* bis zum *Dach der Tour* auf Asphalt und gut präpariertem Forstweg bergauf und bergab ohne nennenswerte Schwierigkeiten zurückzulegen. Der Rückweg führt auf Single Track, Karrenwegen, Forstwegen und Asphalt bergauf und bergab zurück nach *Tösens.* Dieser 200 m lange Single Track und der anschließende Karrenweg am Beginn der Abfahrt erfordern aufgrund des starken Gefälles gute Beherrschung des Bikes. Insgesamt sind auf dieser Rundtour **28,5 km** und **1193 Hm** zu bewältigen.

Variante Alternativroute

A1: Wer sich den Aufstieg zum *Dach der Tour* und die steile Abfahrt ersparen möchte, fährt bei Kilometer 10,7 geradeaus weiter.

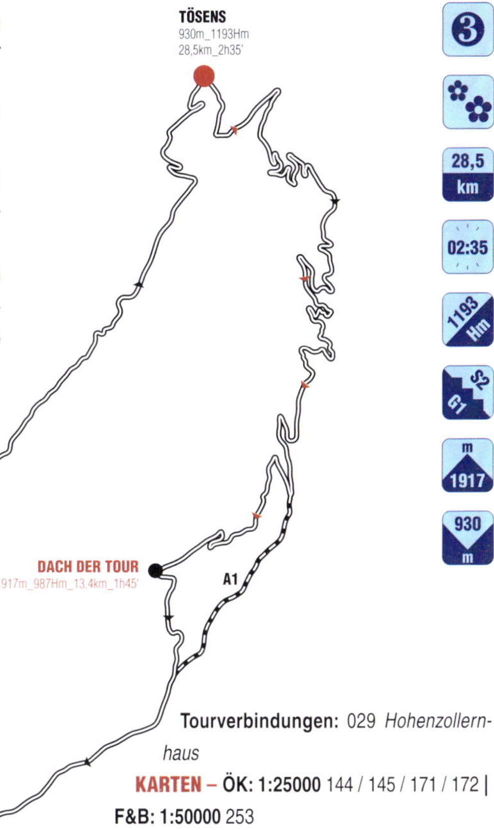

3

28,5 km

02:35

1193 Hm

G1 S2

m 1917

930 m

Tourverbindungen: 029 *Hohenzollernhaus*

KARTEN – ÖK: 1:25000 144 / 145 / 171 / 172 | **F&B: 1:50000** 253

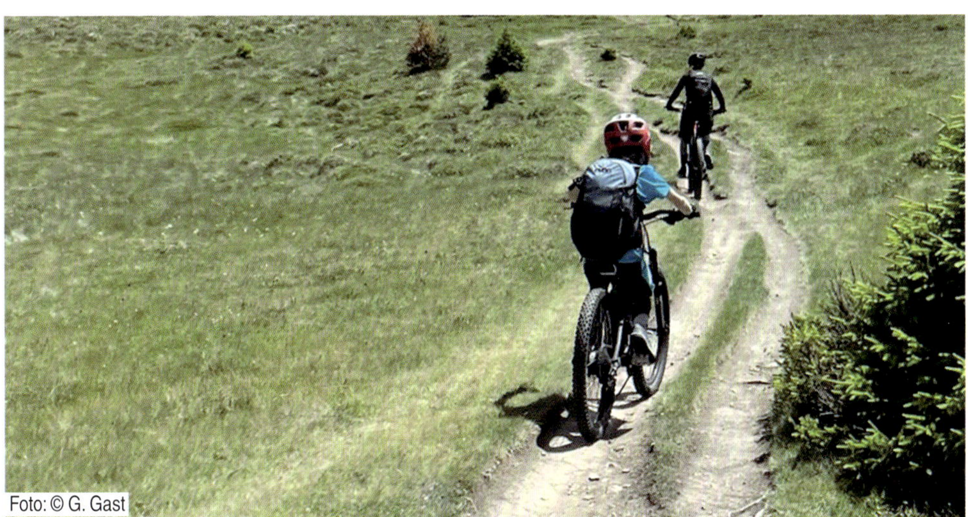

Foto: © G. Gast

027 KOBLER ALM

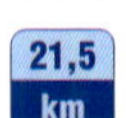

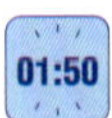

ANFAHRT – *Innsbruck – Pfunds* 103 km: A12 und S16 Richtung *Bregenz,* auf die B180 nach *Meran* abbiegen, der Beschilderung Richtung *Reschenpass* nach *Pfunds* zur Tankstelle folgen

PARKMÖGLICHKEIT – Parkplatz gegenüber der Tankstelle an der Bundesstraße in *Pfunds*

START – bei der Tankstelle, vor der Brücke über den *Stubnerbach* links an der KFZ-Werkstätte vorbei zu den Wanderwegen, anschließend rechts bergauf abbiegen und der Beschilderung zur *Kobler Alm* folgen

TOURENBESCHREIBUNG – 8,3 km und **951 Hm** sind von *Pfunds* über den *Ghf. Sonnenhof* bis zur *Kobler Alm* auf Asphalt und gut präpariertem Forstweg permanent bergauf zurückzulegen.

Der Rückweg nach *Pfunds* über *Gstalda* und den *Ghf. Roggels* verläuft auf Forstweg und Asphalt großteils bergab.

Insgesamt sind auf dieser Rundtour **21,5 km** und **951 Hm** ohne nennenswerte Schwierigkeiten zu bewältigen. **9,3 km** und **1104 Hm** sind von *Pfunds* über den *Ghf. Sonnenhof* bis zum *Dach der Tour* auf Asphalt und gut präpariertem Forstweg permanent bergauf zurückzulegen. Der Rückweg ist derselbe (oder über die *Kobler Alm*). Insgesamt sind **18,6 km** und **1104 Hm** ohne nennenswerte Schwierigkeiten zu bewältigen.

KARTEN – ÖK: 1:25000 171 | **F&B: 1:50000** 253

INFOS – Ghf. Sonnenhof, Ghf. Roggels: ganzjährig bewirtschaftete Ghf.; **Kobler Alm:** im Sommer bewirtschaftete Almhütte

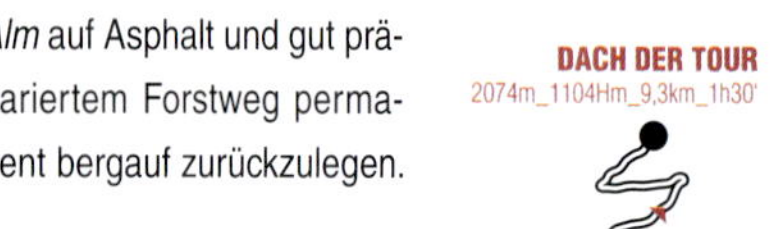

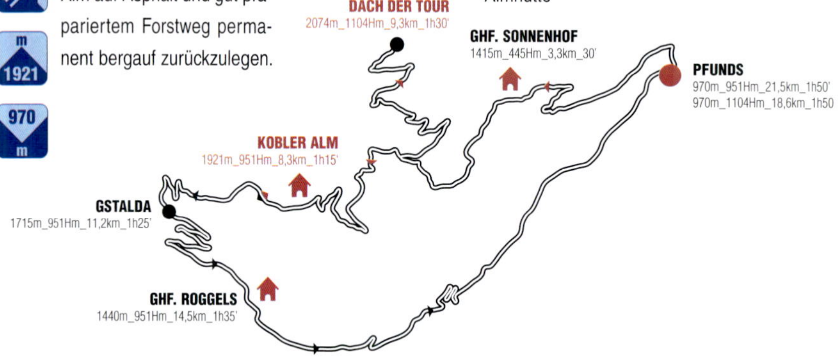

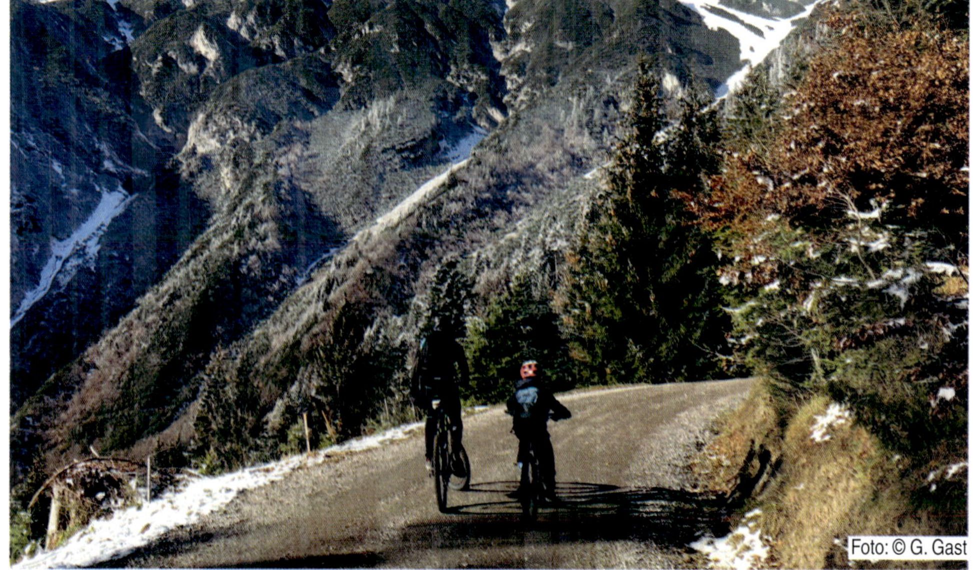
Foto: © G. Gast

028 OCHSENBERGALM

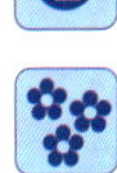

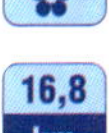

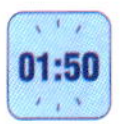

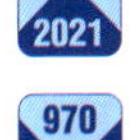

ANFAHRT – *Innsbruck – Pfunds* 103 km: A12 und S16 Richtung *Bregenz,* auf die B180 nach *Meran* abbiegen, der Beschilderung Richtung *Reschenpass* nach *Pfunds* zur *DISK-Tankstelle* folgen

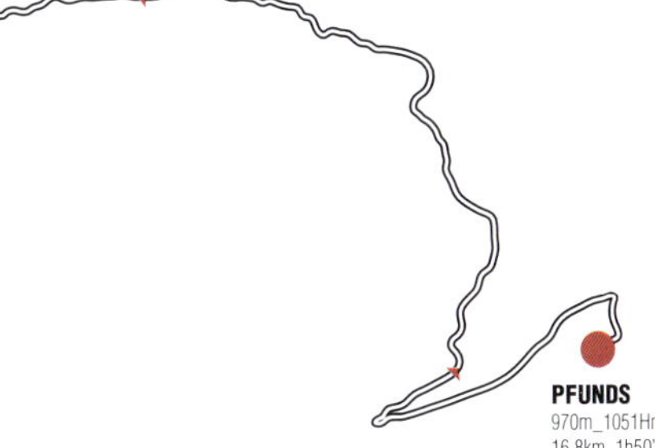

PARKMÖGLICHKEIT – Parkplatz gegenüber der Tankstelle an der Bundesstraße in *Pfunds*

START – bei der Tankstelle, zurück zur Brücke des *Stubnerbachs,* dort links an der KFZ-Werkstätte vorbei und nach 250 m links abbiegen der Beschilderung zum *Ochsenberg* folgen

TOURENBESCHREIBUNG – 8,4 km und **1051 Hm** sind von *Pfunds* bis zur *Ochsenbergalm* auf Asphalt und Forstweg permanent bergauf zurückzulegen. Nicht nur der steile Forstweg, sondern auch die weit abfallenden Schluchten und bizarren Felsvorsprünge sind bleibende Eindrücke, die den schweißtreibenden Anstieg zur *Ochsenbergalm* relativieren. Der Rückweg ist derselbe. Insgesamt sind **16,8 km** und **1051 Hm** zu bewältigen.

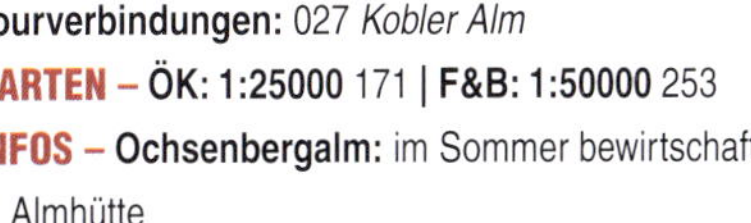

Tourverbindungen: 027 *Kobler Alm*

KARTEN – ÖK: 1:25000 171 | **F&B: 1:50000** 253

INFOS – Ochsenbergalm: im Sommer bewirtschaftete Almhütte

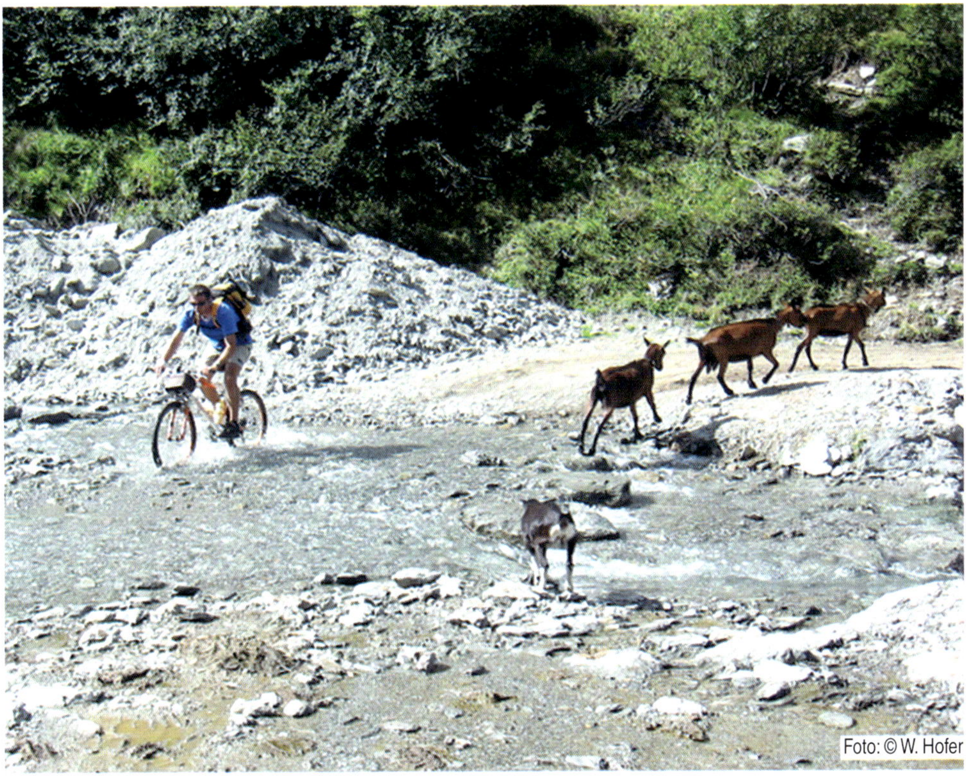

970
m

Foto: © W. Hofer

029 HOHENZOLLERNHAUS

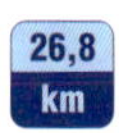

03:00

S3 S2

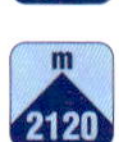

PFUNDS
970m_1150Hm_26,8km_3h

ANFAHRT – *Innsbruck – Pfunds* 103 km: A12 und S16 Richtung *Bregenz,* auf die B180 nach *Meran* abbiegen, der Beschilderung Richtung *Reschenpass* nach *Pfunds* folgen, beim Ortstafelschild *Pfunds* links abbiegen, beim Gemeindehaus erneut links abbiegen und weiter bis zu den Kapellen

PARKMÖGLICHKEIT – zwischen der *Lourdeskapelle* und *Enskapelle* in der Nähe der Innbrücke in *Pfunds*

START – auf der Innbrücke, die *Innbrücke* überqueren und der Beschilderung zum Radwanderweg folgen, anschließend bergauf der Straße entlang und weiter der Beschilderung zur *Radurschlalm* folgen

TOURENBESCHREIBUNG – 13,5 km und **1150 Hm** sind von *Pfunds* über die *Radurschlalm* und die Talstation der *Materialseilbahn* hinauf zum *Hohenzollernhaus* auf Asphalt, gut präpariertem Forstweg, Karrenweg und Single Track zurückzulegen. 800 m nach dem Startpunkt führt der Forstweg anfangs ein kurzes Stück sehr steil und anschließend ohne nennenswerte Schwierigkeiten weiter bergauf zur *Radurschlalm.* Der Single Track von der *Materialseilbahn* bis zum *Hohenzollernhaus* ist nicht befahrbar. Für diesen Abschnitt ist ein Fußmarsch von 30 Minuten einzuplanen. Die Abfahrt zur *Radurschlalm* führt über einen 1,5 km langen, breiten Single Track, der für geübte Trialbiker zur Gänze befahrbar ist. Ungeübten Bikern ist der Aufstieg zum *Hohenzollernhaus* ohne Bike zu empfehlen, um das Bike bergab nicht wieder tragen zu müssen. Von der *Radurschlalm* auf dem Hinweg retour nach *Pfunds.* Insgesamt sind **26,8 km** und **1150 Hm** zu bewältigen. **Tourverbindungen:** 026 Pfunder Tschey

KARTEN – ÖK: 1:25000 144 / 145 / 171 / 172 | **F&B: 1:50000** 253

INFOS – Radurschlalm: im Sommer bewirtschaftete Almhütte; **Hohenzollernhaus:** im Sommer bewirtschaftete AV-Hütte

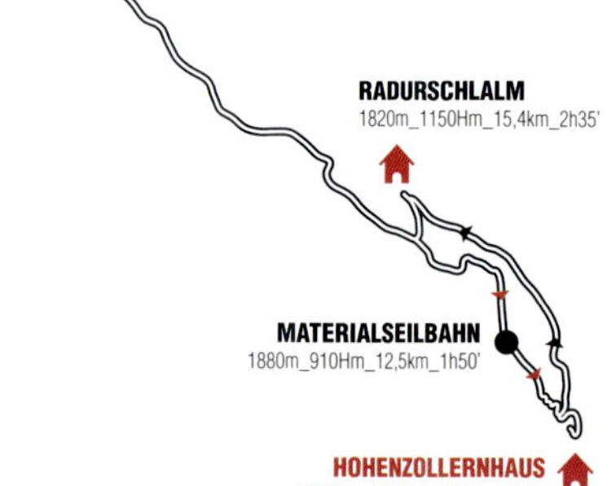

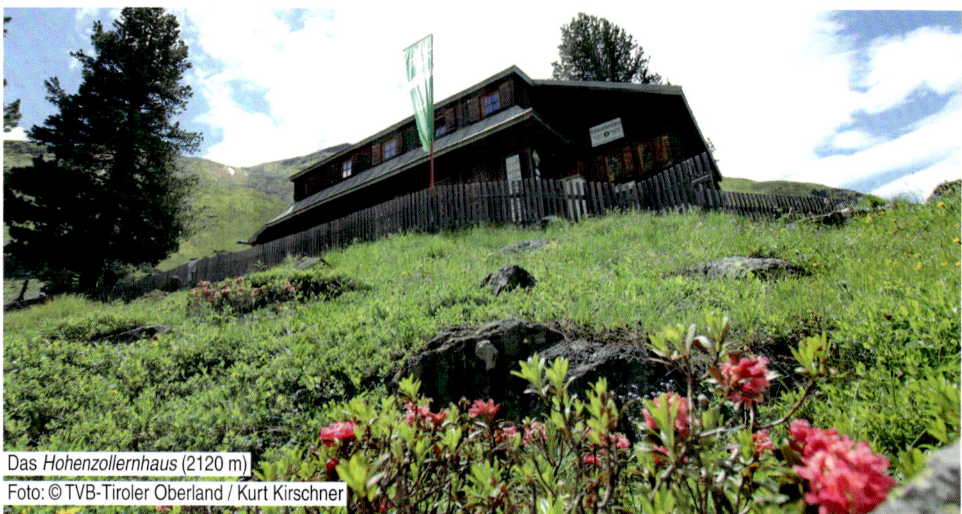
Das *Hohenzollernhaus* (2120 m)
Foto: © TVB-Tiroler Oberland / Kurt Kirschner

030 UNTERENGADIN

4

37,4 km

03:30

1356 Hm

S2 S1

m 1822

ANFAHRT – *Innsbruck* – *Nauders* 115 km: A12 und S16 Richtung *Bregenz*, auf die B180 nach *Meran* abbiegen, der Beschilderung Richtung *Reschenpass* nach *Nauders* folgen, in *Nauders* beim *Gasthof Kristall* links abbiegen und anschließend bis zur Kreuzung vorfahren

PARKMÖGLICHKEIT – in der Nähe vom *Gasthof Lamm* in *Nauders*

START – beim Parkplatz *Ghf. Lamm*, dem Verlauf der Bundesstraße taleinwärts zum *Reschenpass* folgen, nach 700 m rechts abbiegen in Richtung *St. Moritz*, weiter zum *Gasthof Norbertshöhe*

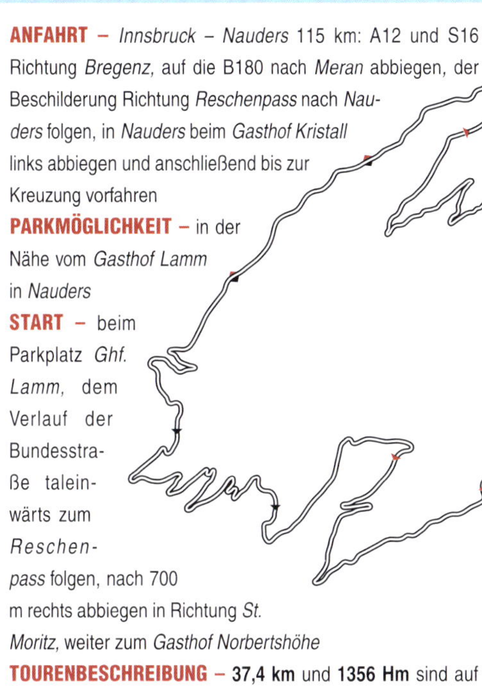

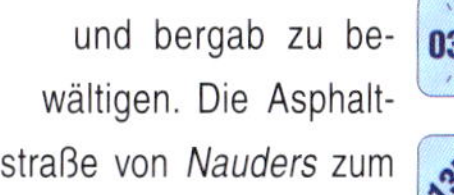

TOURENBESCHREIBUNG – **37,4 km** und **1356 Hm** sind auf dieser Rundtour von *Nauders* über den *Ghf. Norbertshöhe* und das *Zollamt Martina* zurück nach *Nauders* auf Asphalt, Karrenweg, Forstwegen und Single Track abwechselnd bergauf und bergab zu bewältigen. Die Asphaltstraße von *Nauders* zum *Zollamt Martina* führt bis zum *Ghf. Norbertshöhe* leicht bergauf und anschließend permanent bergab. Es folgt ein weiterer Anstieg von 737 Hm auf Asphalt vor der Abfahrt nach *Sclamischot*. Retour nach *Nauders* sind nochmals 510 Hm auf Asphalt, Forstweg und Single Track zurückzulegen. Der 2,6 km lange Single Track ist auf den ersten 2 km relativ breit und für jeden Biker leicht befahrbar. Danach folgt ein schmaler Single Track, der bis auf wenige kurze unfahrbare Abschnitte, für geübte Biker großteils fahrbar ist.

KARTEN – **ÖK: 1:25000** 171 | **F&B: 1:50000** 253

INFOS – **Ghf. Norbertshöhe:** ganzjährig bewirtschafteter Ghf.

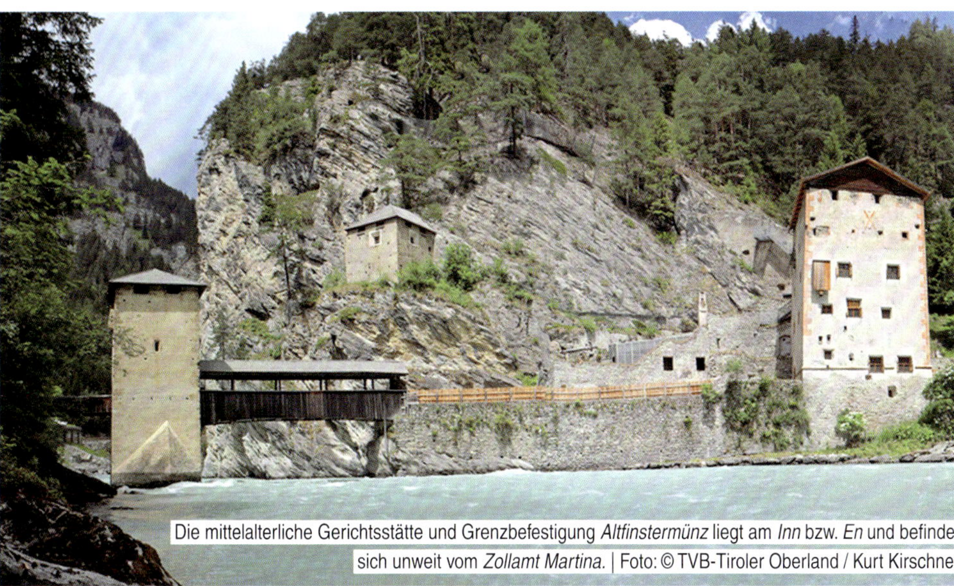

Die mittelalterliche Gerichtsstätte und Grenzbefestigung *Altfinstermünz* liegt am *Inn* bzw. *En* und befindet sich unweit vom *Zollamt Martina*. | Foto: © TVB-Tiroler Oberland / Kurt Kirschner

031 DREILÄNDERECK

ANFAHRT – *Innsbruck – Nauders* 115 km: A12 und S16 Richtung *Bregenz,* auf die B180 nach *Meran* abbiegen, der Beschilderung Richtung *Reschenpass* nach *Nauders* folgen, in *Nauders* beim *Gasthof Kristall* links abbiegen und anschließend bis zur Kreuzung vorfahren

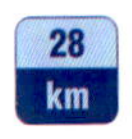

PARKMÖGLICHKEIT – in der Nähe vom *Gasthof Lamm* in *Nauders*

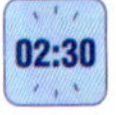

START – beim Parkplatz *Ghf. Lamm,* in Richtung *Reschenpass* auf der *Alten Straße,* weiter geht es parallel zur Bundesstraße taleinwärts vorbei am *Schigebiet Nauders,* anschließend links in den Forstweg einbiegen und weiter nach *Kompatsch*

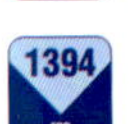

TOURENBESCHREIBUNG – 28 km und **1057 Hm** sind auf dieser Rundtour am *Dreiländereck* zu bewältigen. Von *Nauders* bis zum *Reschen* verläuft die Tour auf Asphalt, Forstwegen und Single Track bergauf und bergab. Der 100 m lange Single Track führt über die Staatsgrenze *Österreich/Italien* und ist nicht befahrbar. Für diesen Abschnitt muss ein Fußmarsch von 3 Minuten, leicht bergauf, eingeplant werden. Von *Reschen* verläuft die Tour auf Asphalt und Forstweg bergauf ohne nennenswerte Schwierigkeiten bis zur *Malga Resia* und anschließend auf Forstweg, Karrenweg und Single Track bergauf und bergab bis zum *Grünsee.* Der 1,2 km lange Single Track vor dem *Grünsee* führt großteils bergab und ist für jeden geübten Biker großteils befahrbar. Vom *Grünsee* verläuft die Tour auf Karrenwegen, Forstweg und Asphalt permanent bergab und ohne nennenswerte Schwierigkeiten zurück nach *Nauders.*

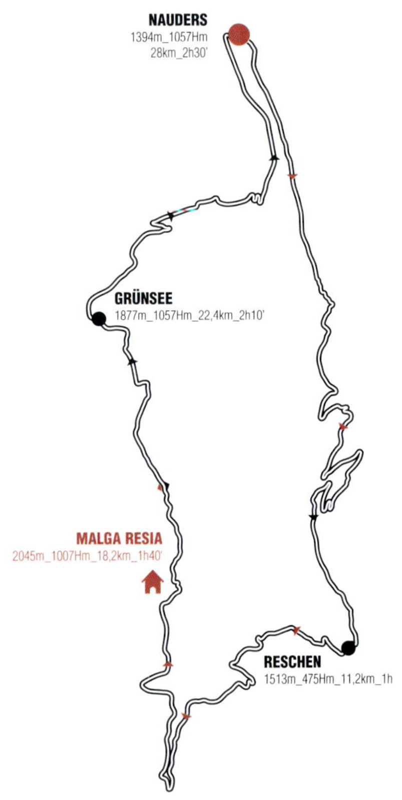

Tourverbindungen: 032 *Plamord,* 033 *Bergkastelalm*

KARTEN – ÖK: 1:25000 171 | **F&B: 1:50000** 253

INFOS – Malga Resia: im Sommer bewirtschaftete Almhütte

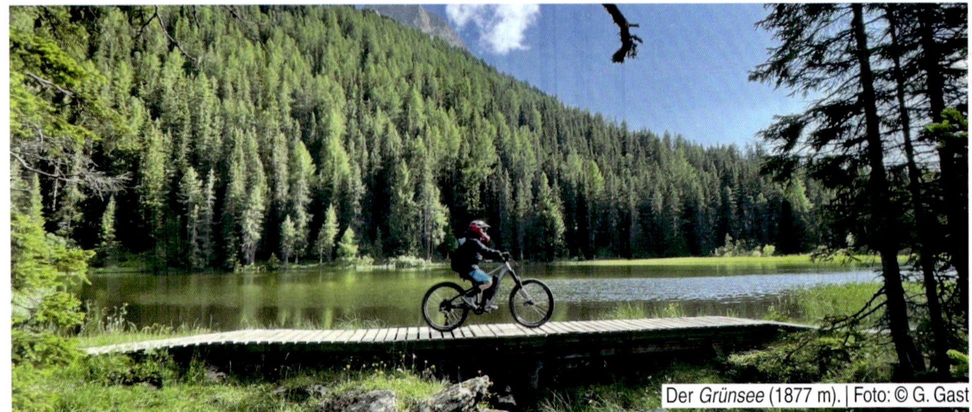

Der *Grünsee* (1877 m). | Foto: © G. Gast

032 PLAMORD

ANFAHRT – *Innsbruck – Nauders* 115 km: A12 und S16 Richtung *Bregenz,* auf die B180 nach *Meran* abbiegen, der Beschilderung Richtung *Reschenpass* nach *Nauders* folgen, in *Nauders* beim *Gasthof Kristall* links abbiegen und anschließend bis zur Kreuzung vorfahren

PARKMÖGLICHKEIT – in der Nähe vom *Gasthof Lamm* in *Nauders*

START – beim Parkplatz *Ghf. Lamm,* dem Radweg Richtung *Reschenpass* auf der *Alten Straße* folgen, weiter geht es parallel der Bundesstraße taleinwärts entlang vorbei an den Schiliften, nach 900 m links abbiegen und weiter dem Forstweg nach *Kompatsch* folgen

TOURENBESCHREIBUNG – 16 km und **1045 Hm** sind von *Nauders* über den *Klopairhof* bis zu den *Militärbunkern* auf Asphalt, Forstwegen, Karrenwegen und Single Tracks bergauf und bergab zurückzulegen. Der 100 m lange Single Track, der über die Staatsgrenze *Österreich/Italien* führt, ist nicht befahrbar. Für diesen Abschnitt muss ein Fußmarsch von 3 Minuten, leicht bergauf, eingeplant werden. Der 200 m lange Single Track kurz vor dem *Klopairhof* ist für gut trainierte Biker mit Trialerfahrung zur Gänze befahrbar. Ungeübte Biker müssen für diesen Abschnitt einen zusätzlichen Fußmarsch von 5 Minuten einplanen. Vom *Klopairhof* zu den *Militärbunkern* verläuft die Tour großteils bergauf, es sind keine nennenswerten Schwierigkeiten zu erwarten. Anschließend führen Karrenweg und Single Track abwechselnd bergauf und bergab zum *Dach der Tour.* Der 2 km lange Single Track-Abschnitt nach den *Militärbunkern* ist für geübte Biker zur Gänze befahrbar. Ungeübte Biker müssen an manchen Stellen das Bike schieben, der Rest der Strecke ist jedoch für jeden Biker befahrbar. Der Rückweg nach *Nauders* verläuft auf Karrenweg und Asphalt großteils bergab, es sind keine nennenswerten Schwierigkeiten mehr zu erwarten. Insgesamt sind auf dieser Rundtour **27,9 km** und **1074 Hm** zu bewältigen.

NAUDERS
1394m_1074Hm
27,9km_3h

MILITÄRBUNKER
2045m_1007Hm_16km_2h

KLOPAIRHOF
1639m_616Hm_12,5km_1h20'

4
27,9 km
03:30
1074 Hm
S3 S2
m 2180
1394 m

Tourverbindungen: 031 *Dreiländereck,* 033 *Bergkastelalm*

KARTEN – ÖK: 1:25000 171 | **F&B: 1:50000** 253

INFOS – Klopairhof: unbewirtschafteter Bauernhof

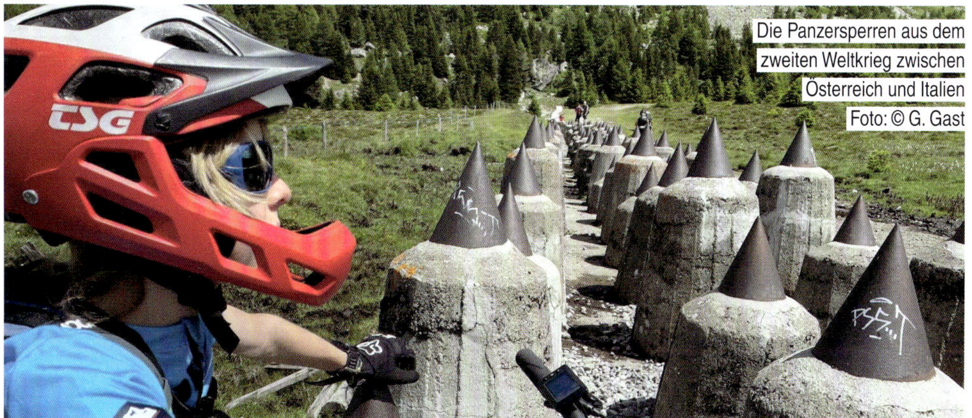

Die Panzersperren aus dem zweiten Weltkrieg zwischen Österreich und Italien
Foto: © G. Gast

033 BERGKASTELALM

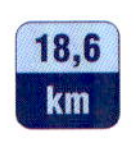

ANFAHRT – *Innsbruck – Nauders* 115 km: A12 und S16 Richtung *Bregenz,* auf die B180 nach *Meran* abbiegen, der Beschilderung Richtung *Reschenpass* nach *Nauders* folgen, in *Nauders* beim *Gasthof Kristall* links abbiegen und anschließend bis zur Kreuzung vorfahren

PARKMÖGLICHKEIT – in der Nähe vom *Gasthof Lamm* in *Nauders*

START – beim Parkplatz *Ghf. Lamm,* dem Radweg Richtung *Reschenpass* auf der *Alten Straße* folgen, weiter geht es parallel entlang der Bundesstraße taleinwärts vorbei an den Schiliften, nach 900 m links abbiegen und weiter dem Forstweg zur *Bergkastelalm* folgen

TOURENBESCHREIBUNG – 10,2 km und **786 Hm** sind von *Nauders* über die *Bergkastelalm* bis zum *Ghf. Bergkastel* auf Asphalt und gut präpariertem Forstweg permanent bergauf ohne nennenswerte Schwierigkeiten zurückzulegen. Der Rückweg führt über die *Goldseehütte* auf Karrenwegen, Single Track, Forstwegen und Asphalt großteils bergab zurück nach *Nauders*. Der 600 m lange Single Track beginnt 0,9 km nach dem *Ghf. Bergkastel* und führt steil bergab, ist jedoch für jeden geübten Biker fahrbar. Insgesamt sind auf dieser Rundtour **18,6 km** und **786 Hm** zu bewältigen.

Variante Alternativroute A1: Bei Kilometer 5 links abbiegen direkt zur *Goldseehütte*.

Tourverbindungen: 031 *Dreiländereck,* 032 *Plamord*

KARTEN – ÖK: 1:25000 171 | **F&B: 1:50000** 253

INFOS – Bergkastelalm: unbewirtschaftete Almhütte; **Ghf. Bergkastel, Goldseehütte:** im Sommer bewirtschaftete Ghf.

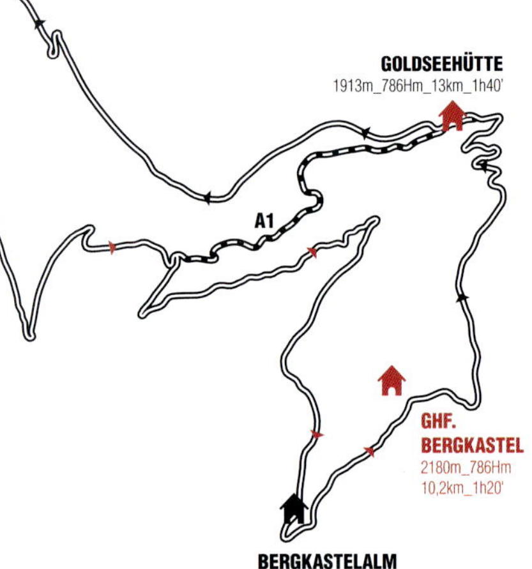

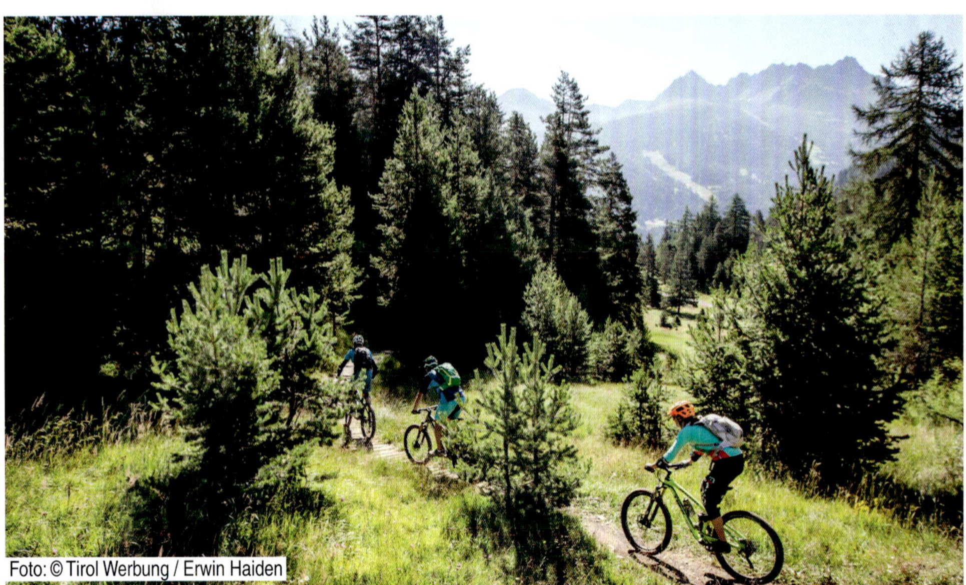
Foto: © Tirol Werbung / Erwin Haiden

034 – 041

ÖTZTAL

Foto: © Ötztal Tourismus

034 INNERBERGALM

ANFAHRT – *Innsbruck – Umhausen* 68 km: A12 Richtung *Bregenz,* Ausfahrt *Haiming / Ötztal,* weiter auf der Bundesstraße B186 nach *Umhausen,* geradeaus weiter und rechts abbiegen Richtung *Köfels*

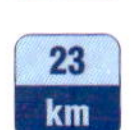

PARKMÖGLICHKEIT – am linken oder rechten Straßenrand bei der Brücke über die *Ötztaler Ache*

START – bei der Parkmöglichkeit, dem Straßenverlauf Richtung *Köfels* folgen, nach 2,3 km links in den Forstweg einbiegen und weiter bergauf, bei der Kreuzung rechts abbiegen und weiter der Beschilderung zur *Innerbergalm* folgen

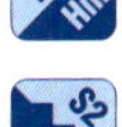

TOURENBESCHREIBUNG – 11,6 km und **990 Hm** sind von *Umhausen* über die *Stabelealm* bis zur *Innerbergalm* auf Asphalt und gut präpariertem Forstweg ohne nennenswerte Schwierigkeiten großteils bergauf und vor der *Stabelealm* 70 Hm bergab zurückzulegen. Der Rückweg über den *Ghf. Waldesruh Wurzbergalm* und *Ghf. Edelweiß* ist bis Kilometer 17,4 derselbe und verläuft anschließend auf Fortweg, Karrenweg, Single Track und Asphalt bergab bis *Umhausen.* Der 500 m lange Single Track nach der *Wurzbergalm* ist für jeden geübten Biker leicht zu bewältigen. Ungeübte Biker müssen einen zusätzlichen Fußmarsch von 10 Minuten einplanen. Insgesamt sind **23 km** und **1061 Hm** zu bewältigen.

KARTEN – ÖK: 1:25000 146 | **F&B: 1:50000** 251

INFOS – Stabelealm, Innerbergalm: im Sommer bewirtschaftete Almtt.; **Ghf. Waldesruh:** ganzjährig bewirtschafteter Ghf.

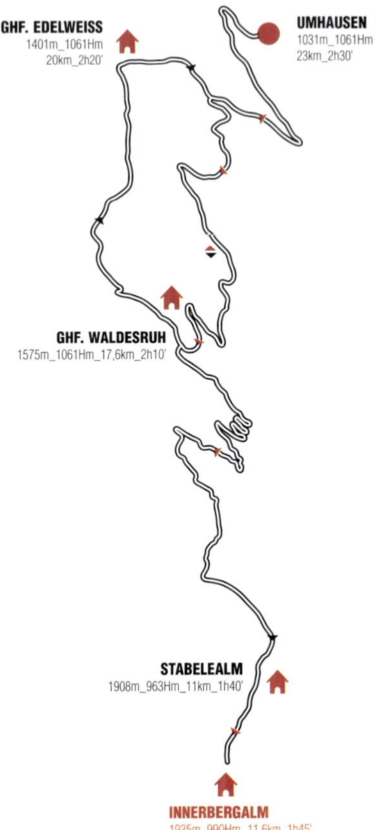

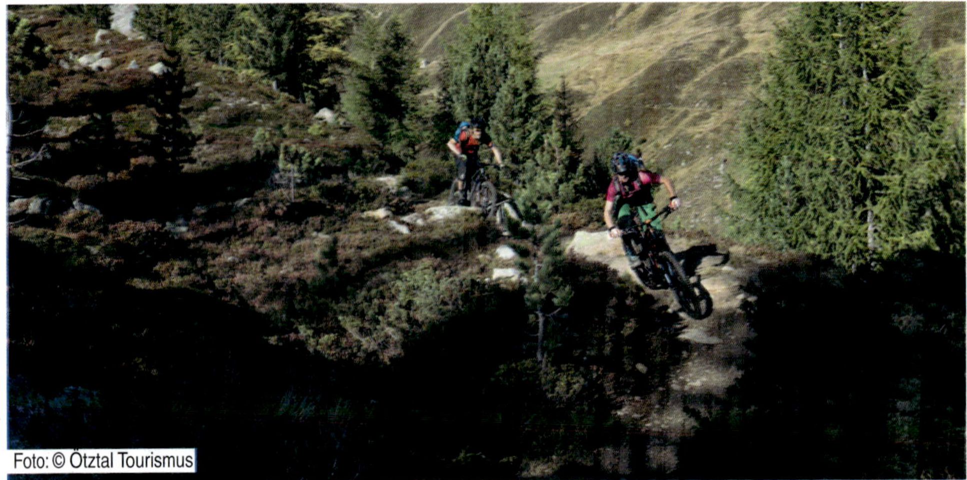
Foto: © Ötztal Tourismus

035 SCHWEINFURTER HÜTTE

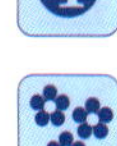

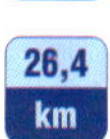

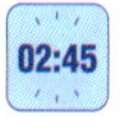

ANFAHRT – *Innsbruck* – *Umhausen* 66 km: A12 Richtung *Bregenz*, Ausfahrt *Haiming / Ötztal*, weiter auf der Bundesstraße B186 nach *Umhausen*, von der B186, nach der Ortschaft *Farchat*, links abbiegen nach *Umhausen* und bei der *Ötztaler Bäckerei* links über die Brücke

PARKMÖGLICHKEIT – Parkplatz bei der Brücke in *Umhausen*

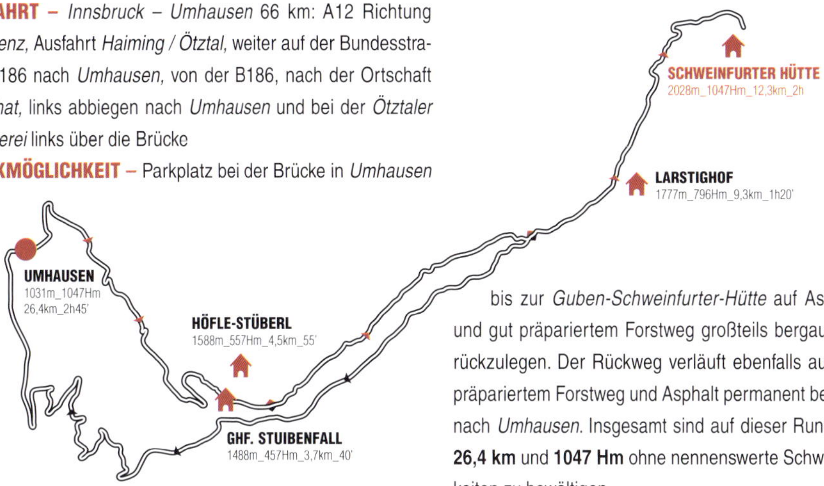

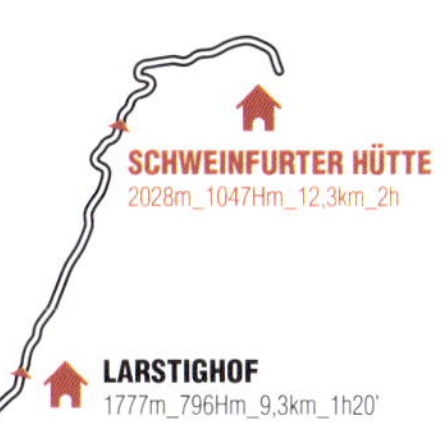

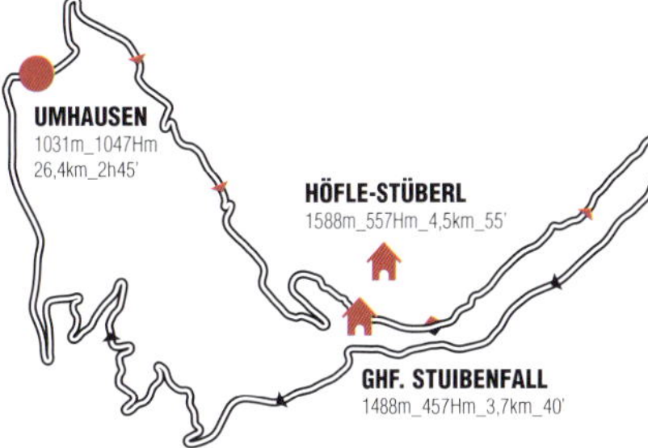

START – nach der Bachbrücke beim großen Parkplatz, der Straße am Parkplatz nach rechts folgen und nach 700 m rechts in den Forstweg einbiegen, anschließend weiter der Beschilderung zur *Schweinfurter Hütte* folgen

TOURENBESCHREIBUNG – **12,3 km** und **1047 Hm** sind von *Umhausen* über *Ghf. Stuibenfall*, *Höfle-Stüberl* und *Larstighof* bis zur *Guben-Schweinfurter-Hütte* auf Asphalt und gut präpariertem Forstweg großteils bergauf zurückzulegen. Der Rückweg verläuft ebenfalls auf gut präpariertem Forstweg und Asphalt permanent bergab nach *Umhausen*. Insgesamt sind auf dieser Rundtour **26,4 km** und **1047 Hm** ohne nennenswerte Schwierigkeiten zu bewältigen.

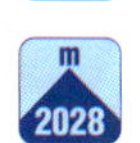

KARTEN – **ÖK: 1:25000** 146 | **F&B: 1:50000** 251

INFOS – **Ghf. Stuibenfall:** ganzjährig bewirtschafteter Ghf.; **Höfle-Stüberl:** bewirtschaftet Mitte Juni bis Mitte September; **Larstighof:** bewirtschaftet Anfang Juni bis Ende September; **Guben-Schweinfurter-Hütte:** Mitte Juni bis Ende September bewirtschaftete AV-Hütte

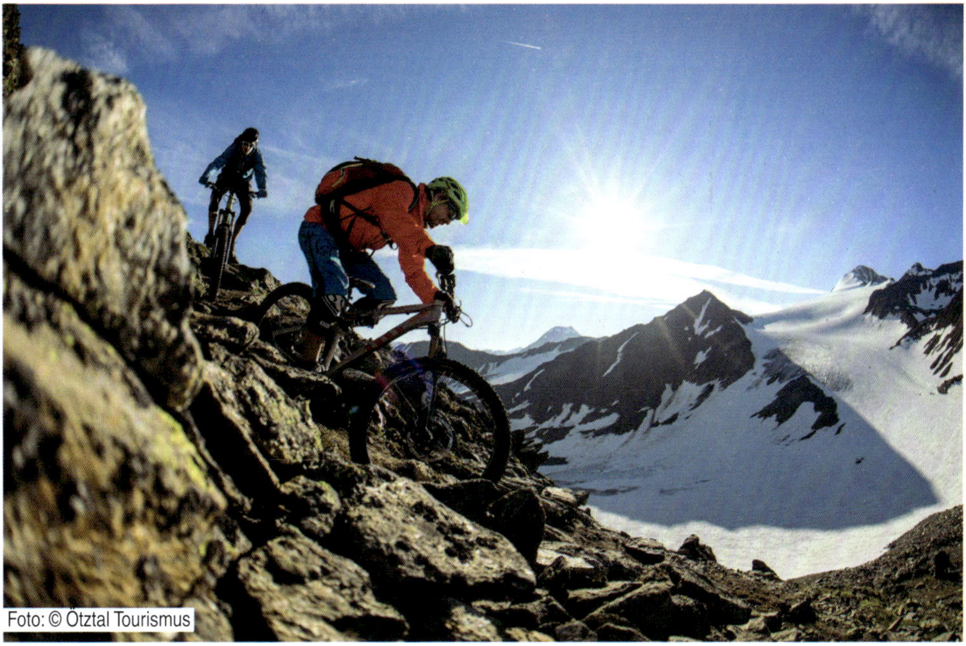

Foto: © Ötztal Tourismus

036 GEHSTEIGALM

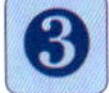
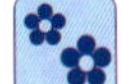
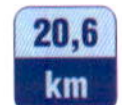

ANFAHRT – *Innsbruck – Tumpen* 62 km: A12 Richtung *Bregenz,* Ausfahrt *Haiming/Ötztal,* weiter auf der Bundesstraße B186 nach *Tumpen,* dort bei der *ENI-Tankstelle* vorbei, beim Schild *Armelenhütte* rechts abbiegen, anschließend an der Kreuzung erneut rechts abbiegen und weiter bis zum Schulhaus

PARKMÖGLICHKEIT – in der Nähe der Volksschule in *Tumpen*

START – bei der Schule, der Straße Richtung Norden folgen und bei der Weggabelung links abbiegen, bei der nächsten Kreuzung rechts abbiegen, der Beschilderung zur *Tumpenalm* und *Gehsteigalm* folgen

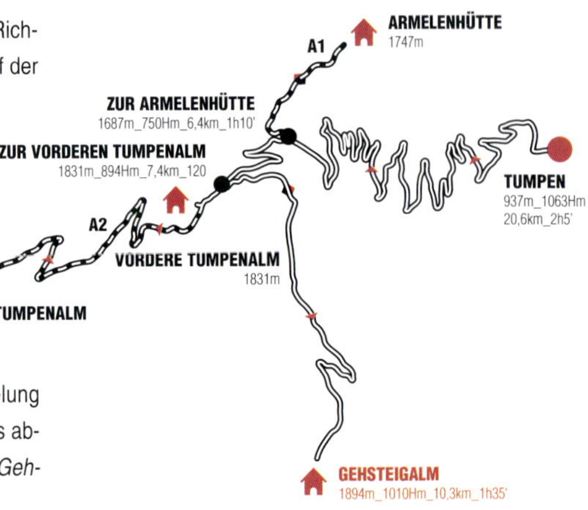

TOURENBESCHREIBUNG – 10,3 km und **1010 Hm** sind von *Tumpen* bis zur *Gehsteigalm* auf Asphalt und gut präpariertem Forstweg zurückzulegen. Bis zur Abzweigung *Vordere Tumpenalm* verläuft die Tour permanent bergauf. Nach dem anschließenden Flachstück folgt eine kurze Abfahrt von 50 Hm bevor der Weg weiter bergauf zur *Gehsteigalm* führt. Der Rückweg ist derselbe. Insgesamt sind **20,6 km** und **1063 Hm** ohne nennenswerte Schwierigkeiten zu bewältigen.

Variante Alternativroute A1: Bei Kilometer 6,4 rechts abbiegen zur *Armelenhütte.* Von der Abzweigung bis zur *Armelenhütte* sind nur noch 50 Hm zurückzulegen.

Variante Alternativroute A2: Bei Kilometer 7,4 geradeaus weiter zur *Vorderen* und *Hinteren Tumpenalm.* Von der Abzweigung bis zur *Hinteren Tumpenalm* sind 360 Hm zurückzulegen.

KARTEN – ÖK: 1:25000 146 | **F&B: 1:50000** 251

INFOS – Vordere Tumpenalm, Gehsteigalm: bewirtschaftet Mitte Juni bis Mitte September; **Hintere Tumpenalm:** unbewirtschaftete Almhütte; **Armelenhütte:** bewirtschaftete Almhütte

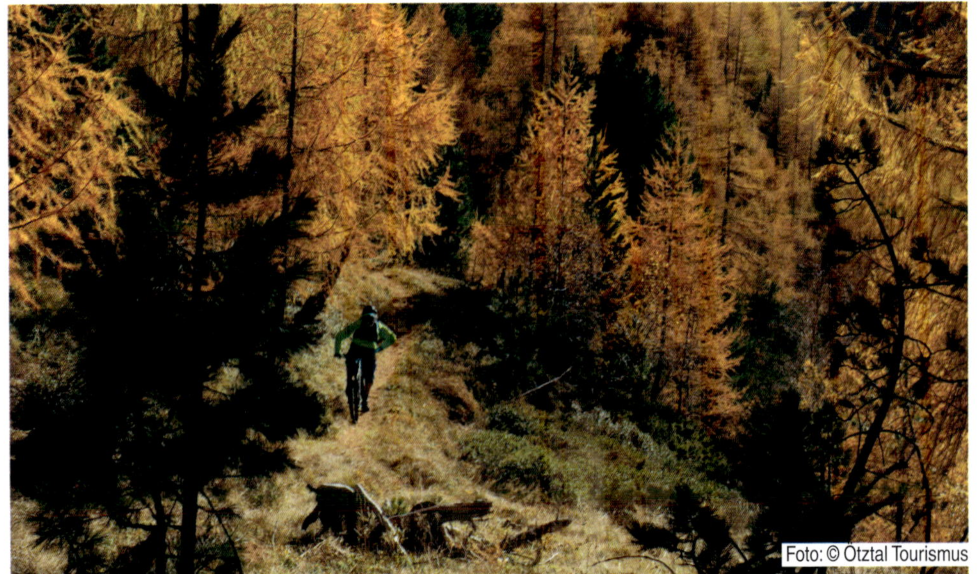

Foto: © Ötztal Tourismus

037 FRISCHMANN HÜTTE

5

22 km

02:30

1212 Hm

S1 G1

m 2192

980 m

ANFAHRT – *Innsbruck – Farchat* 65 km: A12 Richtung *Bregenz,* Ausfahrt *Haiming / Ötztal,* weiter auf der Bundesstraße B186 nach *Farchat*, dem *Wegweiser Neudorf / Farchat* folgen

PARKMÖGLICHKEIT – am Straßenrand in *Farchat*

START – hinter der Tischlerei *Dittberner,* dem Weg parallel zur Bundesstraße B186 Richtung *Umhausen/Neudorf* folgen, anschließend rechts auf den *Antoniusweg* abbiegen, dann über den *Erlangerweg* die Brücke überqueren, der Beschilderung zur *Frischmannhütte* folgen

TOURENBESCHREIBUNG – 11 km und **1212 Hm** sind von *Farchat* über die *Vordere* und *Hintere Fundusalm* bis zur *Frischmann Hütte* auf Asphalt, Single Track, gut präpariertem Forstweg und Karrenweg großteils bergauf zurückzulegen. Der 200 m lange Single Track 400 m nach dem Startpunkt ist für jeden Biker leicht zu bewältigen. Nach der Brücke über die *Ötztaler Ache* verläuft die Tour permanent bergauf. Der Karrenweg von der *Hinteren Fundusalm* zur *Frischmann Hütte* führt abschnittsweise extrem steil bergauf. Der Rückweg ist derselbe. Insgesamt sind **22 km** und **1212 Hm** auf dieser Tour zu bewältigen.

Variante Alternativroute A1: Bei Kilometer 4 rechts abbiegen zur unbewirtschafteten *Vorderen* und *Hinteren Leierstalalm.* **421 Hm** sind von der Abzweigung bis zur *Vorderen Leierstalalm* und **694 Hm** bis zur *Hinteren Leierstalalm* zurückzulegen.

Tourverbindungen: 044 *Ludwigsburger Hütte*

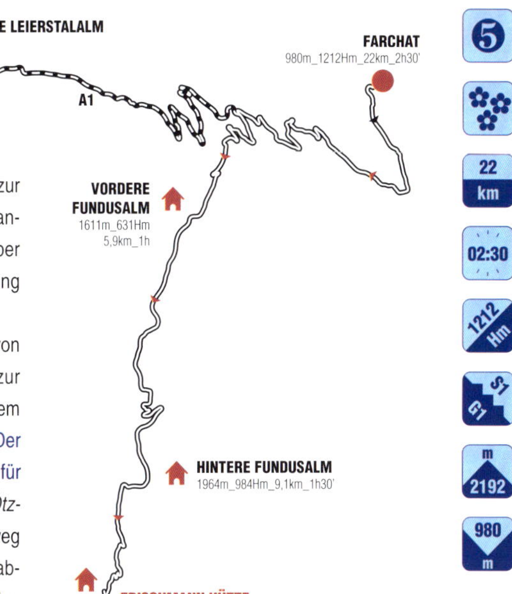

KARTEN – ÖK: 1:25000 146 | **F&B: 1:50000** 251

INFOS – Vordere Fundusalm: bewirtschaftet Mitte Juni bis Mitte September; **Hintere Fundusalm:** bewirtschaftet Mitte Juni bis Mitte September; **Frischmannhütte:** bewirtschaftet Ende Juni bis Ende September; **Vordere Leierstalalm, Hintere Leierstalalm:** unbewirtschaftete Almhütten

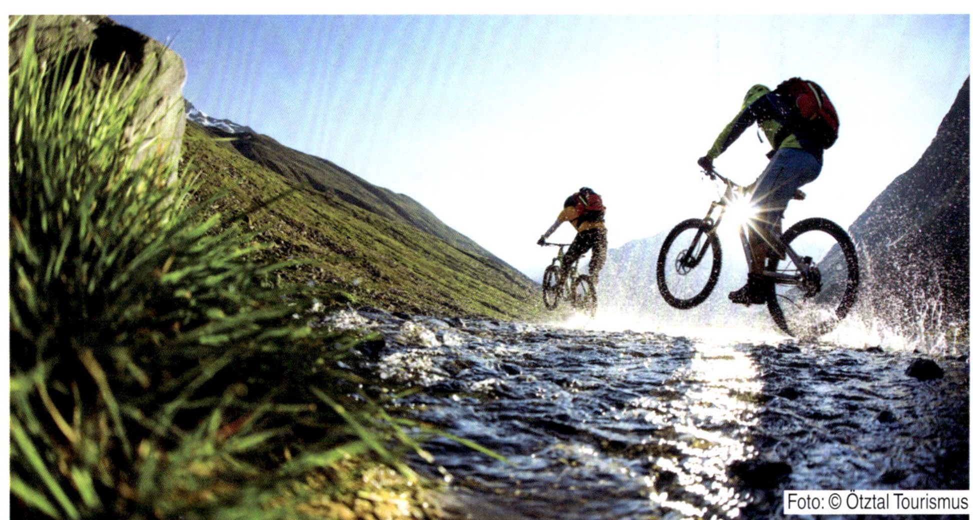

Foto: © Ötztal Tourismus

038 AMBERGER HÜTTE

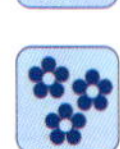

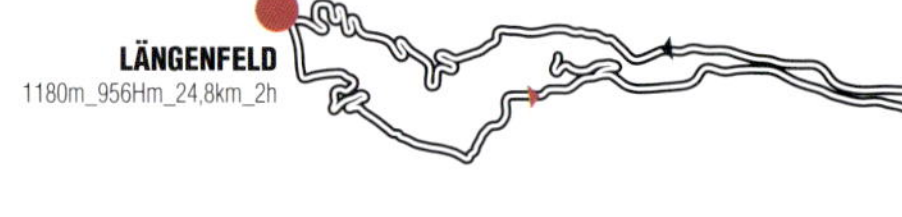

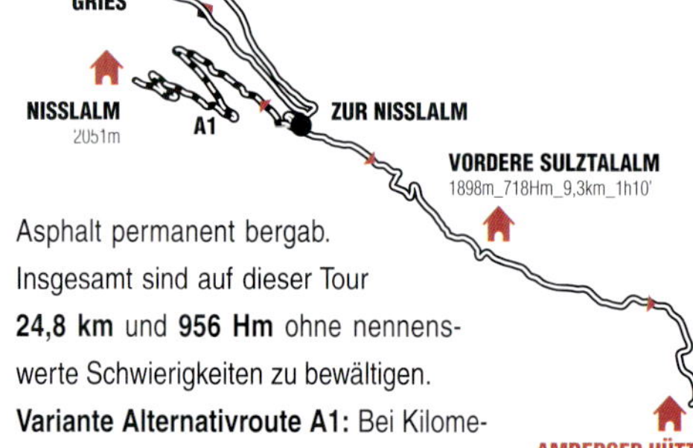

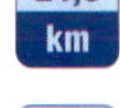

02:00

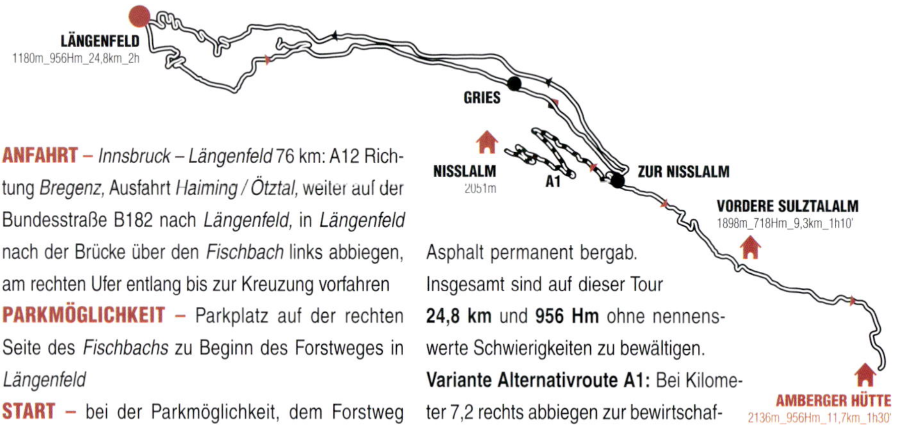

956 Hm

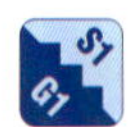

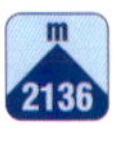

ANFAHRT – *Innsbruck – Längenfeld* 76 km: A12 Richtung *Bregenz,* Ausfahrt *Haiming / Ötztal,* weiter auf der Bundesstraße B182 nach *Längenfeld,* in *Längenfeld* nach der Brücke über den *Fischbach* links abbiegen, am rechten Ufer entlang bis zur Kreuzung vorfahren

PARKMÖGLICHKEIT – Parkplatz auf der rechten Seite des *Fischbachs* zu Beginn des Forstweges in *Längenfeld*

START – bei der Parkmöglichkeit, dem Forstweg rechts vom *Fischbach* Richtung *Brandalm* folgen, ganschließend geradeaus weiter nach *Gries*

TOURENBESCHREIBUNG – 11,7 km und **956 Hm** sind von *Längenfeld* über *Gries* und die *Vordere Sulztalalm* bis zur *Amberger Hütte* auf Forstweg permanent bergauf zurückzulegen. Der Rückweg ist bis zur Abzweigung *Nisslalm* derselbe und verläuft anschließend auf Forstweg und Asphalt permanent bergab.
Insgesamt sind auf dieser Tour **24,8 km** und **956 Hm** ohne nennenswerte Schwierigkeiten zu bewältigen.
Variante Alternativroute A1: Bei Kilometer 7,2 rechts abbiegen zur bewirtschafteten *Nisslalm.* Von der Abzweigung sind noch ca. 330 Hm auf Forstweg bis zur Alm zurückzulegen.

KARTEN: ÖK: 1:25000 146 | **F&B: 1:50000** 251

INFOS – Vordere Sulztalalm: bewirtschaftet Mitte Juni bis Anfang Oktober; **Amberger Hütte:** Anfang Juni bis Anfang Oktober bewirtschaftete AV-Hütte; **Nisslalm:** im Sommer bewirtschaftete Almhütte

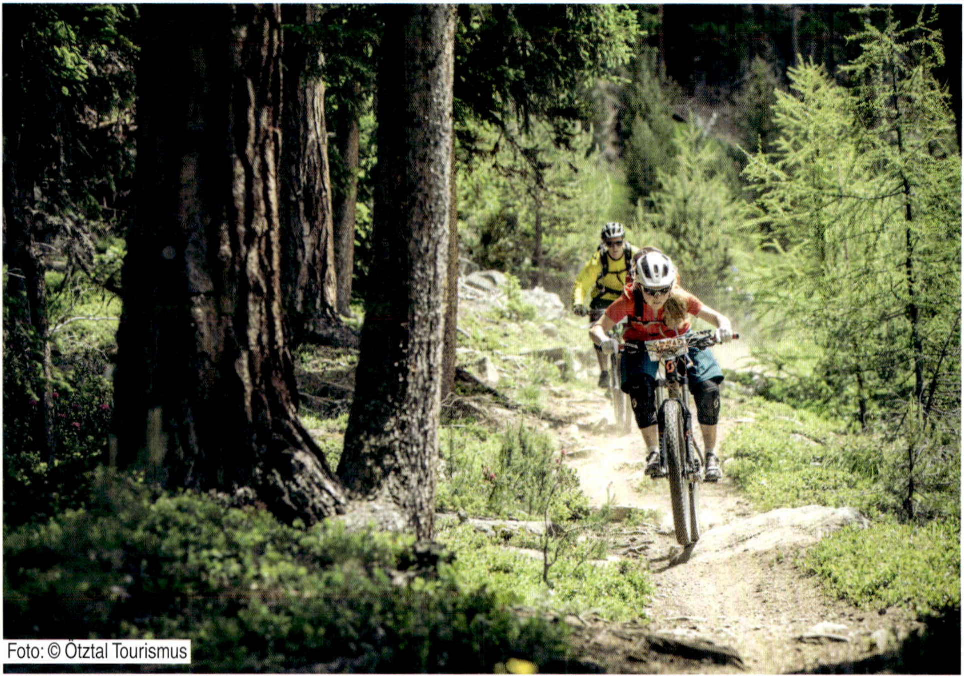

Foto: © Ötztal Tourismus

039 GAISLACHKOGEL

ANFAHRT – *Innsbruck – Sölden* 90 km: A12 Richtung *Bregenz,* Ausfahrt *Haiming / Ötztal,* weiter auf der Bundesstraße B186 nach *Sölden*

PARKMÖGLICHKEIT – Parkplätze bei der *Talstation Gaislachkogelbahn* in *Sölden*

START – bei der Talstation *Gaislachkogelbahn,* auf der Straße taleinwärts vorbei an der Freiwilligen Feuerwehr Richtung *Hochsölden,* nach der Rechtskehre der Beschilderung zur *Gaislachalm* folgen

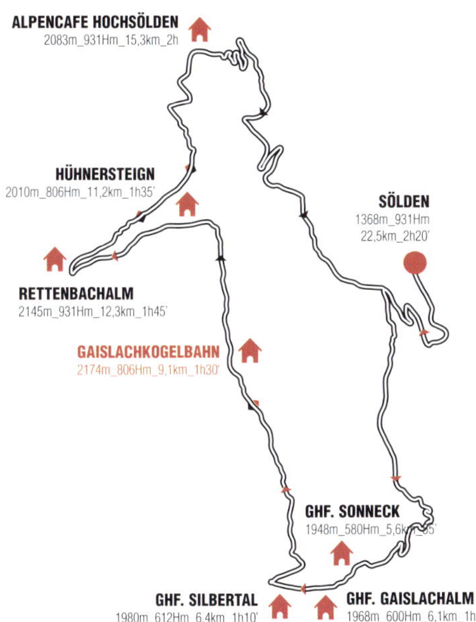

TOURENBESCHREIBUNG – 9,1 km und **806 Hm** sind von *Sölden* über *Ghf. Sonneck, Ghf. Gaislachalm* und *Ghf. Silbertal* bis zur *Mittelstation der Gaislachkogelbahn* auf Asphalt, Forstweg und Karrenweg permanent bergauf zurückzulegen. Der Karrenweg nach dem *Ghf. Silbertal* führt anfangs extrem steil bergauf. Von der *Mittelstation der Gaislachkogelbahn* verläuft die Tour auf Asphalt bergab zur *Hühnersteign* und anschließend 35 Hm bergauf zur *Rettenbachalm.* Von dort führen Single Track, Forstweg und Asphalt über das *Alpencafé Hochsölden* großteil bergab zurück zum Startpunkt in *Sölden.* Der 1,5 km lange Single Track nach der *Rettenbachalm* ist für jeden Biker leicht zu bewältigen. Insgesamt sind auf dieser Rundtour **22,5 km** und **913 Hm** zurückzulegen.

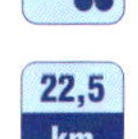

KARTEN – ÖK: 1:25000 173 | **F&B: 1:50000** 251

INFOS – Ghf. Sonneck: bewirtschaftet Mitte Juni bis Mitte Oktober; **Gaislachalm:** bewirtschaftet Mitte Juni bis Mitte September; **Ghf. Silbertal:** bewirtschaftet Ende Juni bis Anfang Oktober; **Gaislachkogelbahn Almstubn:** ganzjährig bewirtschafteter Ghf.; **Hühnersteign:** ganzjährig bewirtschaftete Schihütte; **Rettenbachalm:** bewirtschaftet Mitte Juni bis Winterbeginn; **Alpencafé Hochsölden:** ganzjährig bewirtschaftetes Café

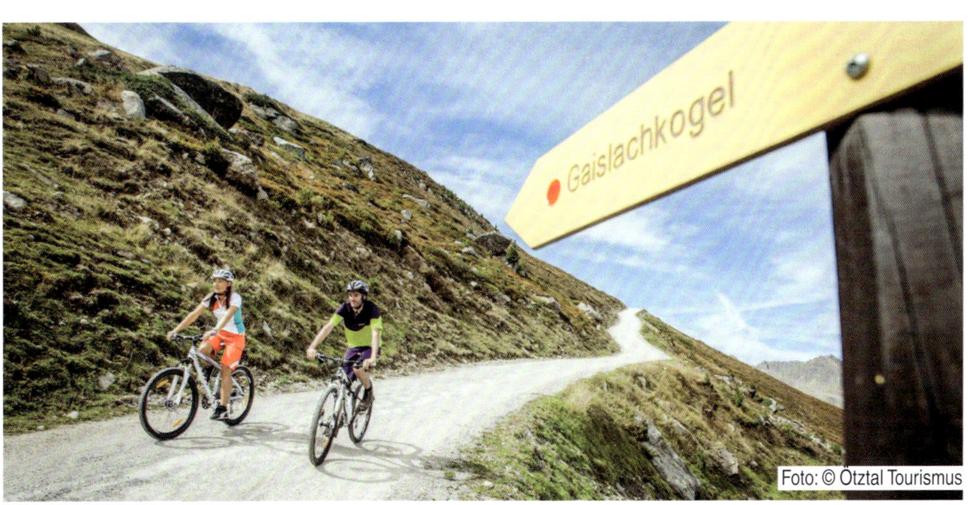

Foto: © Ötztal Tourismus

040 LANGTALERECKHÜTTE

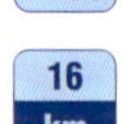

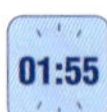

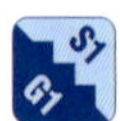

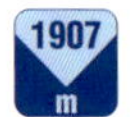

16 km

01:55

ANFAHRT – *Innsbruck – Obergurgl* 100 km: A12 Richtung *Bregenz,* Ausfahrt *Haiming / Ötztal,* weiter auf der Bundesstraße B186 nach *Sölden - Zwieselstein - Obergurgl*

PARKMÖGLICHKEIT – Parkplätze bei der *Talstation Festkogelbahn* in *Obergurgel*

START – bei der Talstation *Festkogelbahn,* der Straße taleinwärts 850 m folgen und beim *Bergsteigerdenkmal* links weiter, bei der ersten Kreuzung dem Weg auf der linken Seite folgen, anschließend links abbiegen und nach 160 m rechts weiter Richtung *Langtalereckhütte*

TOURENBESCHREIBUNG – 8 km und **615 Hm** sind von *Obergurgl* über die *Schönwieshütte* und die *Gurgler Großalm* bis zur *Langtalereckhütte* auf Asphalt, gut präpariertem Forstweg und Karrenweg großteils bergauf zurückzulegen. Der Forstweg vor der *Schönwieshütte* führt abschnittsweise extrem steil bergauf. Nach der *Schönwieshütte* verläuft die Tour zuerst auf Karrenweg bergauf und anschließend 60 Hm bergab zur *Gurgler Großalm.* Der Karrenweg kurz vor der *Langtalereckhütte* führt extrem steil bergauf und ist nicht fahrbar. Ein Fußmarsch von 15 Minuten ist einzuplanen. Der Rückweg ist derselbe. Insgesamt sind **16 km** und **707 Hm** zu bewältigen.

KARTEN – ÖK: 1:25000 173 | **F&B: 1:50000** 251

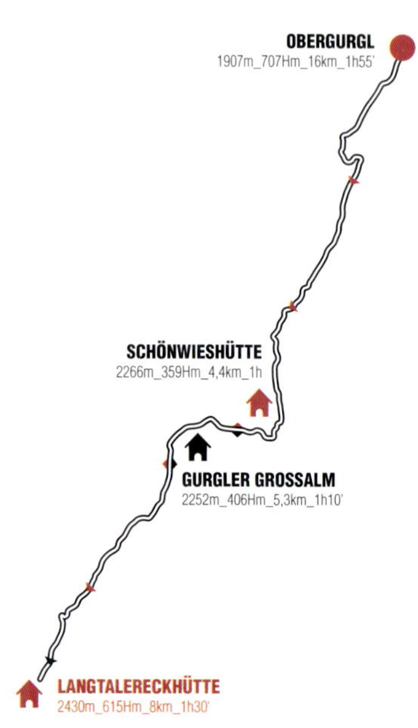

INFOS – Schönwieshütte: bewirtschaftet Ende Juni bis Ende September; **Gurgler Großalm:** unbewirtschaftete Almhütte; **Langtalereckhütte:** Mitte Juni bis Ende September bewirtschaftete AV-Hütte

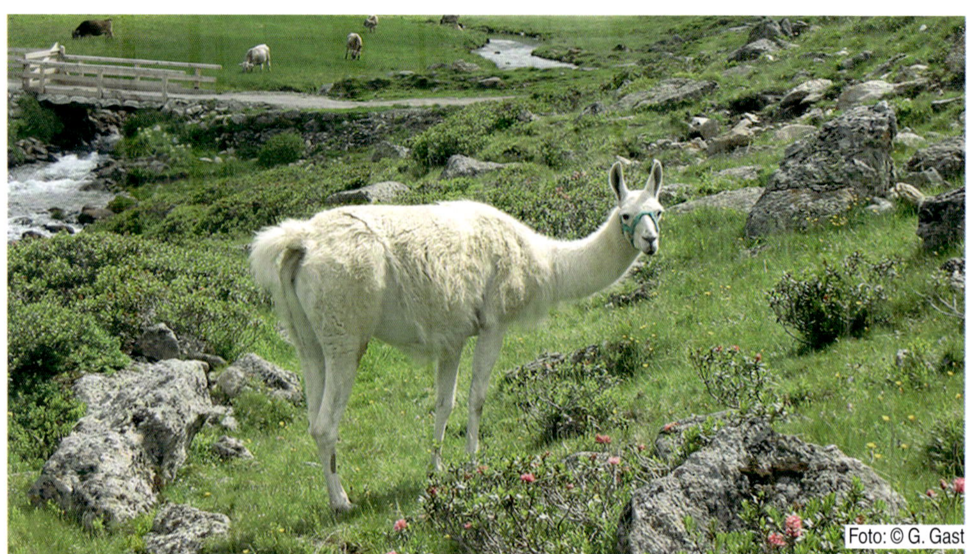

Foto: © G. Gast

041 MARTIN-BUSCH-HÜTTE

ANFAHRT – *Innsbruck* – *Vent* 106 km: A12 Richtung *Bregenz,* Ausfahrt *Haiming / Ötztal,* weiter auf der Bundesstraße B186 nach *Sölden* und *Zwieselstein,* in *Zwieselstein* rechts abbiegen nach *Vent*

PARKMÖGLICHKEIT – Parkfläche vor der Ortschaft *Vent* in der Nähe der *Jakobuskirche*

START – beim *Hotel Vent,* dem Straßenverlauf folgen und nach der Ortsdurchfahrt über die Brücke der *Ventner Ache,* anschließend am *Hotel Alt Vent* vorbei und rechts der *Ventner Ache* entlang, die zweite Bachbrücke erneut überqueren und der Forststraße folgen

TOURENBESCHREIBUNG – **8,2 km** und **606 Hm** sind von *Vent* über die *Schäferhütte* bis zur *Martin-Busch-Hütte* auf Karrenweg permanent bergauf zurückzulegen. Der Karrenweg ist anfangs extrem steil und führt anschließend bis zur *Schäferhütte* ohne nennenswerte Schwierigkeiten weiter bergauf. Von dort verläuft die Tour bis zur *Martin-Busch-Hütte* erneut extrem steil bergauf. Der Rückweg ist derselbe. Insgesamt sind **16,4 km** und **606 Hm** zu bewältigen.

KARTEN – **ÖK: 1:25000** 173 | **F&B: 1:50000** 251

INFOS – **Schäferhütte:** unbewirtschaftete Almhütte; **Martin-Busch- Hütte:** Ende Juni bis Ende September bewirtschaftete AV-Hütte

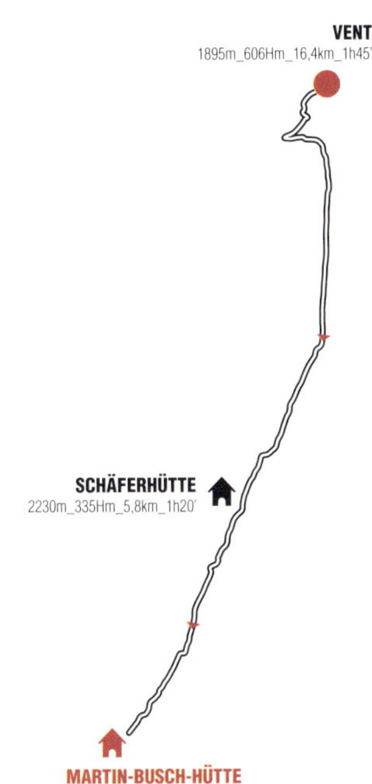

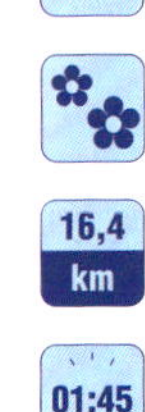

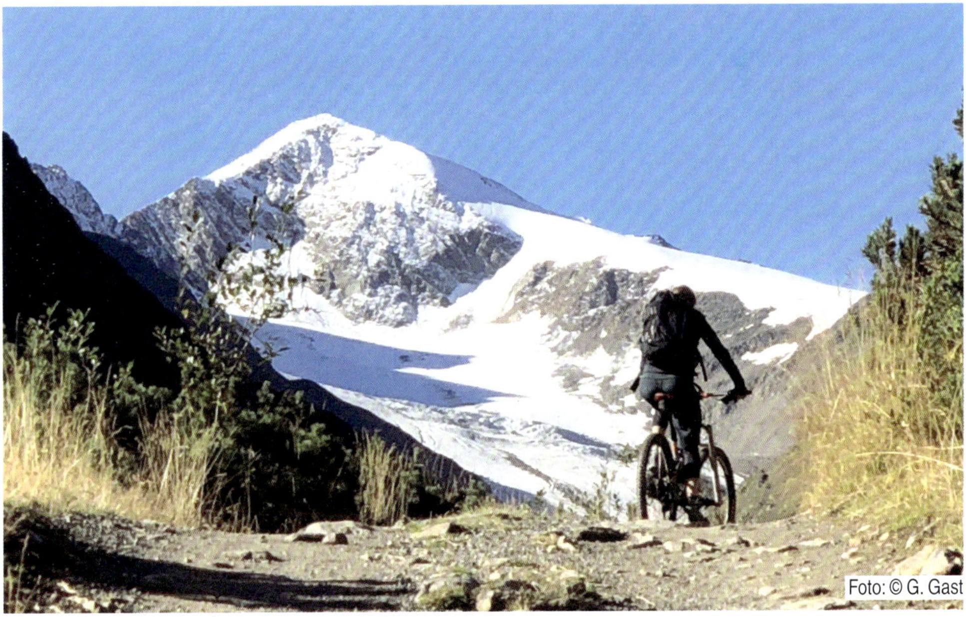

Foto: © G. Gast

042 – 046

PITZTAL

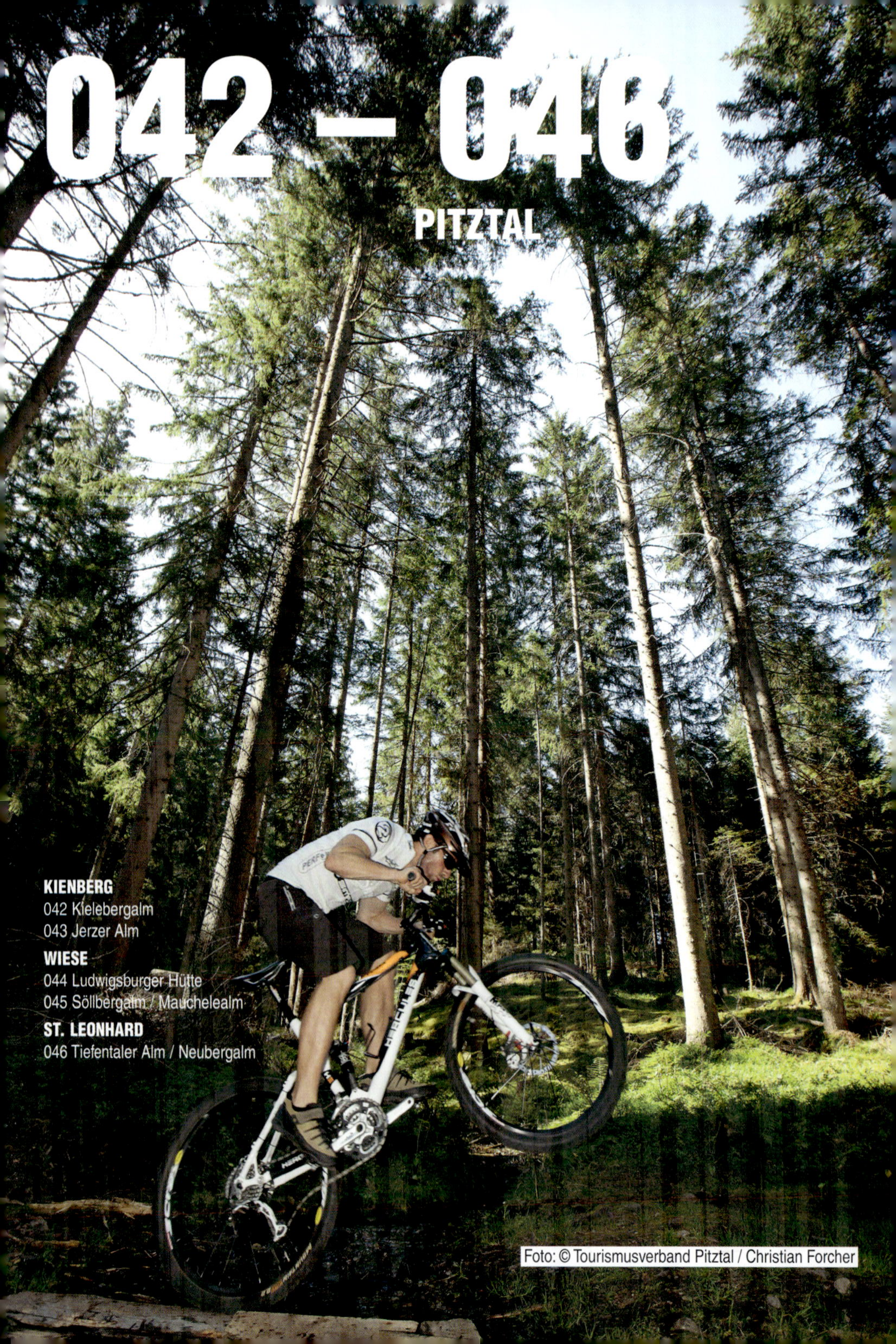

KIENBERG
042 Kielebergalm
043 Jerzer Alm

WIESE
044 Ludwigsburger Hütte
045 Söllbergalm / Mauchelealm

ST. LEONHARD
046 Tiefentaler Alm / Neubergalm

Foto: © Tourismusverband Pitztal / Christian Forcher

042 KIELEBERGALM

ANFAHRT – *Innsbruck – Kienberg* 73 km: A12 Richtung *Bregenz,* Ausfahrt *Imst / Pitztal,* anschließend der Beschilderung ins *Pitztal* nach *Wenns* folgen, auf der Bundesstraße weiter bis zur Abzweigung nach *Kienberg*

PARKMÖGLICHKEIT – am Straßenrand kurz nach der Abzweigung nach *Kienberg*

START – bei der Autowerkstatt, der Straße nach *Kienberg* entlang, anschließend über die Brücke und geradeaus weiter Richtung *Graslehn,* dort der Beschilderung nach *Matzlewald* folgen

TOURENBESCHREIBUNG – 8,3 km und **829 Hm** sind von *Kienberg* bis zur *Kielebergalm* auf Asphalt und gut präpariertem Forstweg anfangs bergab und anschließend großteils bergauf ohne nennenswerte Schwierigkeiten zurückzulegen. Der Rückweg führt auf Single Tracks, Forstwegen, Karrenweg und Asphalt bis kurz vor *Kienberg* permanent bergab. Die zwei kurzen Single Track-Abschnitte von jeweils 400 m sind für jeden Biker leicht zu bewältigen. Insgesamt sind auf dieser Rundtour **15,6 km** und **867 Hm** zurückzulegen.

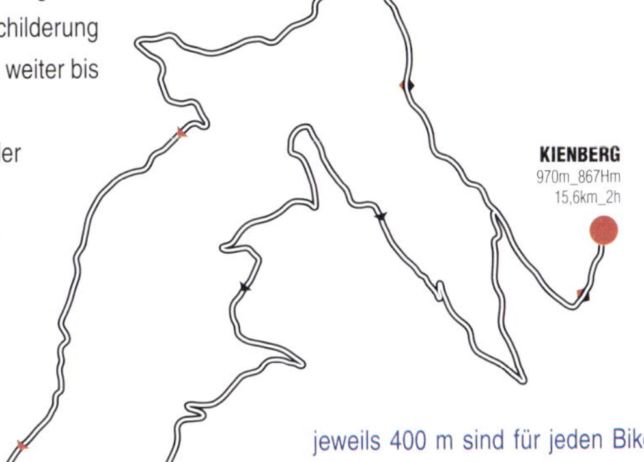

KARTEN – ÖK: 1:25000 145 | **F&B: 1:50000** 251

INFOS – Kielebergalm: im Sommer bewirtschaftete Almhütte

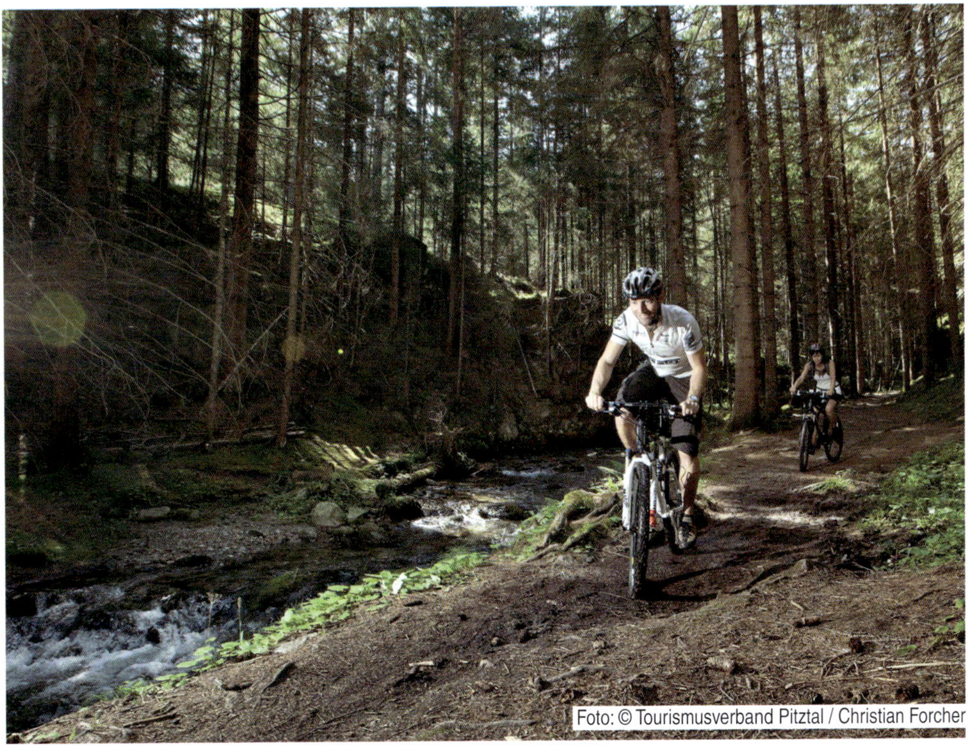

3

15,6 km

02:00

867 Hm

m 1761

970 m

Foto: © Tourismusverband Pitztal / Christian Forcher

043 JERZER ALM

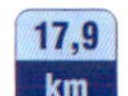

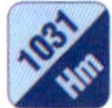

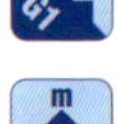

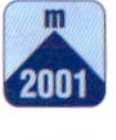

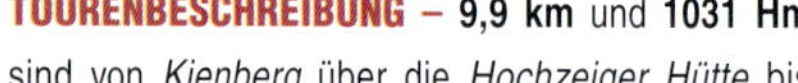

ANFAHRT – *Innsbruck* – *Kienberg* 73 km: A12 Richtung *Bregenz,* Ausfahrt *Imst / Pitztal,* anschließend der Beschilderung ins *Pitztal* bis nach *Wenns* folgen, auf der Bundesstraße weiter bis zur Abzweigung nach *Jerzens*

PARKMÖGLICHKEIT – Parkplatz auf der linken Seite kurz nach der Abzweigung nach *Jerzens*

START – bei der Autowerkstatt der Hauptstraße entlang Richtung *Jerzens,* dort die Brücke über den *Mühlbach* überqueren und bergauf weiter, nach 300 m rechts abbiegen und der Beschilderung zum *Hochzeiger* folgen, beim *Hotel Panorama* geradeaus Richtung *Kaitanger*

TOURENBESCHREIBUNG – **9,9 km** und **1031 Hm** sind von *Kienberg* über die *Hochzeiger Hütte* bis zur *Jerzer Alm* auf gut präparierten Forstwegen und Asphalt großteils bergauf zurückzulegen. Der Rückweg verläuft auf Forstweg und Asphalt permanent bergab nach *Kienberg.* Insgesamt sind auf dieser Rundtour **17,9 km** und **1031 Hm** ohne nennenswerte Schwierigkeiten zu bewältigen.

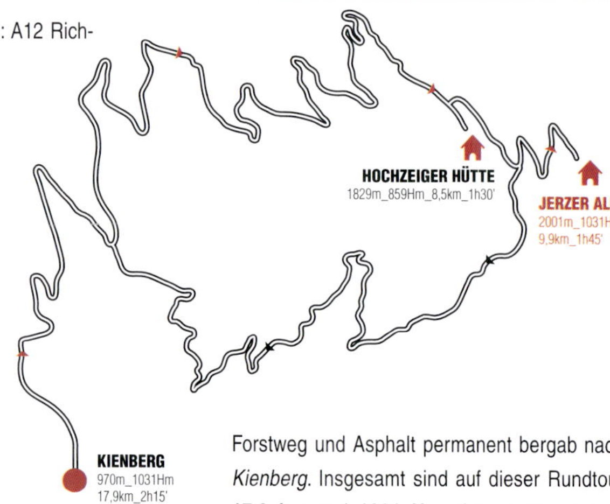

Tourverbindungen: 007 *Wenner Alm*

KARTEN – **ÖK: 1:25000** 145 | **F&B: 1:50000** 251

INFOS: Hochzeiger Hütte, Jerzer Alm: ganzjährig bewirtschaftete Schihütten

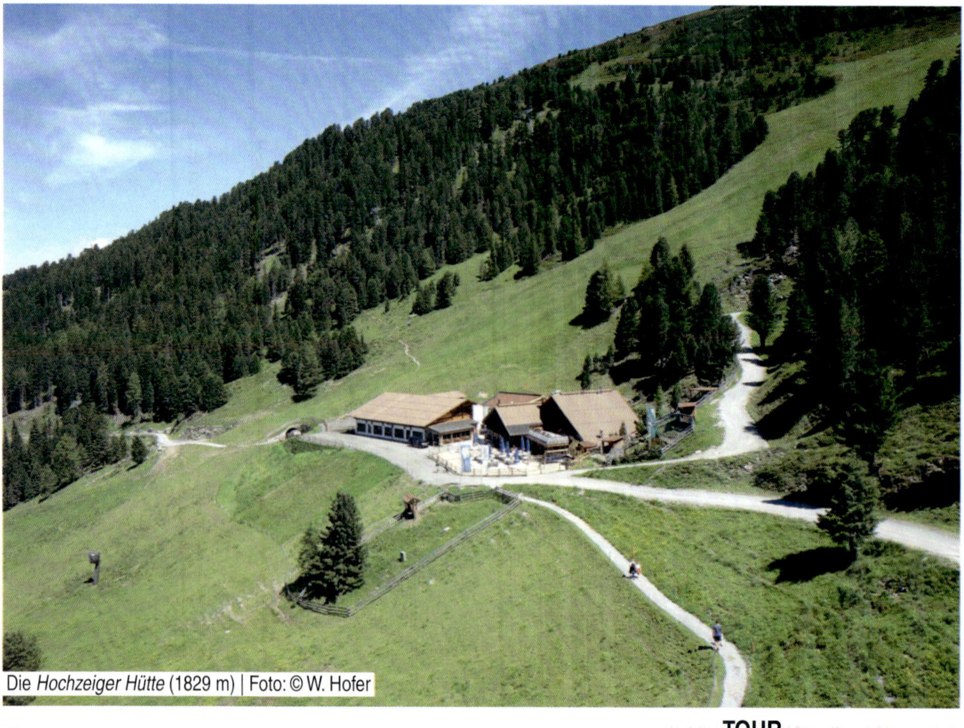

Die *Hochzeiger Hütte* (1829 m) | Foto: © W. Hofer

044 LUDWIGSBURGER HÜTTE

4 | 23,4 km | 02:15 | 1118 Hm | S1 G1 | 2200 m | 1182 m

ANFAHRT – *Innsbruck* – *Wiese* 78 km: A12 Richtung *Bregenz*, Ausfahrt *Imst / Pitztal*, anschließend der Beschilderung ins *Pitztal* nach *Wiese* folgen, kurz vor dem Ortstafelschild *Wiese* rechts zum *Parkplatz Wiese 1* einbiegen

PARKMÖGLICHKEIT – Parkplatz *Wiese 1* in der Nähe vom *Söllbergwasserfall*

START – beim *Ghf. Wiese*, der Bundesstraße nach *Wiese* folgen, nach 150 m links Richtung *Schußlehn* abbiegen, der Straße taleinwärts folgen, nach der Ortsdurchfahrt *Zaunhof* der Beschilderung zur *Ludwigsburgerhütte* folgen

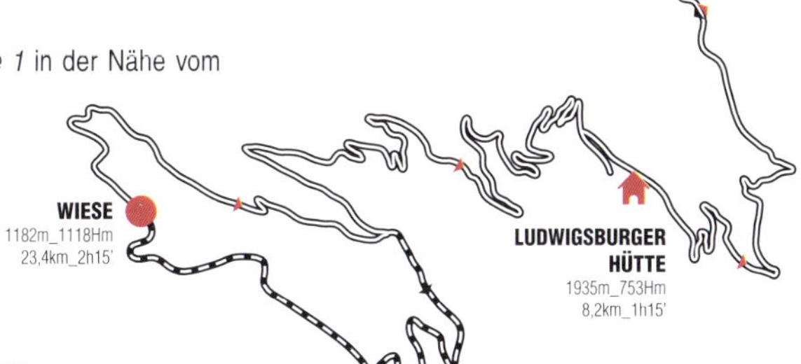

TOURENBESCHREIBUNG – **11,7 km** und **1068 Hm** sind von *Wiese* über die *Ludwigsburger Hütte* bis zum *Dach der Tour* auf Asphalt, Karrenweg und gut präpariertem Forstweg großteils bergauf zurückzulegen. Der Rückweg ist derselbe. Insgesamt sind **23,4 km** und **1118 Hm** ohne nennenswerte Schwierigkeiten zu bewältigen.

Variante Alternativroute A1: auf dem Rückweg bei Kilometer 21 links abbiegen über *Grüble* zurück zum Ausgangspunkt

Tourverbindungen: 037 *Frischmann Hütte*

KARTEN – **ÖK: 1:25000** 145 | **F&B: 1:50000** 251

INFOS – **Ludwigsburger Hütte:** Ende Juni bis Ende September bewirtschaftete AV-Hütte (vormals Lehnerjochhaus)

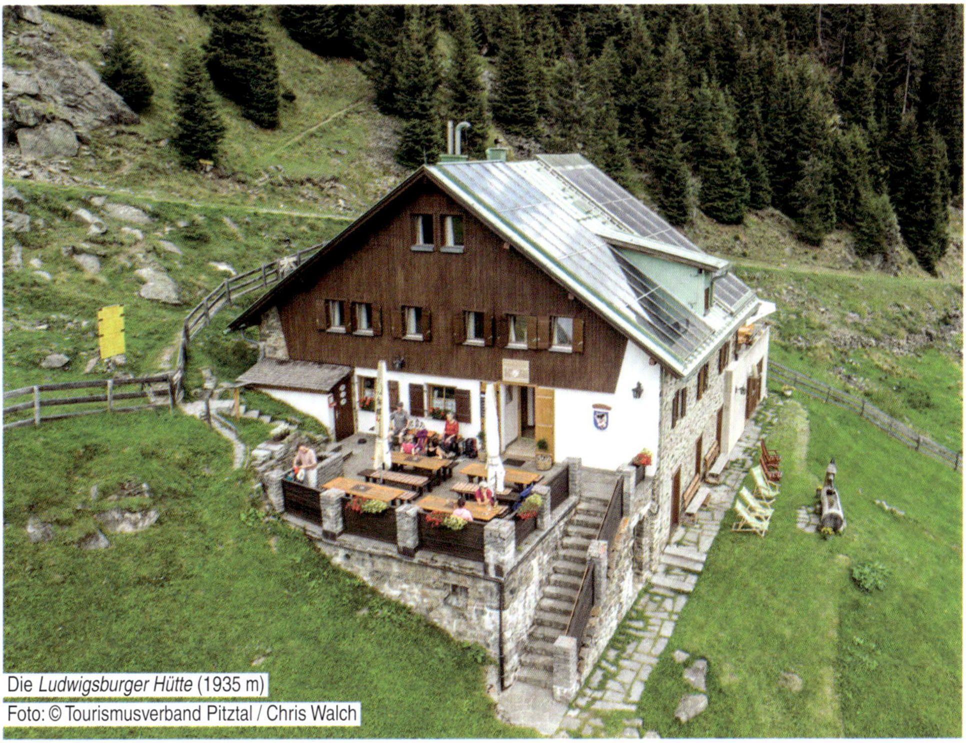

Die *Ludwigsburger Hütte* (1935 m)
Foto: © Tourismusverband Pitztal / Chris Walch

045 SÖLLBERGALM / MAUCHELEALM

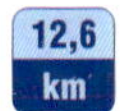

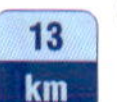

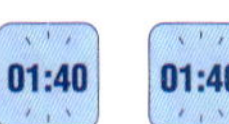

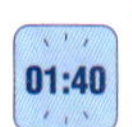

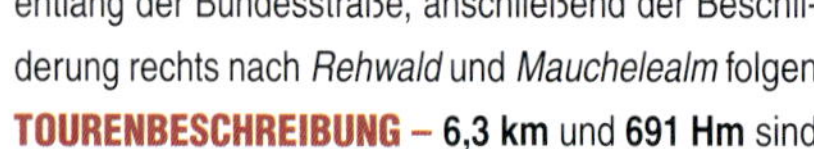

ANFAHRT – *Innsbruck* – *Wiese* 78 km: A12 Richtung *Bregenz,* Ausfahrt *Imst / Pitztal,* anschließend der Beschilderung ins *Pitztal* nach *Wiese* folgen, kurz vor dem Ortstafelschild *Wiese* rechts zum *Parkplatz Wiese 1* einbiegen

PARKMÖGLICHKEIT – Parkplatz *Wiese 1* in der Nähe vom *Söllbergwasserfall*

START – bei der Parkmöglichkeit, **Söllbergalm:** der Forststraße bergauf zur *Söllbergalm* folgen **Maunchelealm:** 2 km taleinwärts entlang der Bundesstraße, anschließend der Beschilderung rechts nach *Rehwald* und *Mauchelealm* folgen

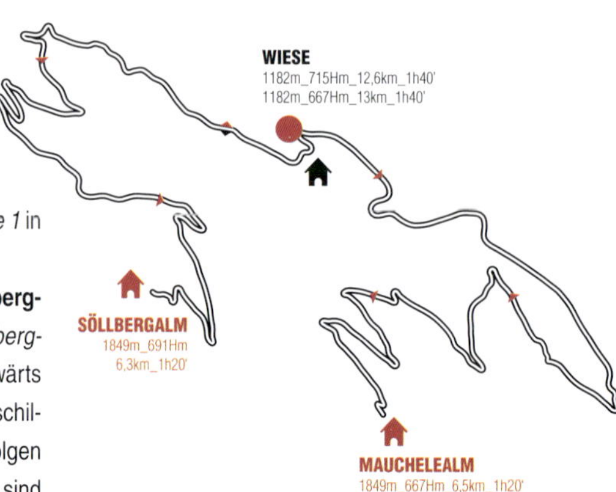

TOURENBESCHREIBUNG – **6,3 km** und **691 Hm** sind von *Wiese* bis zur *Söllbergalm* auf gut präpariertem Forstweg großteils bergauf zurückzulegen. Der Rückweg ist derselbe. Insgesamt sind **12,6 km** und **715 Hm** ohne nennenswerte Schwierigkeiten zu bewältigen. **6,5 km** und **667 Hm** sind von *Wiese* bis zur *Mauchelealm* auf Asphalt und Karrenweg permanent bergauf zurückzulegen. Der Rückweg ist derselbe. Insgesamt sind **13 km** und **667 Hm** ohne nennenswerte Schwierigkeiten zu bewältigen.

KARTEN – **ÖK: 1:25000** 145 | **F&B: 1:50000** 251

INFOS – **Söllbergalm:** im Sommer bewirtschaftete Almhütte; **Mauchelealm:** im Sommer bewirtschaftete Almhütte

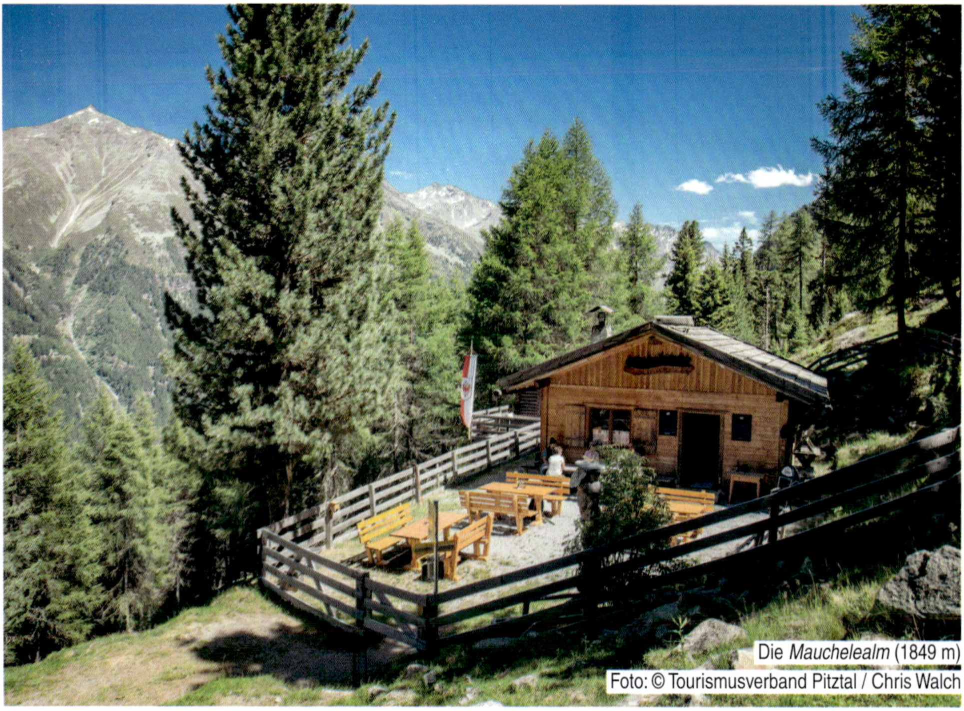

Die *Mauchelealm* (1849 m)
Foto: © Tourismusverband Pitztal / Chris Walch

046 TIEFENTALER ALM / NEUBERGALM

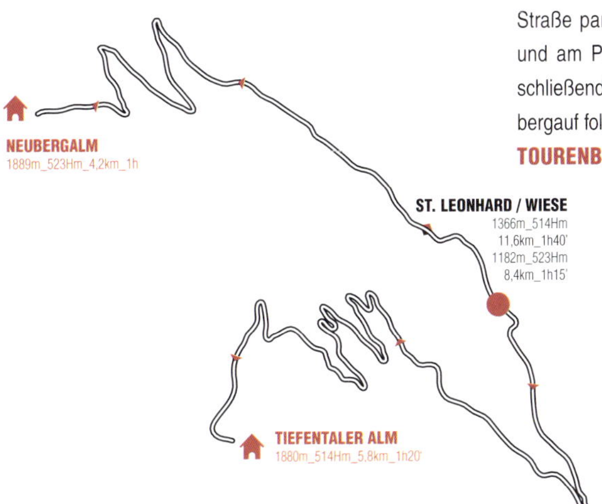

ANFAHRT – *Innsbruck - St. Leonhard* 85 km: A12 Richtung *Bregenz*, Ausfahrt *Imst / Pitztal*, anschließend der Beschilderung ins *Pitztal* nach *St. Leonhard* folgen, kurz vor dem Ende der Ortschaft rechts abbiegen

PARKMÖGLICHKEIT – Parkplatz beim *Gemeindeamt in St. Leonhard*

START – bei der Parkmöglichkeit, **Tiefentaler Alm:** an der *Pfarrkirche St. Leonhard* vorbei und 1 km taleinwärts entlang dem rechten Ufer der *Pitze,* anschließend dem Verlauf der Rechtskehre folgen und geradeaus weiter, **Neubergalm:** der Straße parallel zur Bundesstraße talauswärts folgen und am Pfarramt vorbei bis zum *Pfitschebach,* anschließend den Bach überqueren und den Serpentinen bergauf folgen

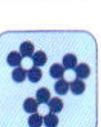

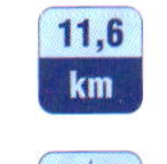

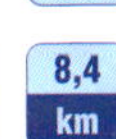

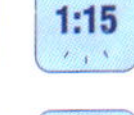

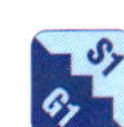

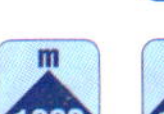

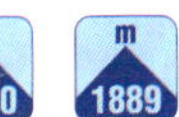

TOURENBESCHREIBUNG – 5,8 km und **514 Hm** sind von *St. Leonhard* bis zur *Tiefentaler Alm* auf Asphalt, gut präpariertem Forstweg und Karrenweg permanent bergauf zurückzulegen. Der 800 m lange Karrenweg vor der *Tiefentaler Alm* führt abschnittsweise extrem steil bergauf. Der Rückweg ist derselbe. Insgesamt sind **11,6 km** und **514 Hm** zu bewältigen.

4,2 km und **523 Hm** sind von *St. Leonhard* bis zur *Neubergalm* auf Asphalt, gut präpariertem Forstweg und Karrenweg zuerst flach und anschließend permanent anspruchsvoll bergauf zurückzulegen. Der Rückweg ist derselbe. Insgesamt sind **8,4 km** und **523 Hm** zu bewältigen.

KARTEN – ÖK: 1:25000 145 / 146 | **F&B: 1:50000** 251

INFOS – Tiefentaler Alm: im Sommer bewirtschaftete Almhütte; **Neubergalm:** im Sommer bewirtschaftete Almhütte

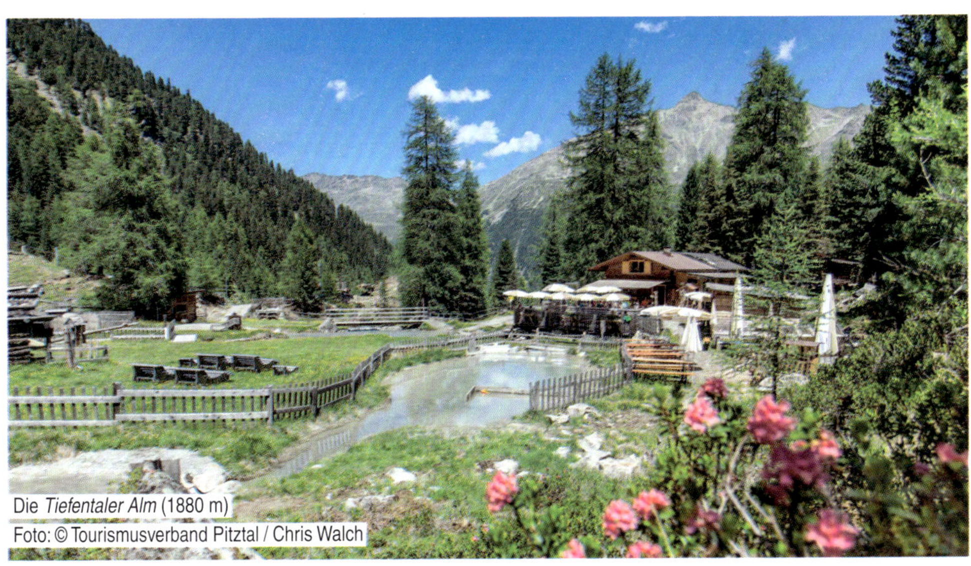
Die *Tiefentaler Alm* (1880 m)
Foto: © Tourismusverband Pitztal / Chris Walch

047 – 050

KAUNERTAL

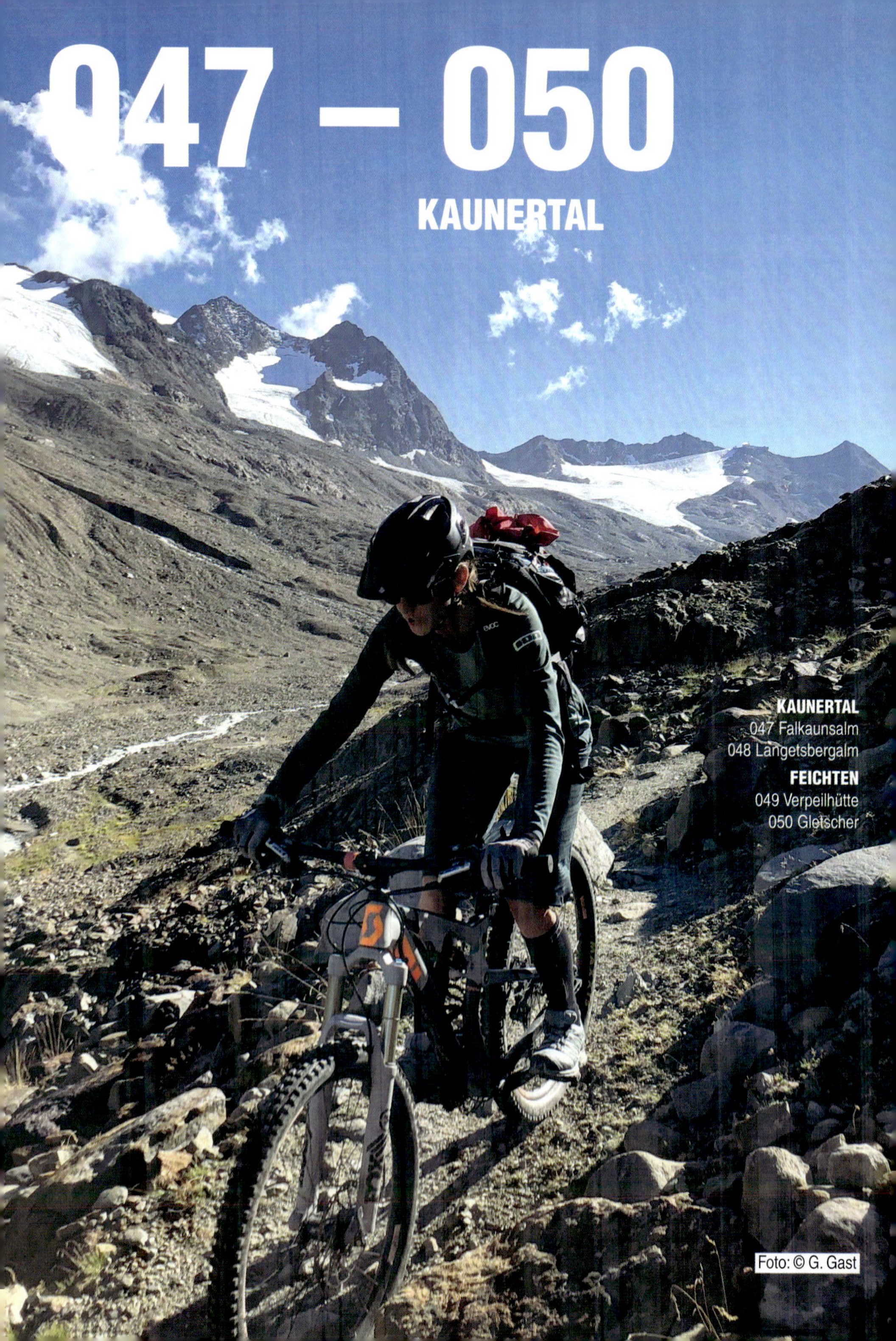

Foto: © G. Gast

047 FALKAUNSALM

ANFAHRT – *Innsbruck* – *Kaunertal* 88 km: A12 und S16 Richtung *Bregenz,* Ausfahrt *Reschenpass,* anschließend der Beschilderung Richtung *Reschenpass* nach *Prutz* folgen, in *Prutz* bei der ampelgeregelten Kreuzung links abbiegen ins *Kaunertal* und der Straße 4,4 km folgen bis zur Abzweigung *Kaunerberg*

PARKMÖGLICHKEIT – am Straßenrand bei der Abzweigung Richtung *Kaunerberg*

START – bei der Abzweigung nach *Kaunerberg,* der Landstraße bergauf Richtung *Kaunerberg* folgen

TOURENBESCHREIBUNG – **12,2 km** und **1063 Hm** sind vom Startpunkt im *Kaunertal* über den *Ghf. Wiesenhof* bis zur *Falkaunsalm* auf Asphalt, Karrenweg und gut präpariertem Forstweg bergauf und bergab zurückzulegen. Bis zum *Ghf. Wiesenhof* verläuft die Tour auf Karrenweg und Forstweg abschnittsweise extrem steil bergauf. Vorbei am *Wiesenhof* führt der Forstweg 95 Hm bergab und anschließend ohne nennenswerte Schwierigkeiten bis zur *Falkaunsalm* permanent bergauf. Der Rückweg verläuft auf Forstweg und Asphalt bergab und flach ohne nennenswerte Schwierigkeiten zurück zum Ausgangspunkt. Insgesamt sind auf dieser Rundtour **24,3 km** und **1063 Hm** zu bewältigen.

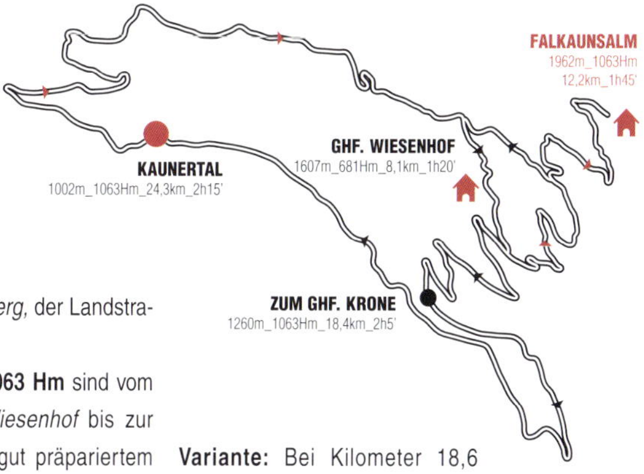

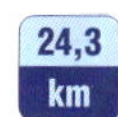

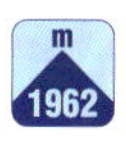

1002
m

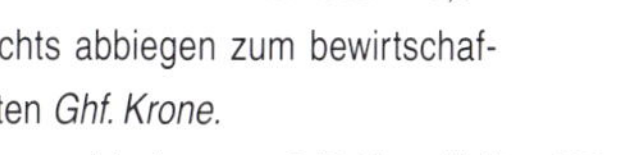

Variante: Bei Kilometer 18,6 rechts abbiegen zum bewirtschafteten *Ghf. Krone.*

Tourverbindungen: 049 *Verpeilhütte,* 050 *Gletscher*

KARTEN – **ÖK: 1:25000** 145 | **F&B: 1:50000** 251

INFOS – **Ghf. Wiesenhof:** ganzjährig bewirtschafteter Ghf.; **Falkaunsalm:** im Sommer bewirtschaftete Almhütte

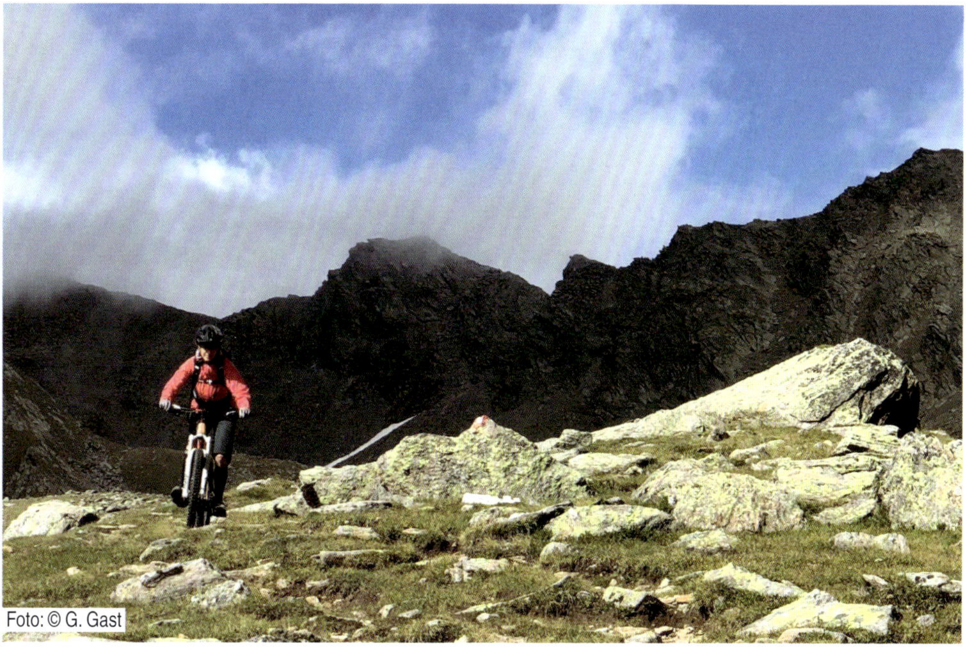

Foto: © G. Gast

048 LANGETSBERGALM

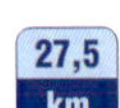

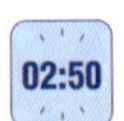

ANFAHRT – *Innsbruck – Kaunertal* 88 km: A12 und S16 Richtung *Bregenz,* Ausfahrt *Reschenpass,* anschließend der Beschilderung Richtung *Reschenpass* nach *Prutz* folgen, in *Prutz* bei der ampelgeregelten Kreuzung links abbiegen ins *Kaunertal* und der Straße 4,4 km folgen bis zur Abzweigung *Kaunerberg*

PARKMÖGLICHKEIT – am Straßenrand bei der Abzweigung Richtung *Kaunerberg*

START – bei der Abzweigung nach *Kaunerberg,* vom Parkplatz über die Brücke zum Holzlager, dem Forstweg geradeaus bergauf entlang und über den *Petersbach*, anschließend links bergauf abbiegen und der Beschilderung zur *Langetsbergalm* folgen

TOURENBESCHREIBUNG – **12,2 km** und **1301 Hm** sind vom Startpunkt im *Kaunertal* über die *Langetsbergergalm* bis zum *Dach der Tour* auf gut präparierten Forststraßen und Karrenwegen permanent bergauf zurückzulegen. Der Rückweg ist auf den ersten 5,2 km derselbe und verläuft anschließend auf Forstweg und Asphalt permanent bergab zurück zum Ausgangspunkt. Insgesamt sind auf dieser Rundtour **27,5 km** und **1301 Hm** ohne nennenswerte Schwierigkeiten zu bewältigen.

Tourverbindungen: 024 *Fendler Alm*

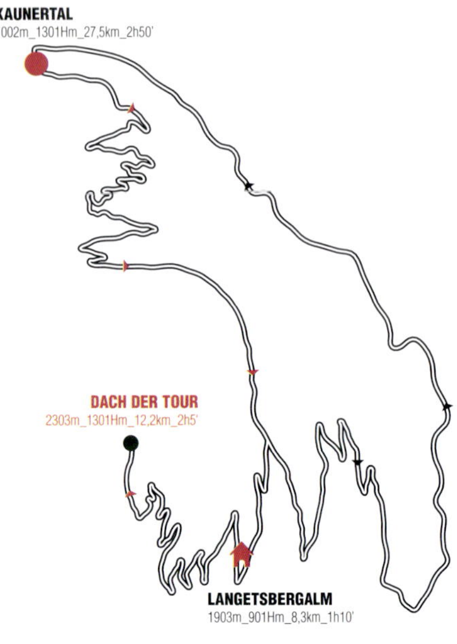

KARTEN – **ÖK: 1:25000** 145 | **F&B: 1:50000** 251

INFOS – **Langetsbergalm:** im Sommer bewirtschaftete Almhütte

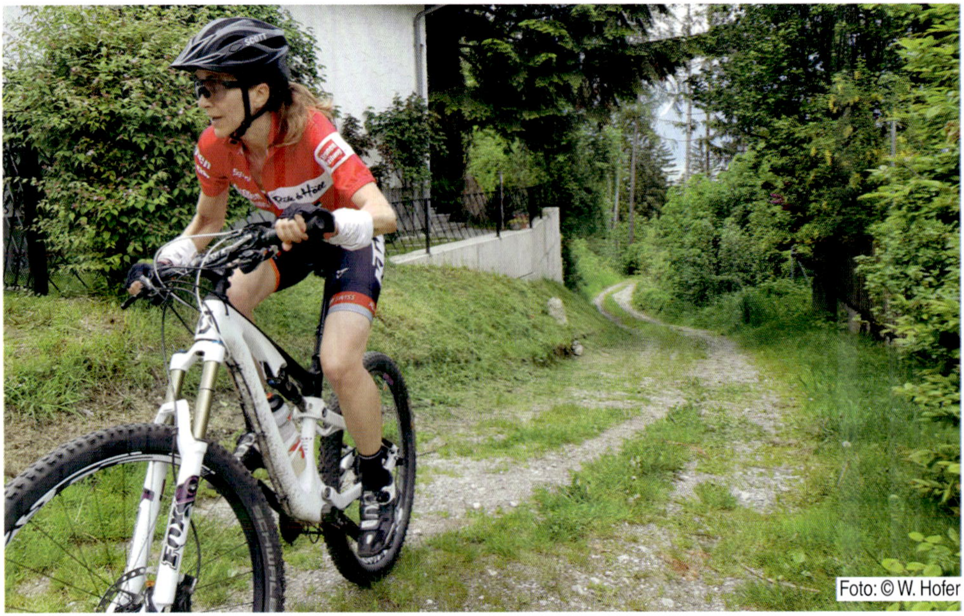

Foto: © W. Hofer

049 VERPEILHÜTTE

ANFAHRT – *Innsbruck – Feichten* 99 km: A12 und S16 Richtung *Bregenz*, Ausfahrt *Reschenpass*, anschließend der Beschilderung Richtung *Reschenpass* nach *Prutz* folgen, in *Prutz* bei der ampelgeregelten Kreuzung links abbiegen ins *Kaunertal* nach *Feichten*

PARKMÖGLICHKEIT – am Straßenrand zu Beginn der Ortschaft *Feichten* oder Parkplatz gegenüber der *Dorfbäckerei*

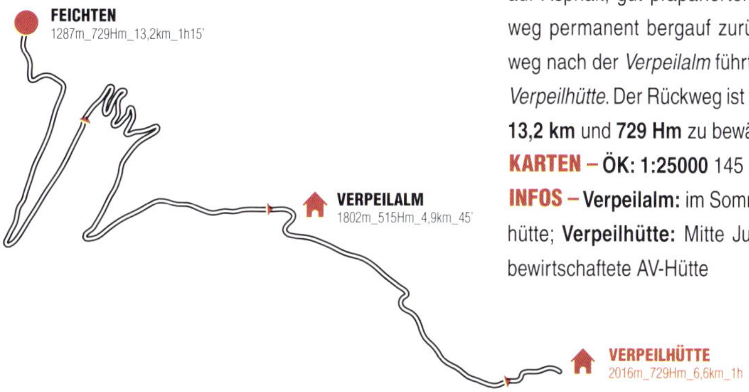

FEICHTEN
1287m_729Hm_13,2km_1h15'

VERPEILALM
1802m_515Hm_4,9km_45'

VERPEILHÜTTE
2016m_729Hm_6,6km_1h

START – bei der Tankstelle, die Straße taleinwärts und beim *Gasthof Sonnenhof* nach links abbiegen, die Brücke über den *Verpeilbach* überqueren und links abbiegen, dem Forstweg und der Beschilderung zur *Verpeilhütte* folgen

TOURENBESCHREIBUNG – 6,6 km und **729 Hm** sind von *Feichten* über die *Verpeilalm* bis zur *Verpeilhütte* auf Asphalt, gut präpariertem Forstweg und Karrenweg permanent bergauf zurückzulegen. Der Karrenweg nach der *Verpeilalm* führt extrem steil bergauf zur *Verpeilhütte*. Der Rückweg ist derselbe. Insgesamt sind **13,2 km** und **729 Hm** zu bewältigen.

KARTEN – ÖK: 1:25000 145 | **F&B: 1:50000** 251

INFOS – Verpeilalm: im Sommer bewirtschaftete Almhütte; **Verpeilhütte:** Mitte Juni bis Ende September bewirtschaftete AV-Hütte

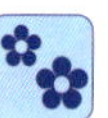

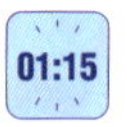

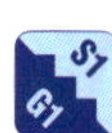

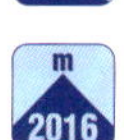

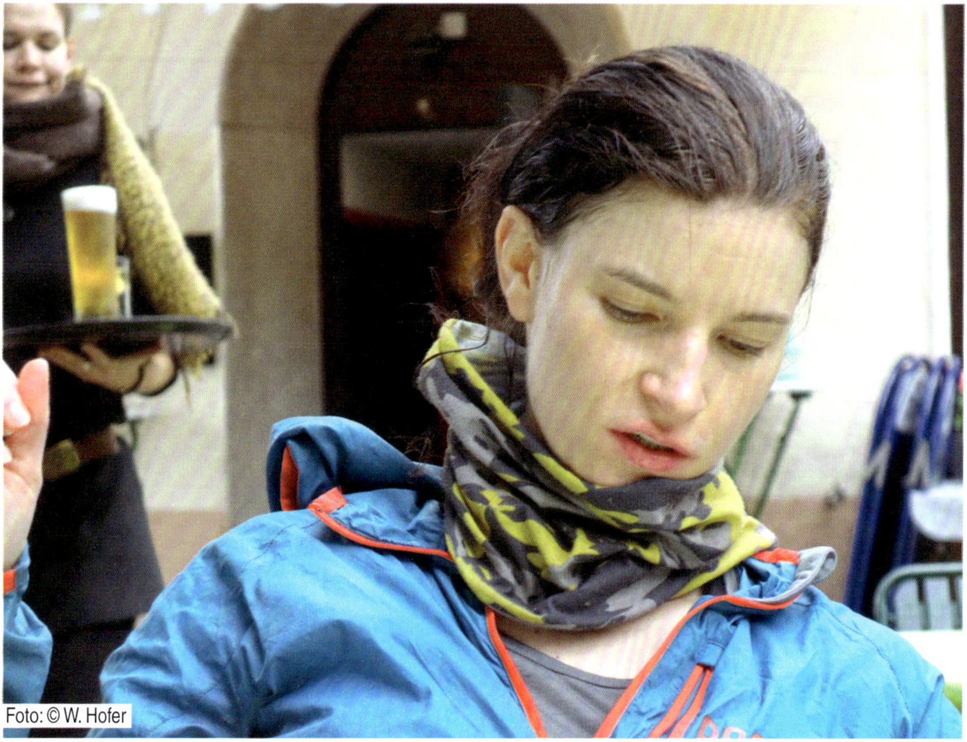

Foto: © W. Hofer

050 GLETSCHER

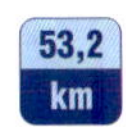

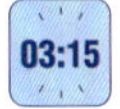

ANFAHRT – *Innsbruck – Feichten* 100 km: A12 und S16 Richtung *Bregenz,* Ausfahrt *Reschenpass,* anschließend der Beschilderung Richtung *Reschenpass* nach *Prutz* folgen, in *Prutz* bei der ampelgeregelten Kreuzung links abbiegen ins *Kaunertal* nach *Feichten* bis zur Mautstelle *Kaunertaler-Gletscher-Panoramastraße*

PARKMÖGLICHKEIT – auf der linken Straßenseite vor der Mautstelle

START – bei der Mautstelle *Kaunertaler-Gletscher-Panoramastraße,* an der Mautstelle vorbei, taleinwärts der *Kaunertaler-Gletscher-Panoramastraße* folgen

TOURENBESCHREIBUNG – **26,4 km** und **1450 Hm** sind von *Feichten* bis zum *Gletscher- Restaurant* auf Asphalt abwechselnd bergauf und flach zurückzulegen. Die *Kaunertaler-Gletscher-Panoramastraße,* vielfach als schönste Hochgebirgsstraße Europas bezeichnet, führt zunächst am imposanten *Gepatsch-Stausee* mit seinem Damm aus Natursteinschüttung und dem *Gepatschhaus* vorbei und endet nach 29 Kehren am *Kaunertaler Gletscher.* Der Rückweg ist derselbe. Insgesamt sind **53,2 km** und **1450 Hm** ohne nennenswerte Schwierigkeiten zu bewältigen.

KARTEN – **ÖK: 1:25000** 145 / 172 | **F&B: 1:50000** 251

INFOS – **Gepatsch-Stausee:** Imbiss-Würstelstand; **Gepatschhaus, Gletscher-Restaurant:** ganzjährig bewirtschaftete Ghf.

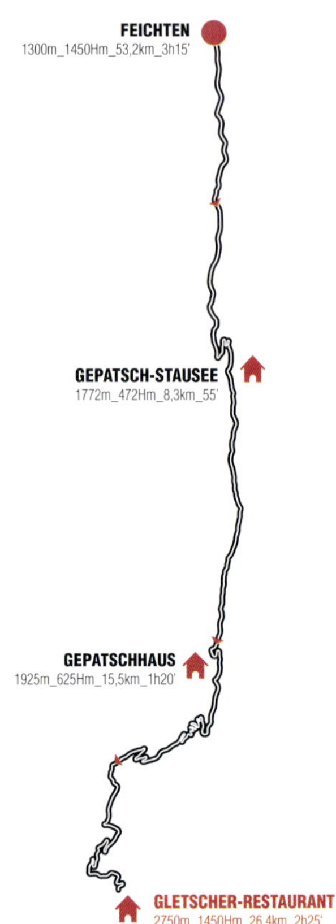

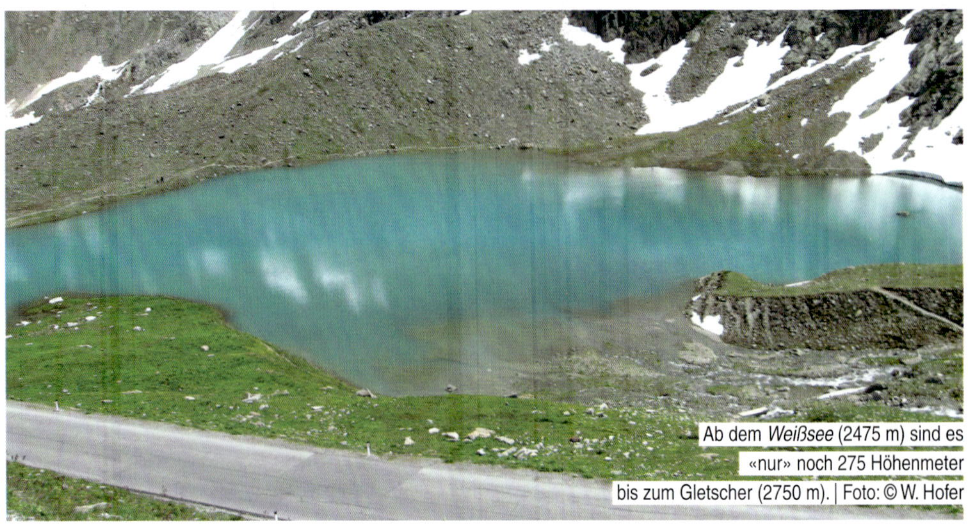

Ab dem *Weißsee* (2475 m) sind es «nur» noch 275 Höhenmeter bis zum Gletscher (2750 m). | Foto: © W. Hofer

051 – 064

PAZNAUNTAL

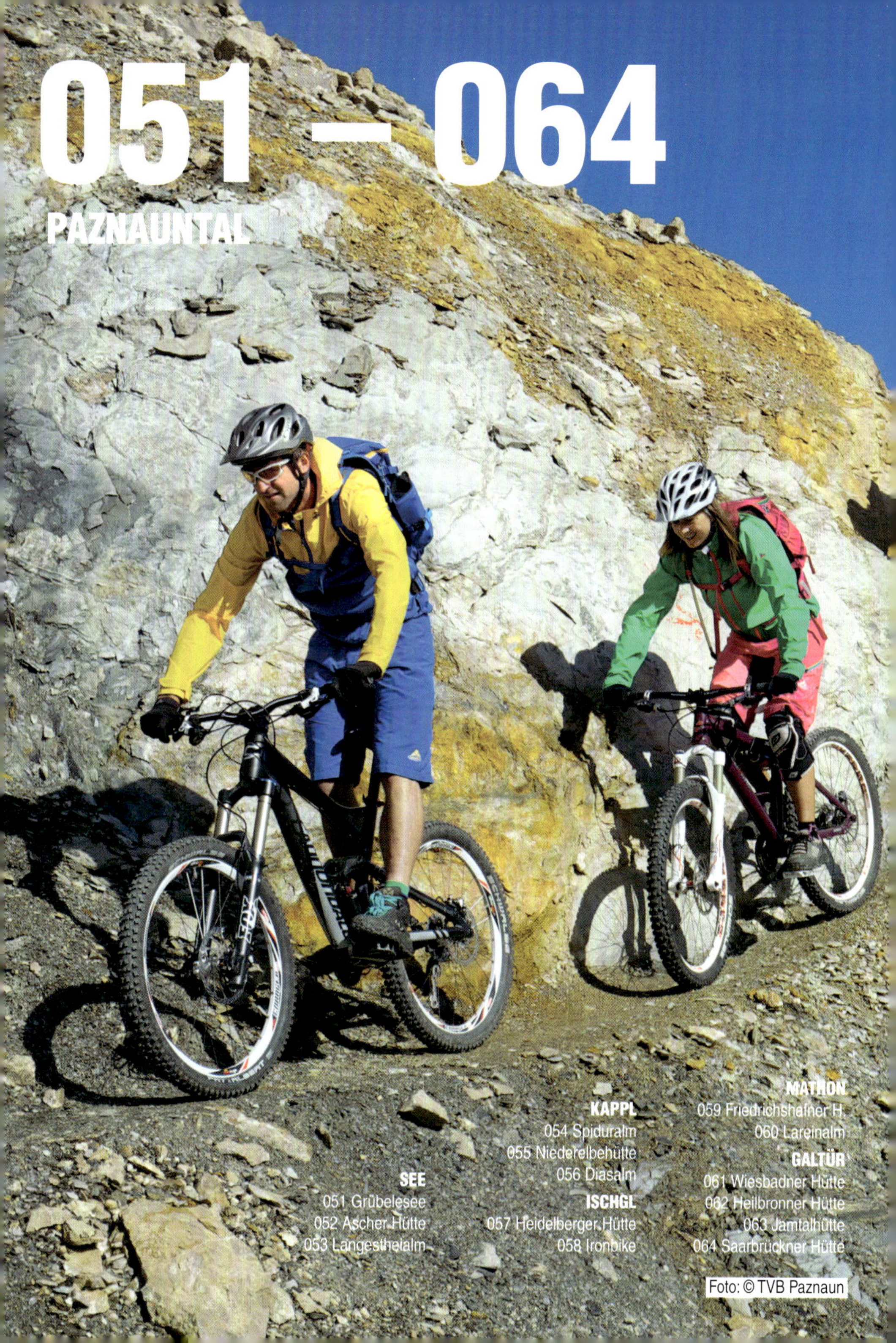

SEE
051 Grübelesee
052 Ascher Hütte
053 Langestheialm

KAPPL
054 Spiduralm
055 Niederelbehütte
056 Diasalm

ISCHGL
057 Heidelberger Hütte
058 Ironbike

MATHON
059 Friedrichshafner H.
060 Lareinalm

GALTÜR
061 Wiesbadner Hütte
062 Heilbronner Hütte
063 Jamtalhütte
064 Saarbrückner Hütte

Foto: © TVB Paznaun

051 GRÜBELESEE

ANFAHRT – *Innsbruck – See* 84 km: A12 und S16 Richtung *Bregenz,* Ausfahrt *Pians-Paznaun-Ischgl,* anschließend der B 188 ins *Paznauntal* bis nach *See* folgen, in *See* nach der *Shell-Tankstelle* links zur Talstation der *Bergbahnen See* abbiegen

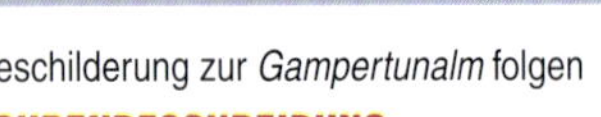

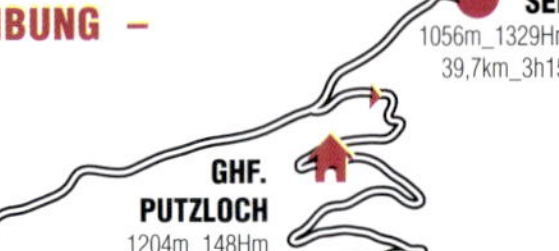

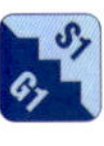

39,7 km

03:15

1329 Hm

S1 G1

m 2129

1056 m

PARKMÖGLICHKEIT – Parkplatzbei der *Talstation Bergbahnen See*

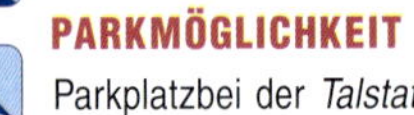

START – bei der Parkmöglichkeit, auf der Straße taleinwärts bis zum *Gasthaus Frohe Aussicht* und dort links bergauf abbiegen, ansschließend geradeaus die Brücke des *Istalanzbach* überqueren und der Beschilderung nach *Neder* folgen, weiter über das *Restaurant Putzloch* der Straße folgen bis zur *Hubertuskapelle* und der Beschilderung zur *Gampertunalm* folgen

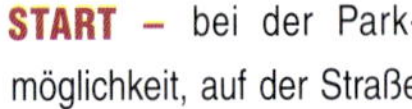

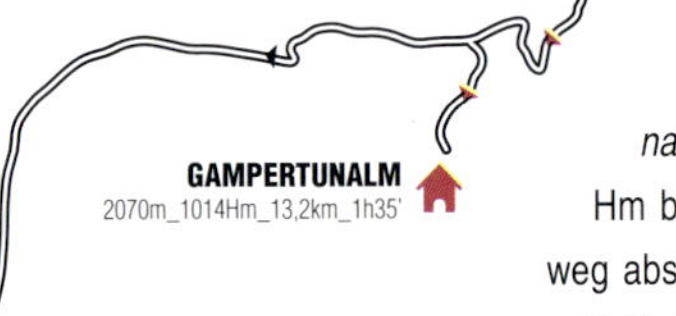

TOURENBESCHREIBUNG – **18,8 km** und **1229 Hm** sind von *See* über den *Ghf. Putzloch* und die *Gampertunalm* bis zum *Grübelesee* auf Asphalt, gut präpariertem Forstweg und Karrenweg bergauf und bergab zurückzulegen. Von der *Gampertunalm* verläuft die Tour auf Forstweg 156 Hm bergab und anschließend auf Karrenweg abschnittsweise extrem steil bergauf bis zum *Grübelesee.* Der Rückweg ist die ersten 9 km derselbe und führt anschließend auf Forstweg und Asphalt permanent bergab ohne nennenswerte Schwierigkeiten zurück nach *See.* Insgesamt sind **39,7 km** und **1329 Hm** zu bewältigen.

Tourverbindungen: 052 *Ascher Hütte,* 025 *Hexenseehütte*

KARTEN – ÖK: 1:25000 144 | **F&B: 1:50000** 372

INFOS – Ghf. Putzloch: ganzjährig bewirtschafteter Ghf.; **Gampertunalm:** bewirtschaftet Ende Juni bis Ende September

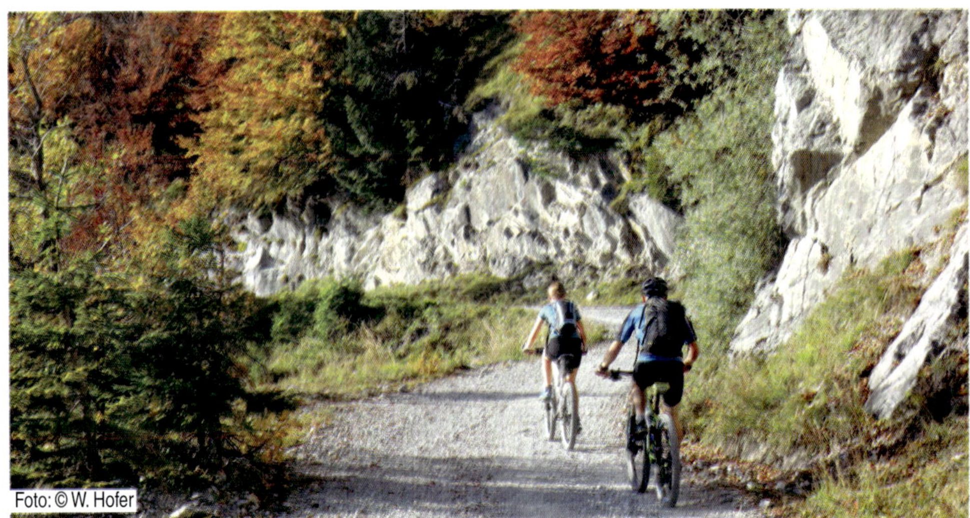
Foto: © W. Hofer

052 ASCHER HÜTTE

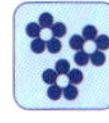

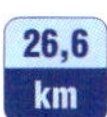

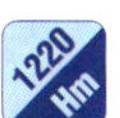

ANFAHRT – *Innsbruck – See* 84 km: A12 und S16 Richtung *Bregenz,* Ausfahrt *Pians-Paznaun-Ischgl,* anschließend der B 188 ins *Paznauntal* bis nach *See* folgen, in *See* nach der *Shell-Tankstelle* links zur Talstation der *Bergbahnen See* abbiegen

PARKMÖGLICHKEIT – bei der *Talstation Bergbahnen See,* Parkplatz bei der *Talstation Bergbahnen See*

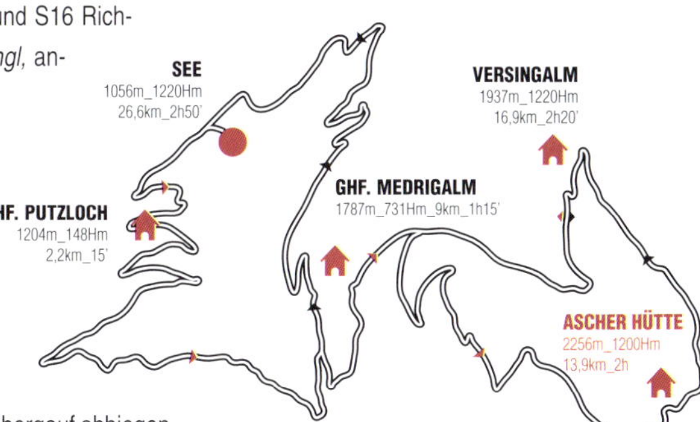

START – auf der Straße taleinwärts bis zum *Gasthaus Frohe Aussicht* und dort links bergauf abbiegen, anschließend geradeaus die Brücke des *Istalanzbach* überqueren und der Beschilderung nach Neder folgen, weiter über das *Restaurant Putzloch* der Straße folgen bis zur *Hubertuskapelle,* jetzt links abbiegen und der Beschilderung zur *Ascher Hütte* folgen

TOURENBESCHREIBUNG – **13,9 km** und **1200 Hm** sind von *See* über *Ghf. Putzloch* und *Ghf. Medrigalm* bis zur *Ascher Hütte* auf Asphalt, gut präpariertem Forstweg und Karrenweg großteils bergauf ohne nennenswerte Schwierigkeiten zurückzulegen. Der Rückweg über die *Versingalm* verläuft auf Single Track, Karrenweg und Forstweg großteils bergab zurück nach *See*. Der 2,1 km lange Single Track von der Ascherhütte hinunter zur *Versingalm* ist für Trialbiker großteils befahrbar. Biker ohne Trialerfahrung fahren besser auf dem Hinweg zurück zum *Ghf. Medrigalm* und anschließend auf dem Rückweg weiter. Insgesamt sind **26,6 km** und **1220 Hm** zu bewältigen.

Tourverbindungen: 051 *Grübelesee*

KARTEN – **ÖK: 1:25000** 144 | **F&B: 1:50000** 372

INFOS – **Ghf. Putzloch:** ganzjährig bewirtschafteter Ghf.; **Ghf. Medrigalm:** bewirtschaftet Mitte Juni bis Anfang Oktober; **Ascher Hütte:** Anfang Juli bis Mitte September bewirtschaftete AV-Hütte; **Versingalm:** im Sommer bewirtschaftete Almhütte

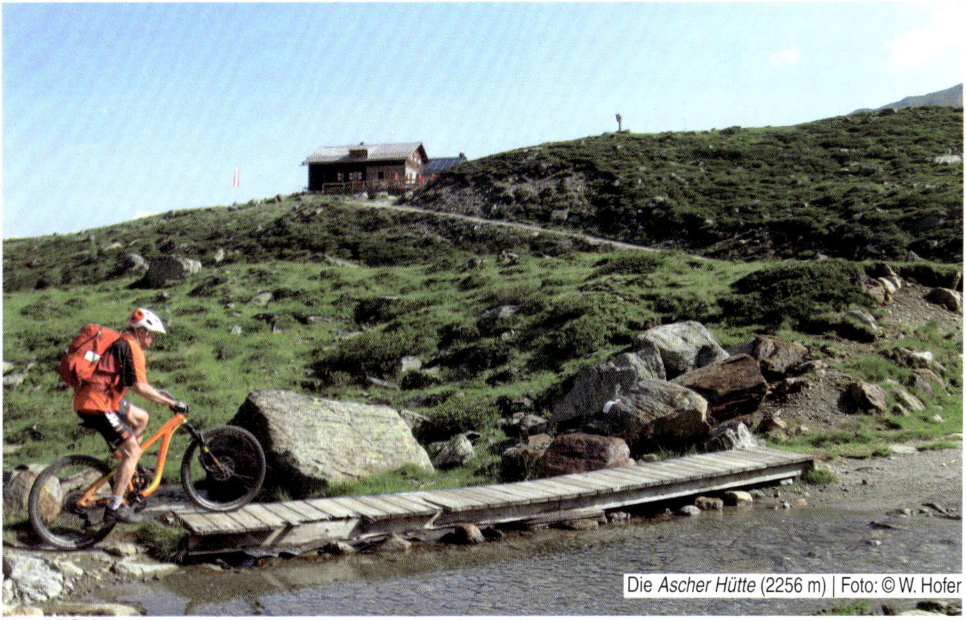

Die *Ascher Hütte* (2256 m) | Foto: © W. Hofer

053 LANGESTHEIALM

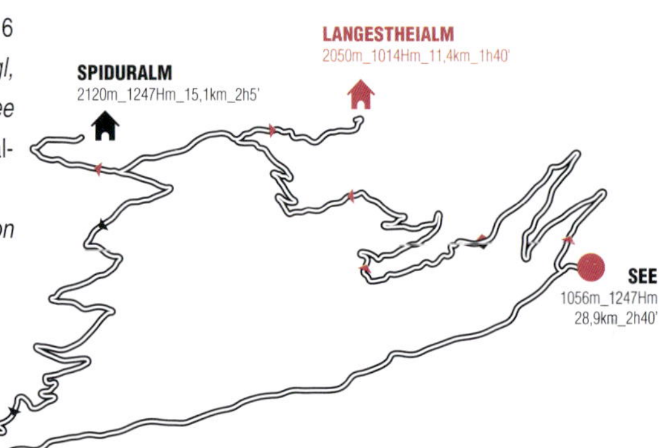

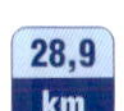

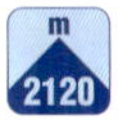

ANFAHRT – *Innsbruck* – *See* 84 km: A12 und S16 Richtung *Bregenz,* Ausfahrt *Pians-Paznaun-Ischgl,* anschließend der B 188 ins *Paznauntal* bis nach *See* folgen, in *See* nach der *Shell-Tankstelle* links zur Talstation der *Bergbahnen See* abbiegen

PARKMÖGLICHKEIT – Parkplatz bei der *Talstation Bergbahnen See*

START – bei der Parkmöglichkeit, taleinwärts der Straße entlang bis zum *Hotel Malaun,* anschließend rechts abbiegen über die Brücke der *Trisanna* und der Beschilderung nach *Langesthei* folgen, entlang der Straße weiter bergauf und nach 1,5 km auf der linken Seite in den Forstweg einbiegen

TOURENBESCHREIBUNG – 11,4 km und **1014 Hm** sind von *See* bis zur *Langestheialm* auf Asphalt, Karrenweg und gut präpariertem Forstweg großteils bergauf ohne nennenswerte Schwierigkeiten zurückzulegen. Der Rückweg ist bis Kilometer 12,6 derselbe und führt anschließend bis zur Abzweigung Richtung *Spiduralm* abschnittsweise extrem steil bergauf. Wer sich den neuerlichen Anstieg von 1,2 km und 140 Hm auf Forstweg zur *Spiduralm* ersparen möchte, fährt bei Kilometer 13,9 auf dem Rückweg über Forstweg, Asphalt und Feldweg permanent bergab ohne nennenswerte Schwierigkeiten zurück nach *See.* Insgesamt sind auf dieser Rundtour **28,9 km** und **1247 Hm** zu bewältigen.

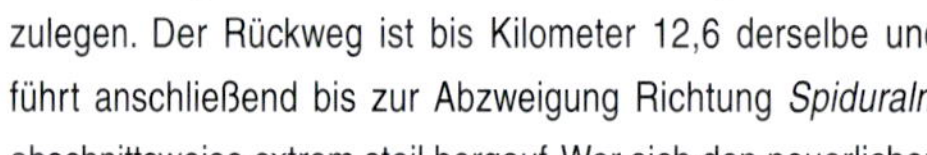

Tourverbindungen: 054 *Spiduralm*

KARTEN – ÖK: 1:25000 144 | **F&B: 1:50000** 372

INFOS – Langestheialm: bewirtschaftet Ende Juni bis Ende September; **Spiduralm:** unbewirtschaftete Almhütte

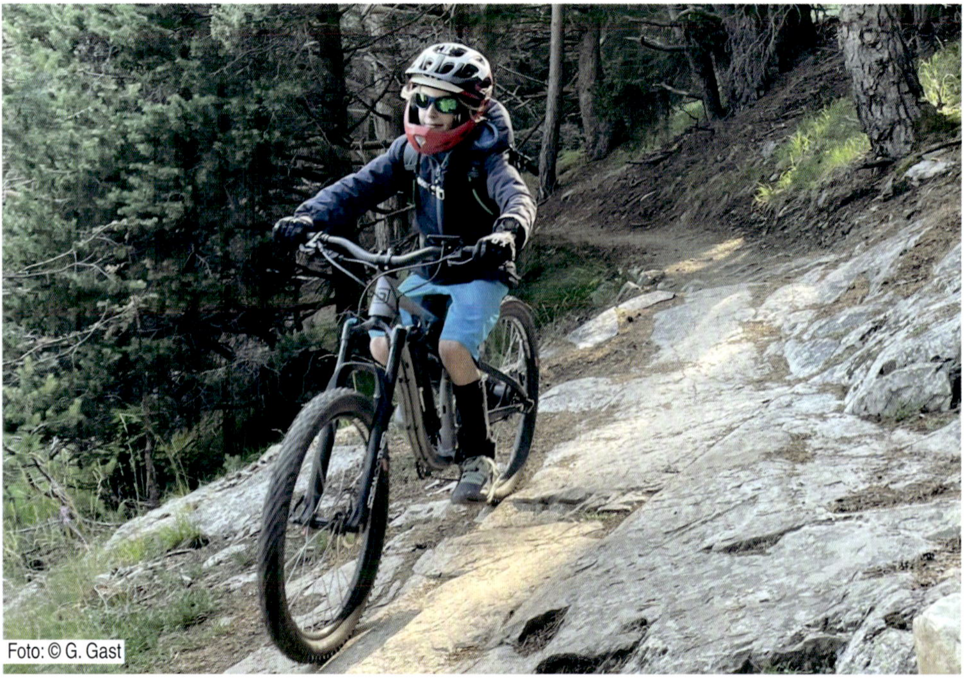

Foto: © G. Gast

054 SPIDURALM

ANFAHRT – *Innsbruck – See* 84 km: A12 und S16 Richtung *Bregenz,* Ausfahrt *Pians-Paznaun-Ischgl,* anschließend der B 188 ins *Paznauntal* bis nach *Kappl* folgen

PARKMÖGLICHKEIT – Parkplätze in der Nähe der *Pfarrkirche Antonius* in *Kappl*

START – bei der Parkmöglichkeit, der flachen Straße rechts vom *Dorfzentrum Kappl* folgen und weiter zur Brücke über den *Diasbach,* dort der Straße 1,25 km bergauf folgen und anschließend links abbiegen und der Beschilderung zur *Durrichalm* folgen

TOURENBESCHREIBUNG – 11,4 km und **954 Hm** sind von *Kappl* bis zur *Spiduralm* auf Asphalt, gut präpariertem Forstweg und Karrenweg bergauf und bergab zurückzulegen. Der Rückweg ist die ersten 3,2 km derselbe und führt anschließend auf Forstweg und Asphalt großteils bergab zurück nach *Kappl.* Insgesamt sind **20,8 km** und **974 Hm** ohne nennenswerte Schwierigkeiten zu bewältigen.

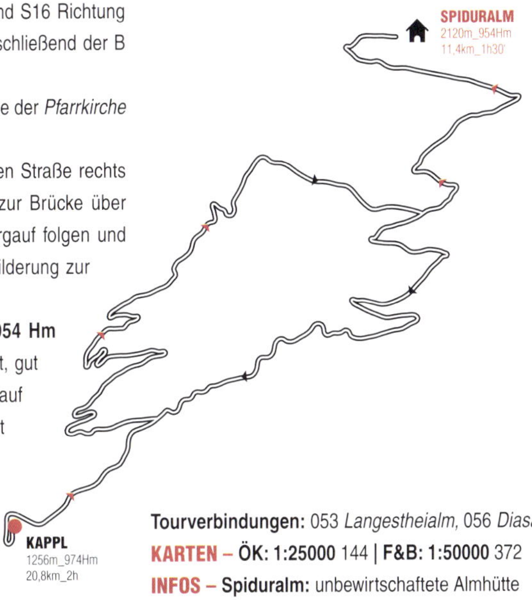

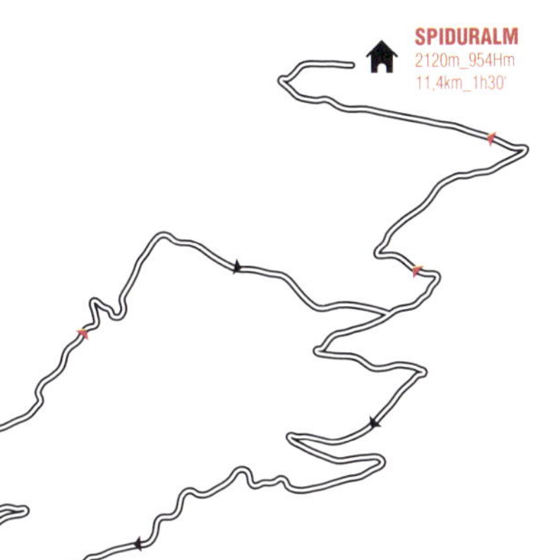

KAPPL
1256m_974Hm
20,8km_2h

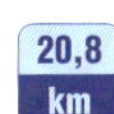

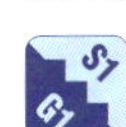

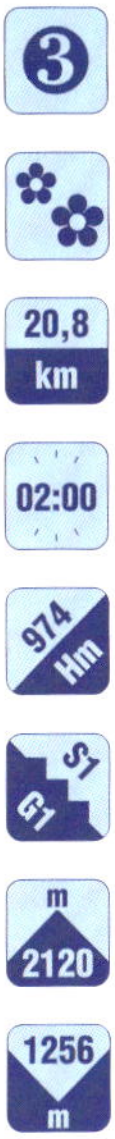

Tourverbindungen: 053 *Langestheialm,* 056 *Diasalm*

KARTEN – ÖK: 1:25000 144 | **F&B: 1:50000** 372

INFOS – Spiduralm: unbewirtschaftete Almhütte

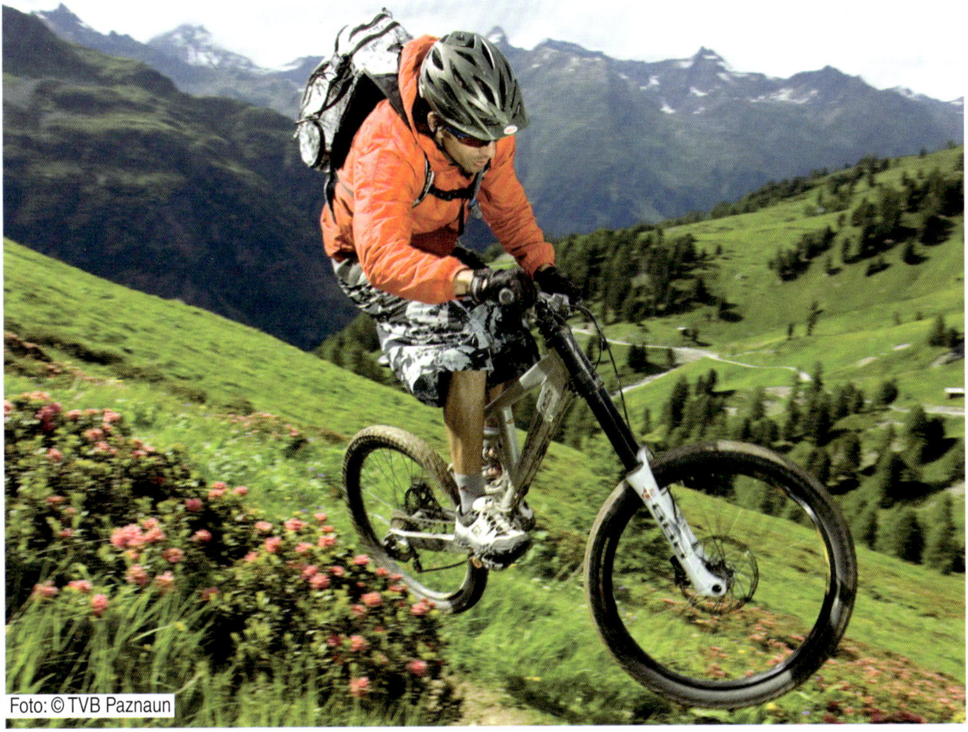

Foto: © TVB Paznaun

055 NIEDERELBEHÜTTE

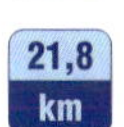

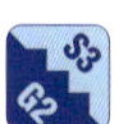

ANFAHRT – *Innsbruck – See* 84 km: A12 und S16 Richtung *Bregenz,* Ausfahrt *Pians-Paznaun-Ischgl,* anschließend der B188 ins *Paznauntal* bis nach *Kappl* folgen

PARKMÖGLICHKEIT – Parkplätze in der Nähe der *Pfarrkirche Antonius* in *Kappl*

START – bei der Parkmöglichkeit, der Straße taleinwärts folgen, an der Pfarrkirche rechts vorbei, 1,25 km nach der Ortsdurchfahrt *Kappl* von der Straße rechts bergauf in den Forstweg einbiegen, der Beschilderung zur *Niederelbehütte* folgen

TOURENBESCHREIBUNG – 10,7 km und **1054 Hm** sind von *Kappl* über die *Untere* und *Obere Sessladalm* bis zur *Niederelbehütte* auf Asphalt, gut präpariertem Forstweg, Karrenweg und Single Track zurückzulegen. Die erste Hälfte dieses 0,9 km langen Single Tracks ist für Trialbiker befahrbar. Anschließend folgt ein Fußmarsch von 10 Minuten auf einem gut ausgetretenen Wandersteig hinauf zur *Niederelbehütte.* Ungeübte Biker sollten den Aufstieg besser ohne Bike antreten, um es am Rückweg nicht wieder bergab tragen zu müssen. Der Rückweg ist bis zur *Unteren Sessladalm* derselbe und führt anschließend auf Karrenweg, Forstweg und Asphalt permanent bergab zurück nach *Kappl.* Der Single Track von der *Niederelbehütte* zur *Oberen Sessladalm* ist für Trialbiker großteils befahrbar. Insgesamt sind **21,8 km** und **1054 Hm** zu bewältigen.

Tourverbindungen: 056 *Diasalm*

KARTEN – ÖK: 1:25000 143 / 144 | **F&B: 1:50000** 372

INFOS – Untere Sessladalm: Ende Juni bis Ende September bewirtschaftete Almhütte; **Obere Sessladalm:** unbewirtschaftete Almhütte; **: Niederelbehütte:** Ende Juni bis Ende September bewirtschaftete AV-Hütte

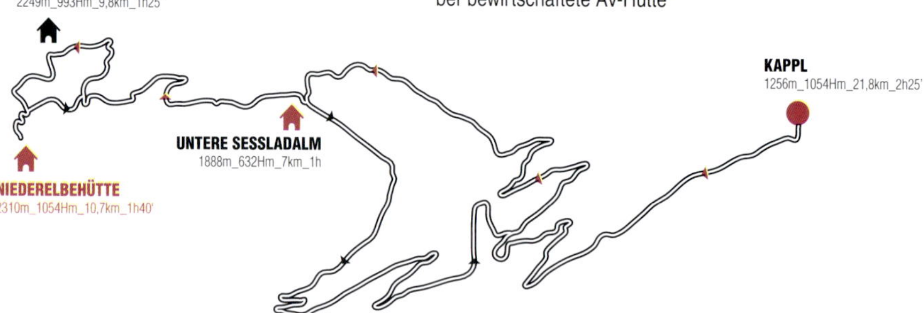

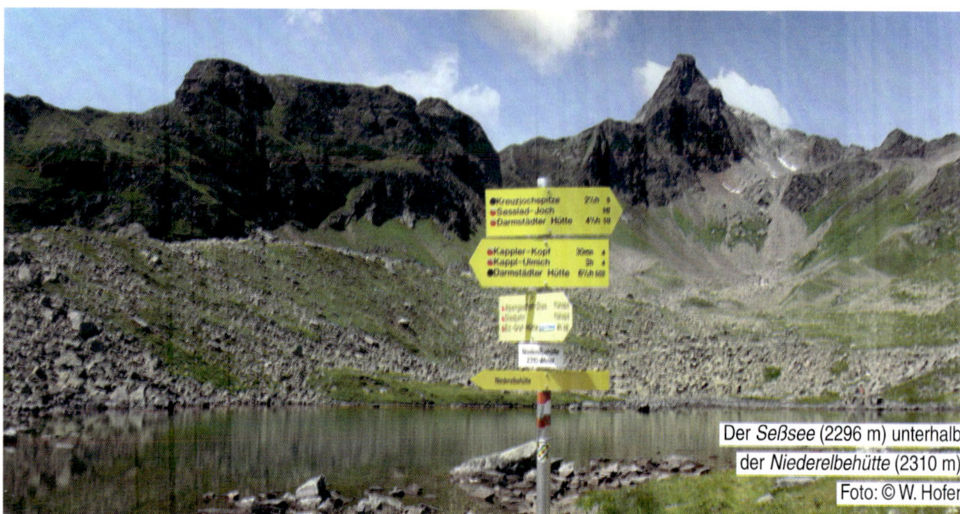

Der *Seßsee* (2296 m) unterhalb der *Niederelbehütte* (2310 m) Foto: © W. Hofer

056 DIASALM

5
19 km
02:10
878 Hm
S1 G1
m 2104
1256 m

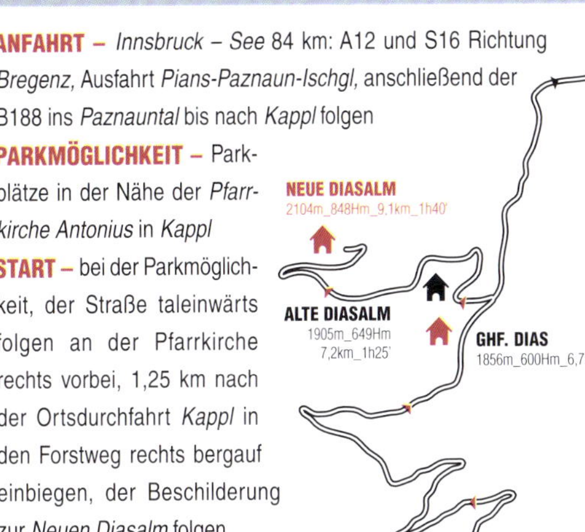

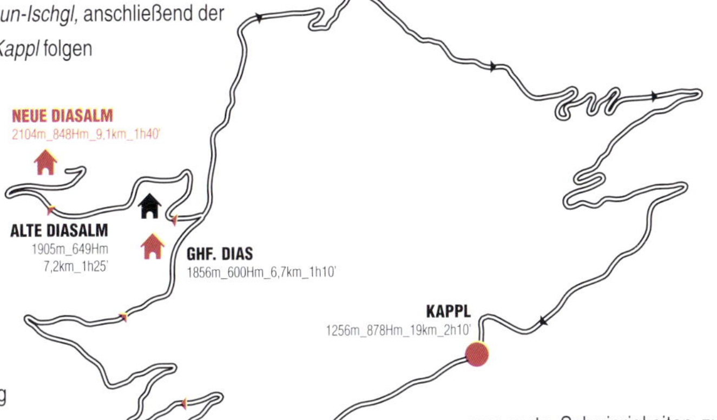

ANFAHRT – *Innsbruck – See* 84 km: A12 und S16 Richtung *Bregenz,* Ausfahrt *Pians-Paznaun-Ischgl,* anschließend der B188 ins *Paznauntal* bis nach *Kappl* folgen

PARKMÖGLICHKEIT – Parkplätze in der Nähe der *Pfarrkirche Antonius* in *Kappl*

START – bei der Parkmöglichkeit, der Straße taleinwärts folgen an der Pfarrkirche rechts vorbei, 1,25 km nach der Ortsdurchfahrt *Kappl* in den Forstweg rechts bergauf einbiegen, der Beschilderung zur *Neuen Diasalm* folgen

TOURENBESCHREIBUNG – 9,1 km und **848 Hm** sind von *Kappl* über *Ghf. Dias* und *Alte Diasalm* bis zur *Neuen Diasalm* auf Asphalt und gut präpariertem Forstweg permanent bergauf zurückzulegen. Der Rückweg ist bis zur *Alten Diasalm* derselbe und führt anschließend auf Forstweg und Asphalt großteils bergab weiter nach *Kappl.* Insgesamt sind auf dieser Rundtour **19 km** und **878 Hm** ohne nennenswerte Schwierigkeiten zu bewältigen.

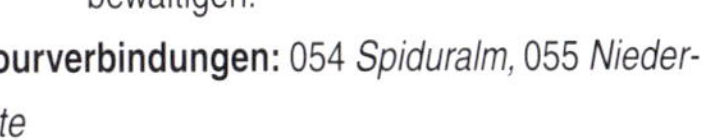

Tourverbindungen: 054 *Spiduralm,* 055 *Niederelbehütte*

KARTEN – ÖK: 1:25000 143 / 144 **| F&B: 1:50000** 372

INFOS – Ghf. Dias: Ende Juni bis Anfang Oktober bewirtschafteter Ghf.; **Alte Diasalm:** unbewirtschaftete Almhütte; **Neue Diasalm:** Ende Juni bis Anfang Oktober bewirtschaftete Almhütte

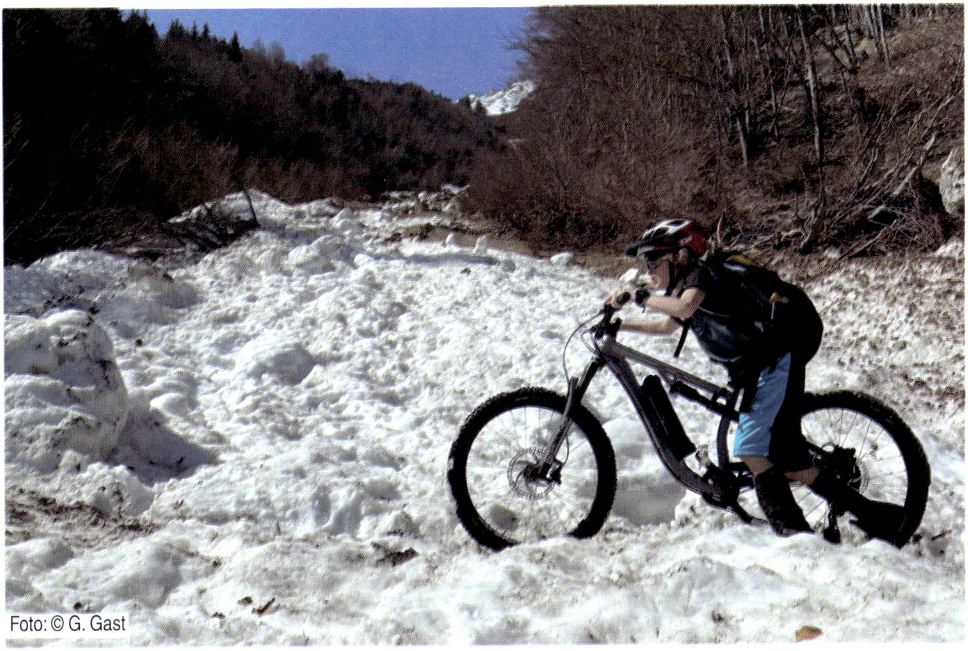

Foto: © G. Gast

057 HEIDELBERGER HÜTTE

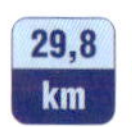

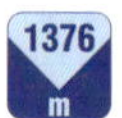

ANFAHRT – *Innsbruck – See* 84 km: A12 und S16 Richtung *Bregenz*, Ausfahrt *Pians-Paznaun-Ischgl*, anschließend der B188 ins *Paznauntal* bis nach *Ischgl* folgen, in *Ischgl* bei der *BP-Tankstelle* links abbiegen zur *Talstation Pardatschgratbahn*

PARKMÖGLICHKEIT – Parkplatz bei der *Talstation Pardatschgratbahn*

START – bei der Talstation *Pardatschgratbahn*, bei der Talstation der *Pardatschgratbahn* rechts vorbei und anschließend über die Brücke des *Fimbachs* zum Forstweg, dort der Beschilderung zur *Heidelberger Hütte* folgen

TOURENBESCHREIBUNG – **15,4 km** und **931 Hm** sind von *Ischgl* über den *Ghf. Bodenalm* bis zur *Heidelberger Hütte* auf Asphalt und gut präpariertem Forstweg großteils bergauf zurückzulegen. Der Forstweg führt 3 km nach dem Startpunkt in *Ischgl* abschnittsweise extrem steil bergauf und anschließend ohne nennenswerte Schwierigkeiten weiter zur *Heidelberger Hütte*. Ab Kilometer 12,8 verläuft die Tour auf *Schweizer Gebiet* (Pass nicht vergessen).

Der Rückweg ist großteils derselbe. Insgesamt sind **29,8 km** und **931 Hm** zu bewältigen.

Variante: Bei Kilometer 6,7 links abbiegen zum *Almrestaurant Paznauner Taja*. 189 Hm sind von der Abzweigung bis dorthin zurückzulegen.

Tourverbindungen: 058 *Ironbike*

KARTEN – **ÖK: 1:25000** 143 / 170 | **F&B: 1:50000** 372

INFOS – **Ghf. Bodenalm:** bewirtschaftet Mitte Juni bis Anfang Oktober; **Heidelberger Hütte:** Ende Juni bis Anfang Oktober bewirtschaftete AV-Hütte; **Almrestaurant Paznauner Taja:** ganzjährig bewirtschaftet

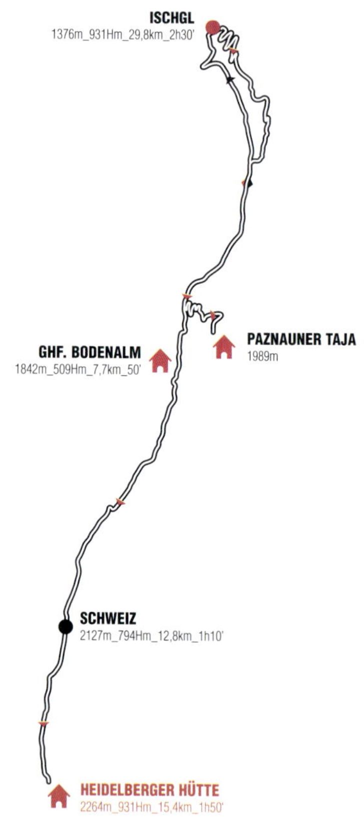

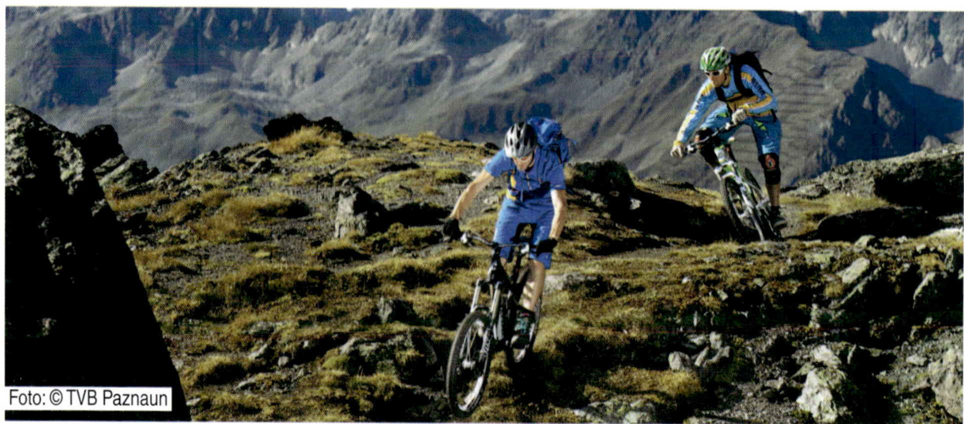

Foto: © TVB Paznaun

058 IRONBIKE

ANFAHRT – *Innsbruck – See* 84 km: A12 und S16 Richtung *Bregenz,* Ausfahrt *Pians-Paznaun-Ischgl,* anschließend der B188 ins *Paznauntal* bis nach *Ischgl* folgen, in *Ischgl* bei der *BP-Tankstelle* links abbiegen zur *Talstation Pardatschgratbahn*

PARKMÖGLICHKEIT – Parkplatz bei der *Talstation Pardatschgratbahn*

START – bei der Talstation *Pardatschgratbahn,* bei der Talstation der *Pardatschgratbahn* rechts vorbei und anschließend über die Brücke des *Fimbachs* zum Forstweg, dort der Beschilderung zur *Idalm* folgen

TOURENBESCHREIBUNG –

12,1 km und **1361 Hm** sind von *Ischgl* über die *Idalm* bis zum *Viderjoch* auf Asphalt und gut präpariertem Forstweg permanent bergauf zurückzulegen. Auf der gesamten Etappe führt der Weg abschnittsweise extrem steil bergauf. Vom *Viderjoch* verläuft die Tour auf Forstweg bis zum *Ghf. Alpe Trida* großteils extrem steil bergab und anschließend ohne nennenswerte Schwierigkeiten weiter bergab bis *Compatsch.* Der Uphill über *Samnaun,* die *Schmuggler Alm* und das *Zeblasjoch* bis zum *Innerviderjoch* führt auf Asphalt, Forstweg und Single Track permanent bergauf. Vor dem *Zeblasjoch* ist mit extrem steilen Anstiegen zu rechnen. Ein 900 m langer Single Track verbindet das *Zeblasjoch* mit dem Forstweg zum *Innerviderjoch* und ist bergauf nicht befahrbar. Für diesen Abschnitt ist ein Fußmarsch von 15 Minuten einzuplanen. Von *Compatsch* bis zum *Innerviderjoch* sind **12,2 km** und **1035 Hm** zurückzulegen. Die Abfahrt über den *Ghf. Höllboden* nach *Ischgl* verläuft auf Forstweg und Asphalt großteils bergab und nach dem *Ghf. Höllboden* 100 Hm bergauf. Abgesehen von der Tourgesamtlänge und den vielen zurückgelegten Höhenmetern sind auf dieser letzten Etappe keine nennenswerten Schwierigkeiten zu erwarten. Insgesamt sind auf dieser anspruchsvollen Rundtour **46,6 km** und **2496 Hm** zu bewältigen.

Alternative Aufstiegsmöglichkeit: mit der *Pardatschgratbahn* bis zum *Restaurant Pardatschgrat* oder mit der *Idjochbahn* zur *Idalm.* Geheimtipp für *Enduro-Biker* ist das *Schmuggler-Ticket,* gültig für vier Anlagen in *Ischgl* und *Samnaun.*

Tourverbindungen: 057 *Heidelbergerhütte,* 027 – 033 *Touren die in Pfunds und Nauders starten*

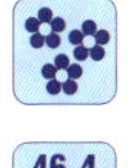

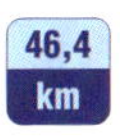

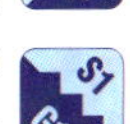

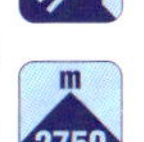

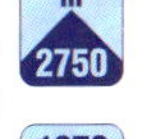

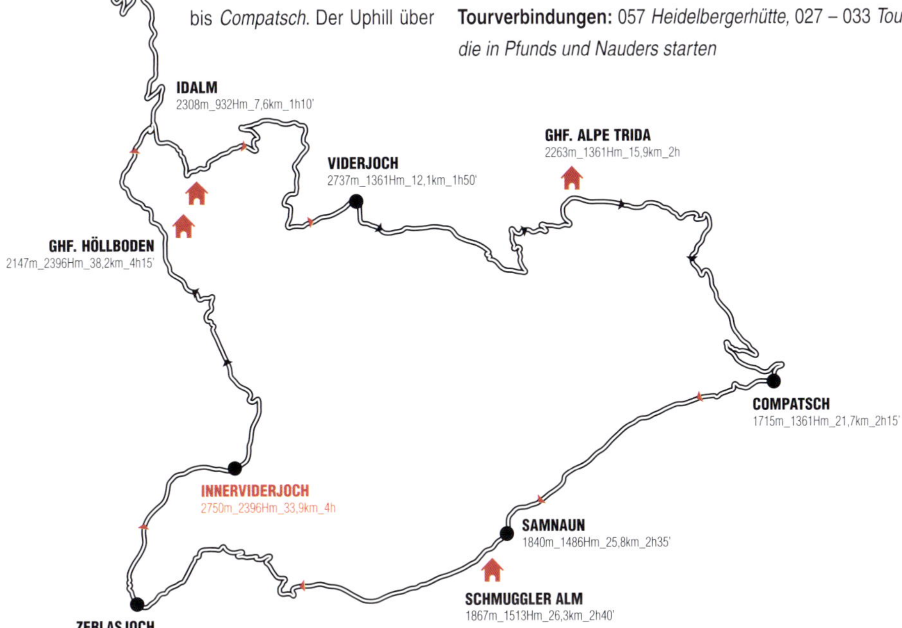

KARTEN – ÖK: 1:25000 143 / 144 / 170 / 171 | **F&B: 1:50000** 372

INFOS – Idalm: Mitte Juni bis Anfang Oktober bewirtschaftete Almhütte; **Ghf. Alpe Trida:** ganzjährig bewirtschaftete Schihütte; **Schmuggler Alm:** ganzjährig bewirtschafteter Ghf.; **Ghf. Höllboden:** im Sommer unbewirtschaftete Schihütte

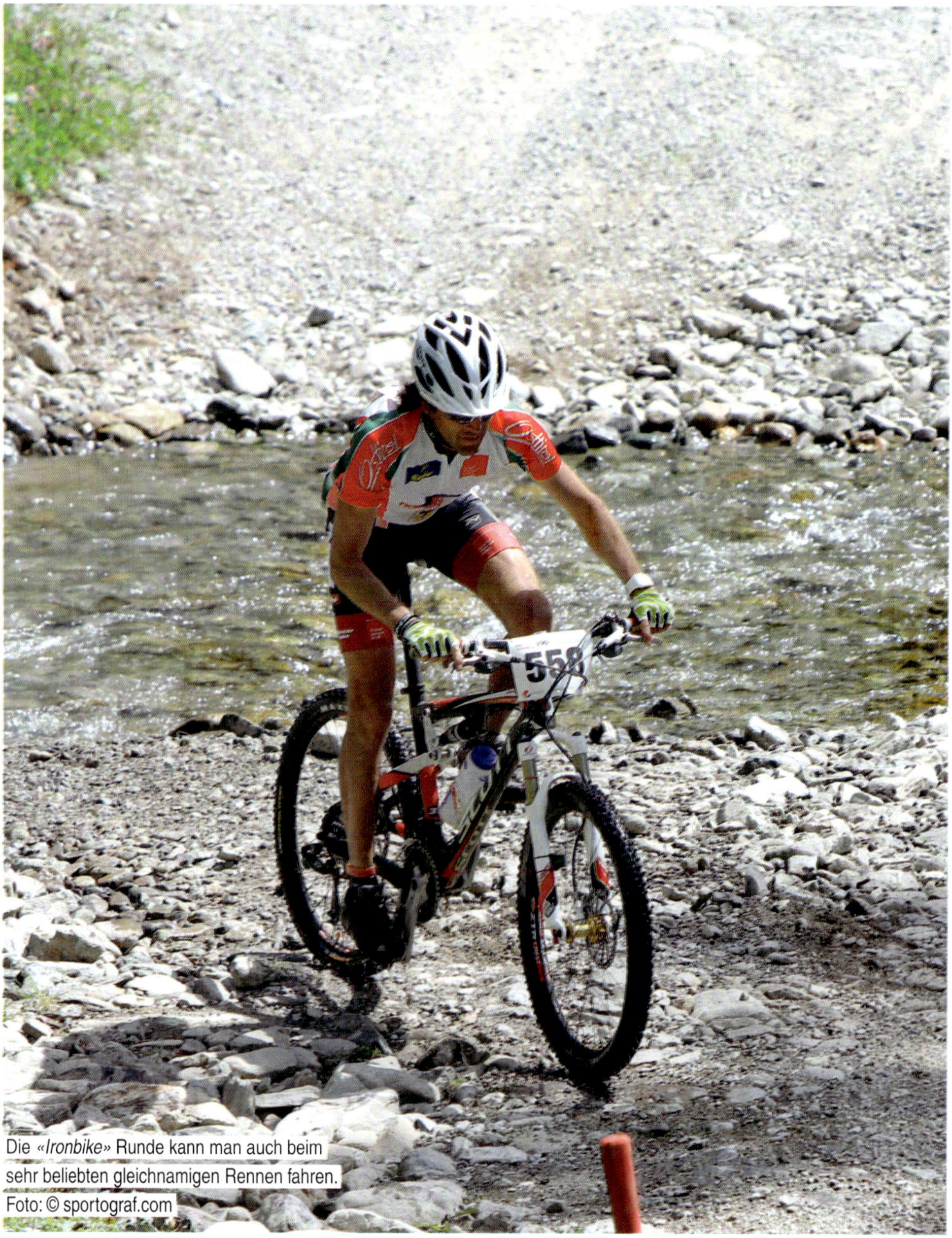

Die *«Ironbike»* Runde kann man auch beim sehr beliebten gleichnamigen Rennen fahren.
Foto: © sportograf.com

059 FRIEDRICHSHAFNER HÜTTE

ANFAHRT – *Innsbruck – Mathon* 105 km: A12 und S16 Richtung *Bregenz,* Ausfahrt *Pians-Paznaun-Ischgl,* anschließend der B188 ins *Paznauntal* bis nach *Mathon* folgen

PARKMÖGLICHKEIT – *Parkplatz Wildpark* 450 m nach *Mathon*

START – bei der Parkmöglichkeit, taleinwärts der Bundesstraße entlang nach *Valzur,* dort bei den zwei Bushaltestelle rechts abbiegen, der Beschilderung zur *Friedrichshafner Hütte* folgen

TOURENBESCHREIBUNG – 14,3 km und **1045 Hm** sind von *Mathon* über die *Friedrichshafner Hütte* und den *Stausee* bis zum *Dach der Tour* auf Asphalt, Karrenwegen und gut präparierten Forstwegen permanent bergauf zurückzulegen. Der Rückweg ist großteils derselbe und führt wieder über die *Friedrichshafner Hütte* auf Karrenwegen, Forstwegen und Asphalt permanent bergab. Insgesamt sind **28,6 km** und **1045 Hm** ohne nennenswerte Schwierigkeiten zu bewältigen.

KARTEN – ÖK: 1:25000 170 | **F&B: 1:50000** 372

INFOS – Friedrichshafner Hütte: Anfang Juli bis Ende September bewirtschaftete AV-Hütte

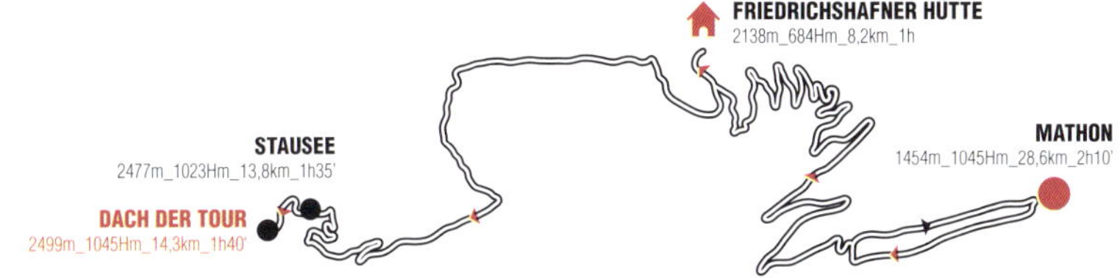

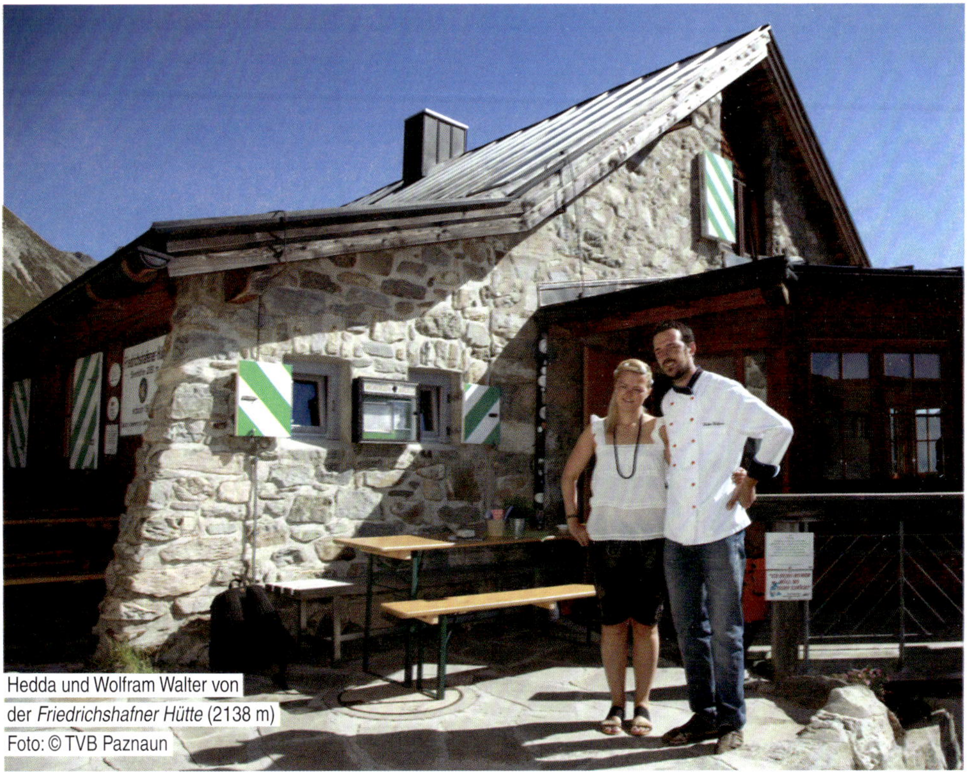

Hedda und Wolfram Walter von der *Friedrichshafner Hütte* (2138 m)
Foto: © TVB Paznaun

060 LAREINALM

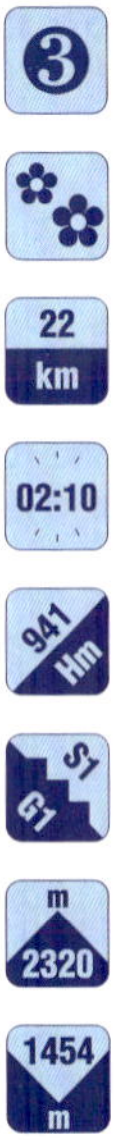

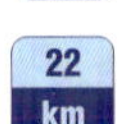

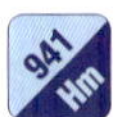

m 2320

ANFAHRT – *Innsbruck – Mathon* 105 km: A12 und S16 Richtung *Bregenz,* Ausfahrt *Pians-Paznaun-Ischgl,* anschließend der B188 ins *Paznauntal* bis nach *Mathon* folgen

PARKMÖGLICHKEIT – *Parkplatz Wildpark* 450 m nach *Mathon*

START – bei der Parkmöglichkeit, beim *Restaurant Wildpark* über die Brücke der *Trisanna*, anschließend der Beschilderung zur *Lareinalm* folgen

TOURENBESCHREIBUNG – 12,2 km und **941 Hm** sind von *Mathon* über die *Lareinalm* bis zum *Dach der Tour* auf Asphalt, gut präpariertem Forstweg und Karrenweg bergauf und bergab zurückzulegen. Von der *Lareinalm* verläuft die Tour 0,6 km auf dem Hinweg retour und anschließend permanent bergauf weiter bis zum *Dach der Tour*. Der Karrenweg kurz vor dem Ziel führt abschnittsweise extrem steil bergauf. Der Rückweg ist die ersten 5 km derselbe und verläuft anschließend auf Forstwegen und Asphalt großteils bergab ohne nennenswerte Schwierigkeiten zurück nach *Mathon*. Insgesamt sind **22 km** und **941 Hm** zu bewältigen.

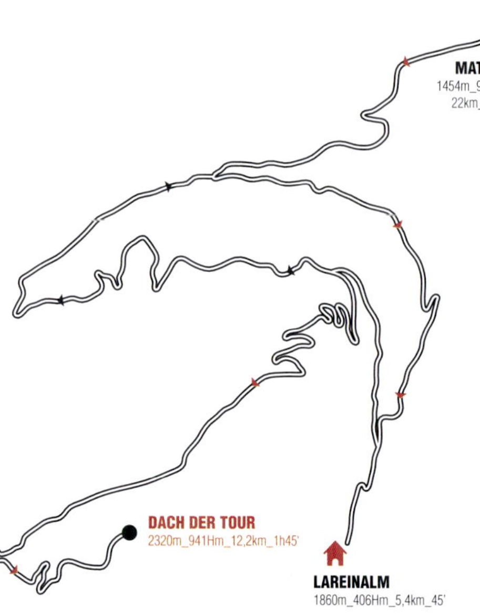

KARTEN – ÖK: 1:25000 170 | **F&B: 1:50000** 372

INFOS – Lareinalm: im Sommer bewirtschaftete Almhütte

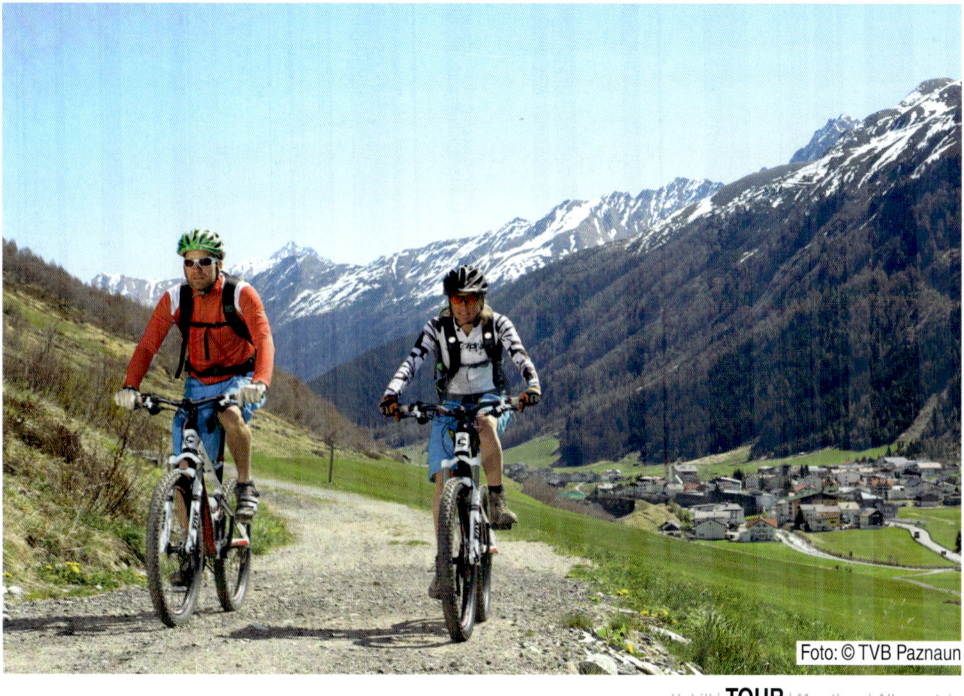

Foto: © TVB Paznaun

061 WIESBADNER HÜTTE

5

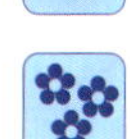

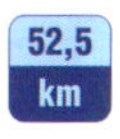

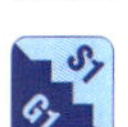

ANFAHRT – *Innsbruck – Galtür* 116 km: A12 und S16 Richtung *Bregenz*, Ausfahrt *Pians-Paznaun-Ischgl*, anschließend der B188 ins *Paznauntal* bis nach *Wirl* folgen

PARKMÖGLICHKEIT – Parkplatz P3 am Beginn der Ortschaft *Wirl*

START – bei der Parkmöglichkeit, beim Ortsschild *Wirl* rechts über die Brücke Richtung *Oberwirl*, bei der nächsten Kreuzung rechts zum *Hotel Almhof* abbiegen, anschließend der Linkskehre entlang und der Beschilderung zum *Zeinisjoch/Kops-Stausee* folgen

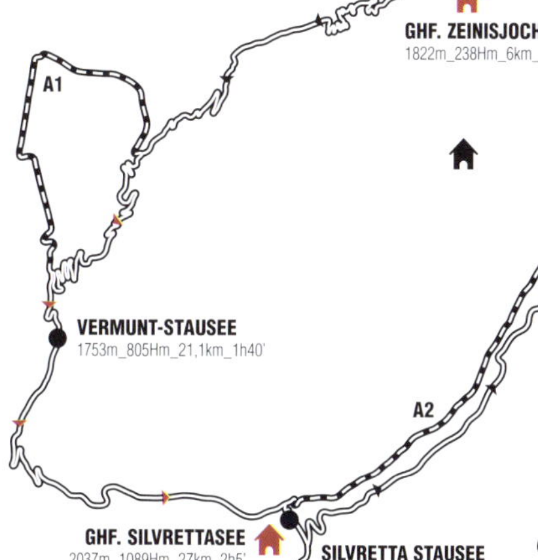

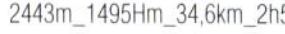

TOURENBESCHREIBUNG – 34,6 km und **1495 Hm** sind von *Galtür* über den *Ghf. Zeinisjoch*, den *Vermunt-Stausee* und den *Ghf. Silvrettasee* auf Asphalt, gut präparierten Forstwegen und Karrenweg zurückzulegen. Die Tour verläuft bis kurz nach dem *Ghf. Zeinisjoch* großteils bergauf und anschließend 636 Hm bergab. Vom *Vermunt-Stausee* führt der Weg bis zum *Ghf. Silvretta* permanent bergauf. Der 4,2 km lange Karrenweg zur *Wiesbadner Hütte* führt großteils extrem steil bergauf. Der Rückweg ist bis Kilometer 40,9 derselbe und verläuft anschließend auf Karrenweg, Forstweg und Asphalt großteils bergab nach *Galtür*. Dieser Karrenweg wird täglich von vielen Kühen zertrampelt und ist deshalb nur hartgesottenen Bikern zu empfehlen. Ungeübte Biker fahren besser auf der *Silvretta-Hochalpenstraße* nach *Galtür* (siehe Alternativroute A2). Insgesamt sind auf dieser Rundtour **52,5 km** und **1520 Hm** zu bewältigen.

Variante 1 Alternativroute A1: Wer sich einen Teil der Auffahrt sparen möchte, biegt bei Kilometer 13,7 rechts nach *Partenen* ab. Dort steigt man mit der *Vermuntbahn* nach *Trominier* auf, weiter durch den *Stollen* und den *Höhenweg Trominier-Vermunt* zum *Vermunt-Stausee*, dann auf der *Silvretta-Hochalpenstraße* bis zur *Bielerhöhe* zum *Ghf. Silvrettasee*. Die Talstation der *Vermuntbahn* liegt unmittelbar neben dem *Vermuntwerk* der *Vorarlberger Illwerke AG*, an der Bundesstraße B 188.

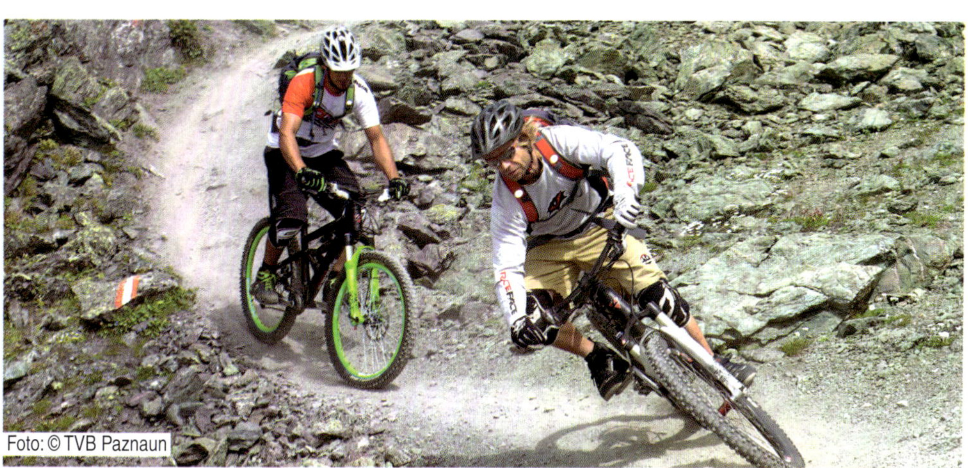

Foto: © TVB Paznaun

Tourverbindungen: 062 *Heilbronner Hütte*, 064 *Saarbrückner Hütte*

KARTEN: ÖK: 1:25000 169 / 170 | **F&B: 1:50000** 372

INFOS – Ghf. Zeinisjoch, Ghf. Silvrettasee: ganzjährig bewirtschaftete Ghf.; **Wiesbadner Hütte:** Ende Juni bis Anfang Oktober bewirtschaftete AV-Hütte

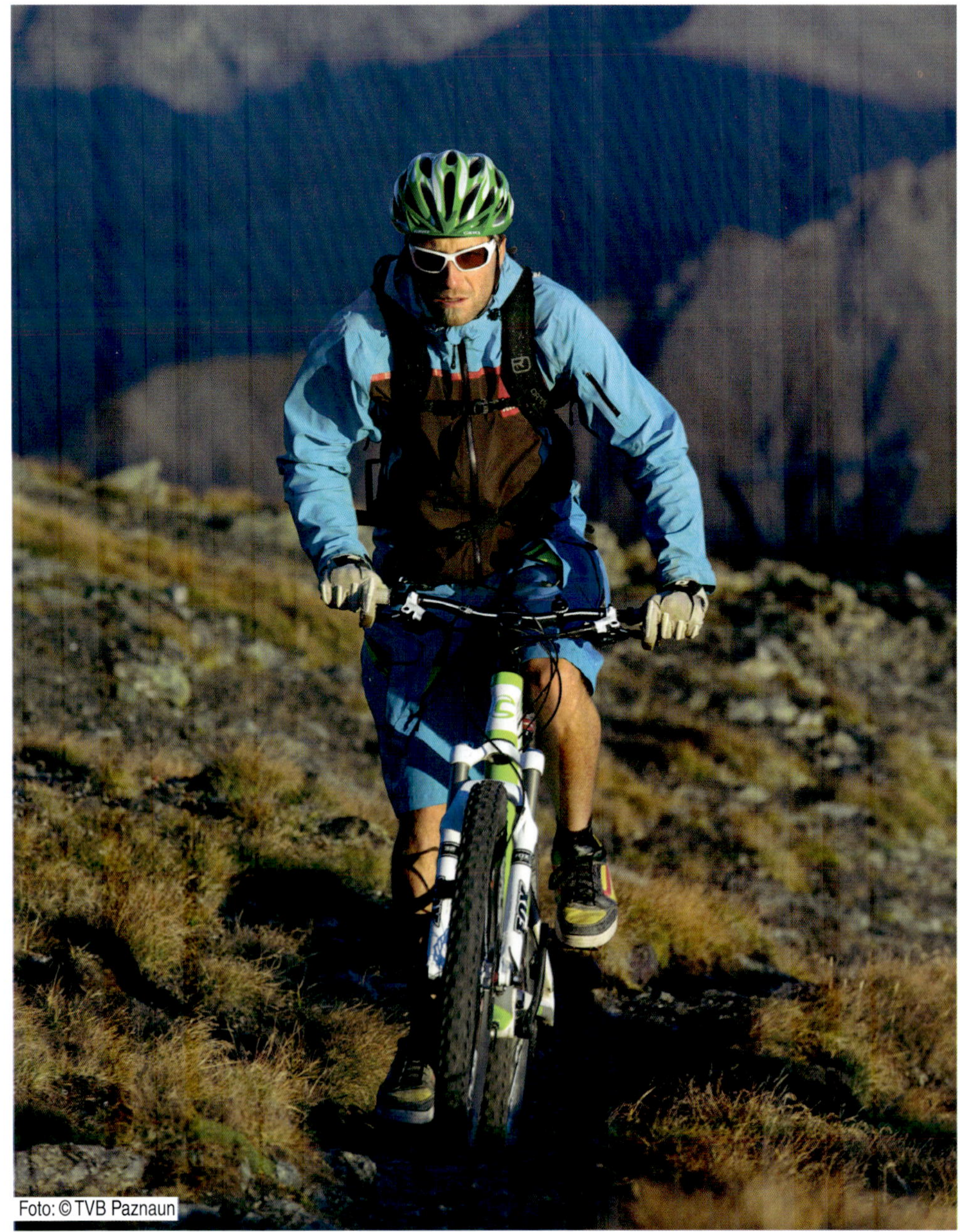

Foto: © TVB Paznaun

062 HEILBRONNER HÜTTE

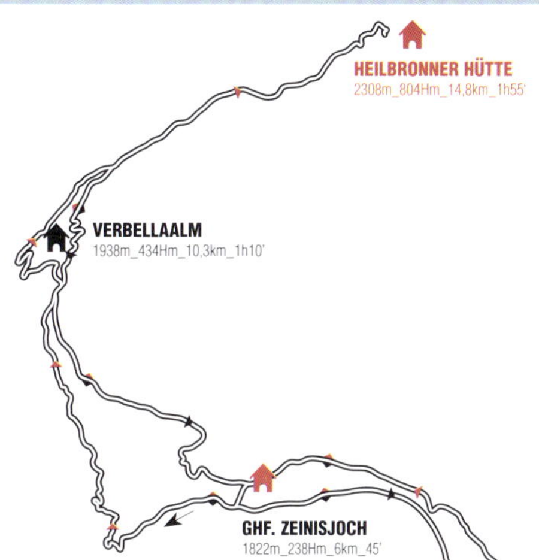

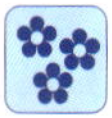
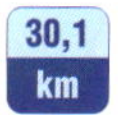

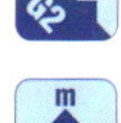

ANFAHRT – *Innsbruck – Wirl* 116 km: A12 und S16 Richtung *Bregenz,* Ausfahrt *Pians-Paznaun-Ischgl,* anschließend der B188 ins *Paznauntal* bis nach *Wirl* folgen

PARKMÖGLICHKEIT – Parkplatz P3 am Beginn der Ortschaft *Wirl*

START – bei der Parkmöglichkeit, beim Ortsschild *Wirl* rechts über die Brücke Richtung *Oberwirl,* bei der nächsten Kreuzung rechts zum *Hotel Almhof* abbiegen, anschließend der Linkskehre entlang und der Beschilderung zum *Zeinisjoch/Kops-Stausee* folgen

TOURENBESCHREIBUNG – 14,8 km und **804 Hm** sind von *Galtür* über den *Ghf. Zeinisjoch* und die *Verbellaalm* bis zur *Heilbronner Hütte* auf Asphalt und gut präparierten Forstwegen bergauf und auf einem kurzen Abschnitt bergab zurückzulegen. Die letzten 200 Hm vor der *Heilbronner Hütte* führen extrem steil bergauf, bis dorthin sind keine nennenswerten Schwierigkeiten zu erwarten. Der Rückweg ist bis Kilometer 17,5 derselbe und verläuft anschließend auf Single Track 1,2 km bis zur *Verbellaalm.* Dieser Single Track führt großteils sehr steil bergab und ist nur geübten Trialbikern zu empfehlen, andernfalls ist ein Fußmarsch von 7 Minuten einzuplanen oder man fährt auf dem Hinweg retour zur *Verbellaalm.* Der anschließende, 2,4 km lange Single Track zum *Ghf. Zeinisjoch* führt 65 Hm bergauf und ist für jeden Biker großteils leicht befahrbar. Der Rest des Rückwegs verläuft auf Asphalt bergauf und bergab ohne nennenswerte Schwierigkeiten bis *Galtür.* Insgesamt sind **30,1 km** und **909 Hm** zu bewältigen.

Tourverbindungen: 061 *Wiesbadner Hütte,* 064 *Saarbrückner Hütte,* 071 *Konstanzer Hütte*

KARTEN – ÖK: 1:25000 169 / 170 | **F&B: 1:50000** 372

INFOS – Ghf. Zeinisjoch: ganzjährig bewirtschafteter Gasthof; **Verbellaalm:** unbewirtschaftete Almhütte; **Heilbronner Hütte:** Ende Juni bis Mitte Oktober bewirtschaftete AV-Hütte

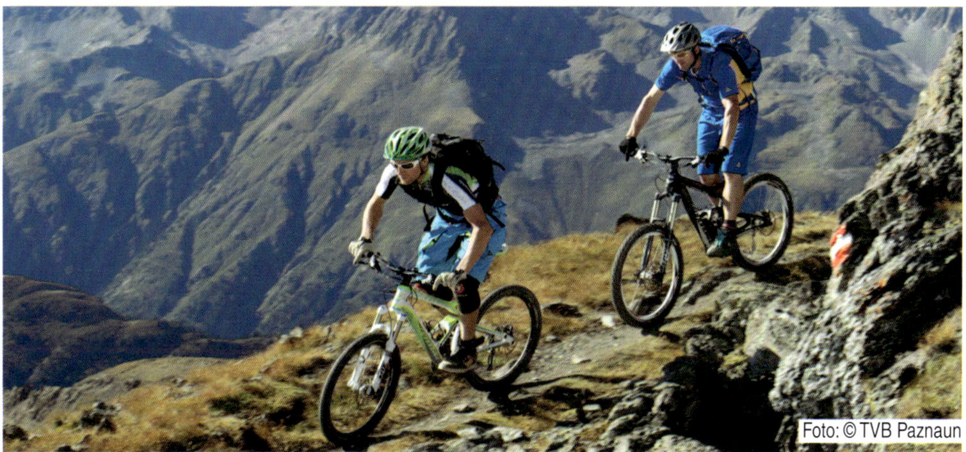
Foto: © TVB Paznaun

063 JAMTALHÜTTE

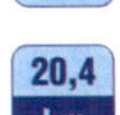

ANFAHRT – *Innsbruck – Galtür* 110 km: A12 und S16 Richtung *Bregenz,* Ausfahrt *Pians-Paznaun-Ischgl,* anschließend der B188 ins *Paznauntal* bis nach *Galtür* folgen, in *Galtür* vor der Brücke des *Jambachs* links abbiegen

PARKMÖGLICHKEIT – Parkplatz neben dem Arzthaus in *Galtür*

START – bei der Parkmöglichkeit, vom Parkplatz zum Arzthaus und bei der ersten Kreuzung geradeaus weiter der Straße ins *Jamtal* folgen

TOURENBESCHREIBUNG – 10,2 km und **581 Hm** sind von *Galtür* über *Mentenalm, Schnapfenalm* und *Scheibenalm* bis zur *Jamtalhütte* auf Asphalt und gut präpariertem Forstweg permanent bergauf zurückzulegen. Auf den letzen Metern vor der *Jamtalhütte* führt der Forstweg extrem steil bergauf. Der Rest der Strecke weist keine nennenswerten Schwierigkeiten auf. Der Rückweg ist derselbe. Insgesamt sind **20,4 km** und **581 Hm** zu bewältigen.

KARTEN – ÖK: 1:25000 170 | **F&B: 1:50000** 372

INFOS – Mentenalm: im Sommer bewirtschaftete Almhütte; **Schnapfenalm, Scheibenalm:** unbewirtschaftete Almhütten; **Jamtalhütte:** Ende Juni bis Ende September bewirtschaftete AV-Hütte

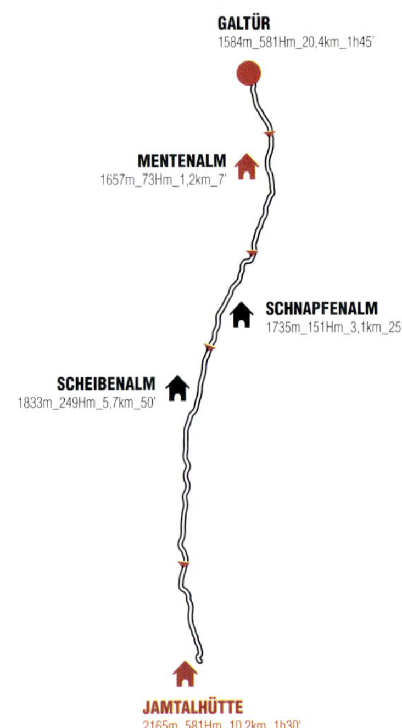

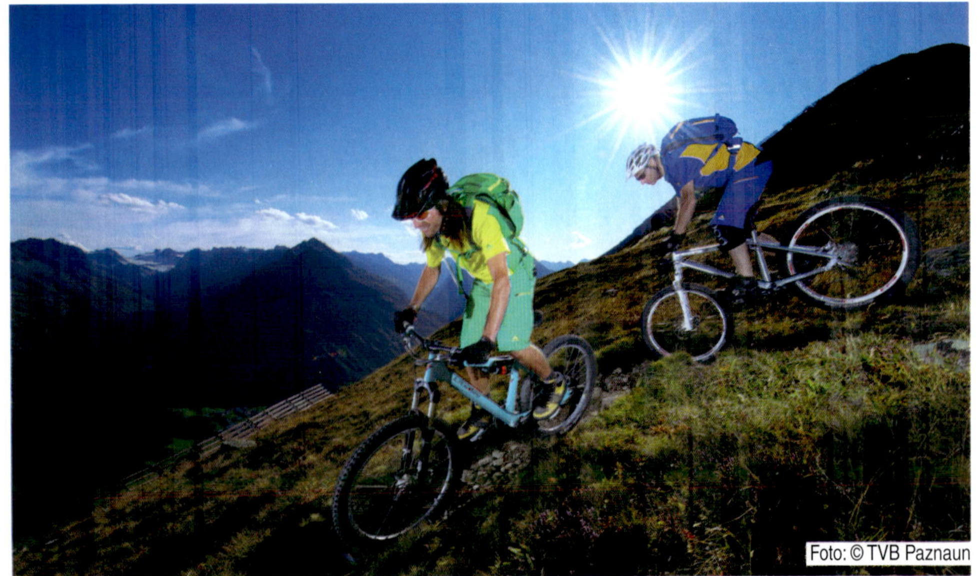
Foto: © TVB Paznaun

064 SAARBRÜCKNER HÜTTE

ANFAHRT – *Innsbruck – Wirl* 116 km: A12 und S16 Richtung *Bregenz,* Ausfahrt *Pians-Paznaun-Ischgl,* anschließend der B188 ins *Paznauntal* bis nach *Wirl* folgen

PARKMÖGLICHKEIT – Parkplatz *P3* am Beginn der Ortschaft *Wirl*

START – bei der Parkmöglichkeit, beim Ortsschild *Wirl* rechts über die Brücke Richtung *Oberwirl,* bei der nächsten Kreuzung rechts zum *Hotel Almhof* abbiegen, anschließend der Linkskehre entlang und der Beschilderung zum *Zeinisjoch* folgen

TOURENBESCHREIBUNG – 29 km und **1590 Hm** sind von *Galtür* über den *Ghf. Zeinisjoch* und den *Vermunt-Stausee* bis zur *Saarbrückner Hütte* auf Asphalt, gut präparierten Forstwegen und Karrenweg bergauf und bergab zurückzulegen. Bis nach dem *Ghf. Zeinisjoch* verläuft die Tour großteils bergauf, von dort 636 Hm bergab und anschließend am *Vermunt-Stausee* vorbei bis zur *Saarbrückner Hütte* permanent bergauf. Der 6,3 km lange Karrenweg zur *Saarbrückner Hütte* ist durchgehend extrem steil und auch für konditionsstarke Biker eine Herausforderung. Der Rückweg ist auf den ersten 6,9 km derselbe und führt anschließend auf der *Silvretta-Hochalpenstraße* am *Ghf. Silvrettasee* und dem *Silvretta-Stausee* vorbei auf Asphalt bergauf und bergab zurück nach *Galtür.* Insgesamt sind auf dieser Rundtour **49,3 km** und **1899 Hm** zu bewältigen.

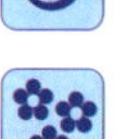

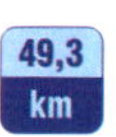

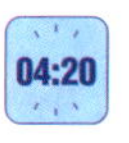

1584
m

Variante 1 Alternativroute A1: Wer sich einen Teil der Auffahrt sparen möchte, biegt bei Kilometer 13,7 rechts nach *Partenen* ab. Dort steigt man mit der *Vermuntbahn* nach *Trominier* auf, weiter durch den *Stollen* und den *Höhenweg Trominier-Vermunt* zum *Vermunt-Stausee,* dann auf der *Silvretta-Hochalpenstraße* bis zur *Bielerhöhe* zum *Ghf. Silvrettasee.* Die Talstation der *Vermuntbahn* liegt unmittelbar neben dem *Vermuntwerk* der *Vorarlberger Illwerke AG,* an der Bundesstraße B 188.

Variante Alternativroute A2: Achtung – nur für *Freaks!* am Beginn der *Staumauer* rechts abbiegen zum Karrenweg, der im Feld bergab und großteils parallel zur Straße verläuft; dieser Karrenweg ist meistens in extrem schlechtem Zustand *(Kuhtrampelweg)* und daher nur hartgesottenen Bikern zu empfehlen; andernfalls ist der Rückweg über die *Silvretta-Hochalpenstraße* zu empfehlen.

GALTÜR
1584m_1899Hm_49,3km_4h20'

GHF. ZEINISJOCH
1822m_238Hm_6km_30'

A1

VERMUNT-STAUSEE
1753m_805Hm_21,1km_1h40'

A2

SILVRETTA STAUSEE

GHF. SILVRETTASEE
2037m_1874Hm_40,6km_3h50'

SAARBRÜCKNER HÜTTE
2538m_1590Hm_29km_3h

Tourverbindungen: 061 *Wiesbadner Hütte,* 062 *Heilbronner Hütte*

KARTEN – ÖK: 1:25000 169 / 170 | **F&B: 1:50000** 372

INFOS – Ghf. Zeinisjoch, Ghf. Silvrettasee: ganzjährig bewirtschaftete Ghf.; **Saarbrückner Hütte:** Anfang Juli bis Ende September bewirtschaftete AV-Hütte

Tipp: Für Biker gibt es oft spezielle Ermäßigungen in Kombination mit dem *Ghf. Silvrettasee* und der Benützung der *Vermuntbahn* mit einem Bike. Informationen darüber erhalten Sie an der Kasse der Bergbahn.

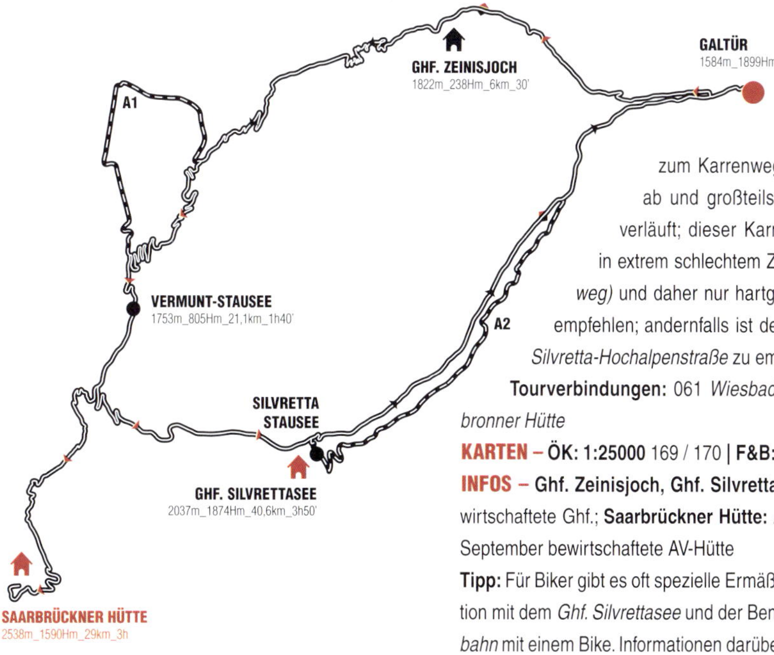

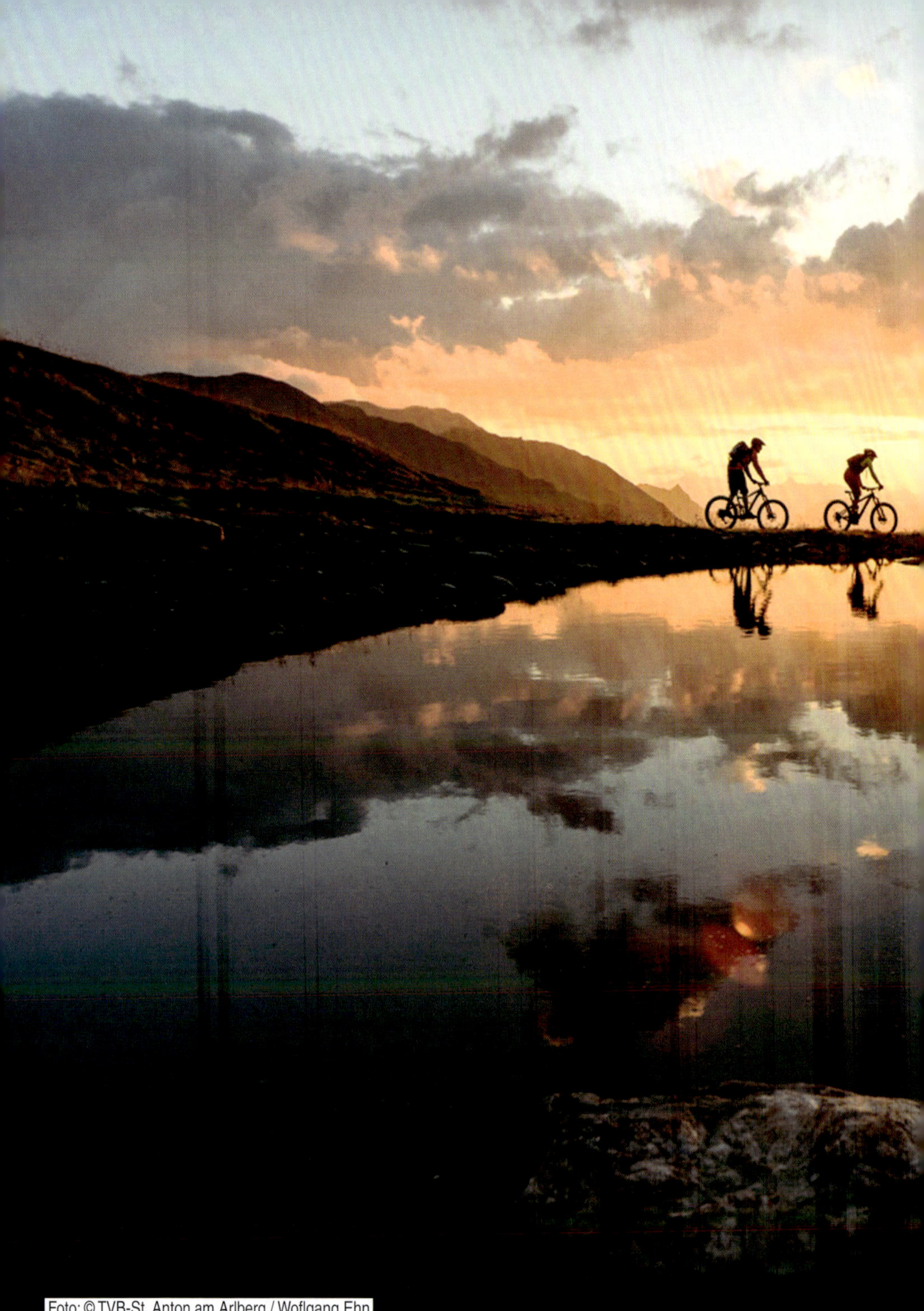

Foto: © TVB-St. Anton am Arlberg / Woflgang Ehn

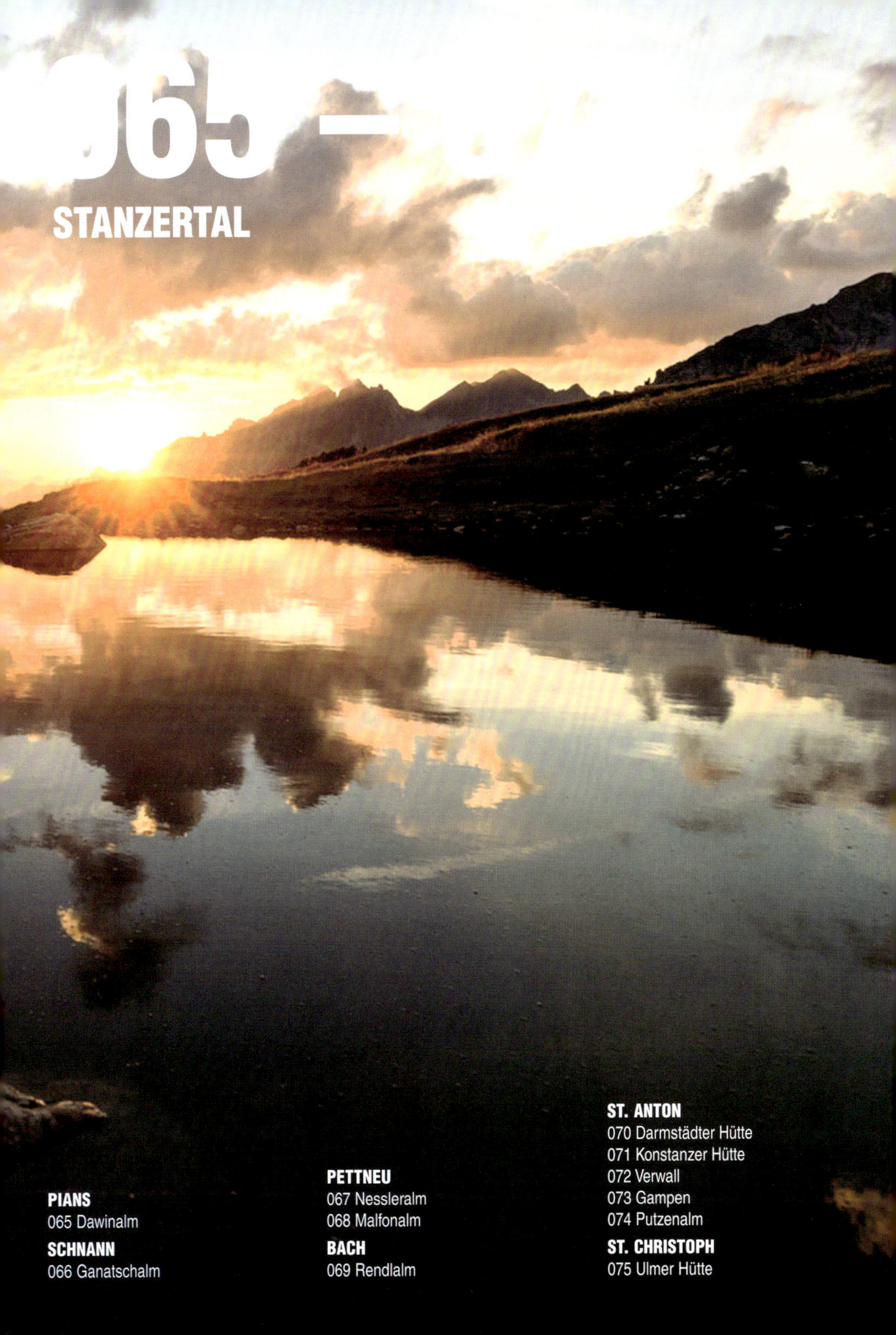

065 –
STANZERTAL

PIANS
065 Dawinalm

SCHNANN
066 Ganatschalm

PETTNEU
067 Nessleralm
068 Malfonalm

BACH
069 Rendlalm

ST. ANTON
070 Darmstädter Hütte
071 Konstanzer Hütte
072 Verwall
073 Gampen
074 Putzenalm

ST. CHRISTOPH
075 Ulmer Hütte

065 DAWINALM

ANFAHRT – *Innsbruck* – *Pians* 76 km: A12 und S16 Richtung *Bregenz,* Ausfahrt *Landeck West,* anschließend der Beschilderung nach *Pians* folgen, in *Pians* vor der Brücke über den *Lattenbach* rechts abbiegen

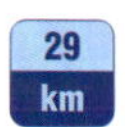

PARKMÖGLICHKEIT – Parkplätze unmittelbar nach dem Abbiegen bei den Tourismusinformationstafeln

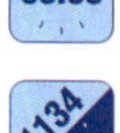

START – bei der Parkmöglichkeit, an den Parkplätzen vorbei und dann scharf rechts in die kleine gepflasterte Straße bergauf abbiegen, anschließend entlang der Straße bis zur *St. Margarethen Kapelle* und bei der nächsten Abzweigung nach links Richtung *Grins* und *Graf*

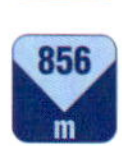

TOURENBESCHREIBUNG – **12,6 km** und **1006 Hm** sind von *Pians* bis zur *Dawinalm* auf Asphalt und Forstweg bergauf und bergab ohne nennenswerte Schwierigkeiten zurückzulegen. Der Rückweg führt über die *Strenger Schihütte* auf Forstweg und Karrenweg noch mal 100 Hm bergauf und anschließend über die *Flirscher Schihütte* auf Karrenwegen, Single Track, Forstweg und Asphalt großteils bergab zurück nach *Pians.* Dieser Single Track vor der *Flirscher Schihütte* ist für jeden geübten Biker befahrbar.

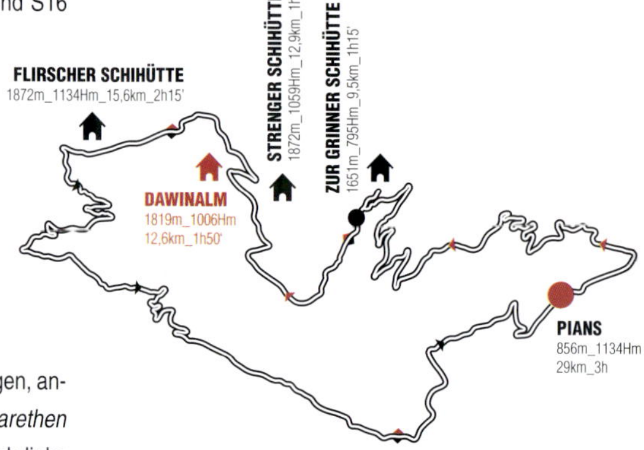

Ungeübte Biker müssen für diesen Abschnitt einen Fußmarsch von 5 Minuten einplanen. Insgesamt sind auf dieser Rundtour **29 km** und **1134 Hm** zu bewältigen.

Variante: bei Kilometer 9,5 rechts abbiegen zur *Grinner Schihütte*

KARTEN – **ÖK: 1:25000** 144 | **F&B: 1:50000** 372

INFOS – **Grinner Schihütte, Strenger Schihütte, Flirscher Schihütte:** unbewirtschaftete Almhütten; **Dawinalm:** im Sommer bewirtschaftete Almhütte

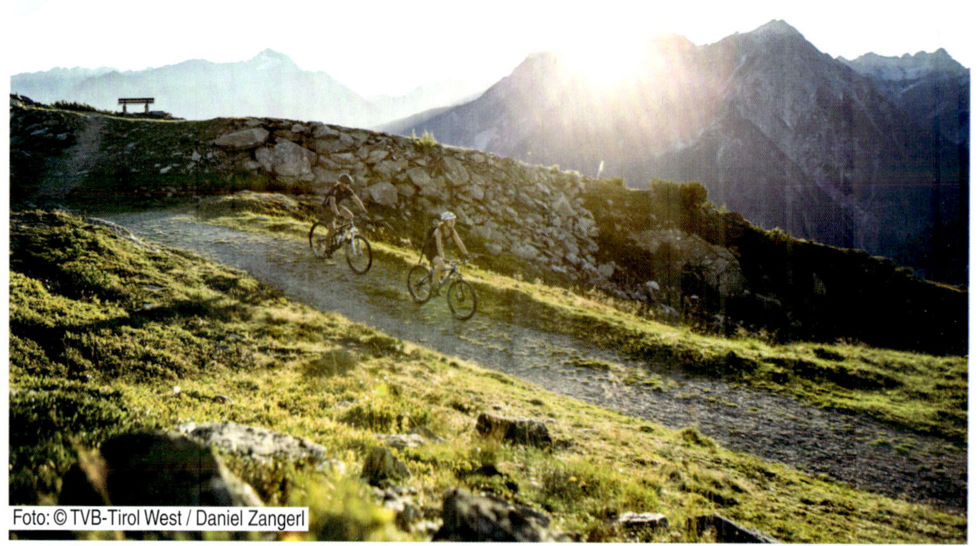
Foto: © TVB-Tirol West / Daniel Zangerl

066 GANATSCHALM

3

26,6 km

02:15

978 Hm

S3 G1

m 1950

1186 m

ANFAHRT – *Innsbruck – Schnann* 87 km: A12 und S16 Richtung *Bregenz, Raststation Schnann* ausfahren

PARKMÖGLICHKEIT – Parkplatz bei der *Raststation Schnann*

START – bei der Parkmöglichkeit, durch die Unterführung der *Arlberg Schnellstraße*, anschließend der Beschilderung zur *Ganatschalm* folgen

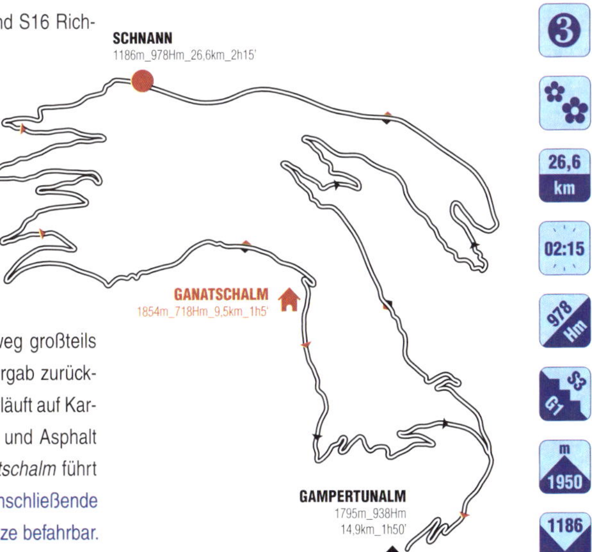

TOURENBESCHREIBUNG – **9,5 km** und **718 Hm** sind von *Schnann* bis zur *Ganatschalm* auf Asphalt und gut präpariertem Forstweg großteils bergauf und auf einem kurzen Abschnitt leicht bergab zurückzulegen. Der Rückweg über die *Gampertunalm* verläuft auf Karrenweg, Single Track, gut präpariertem Forstweg und Asphalt abwechselnd bergauf und bergab. Von der *Ganatschalm* führt ein Karrenweg bergauf zum *Dach der Tour*. Der anschließende 900 m lange Single Track ist für Trialbiker zur Gänze befahrbar. Biker ohne Trialkenntnisse müssen für diesen Abschnitt einen zusätzlichen Fußmarsch über leicht begehbares Gelände von 15 Minuten einplanen. Sonst sind auf dieser Tour keine nennenswerten Schwierigkeiten zu erwarten. Insgesamt sind **26,6 km** und **978 Hm** zu bewältigen.

KARTEN – **ÖK: 1:25000** 144 | **F&B: 1:50000** 372

INFOS – **Ganatschalm:** im Sommer bewirtschaftete Almhütte; **Gampertunalm:** unbewirtschaftete Almhütte

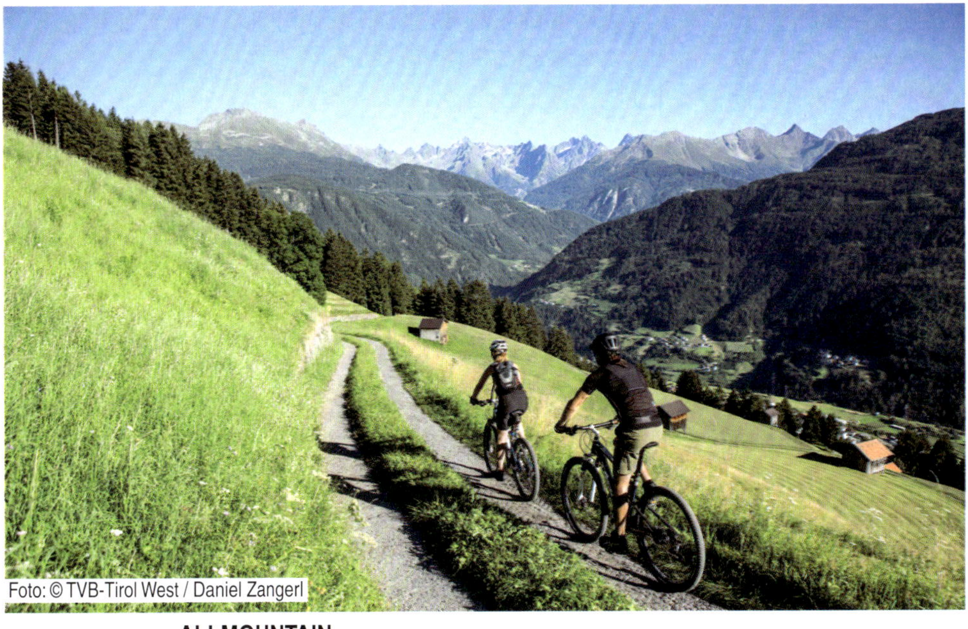

Foto: © TVB-Tirol West / Daniel Zangerl

067 NESSLERALM

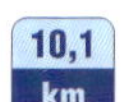

10,1 km

01:00

m 1633

ANFAHRT – *Innsbruck – Pettneu* 91 km: A12 und S16 Richtung *Bregenz,* Ausfahrt *Pettneu,* anschließend der Beschilderung ins Dorfzentrum von *Pettneu* folgen
PARKMÖGLICHKEIT – Parkplätze in der Nähe der Pfarrkirche in *Pettneu*
START – beim Bahnhof, an der Pfarrkirche vorbei ins Zentrum und vor der *Raiffeisenbank* links bergauf abbiegen, bei der nächsten Abzweigung links weiter über den *Zeinsbach,* anschließend der Beschilderung zur *Nessleralm* folgen
TOURENBESCHREIBUNG – 4,5 km und **411 Hm** sind von *Pettneu* über das *Berghotel Lavenar* bis zur *Nessleralm* auf Asphalt und gut präpariertem Forstweg permanent bergauf ohne nennenswerte Schwierigeiten zurückzulegen. Der Rückweg verläuft auf Single Tracks, Forstweg, Karrenweg und Asphalt bergauf und bergab zurück nach *Pettneu.* Der Single Track ab Kilometer 4,5 führt auf der Schipiste bergab bis zum *Zeinsbach* und ist für geübte Biker leicht befahrbar. Ab dem *Zeinsbach* ist ein Fußmarsch von 5 Minuten, bergauf über leicht begehbares Gelände, einzuplanen. Anschließend ist der Single Track für Trialbiker wieder befahrbar.

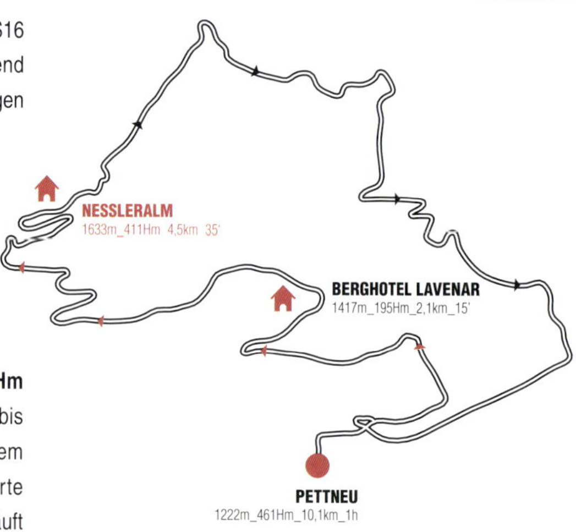

Ungeübte Biker müssen für den gesamten Single Track einen zusätzlichen Fußmarsch von 15 Minuten in Kauf nehmen. Insgesamt sind auf dieser Rundtour **10,1 km** und **461 Hm** zu bewältigen.
KARTEN – ÖK: 1:25000 143 / 144 | **F&B: 1:50000** 372
INFOS – Berghotel Lavenar: ganzjährig bewirtschafteter Ghf.; **Nessleralm:** ab Ende Mai bewirtschaftete Almhütte

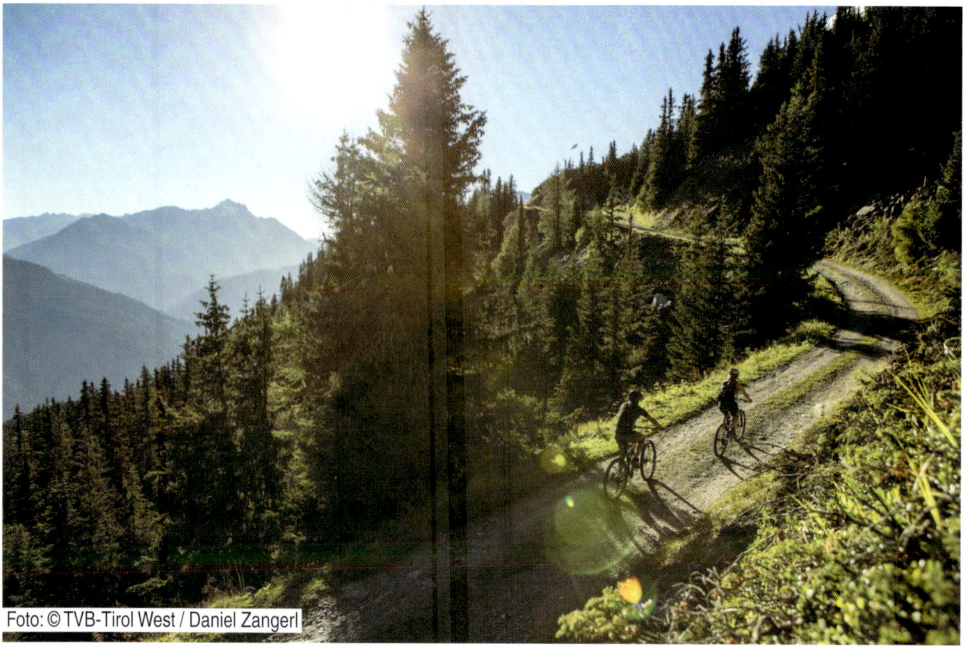

Foto: © TVB-Tirol West / Daniel Zangerl

068 MALFONALM

ANFAHRT – *Innsbruck – Pettneu* 91 km: A12 und S16 Richtung *Bregenz,* Ausfahrt *Pettneu,* an der Kreuzung vom Wellnesspark rechts, dann erneut rechts Richtung *Malfontal* abbiegen
PARKMÖGLICHKEIT – beim *Parkplatz Malfontal* in *Pettneu*
START – beim Bahnhof, am Parkplatz vorbei und weiter am rechten Ufer des *Malfonbaches* Richtung Süden, anschließend geht es bergauf weiter und folgt der Beschilderung zur *Edmund-Graf-Hütte*
TOURENBESCHREIBUNG – **6,8 km** und **603 Hm** sind von *Pettneu* über die *Vordere Malfonalm* bis zur *Hinteren Malfonalm* auf Asphalt, gut präpariertem Forstweg und Karrenweg permanent bergauf ohne nennenswerte Schwierigkeiten zurückzulegen. Von der *Hinteren Malfonalm* führt der Karrenweg 0,4 km und 32 Hm weiter bergauf bis zum *Stausee.* Der Rückweg ist großteils derselbe und verläuft auf Karrenwegen, gut präpariertem Forstweg, Single Track und Asphalt zurück nach *Pettneu.* Der 500 m lange Single Track ab Kilometer 9,6 ist für geübte Biker zur Gänze befahrbar. Ungeübte Biker fahren besser auf dem Hinweg retour. Insgesamt sind **13,9 km** und **635 Hm** zu bewältigen.
KARTEN – ÖK: 1:25000 143 / 144 | **F&B: 1:50000** 372
INFOS – Vordere Malfonalm: ab Anfang Juni bewirtschaftete Almhütte; **Hintere Malfonalm:** unbewirtschaftete Almhütte

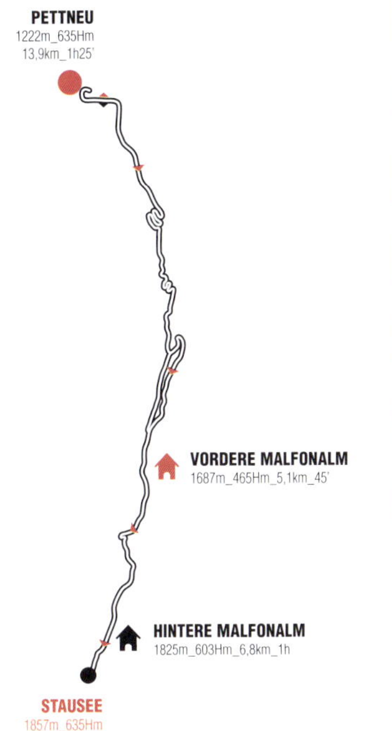

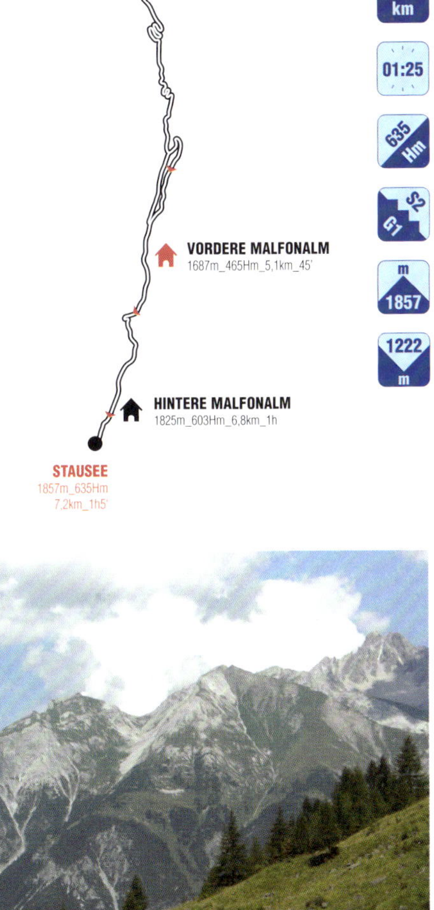

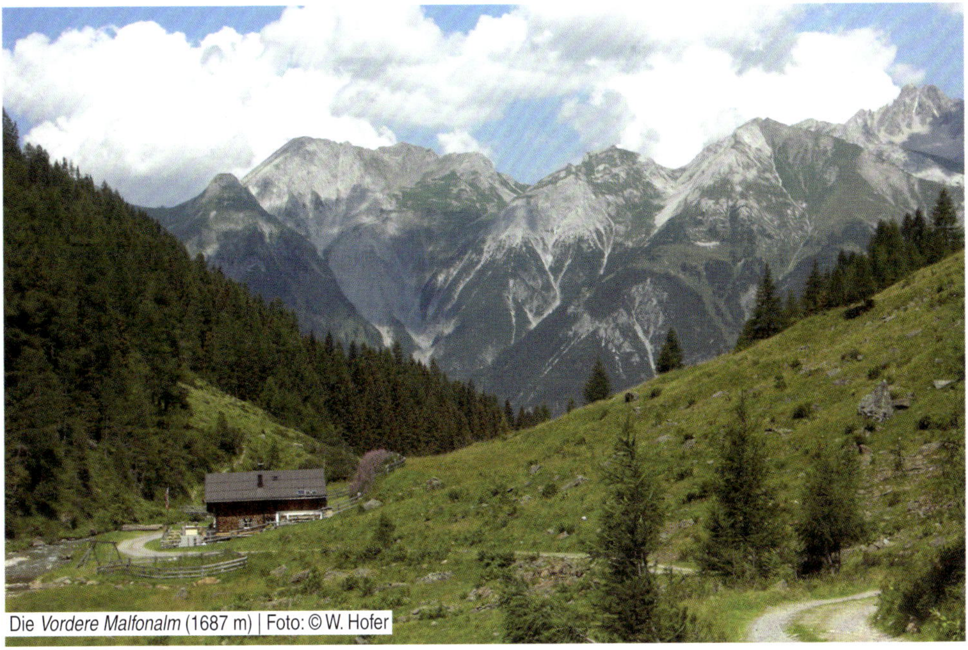

Die *Vordere Malfonalm* (1687 m) | Foto: © W. Hofer

069 RENDLALM

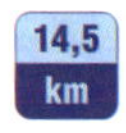

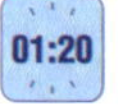

523 Hm

1268 m

ANFAHRT – *Innsbruck – Bach* 91 km: A12 und S16 Richtung *Bregenz* bis 200 m vor dem *Arlberg-Straßentunnel,* Ausfahrt *St. Anton am Arlberg,* anschließend der Beschilderung Richtung *St. Anton* folgen bis zum Supermarkt *MPreis*, dann 500 m weiter bis zur Brücke über die *Rosanna*

PARKMÖGLICHKEIT – Schotterparkplatz nach der Brücke auf der linken Straßenseite

START – bei der Parkmöglichkeit, vom Parkplatz der Beschilderung zur *Putzenalm* folgen und am Flussufer der *Rosanna* entlang

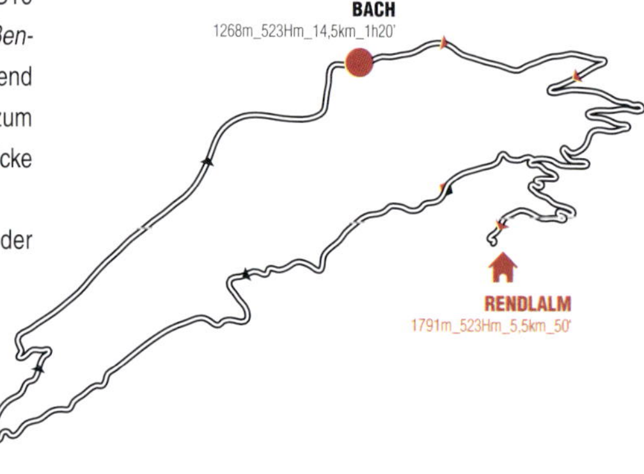

TOURENBESCHREIBUNG – **5,5 km** und **523 Hm** sind von *Bach* bis zur *Rendlalm* auf Asphalt und gut präpariertem Forstweg permanent bergauf zurückzulegen. Der Rückweg verläuft auf Forstweg und Asphalt großteils bergab und flach zurück nach *Bach*. Insgesamt sind auf dieser Rundtour **14,5 km** und **523 Hm** ohne nennenswerte Schwierigkeiten zu bewältigen.

Tourverbindungen: 070 *Darmstädter Hütte,* 072 *Verwall,* 071 *Konstanzer Hütte*

KARTEN – **ÖK: 1:25000** 143 | **F&B: 1:50000** 372

INFOS – **Rendlalm:** im Sommer bewirtschaftete Almhütte

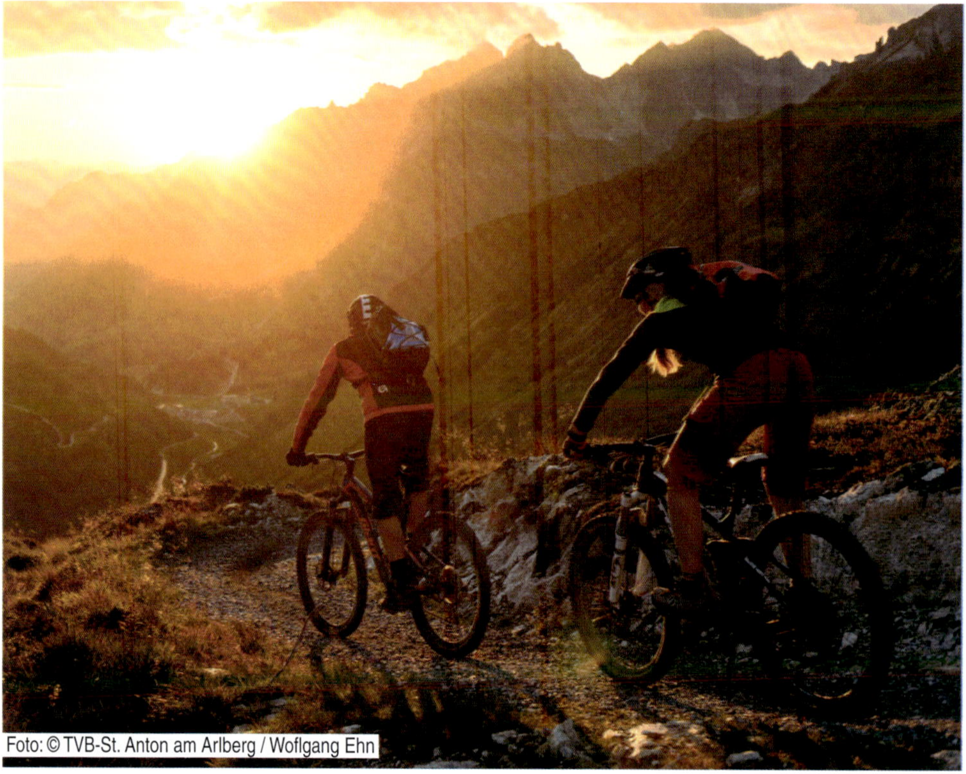

Foto: © TVB-St. Anton am Arlberg / Woflgang Ehn

070 DARMSTÄDTER HÜTTE

ANFAHRT – *Innsbruck* - *St. Anton* 93 km: A12 und S16 Richtung *Bregenz* bis 200 m vor den *Arlberg-Straßentunnel,* Ausfahrt *St. Anton,* anschließend der Beschilderung nach *St. Anton* bis zum Kreisverkehr folgen, dort die Ausfahrt Richtung *Arlbergpass* nehmen, nach 300 m links auf den P10 *Alte Rendlbahn* abbiegen

PARKMÖGLICHKEIT – Parkplatz bei der *Talstation Rendlbahn* in *St. Anton*

START – bei der Talstation *Rendlbahn,* nach der Unterführung der Bundesstraße der Beschilderung zur *Darmstädter Hütte* folgen

TOURENBESCHREIBUNG – 12,2 km und **1100 Hm** sind von *St. Anton* Richtung *Tritschalm* über die *Kartellhütte* bis zur *Darmstätter Hütte* auf Forstweg und Karrenweg großteils bergauf zurückzulegen. Die Tour verläuft auf den ersten 300 Hm abschnittsweise extrem steil bergauf. Der lose, grobsteinige, teilweise extrem steile Karrenweg von der *Kartellhütte* bis zur *Darmstätter Hütte* wird nur sehr geübten Bikern empfohlen. Der Rückweg ist derselbe. Insgesamt sind auf dieser Tour **24,4 km** und **1100 Hm** zu bewältigen.

Variante: Bei Kilometer 4,8 rechts abbiegen zur bewirtschafteten *Tritschalm.*

Tourverbindungen: 069 *Rendlalm,* 072 *Verwall,* 071 *Konstanzer Hütte*

KARTEN – ÖK: 1:25000 145 | **F&B: 1:50000** 372

INFOS – Tritschalm: im Sommer bewirtschaftete Almhütte; **Kartellhütte:** unbewirtschaftete Almhütte; **Darmstädter Hütte:** Anfang Juli bis Ende September bewirtschaftete AV-Hütte

ST. ANTON
1284m_1100Hm_24,4km_2h15'

ZUR TRITSCHALM
1782m_498Hm_4,8km_40'

KARTELLHÜTTE
1974m_690Hm_8,1km_1h15'

DARMSTÄTTER HÜTTE
2384m_1100Hm_12,2km_1h45'

4

24,4 km

02:15

1100 Hm

S1 G1

m 2384

1284 m

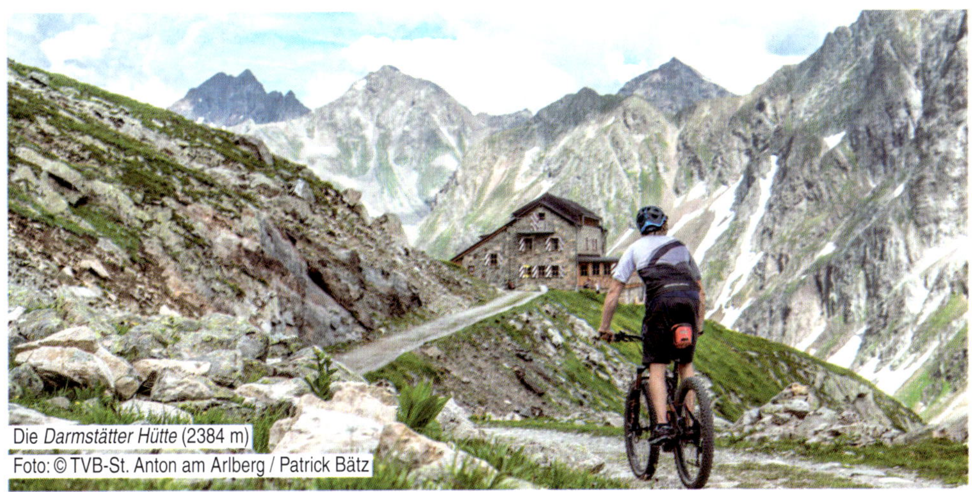

Die *Darmstätter Hütte* (2384 m)
Foto: © TVB-St. Anton am Arlberg / Patrick Bätz

071 KONSTANZER HÜTTE

21,2 km

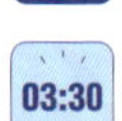

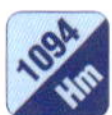

m 2308

ANFAHRT – *Innsbruck - St. Anton* 93 km: A12 und S16 Richtung *Bregenz* bis 200 m vor den *Arlberg-Straßentunnel,* Ausfahrt *St. Anton,* anschließend der Beschilderung nach *St. Anton* bis zum Kreisverkehr folgen, dort die Ausfahrt Richtung *Arlbergpass* nehmen und der Straße bis zur Ausfahrt *Parkplatz Verwall* folgen

PARKMÖGLICHKEIT – *Parkplatz Verwall* am Ortsende von *St. Anton*

START – bei der Parkmöglichkeit, dem *Verwallweg* folgen und am Bike-Areal vorbei, dem Verlauf des Radweges entlang

TOURENBESCHREIBUNG – 20,6 km und **1059 Hm** von *St. Anton* über den *Ghf. Verwall,* den *Verwallsee,* die *Konstanzer Hütte* und die *Schönverwallhütte* bis zur *Heilbronner Hütte* auf Asphalt, gut präpariertem Forstweg und Single Track zurückzulegen. Die Tour verläuft bis zur *Konstanzer Hütte* ohne nennenswerte Schwierigkeiten abwechselnd bergauf, bergab und flach. Von dort führt der Weg permanent bergauf. Der 3,4 km lange Single Track von der *Schönverwallhütte* bis zur *Heilbronner Hütte* ist bergauf nicht befahrbar. Für diesen Abschnitt ist ein zusätzlicher Fußmarsch von 20 Minuten einzuplanen. Der Rest der Strecke ist für Trialbiker zur Gänze befahrbar. Bergab ist dieser Abschnitt für geübte Biker großteils fahrbar. Ungeübten Bikern ist der Aufstieg zur *Heilbronner Hütte* ohne Bike zu empfehlen. Der Rückweg ist derselbe. Insgesamt sind **41,2 km** und **1094 Hm** zu bewältigen.

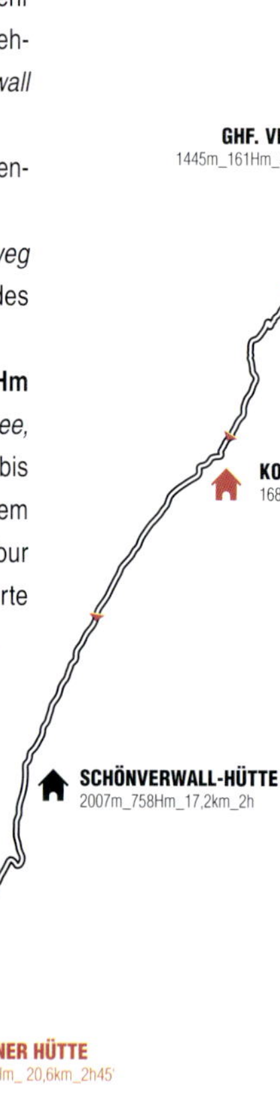

Tourverbindungen: 035 *Heilbronner Hütte,* 072 *Verwall*

KARTEN – ÖK: 1:25000 143 / 144 | **F&B: 1:50000** 372

INFOS – Ghf. Verwall: ganzjährig bewirtschafteter Ghf.; **Konstanzer Hütte:** Ende Juni bis Ende September bewirtschaftete AV-Hütte; **Schön-Verwallhütte:** unbewirtschaftete Almhütte; **Heilbronner Hütte:** Ende Juni bis Mitte Oktober bewirtschaftete AV-Hütte

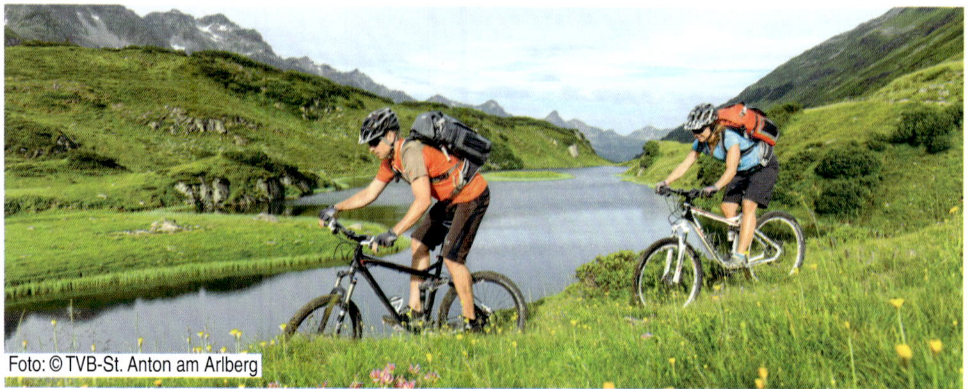
Foto: © TVB-St. Anton am Arlberg

072 VERWALL

ANFAHRT – *Innsbruck - St. Anton* 93 km: A12 und S16 Richtung *Bregenz* bis 200 m vor den *Arlberg-Straßentunnel,* Ausfahrt *St. Anton,* anschließend der Beschilderung nach *St. Anton* bis zum Kreisverkehr folgen, dort die Ausfahrt Richtung *Arlbergpass* nehmen und der Straße bis zur Ausfahrt *Parkplatz Verwall* folgen

PARKMÖGLICHKEIT – *Parkplatz Verwall* am Ortsende von *St. Anton*

START – bei der Parkmöglichkeit, dem *Verwallweg* folgen und am Bike-Areal vorbei, dem Verlauf des Radweges entlang der Beschilderung zur *Wagner Hütte* folgen

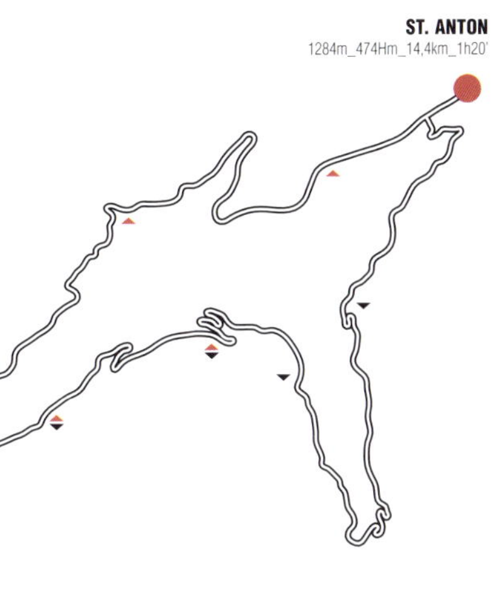

2
14,4 km
01:20
474 Hm
S1 G1
m 1640
1284 m

TOURENBESCHREIBUNG – **5,8 km** und **161 Hm** sind von *St. Anton* bis zur *Wagner Hütte* auf Asphalt großteils bergauf und flach ohne nennenswerte Schwierigkeiten zurückzulegen. Der Rückweg führt auf gut präpariertem Forstweg und Asphalt abwechselnd bergauf und bergab über den *Sattelwald* zurück nach *St. Anton.* Nach der Bachüberquerung bei Kilometer 9,8 führt ein kurzes Stück extrem steil bergauf. Insgesamt sind auf dieser Rundtour **14,4 km** und **474 Hm** zu bewältigen.

Tourverbindungen: 062 *Heilbronner Hütte,* 069 *Rendlalm,* 070 *Darmstädter Hütte,* 071 *Konstanzer Hütte*

KARTEN – **ÖK: 1:25000** 143 | **F&B: 1:50000** 372

INFOS – **Wagner Hütte:** ganzjährig bewirtschaftet

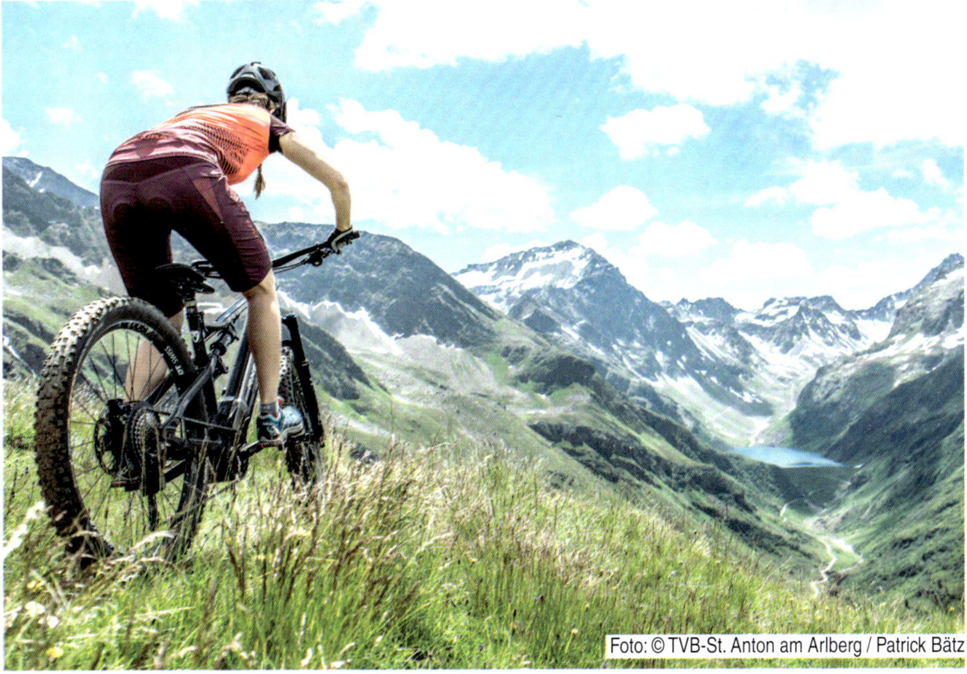

Foto: © TVB-St. Anton am Arlberg / Patrick Bätz

073 GAMPEN

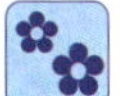

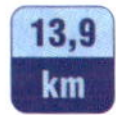

ANFAHRT – *Innsbruck - St. Anton* 93 km: A12 und S16 Richtung *Bregenz* bis 200 m vor den *Arlberg-Straßentunnel,* Ausfahrt *St. Anton,* anschließend der Beschilderung nach *St. Anton* bis zum Kreisverkehr folgen, dort die Ausfahrt Richtung *Arlbergpass* nehmen, nach 300 m links auf den P10 *Alte Talstation Rendlbahn* abbiegen

PARKMÖGLICHKEIT – Parkplatz bei der *Alten Talstation Rendlbahn* in *St. Anton*

START – bei der Parkmöglichkeit, der Straße entlang Richtung *Arlberg* und nach 2,7 Kilometer kurz vor dem Straßentunnel scharf rechts bergauf abbiegen

TOURENBESCHREIBUNG: 6,3 km und **533 Hm** sind von *St. Anton* bis zum *Ghf. Gampen* auf Asphalt und gut präpariertem Forstweg großteils bergauf und abschnittsweise extrem steil bergauf zurückzulegen. Der Rückweg führt über die *Rodelalm* auf

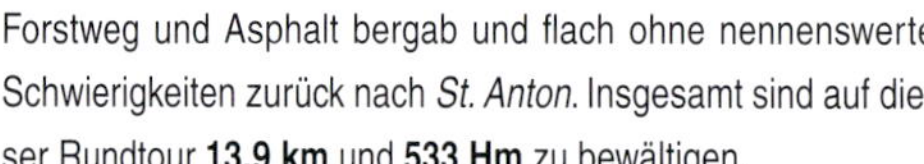

Forstweg und Asphalt bergab und flach ohne nennenswerte Schwierigkeiten zurück nach *St. Anton.* Insgesamt sind auf dieser Rundtour **13,9 km** und **533 Hm** zu bewältigen.

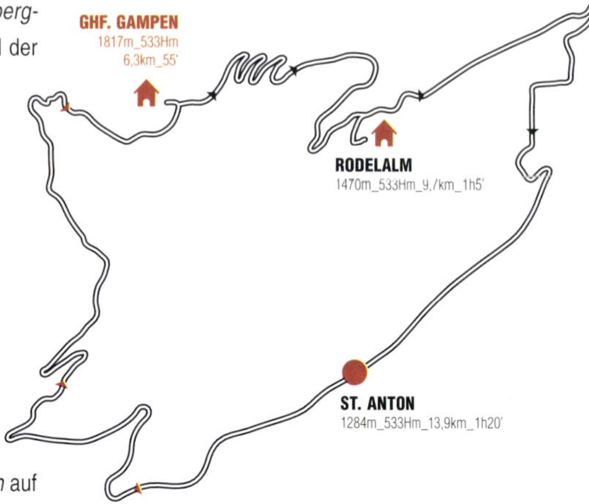

Tourverbindungen: 074 *Putzenalm,* 075 *Ulmer Hütte*

KARTEN – ÖK: 1:25000 143 | **F&B: 1:50000** 372

INFOS – Ghf. Gampen: zeitweise bewirtschaftete Schihütte; **Rodelalm:** im Sommer bewirtschaftete Almhütte

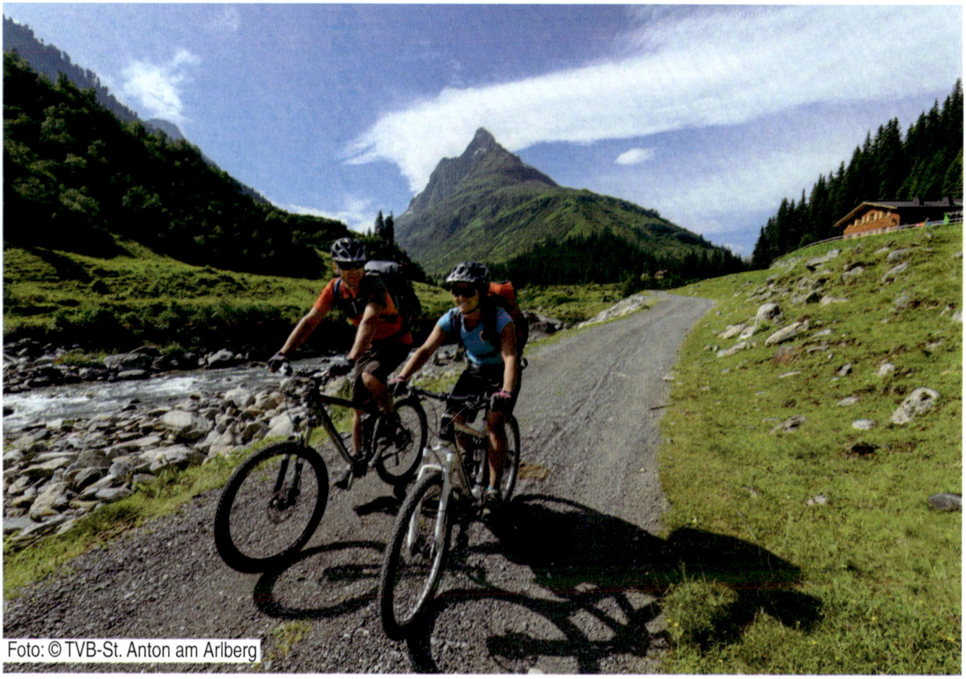

Foto: © TVB-St. Anton am Arlberg

074 PUTZENALM

3 | 14 km | 01:25 | 519 Hm | S1 G1 | m 1726 | 1284 m

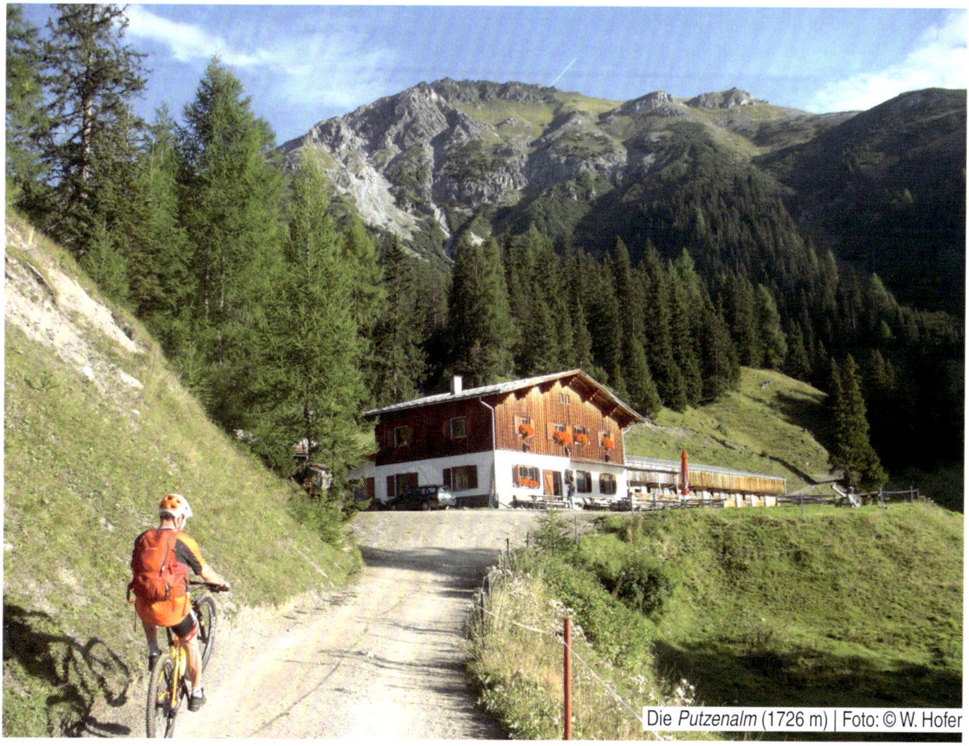

ANFAHRT – *Innsbruck – Bach* 91 km: A12 und S16 Richtung *Bregenz* bis 200 m vor den *Arlberg-Straßentunnel*, Ausfahrt *St. Anton am Arlberg,* anschließend der Beschilderung Richtung *St. Anton* folgen bis zum Supermarkt *MPreis*, dann 500 m weiter bis zur Brücke über die *Rosanna*

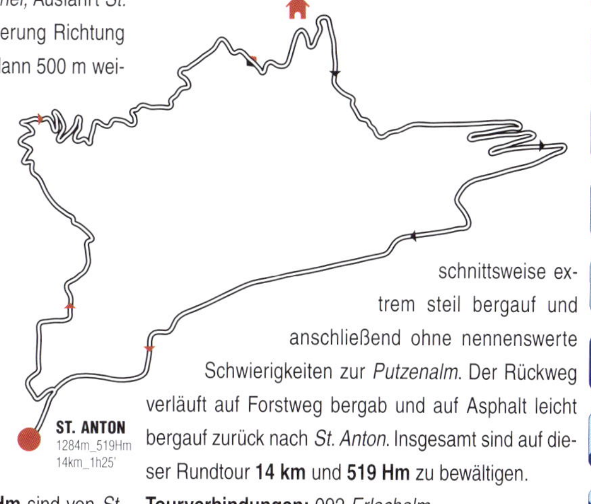

PARKMÖGLICHKEIT – Parkplatz nach der Brücke auf der linken und rechten Straßenseite kurz vor der Ortschaft *St. Anton*

START – bei der Parkmöglichkeit, 2 km der Bundesstraße entlang Richtung *Landeck*, anschließend bei den zwei Bushaltestellen links abbiegen, an der Freiwilligen Feuerwehr vorbei und dem Straßenverlauf folgen, am Ende der Straße nach dem *Gästehaus Steinmüller* der Beschilderung zur *Putzen-Alpe* folgen

TOURENBESCHREIBUNG – 6,7 km und **469 Hm** sind von *St. Anton* bis zur *Putzenalm* auf Asphalt und gut präpariertem Forstweg zurückzulegen. Der Forstweg führt am Anfang abschnittsweise extrem steil bergauf und anschließend ohne nennenswerte Schwierigkeiten zur *Putzenalm*. Der Rückweg verläuft auf Forstweg bergab und auf Asphalt leicht bergauf zurück nach *St. Anton*. Insgesamt sind auf dieser Rundtour **14 km** und **519 Hm** zu bewältigen.

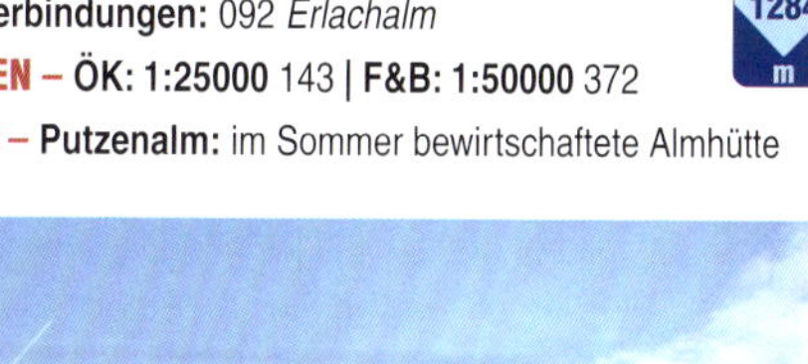

Tourverbindungen: 092 *Erlachalm*

KARTEN – ÖK: 1:25000 143 | **F&B: 1:50000** 372

INFOS – Putzenalm: im Sommer bewirtschaftete Almhütte

Die *Putzenalm* (1726 m) | Foto: © W. Hofer

075 ULMER HÜTTE

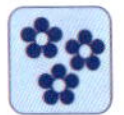

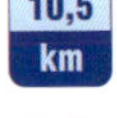

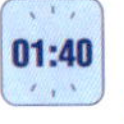

m
2279

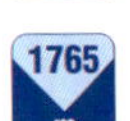

ANFAHRT – *Innsbruck – St. Christoph* 105 km: A12 und S16 Richtung *Bregenz* bis 200 m vor den *Arlberg-Straßentunnel,* Ausfahrt *St. Anton,* anschließend der Beschilderung nach *St. Anton* und dort der Beschilderung nach *St. Christoph* folgen

PARKMÖGLICHKEIT – Parkflächen in der Nähe vom *Hotel Arlberg Hospiz* in *St. Christoph*

START – beim *Hotel Hospiz,* beim *Hotel Arlberghöhe* in den steil bergauf führenden Weg einbiegen, bei der nächsten Abzweigung rechts weiter der Beschilderung Richtung *Galzigbahn Bergstation* folgen

TOURENBESCHREIBUNG – 5,3 km und **514 Hm** sind von *St. Christoph* bis zur *Ulmer Hütte* auf Asphalt und gut präpariertem Forstweg permanent bergauf zurückzulegen. Der Forstweg führt abschnittsweise extrem steil bergauf. Ein zusätzlicher Fußmarsch von 15 Minuten ist einzuplanen. Der Rückweg ist derselbe. Insgesamt ist eine Strecke von **10,5 km** und **514 Hm** zu bewältigen.

Tourverbindungen: 073 *Gampen*

KARTEN – ÖK: 1:25000 143 | **F&B: 1:50000** 372

INFOS – Ulmer Hütte: Anfang Juli bis Anfang September bewirtschaftete AV-Hütte

ULMER HÜTTE
2279m_514Hm_5,3km_1h15'

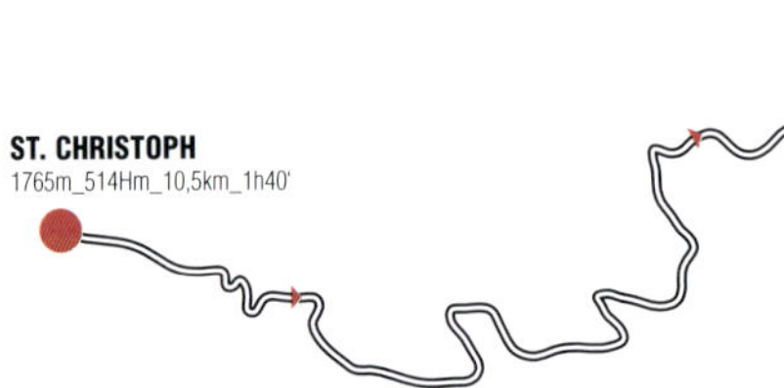

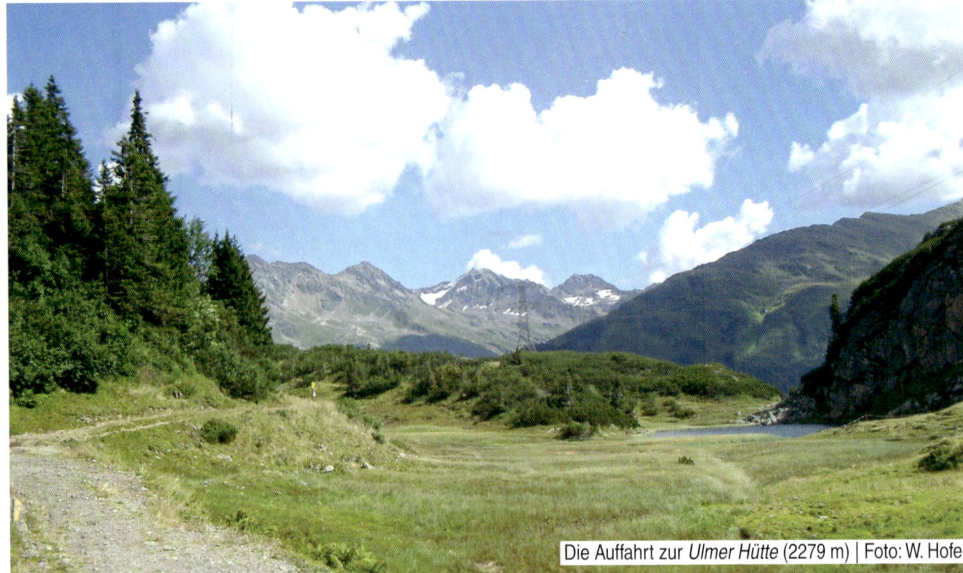

Die Auffahrt zur *Ulmer Hütte* (2279 m) | Foto: W. Hofer

076 – 099

LECHTAL

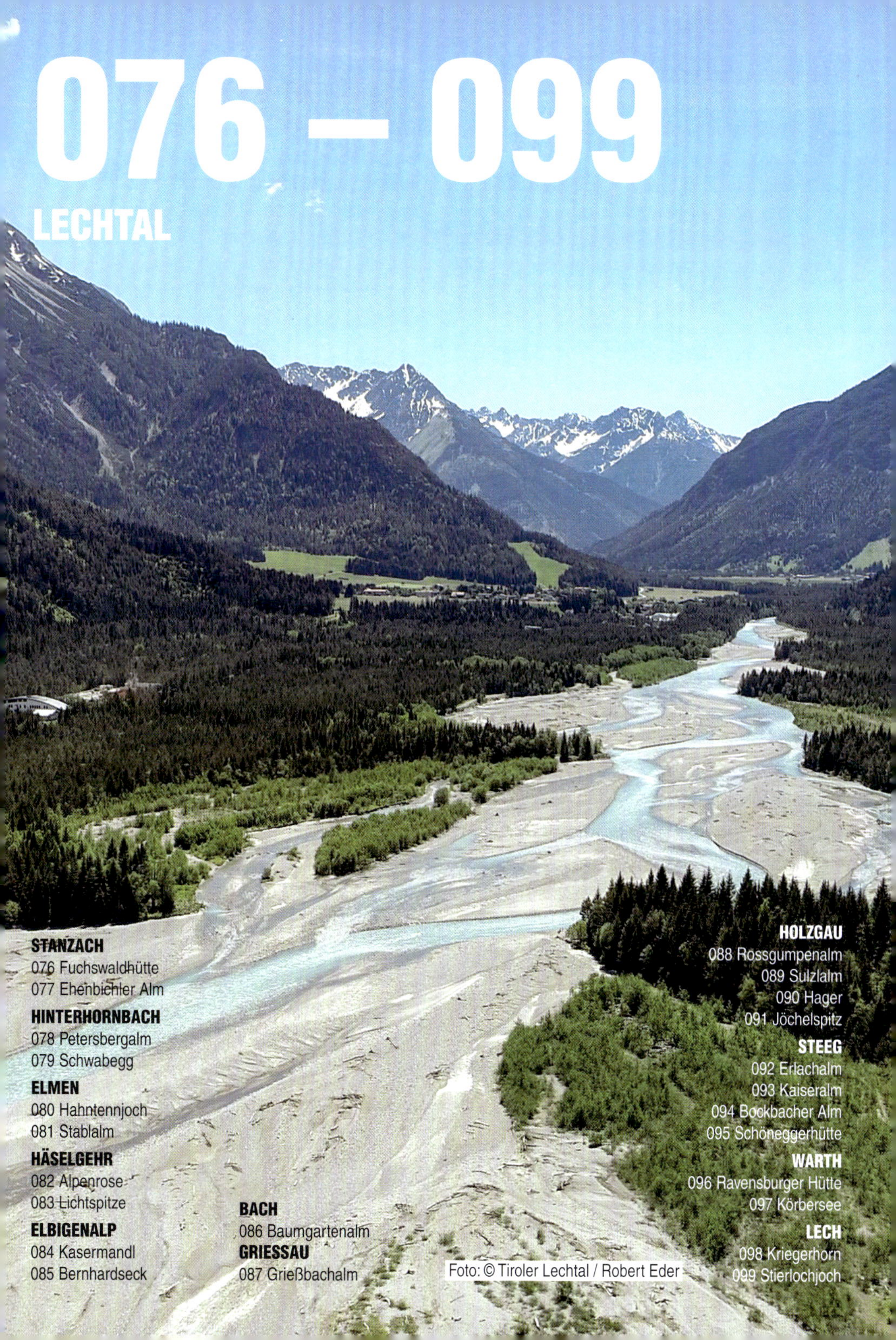

STANZACH
076 Fuchswaldhütte
077 Ehenbichler Alm

HINTERHORNBACH
078 Petersbergalm
079 Schwabegg

ELMEN
080 Hahntennjoch
081 Stablalm

HÄSELGEHR
082 Alpenrose
083 Lichtspitze

ELBIGENALP
084 Kasermandl
085 Bernhardseck

BACH
086 Baumgartenalm

GRIESSAU
087 Grießbachalm

HOLZGAU
088 Rossgumpenalm
089 Sulzlalm
090 Hager
091 Jöchelspitz

STEEG
092 Erlachalm
093 Kaiseralm
094 Bockbacher Alm
095 Schöneggerhütte

WARTH
096 Ravensburger Hütte
097 Körbersee

LECH
098 Kriegerhorn
099 Stierlochjoch

Foto: © Tiroler Lechtal / Robert Eder

076 FUCHSWALDHÜTTE

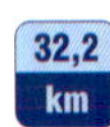

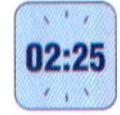

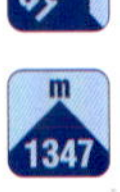

ANFAHRT – *Innsbruck – Stanzach* 105 km: A12 Richtung *Bregenz,* Ausfahrt *Mötz,* weiter auf der Bundesstraße Richtung *Fernpass* und *Reutte,* die Ausfahrt *Reutte-Süd nehmen und der B198* ins *Lechtal* folgen bis nach *Stanzach.* **Alternative:** auf der A12 bis *Imst,* über das *Hahntennjoch* ins *Lechtal;* Vorsicht! Wintersperre beachten!

PARKMÖGLICHKEIT – nach der Brücke über den *Namloser Bach* in der Nähe der *Raiffeisenkasse* in *Stanzach*

START – beim *Sportgeschäft Fredi,* der Bundesstraße Richtung *Reutte* folgen und vor der Brücke über den *Namloser Bach* links in den Forstweg abbiegen, der Beschilderung *Rundwanderweg Stanzach* folgen bis zur Brücke über den *Lech,* unmittelbar nach dem Überqueren der Brücke rechts abbiegen und der Beschilderung ins *Schwarzwassertal* folgen

TOURENBESCHREIBUNG: 16,1 km und **445 Hm** sind von *Stanzach* über die *Untere Lichtalm* auf Asphalt und gut präparierten Forstwegen und von dort auf Karrenweg bis zur *Fuchswaldhütte* großteils bergauf und flach zurückzulegen. Der Rückweg ist derselbe. Insgesamt sind **32,2 km** und **482 Hm** ohne nennenswerte Schwierigkeiten zu bewältigen.

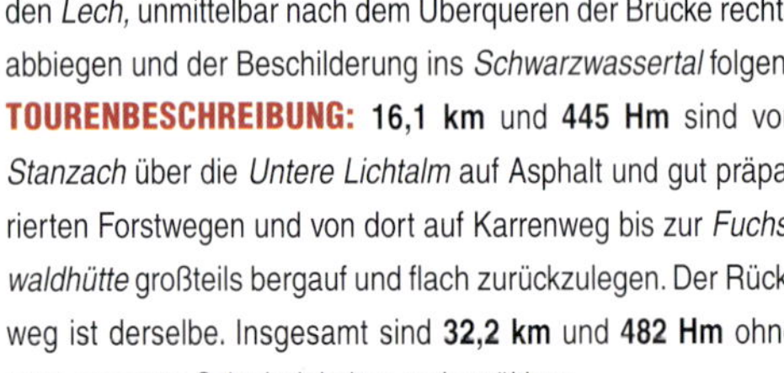

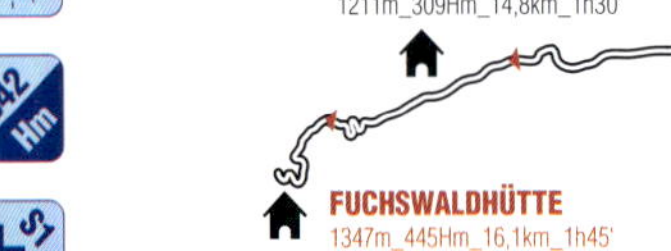

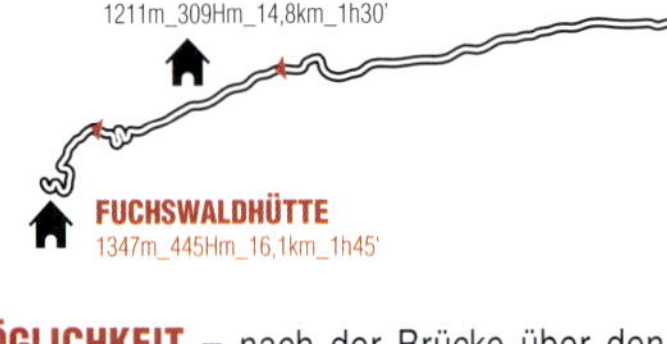

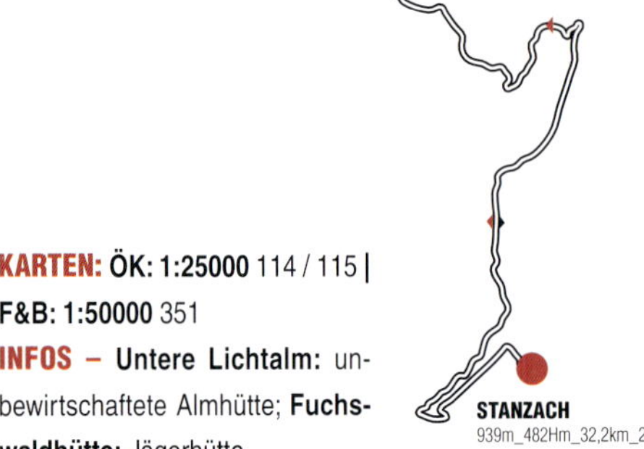

KARTEN: **ÖK: 1:25000** 114 / 115 | **F&B: 1:50000** 351

INFOS – Untere Lichtalm: unbewirtschaftete Almhütte; **Fuchswaldhütte:** Jägerhütte

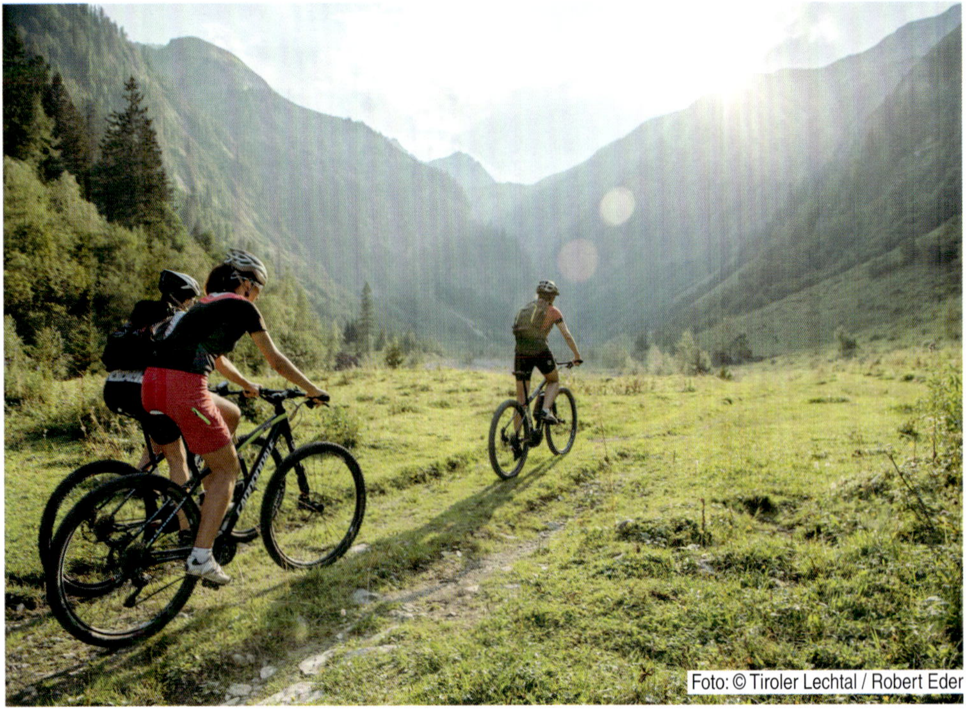

Foto: © Tiroler Lechtal / Robert Eder

077 EHENBICHLER ALM

ANFAHRT – *Innsbruck – Stanzach* 105 km: A12 Richtung *Bregenz,* Ausfahrt *Mötz,* weiter auf der Bundesstraße Richtung *Fernpass* und *Reutte,* die Ausfahrt *Reutte-Süd nehmen und der B198* ins *Lechtal* folgen bis nach *Stanzach.* **Alternative:** auf der A12 bis *Imst,* über das *Hahntennjoch* ins *Lechtal;* Vorsicht! Wintersperre beachten!

PARKMÖGLICHKEIT – nach der Brücke über den *Namloser Bach* in der Nähe der *Raiffeisenkasse* in *Stanzach*

START – beim *Sportgeschäft Fredi,* der *Lechtal* Bundesstraße entlang Richtung *Reutte,* anschließend über die Brücke des Namlosen Baches, am Sportgeschäft *Fredy* vorbei und vor dem *Schuhhaus Hosp* links abbiegen in den Forstweg Richtung *Schneckenwald,* der dortigen Beschilderung nach *Forchach* folgen

TOURENBESCHREIBUNG – 23,5 km und **964 Hm** sind von *Stanzach* über *Rieden,* die *Stieglalm* und die *Raazalm* bis zur *Ehenbichler Alm* auf gut präparierten Forstwegen, Single Track, Karrenweg und Asphalt abwechselnd bergauf, bergab und flach zurückzulegen. Der Forstweg von der *Stieglalm* hinauf zur *Raazalm* führt abschnittsweise extrem steil bergauf. Der Rückweg nach *Stanzach* verläuft über *Rinnen* bis zum *Ghf. Wetterspitz* auf Single Track, Karrenweg, Forstweg und Asphalt abwechselnd bergab und bergauf, von dort weiter über den *Ghf. Alpenkreuz* auf Asphalt ohne nennenswerte Schwierigkeiten permanent bergab. Der Single Track nach der *Ehenbichler Alm* führt bergab und ist für geübte Biker leicht zu bewältigen. Achtung! An Wochenenden und Feiertagen sind viele Wanderer unterwegs. Insgesamt sind auf dieser Rundtour **51,2 km** und **1312 Hm** zu bewältigen.

Variante: Wer sich den steilen Aufstieg zur *Raazalm* ersparen möchte, fährt bei Kilometer 16,9 geradeaus weiter, auf Forst- und Karrenweg direkt nach *Rinnen.*

Tourverbindungen: 011 *Tarrentonalm*

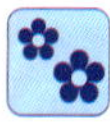

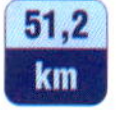

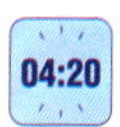

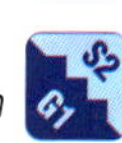

939
m

RIEDEN

STIEGLALM
1050m_278Hm_16,5km_1h40'

STAUSEE

RINNEN

RAAZALM
1736m_964Hm_22,1km_2h35'

EHENBICHLER ALM
1697m_964Hm_23,5km_2h40'

STANZACH
939m_1312Hm_51,2km_4h20'

GHF. WETTERSPITZ
1350m_1312Hm_37,9km_3h30'

GHF. ALPENKREUZ
1263m_1312Hm_40,9km_3h50'

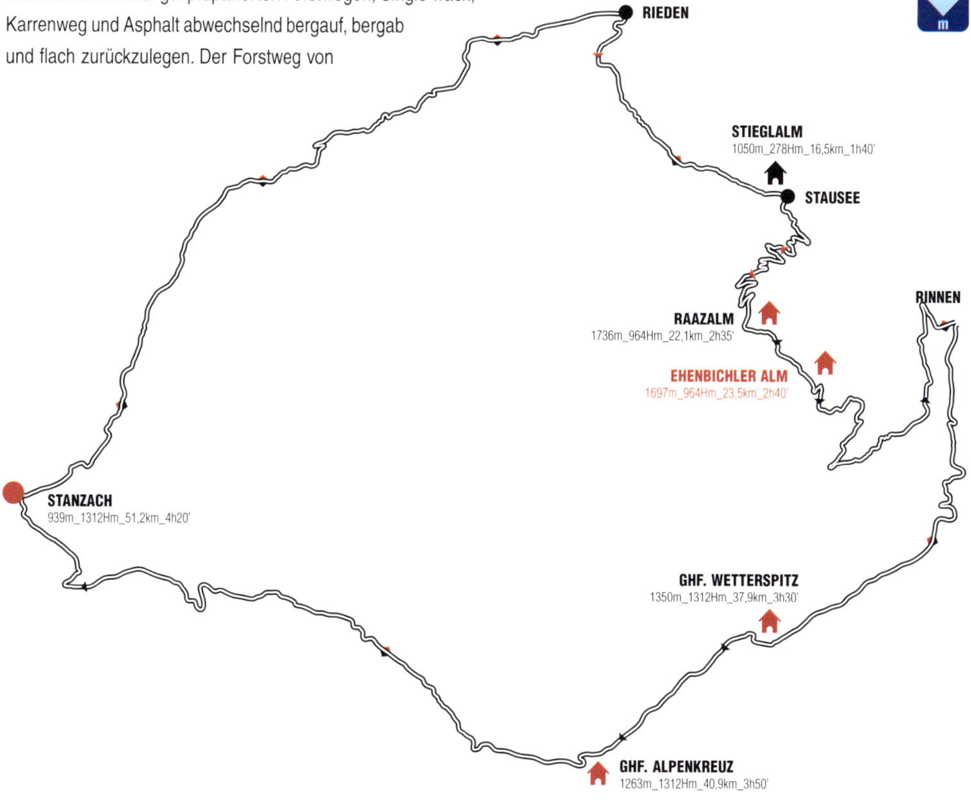

GPX 

KARTEN – ÖK: 1:25000 114 / 115 | **F&B: 1:50000** 351

INFOS – Stieglalm: unbewirtschaftete Almhütte; **Raazalm, Ehenbichler Alm:** im Sommer bewirtschaftete Almhütten; **Ghf. Wetterspitz, Ghf. Alpenkreuz:** ganzjährig bewirtschaftete Ghf.

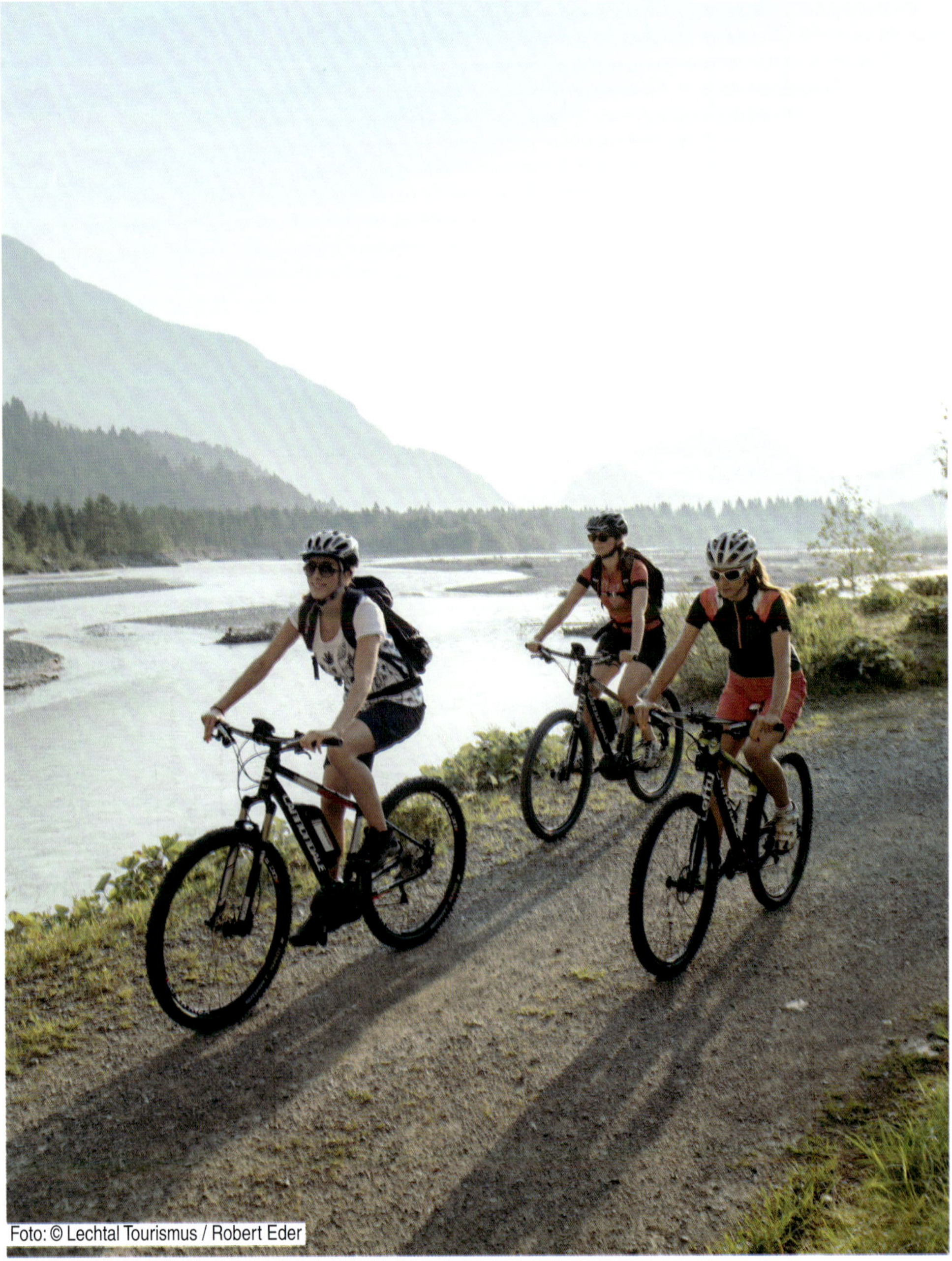

Foto: © Lechtal Tourismus / Robert Eder

078 PETERSBERGALM

ANFAHRT – *Innsbruck – Hinterhornbach* 113 km: A12 Richtung *Bregenz*, Ausfahrt *Mötz*, weiter auf der Bundesstraße Richtung *Fernpass* und *Reutte*, die Ausfahrt *Reutte-Süd nehmen und der B198* ins *Lechtal* folgen bis nach *Hinterhornbach* folgen. **Alternative:** auf der A12 bis *Imst*, über das *Hahntennjoch* ins *Lechtal;* Vorsicht! Wintersperre beachten!

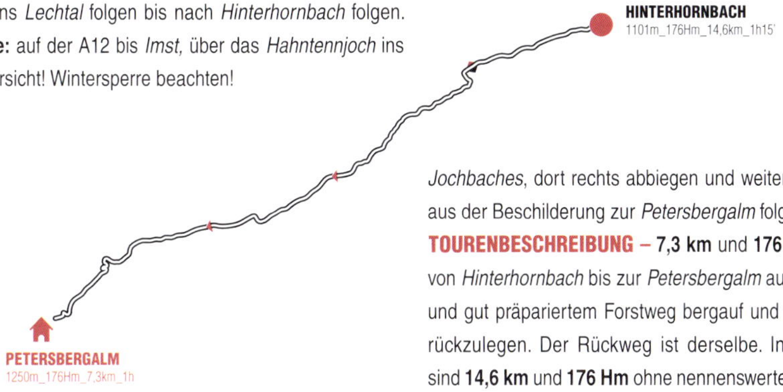

HINTERHORNBACH
1101m_176Hm_14,6km_1h15'

PETERSBERGALM
1250m_176Hm_7,3km_1h

PARKMÖGLICHKEIT – Schotterparkplatz nach der *Pfarrkirche Liebe Frau vom Guten Rat* auf der linken Seitenstraße in *Hinterhornbach*

START – beim *Ghf. Alpenrose,* der Seitenstraße am Parkplatz folgen, anschließend über die Brücke des *Jochbaches*, dort rechts abbiegen und weiter geradeaus der Beschilderung zur *Petersbergalm* folgen

TOURENBESCHREIBUNG – 7,3 km und **176 Hm** sind von *Hinterhornbach* bis zur *Petersbergalm* auf Asphalt und gut präpariertem Forstweg bergauf und flach zurückzulegen. Der Rückweg ist derselbe. Insgesamt sind **14,6 km** und **176 Hm** ohne nennenswerte Schwierigkeiten zu bewältigen.

KARTEN – ÖK: 1:25000 114 / 115 | **F&B: 1:50000** 351

INFOS – Petersbergalm: im Sommer bewirtschaftetes Berggasthaus

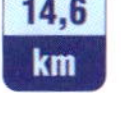

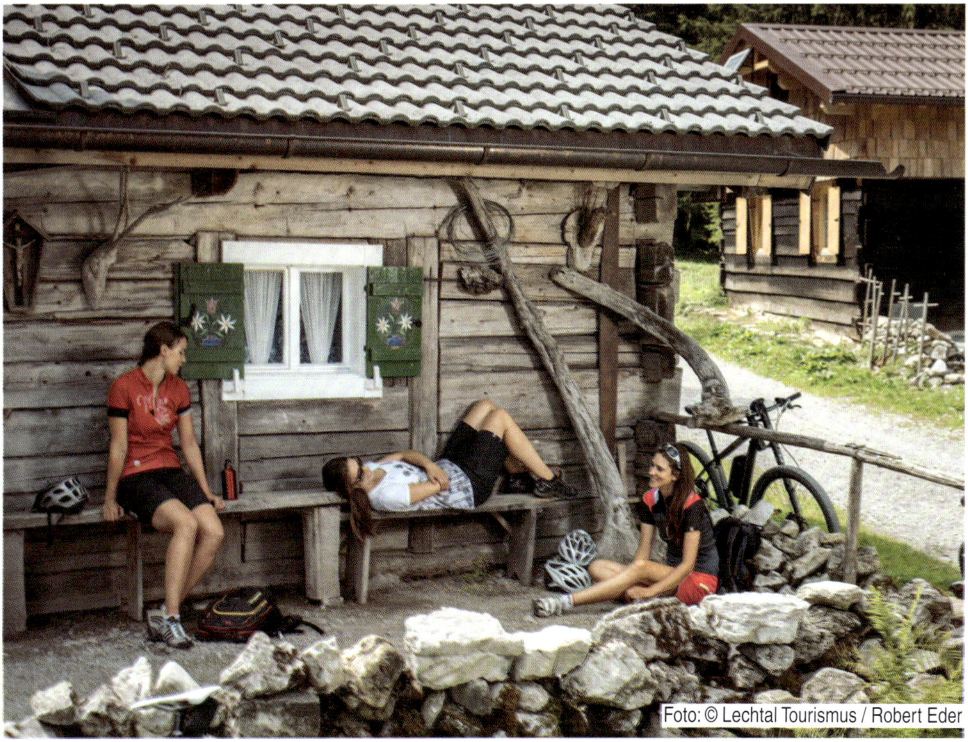

Foto: © Lechtal Tourismus / Robert Eder

079 SCHWABEGG

14,6 km

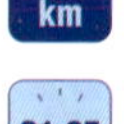

m 1629

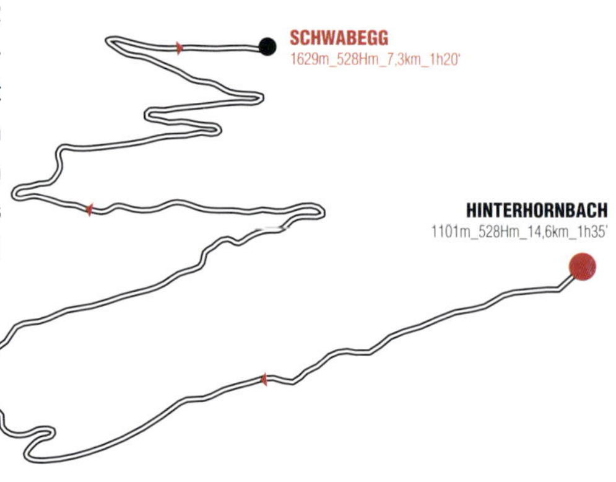

ANFAHRT – *Innsbruck – Hinterhornbach* 113 km: A12 Richtung *Bregenz,* Ausfahrt *Mötz,* weiter auf der Bundesstraße Richtung *Fernpass* und *Reutte,* die Ausfahrt *Reutte-Süd* nehmen und der B198 ins *Lechtal* folgen bis nach *Stanzach,* in *Stanzach* den Wegweisern nach *Hinterhornbach* folgen. **Alternative:** auf der A12 bis *Imst,* über das *Hahntennjoch* ins *Lechtal;* Vorsicht! Wintersperre beachten!

PARKMÖGLICHKEIT – Schotterparkplatz nach der *Pfarrkirche Liebe Frau vom Guten Rat* auf der linken Seitenstraße in *Hinterhornbach*

START – beim *Ghf. Alpenrose,* der Landstraße taleinwärts folgen, nach 1 km kurz vor der Brücke über den *Jochbach* rechts bergauf abbiegen Richtung *Schwabegg*

TOURENBESCHREIBUNG – 7,3 km und **528 Hm** sind von *Hinterhornbach* bis *Schwabegg* auf Asphalt und gut präpariertem Forstweg permanent bergauf zurückzulegen. Der Rückweg ist derselbe. Insgesamt sind **14,6 km** und **528 Hm** ohne nennenswerte Schwierigkeiten zu bewältigen.

KARTEN – ÖK: 1:25000 114 | **F&B: 1:50000** 351

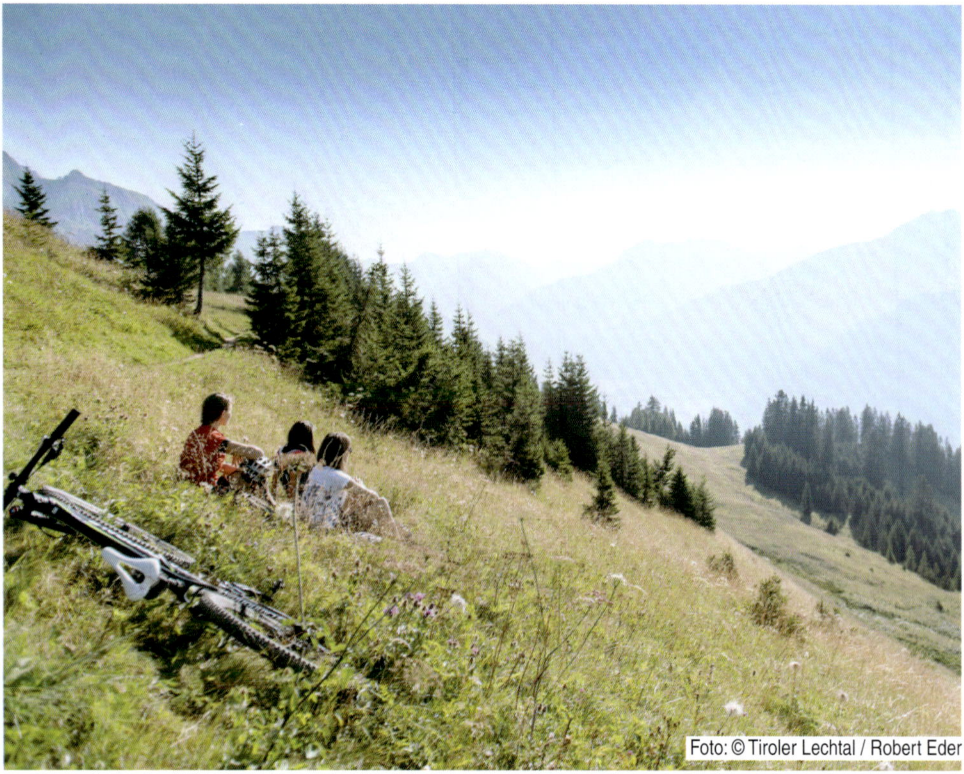

Foto: © Tiroler Lechtal / Robert Eder

080 HAHNTENNJOCH

ANFAHRT – *Innsbruck* – *Elmen* 110 km: A12 Richtung *Bregenz,* Ausfahrt *Mötz,* weiter auf der Bundesstraße Richtung *Fernpass* und *Reutte,* die Ausfahrt *Reutte-Süd nehmen* und der B198 ins *Lechtal* folgen bis nach *Elmen*

PARKMÖGLICHKEIT – beim *Café Treibholz* am westlichen Ortsende von *Elmen*

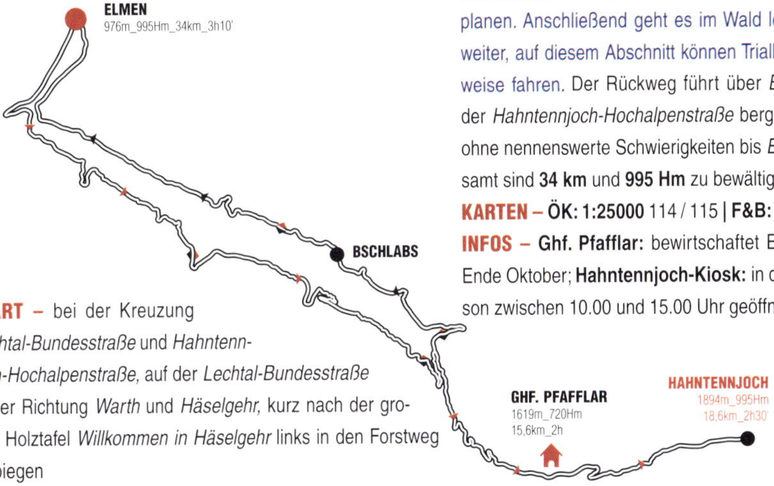

TOURENBESCHREIBUNG – **18,6 km** und **995 Hm** sind von *Elmen* über den *Ghf. Pfafflar* bis zum *Hahntennjoch* auf Asphalt, gut präparierten Forstwegen und Single Track großteils berauf zurückzulegen. Bei Kilometer 5,5 beginnt ein 1100 m langer Single Track, der anfangs unfahrbar ist und sehr steil bergauf führt. Ein zusätzlicher Fußmarsch von 10 Minuten ist einzuplanen. Anschließend geht es im Wald leicht bergab weiter, auf diesem Abschnitt können Trialbiker stellenweise fahren. Der Rückweg führt über *Bschlabs* auf der *Hahntennjoch-Hochalpenstraße* bergab und flach ohne nennenswerte Schwierigkeiten bis *Elmen.* Insgesamt sind **34 km** und **995 Hm** zu bewältigen.

KARTEN – **ÖK: 1:25000** 114 / 115 | **F&B: 1:50000** 351

INFOS – **Ghf. Pfafflar:** bewirtschaftet Ende Mai bis Ende Oktober; **Hahntennjoch-Kiosk:** in der Hauptsaison zwischen 10.00 und 15.00 Uhr geöffnet

5

34 km

03:10

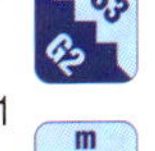

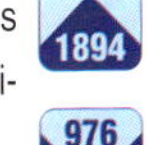

m 1894

976 m

ELMEN
976m_995Hm_34km_3h10'

BSCHLABS

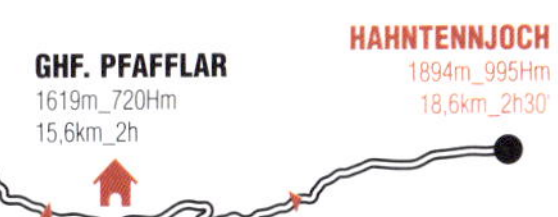

HAHNTENNJOCH
1894m_995Hm
18,6km_2h30'

START – bei der Kreuzung *Lechtal-Bundesstraße* und *Hahntennjoch-Hochalpenstraße,* auf der *Lechtal-Bundesstraße* weiter Richtung *Warth* und *Häselgehr,* kurz nach der großen Holztafel *Willkommen in Häselgehr* links in den Forstweg einbiegen

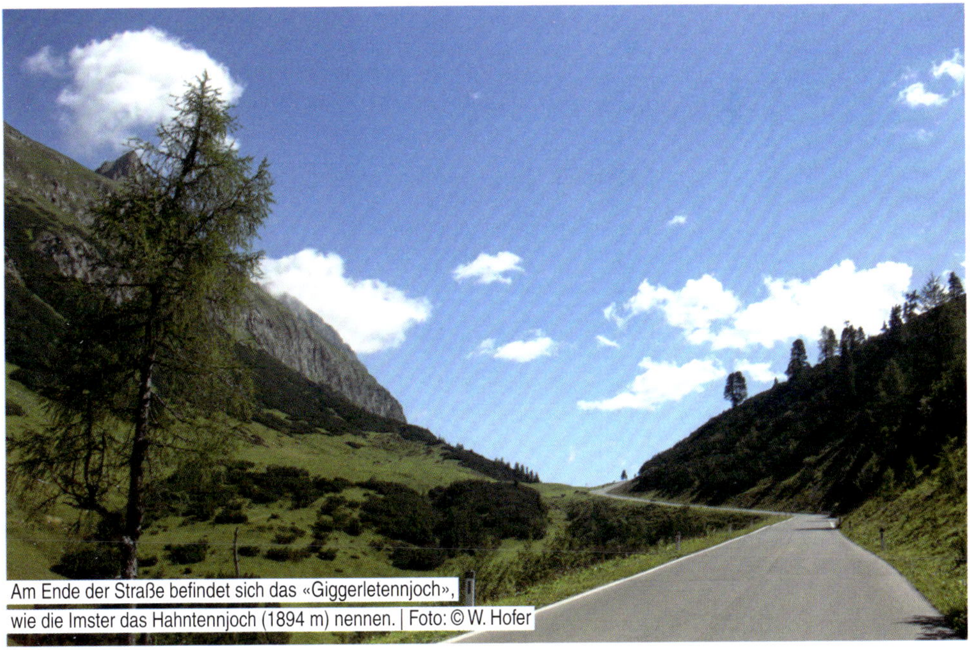

Am Ende der Straße befindet sich das «Giggerletennjoch», wie die Imster das Hahntennjoch (1894 m) nennen. | Foto: © W. Hofer

081 STABLALM

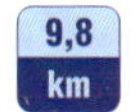

00:45

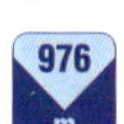

ANFAHRT – *Innsbruck – Elmen* 110 km: A12 Richtung *Bregenz,* Ausfahrt *Mötz,* weiter auf der Bundesstraße Richtung *Fernpass* und *Reutte,* die Ausfahrt *Reutte-Süd* nehmen und der B198 ins *Lechtal* folgen bis nach *Elmen,* bei der der großen Holztafel 'Willkommen in Elmen' links abbiegen, weiter Richtung Zentrum und vorbei an der Pfarrkirche, dem Verlauf der Linkskurve folgen und geradeaus weiter, die Brücke des *Edelbachs* überqueren zum Parkplatz. **Alternative:** auf der A12 bis *Imst,* über das *Hahntennjoch* ins *Lechtal;* Vorsicht! Wintersperre beachten!

PARKMÖGLICHKEIT – Schotterparkplatz beim *Edelbach* in *Elmen*

START – bei der Parkmöglichkeit, dem Forstweg am Ende des Parkplatzes zur *Stablalm* folgen

TOURENBESCHREIBUNG – 4,9 km und **435 Hm** sind von *Elmen* bis zur *Stablalm* auf gut präpariertem Forstweg permanent bergauf zurückzulegen. Der Rückweg ist derselbe. Insgesamt sind **9,8 km** und **435 Hm** ohne nennenswerte Schwierigkeiten zu bewältigen.

KARTEN – ÖK: 1:25000 114 | **F&B: 1:50000** 351

INFOS: Stablalm: im Sommer bewirtschaftete Almhütte

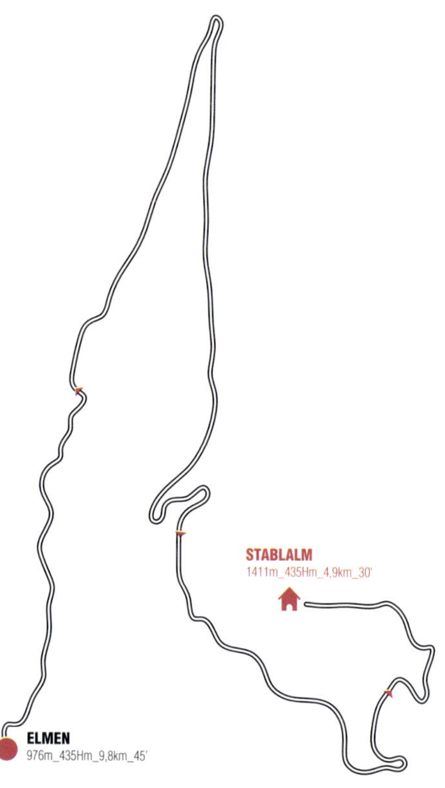

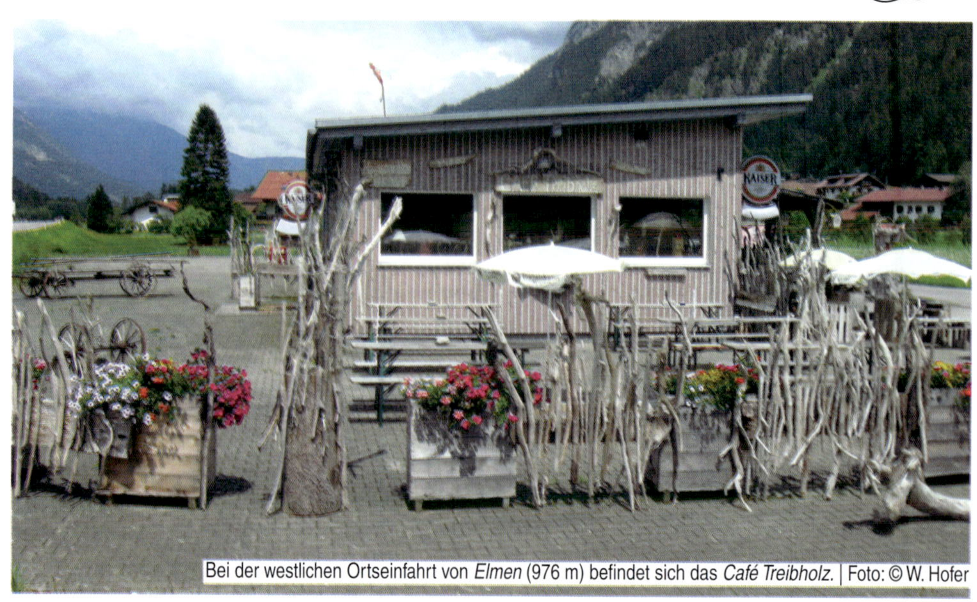

Bei der westlichen Ortseinfahrt von *Elmen* (976 m) befindet sich das *Café Treibholz.* | Foto: © W. Hofer

082 ALPENROSE

ANFAHRT – *Innsbruck – Häselgehr* 115 km: A12 Richtung *Bregenz*, Ausfahrt *Mötz*, weiter auf der Bundesstraße Richtung *Fernpass* und *Reutte*, die Ausfahrt *Reutte-Süd* nehmen und der B198 ins *Lechtal* folgen bis nach *Häselgehr*, in *Häselgehr* links abbiegen nach *Gramais*. **Alternative:** auf der A12 bis *Imst*, über das *Hahntennjoch* ins *Lechtal;* Vorsicht! Wintersperre beachten!

PARKMÖGLICHKEIT – gegenüber vom Freischwimmbad oder am Straßenrand beim Sägewerk in *Häselgehr*

START – gegenüber vom Sägewerk, der Straße am Schwimmbad entlang und am Sägewerk vorbei, anschließend der Straße bergauf nach *Gramais* folgen

TOURENBESCHREIBUNG – **8,1 km** und **242 Hm** sind von *Häselgehr* bis zum *Ghf. Alpenrose* auf Asphalt bergauf und flach zurückzulegen. Der Rückweg ist derselbe. Insgesamt sind **16,2 km** und **242 Hm** ohne nennenswerte Schwierigkeiten zu bewältigen.

KARTEN – **ÖK: 1:25000** 114 | **F&B: 1:50000** 351

INFOS – **Ghf. Alpenrose:** ganzjährig bewirtschafteter Ghf.

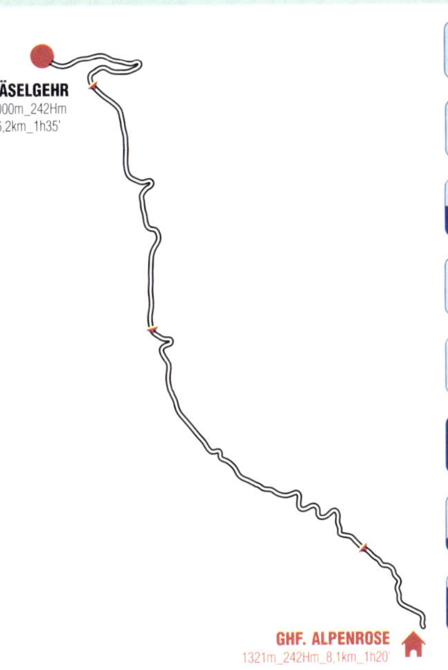

2

16,2 km

01:35

242 Hm

S1 G1

m 1321

1000 m

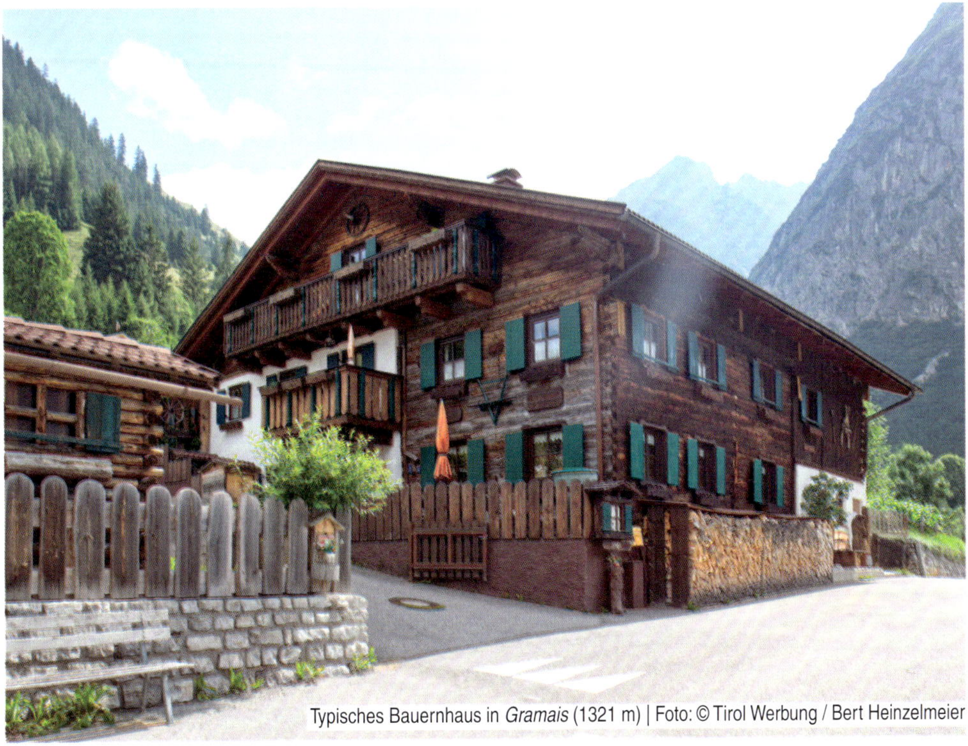

Typisches Bauernhaus in *Gramais* (1321 m) | Foto: © Tirol Werbung / Bert Heinzelmeier

083 LICHTSPITZE

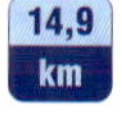

01:40

m
1860

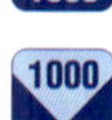

ANFAHRT – *Innsbruck – Häselgehr* 115 km: A12 Richtung *Bregenz*, Ausfahrt *Mötz*, weiter auf der Bundesstraße Richtung *Fernpass* und *Reutte*, die Ausfahrt *Reutte-Süd* nehmen und der B198 ins *Lechtal* folgen bis nach *Häselgehr*, in *Häselgehr* links abbiegen Richtung *Gramais*. **Alternative:** auf der A12 bis *Imst*, über das *Hahntennjoch* ins *Lechtal;* Vorsicht! Wintersperre beachten!

PARKMÖGLICHKEIT – gegenüber vom Freischwimmbad oder am Straßenrand beim Sägewerk in *Häselgehr*

START – gegenüber vom Sägewerk, der Straße am Schwimmbad entlang und am Sägewerk vorbei, anschließend der Straße bergauf nach *Gramais* folgen und 150 m nach der Rechtskehre links abbiegen

TOURENBESCHREIBUNG – 7,5 km und **860 Hm** sind von *Häselgehr* bis zum *Dach der Tour* auf Asphalt und gut präpariertem Forstweg bergauf und flach zurückzulegen. Der Rückweg ist derselbe. Insgesamt sind **14,9 km** und **860 Hm** ohne nennenswerte Schwierigkeiten zu bewältigen.

KARTEN – ÖK: 1:25000 114 | **F&B: 1:50000** 351

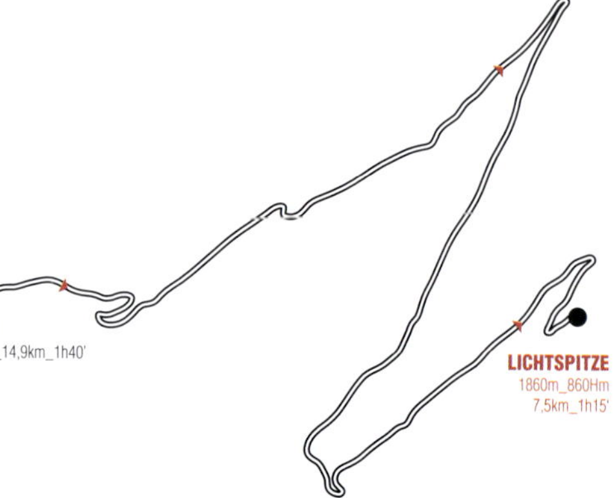

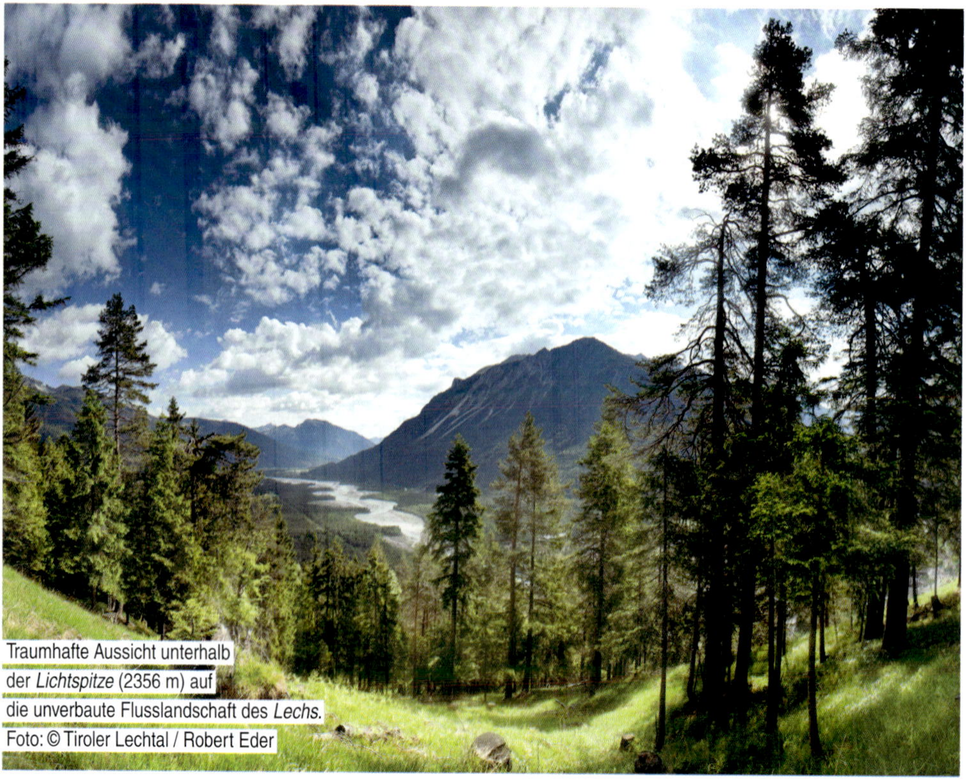

Traumhafte Aussicht unterhalb der *Lichtspitze* (2356 m) auf die unverbaute Flusslandschaft des *Lechs*.
Foto: © Tiroler Lechtal / Robert Eder

084 KASERMANDL

ANFAHRT – *Innsbruck – Elbigenalp* 120 km: A12 Richtung *Bregenz,* Ausfahrt *Mötz,* weiter auf der Bundesstraße Richtung *Fernpass* und *Reutte,* die Ausfahrt *Reutte-Süd* nehmen und der B198 ins *Lechtal* folgen bis nach *Elbigenalp,* in *Elbigenalp* rechts auf den *Parkplatz Geierwally* abbiegen. **Alternative:** auf der A12 bis *Imst,* über das *Hahntennjoch* ins *Lechtal;* Vorsicht! Wintersperre beachten!

PARKMÖGLICHKEIT – Schotterparkplatz auf der rechten Straßenseite nach der *Sparkasse* in *Elbigenalp*

START – beim *Haus Lotte* direkt neben der Bundesstraße, an der Schnitzschule *Geisler-Moroder* und den *Geierwally Freilichtspielen* vorbei, dem Verlauf der Straße und der Beschilderung zur *Berghütte Kasermandl* folgen

TOURENBESCHREIBUNG – 5,4 km und **574 Hm** sind von *Elbigenalp* über *Kasermandl* bis *Gsäss* auf Asphalt und gut präpariertem Forstweg permanent bergauf zurückzulegen. Der Rückweg ist derselbe. Insgesamt sind **10,8 km** und **574 Hm** ohne nennenswerte Schwierigkeiten zu bewältigen.

KARTEN – ÖK: 1:25000 114 | **F&B: 1:50000** 351

INFOS – Kasermandl: im Sommer bewirtschaftete Almhütte; **Gsäss:** unbewirtschaftete Almhütten

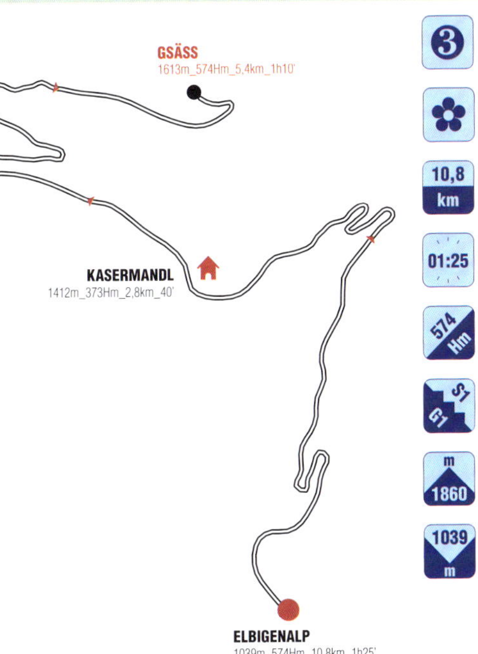

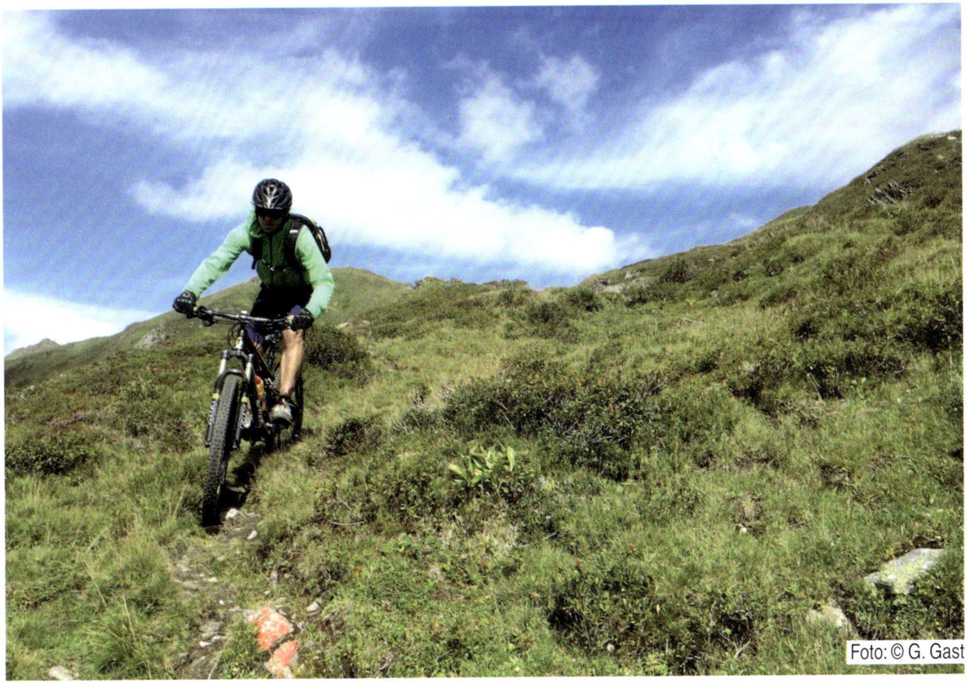

3
10,8 km
01:25
574 Hm
S1 G1
m 1860
1039 m

Foto: © G. Gast

085 BERNHARDSECK

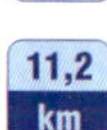

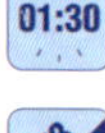

ANFAHRT – *Innsbruck – Elbigenalp* 120 km: A12 Richtung *Bregenz,* Ausfahrt *Mötz,* weiter auf der Bundesstraße Richtung *Fernpass* und *Reutte,* die Ausfahrt *Reutte-Süd* nehmen und der B198 ins *Lechtal* folgen bis nach *Elbigenalp,* in *Elbigenalp* rechts auf den *Geierwally Parkplatz* abbiegen. **Alternative:** auf der A12 bis *Imst,* über das *Hahntennjoch* ins *Lechtal;* Vorsicht! Wintersperre beachten!

PARKMÖGLICHKEIT – Schotterparkplatz auf der rechten Straßenseite nach der *Sparkasse* in *Elbigenalp*

START – beim *Sporthotel Alpenrose* direkt neben der Bundesstraße, die Brücke überqueren und am linken Ufer des *Bernhardsbachs* entlang Richtung *Gibler Alm*

TOURENBESCHREIBUNG – 5,6 km und **773 Hm** sind von *Elbigenalp* über die *Gibler Alm* bis zum *Ghf. Bernhardseck* auf Asphalt und gut präpariertem Forstweg permanent bergauf zurückzulegen. Die letzten 250 Hm vor dem *Ghf. Bernhardseck* führen extrem steil bergauf und sind abschnittsweise nicht fahrbar. Ein zusätzlicher Fußmarsch von 15 Minuten ist einzuplanen. Der Rückweg ist derselbe. Insgesamt sind **11,2 km** und **773 Hm** zu bewältigen.

Tourverbindungen: 091 *Jöchelspitz*

KARTEN – ÖK: 1:25000 114 | **F&B: 1:50000** 351

INFOS – Gibler Alm: im Sommer bewirtschaftete Almhütte; **Bernhardseck:** im Sommer bewirtschafteter Bergghf.

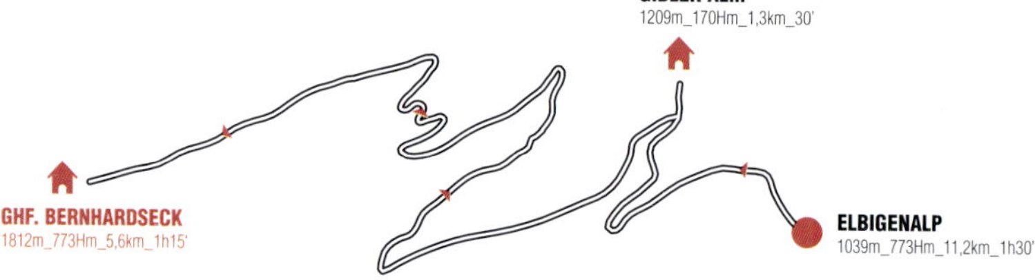

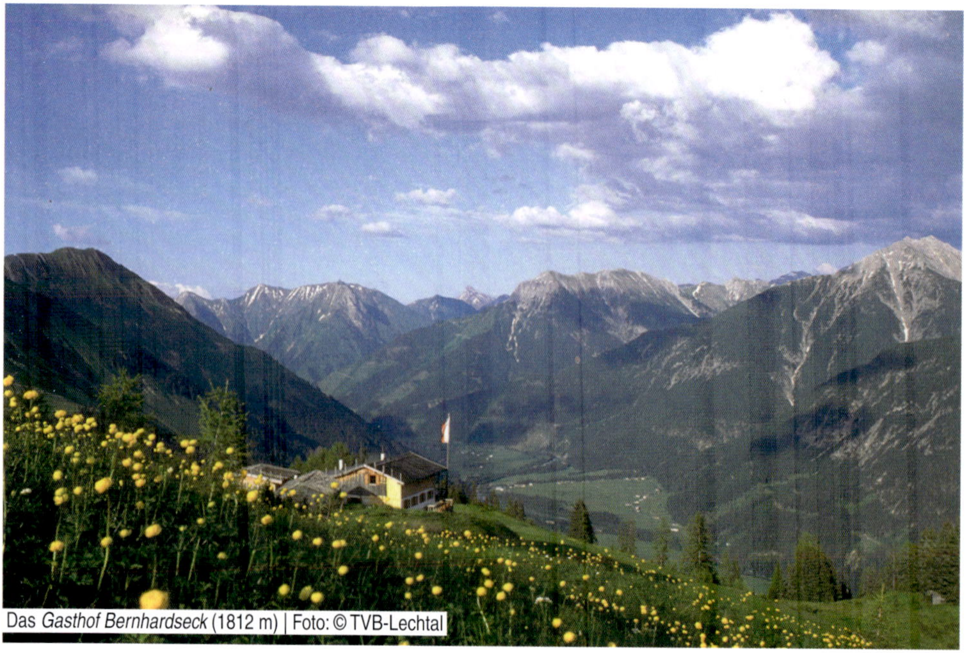

Das *Gasthof Bernhardseck* (1812 m) | Foto: © TVB-Lechtal

086 BAUMGARTALM

2

16,4 km

01:50

595 Hm

S1 G1

m 1661

1066 m

ANFAHRT – *Innsbruck – Bach* 124 km: A12 Richtung *Bregenz,* Ausfahrt *Mötz,* weiter auf der Bundesstraße Richtung *Fernpass* und *Reutte,* die Ausfahrt *Reutte-Süd* nehmen und der B198 ins *Lechtal* folgen bis nach *Bach,* nach dem Ortsschild *Bach* über die Brücke und rechts abbiegen. **Alternative:** auf der A12 bis *Imst,* über das *Hahntennjoch* ins *Lechtal;* Vorsicht! Wintersperre beachten!

PARKMÖGLICHKEIT – Parkplatz zu Beginn der Ortschaft *Bach*

START – bei der Parkmöglichkeit, beim Gemeindezentrum vorbei und anschließend links abbiegen, am rechten Ufer des *Alperschonbachs* entlang ins *Madautal,* jetzt immer geradeaus weiter den Beschilderungen zur *Baumgartalm* folgen

TOURENBESCHREIBUNG – **8,2 km** und **595 Hm** sind von *Bach* über die *Grießlalm* bis zur *Baumgartalm* auf Asphalt, gut präpariertem Forstweg und Karrenweg permanent bergauf zurückzulegen. Der Rückweg ist derselbe. Insgesamt sind **16,4 km** und **595 Hm** ohne nennenswerte Schwierigkeiten zu bewältigen. **11,4 km** und **461 Hm** sind von *Bach* über den *Ghf. Hermine* bis zum Parkplatz bei der *Materialseilbahn zur Memminger Hütte* auf Asphalt, Karrenweg und gut präpariertem Forstweg abwechselnd bergauf und bergab zurückzulegen. Insgesamt sind **22,8 km** und **534 Hm** ohne nennenswerte Schwierigkeiten zu bewältigen.

KARTEN – **ÖK: 1:25000** 114 / 144| **F&B: 1:50000** 351

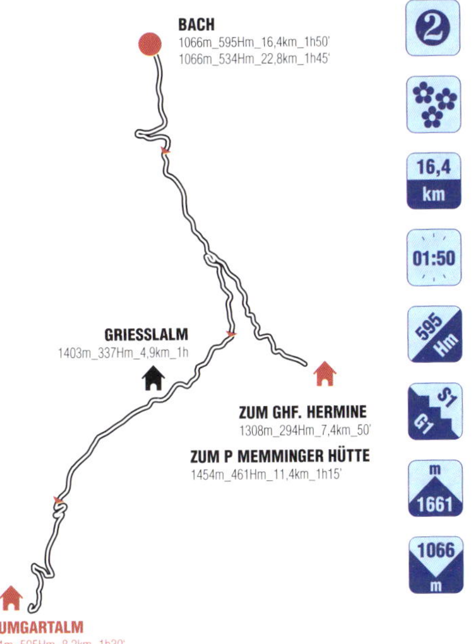

INFOS – **Grießlalm:** unbewirtschaftete Almhütte; **Baumgartalm:** Mitte Juni bis Mitte Oktober bewirtschaftete Almhütte; **Bergghf. Hermine:** ganzjährig bewirtschaftetes Gasthaus; **Parkplatz - Memminger Hütte:** im Sommer Getränkeausschank

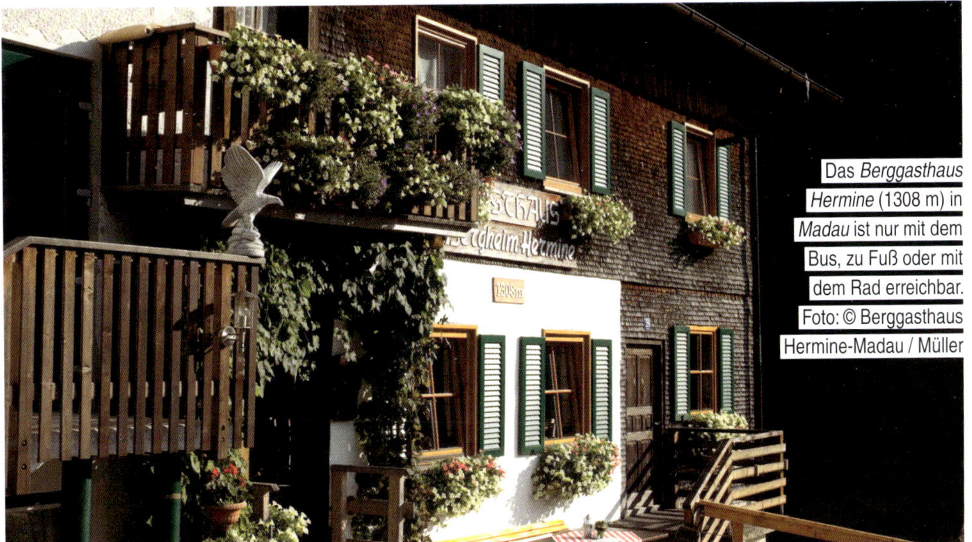

Das *Berggasthaus Hermine* (1308 m) in *Madau* ist nur mit dem Bus, zu Fuß oder mit dem Rad erreichbar. Foto: © Berggasthaus Hermine-Madau / Müller

087 GRIESSBACHALM

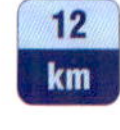

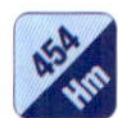

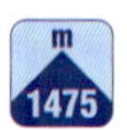

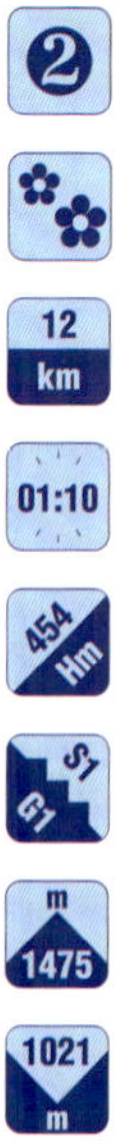

ANFAHRT – *Innsbruck – Grießau* 117 km: A12 Richtung *Bregenz,* Ausfahrt *Mötz,* weiter auf der Bundesstraße Richtung *Fernpass* und *Reutte,* die Ausfahrt *Reutte-Süd* nehmen und der B198 ins *Lechtal* folgen bis nach *Grießau.* **Alternative:** auf der A12 bis *Imst,* über das *Hahntennjoch* ins *Lechtal;* Vorsicht! Wintersperre beachten!

PARKMÖGLICHKEIT – bei der Brücke über den *Grießbach* am linken Ufer zu Beginn der Ortschaft *Grießau*

START – beim Haus mit der Nummer 6, am linken Ufer des *Grießbachs* entlang, nach der Ortsdurchfahrt an der *Pestkapelle* vorbei bis zum *Grießbach,* unmittelbar nach dem Überqueren der Brücke geradeaus weiter und der Beschilderung zur *Grießbachalm* folgen

TOURENBESCHREIBUNG – 6 km und **454 Hm** sind von *Grießau* bis zur *Grießbachalm* auf Asphalt und gut präpariertem Forstweg permanent bergauf zurückzulegen. Der Rückweg ist derselbe. Insgesamt sind **12 km** und **454 Hm** ohne nennenswerte Schwierigkeiten zu bewältigen.

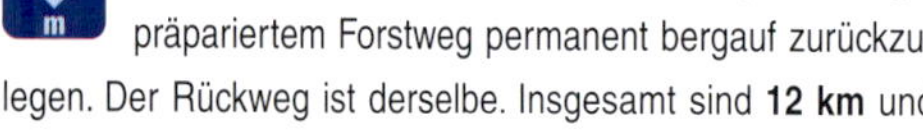

KARTEN – ÖK: 1:25000 114 | **F&B: 1:50000** 351

INFOS – Grießbachalm: im Sommer bewirtschaftete Almhütte

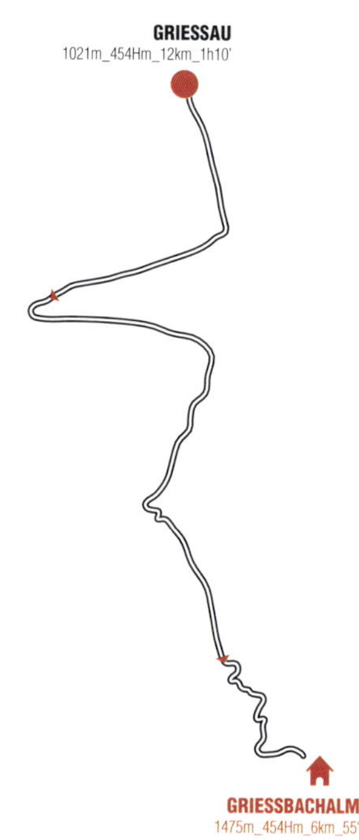

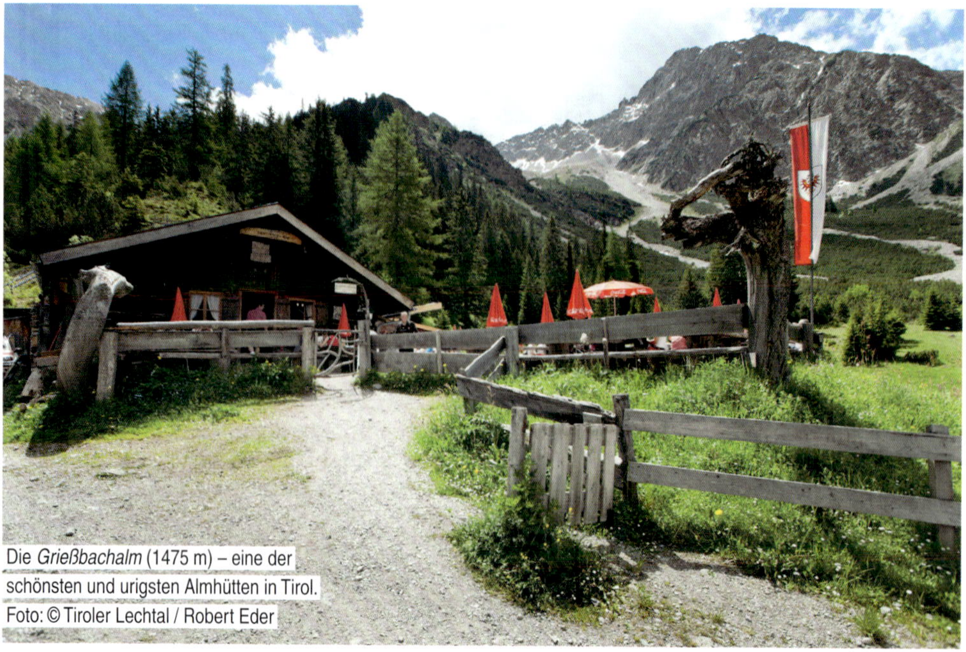

Die *Grießbachalm* (1475 m) – eine der schönsten und urigsten Almhütten in Tirol. Foto: © Tiroler Lechtal / Robert Eder

088 ROSSGUMPENALM

ANFAHRT – *Innsbruck – Holzgau* 129 km: A12 Richtung *Bregenz,* Ausfahrt *Mötz,* weiter auf der Bundesstraße Richtung *Fernpass* und *Reutte,* die Ausfahrt *Reutte-Süd* nehmen und der B198 ins *Lechtal* folgen bis nach *Holzgau.* **Alternative:** auf der A12 bis *Imst,* über das *Hahntennjoch* ins *Lechtal;* Vorsicht! Wintersperre beachten!

PARKMÖGLICHKEIT – Parkplatz P1 in der Nähe vom *Hotel Neue Post* im Zentrum von *Holzgau*

START – beim *Hotel Post,* beim *Gasthof Bären* rechts abbiegen und am Bach entlang, anschließend der Beschilderung zum *Café Uta* folgen

TOURENBESCHREIBUNG – 4,4 km und **215 Hm** sind von *Holzgau* über das *Café Uta* bis zur *Rossgumpenalm* auf Asphalt und gut präpariertem Forstweg großteils bergauf zurückzulegen. Von der *Rossgumpenalm* führt die Forststraße noch **2,3 km** und **249 Hm** weiter bergauf bis zum Wegende beim *Wasserfall.* Der Rückweg ist derselbe. Insgesamt sind **13,4 km** und **464 Hm** ohne nennenswerte Schwierigkeiten zu bewältigen.

KARTEN – ÖK: 1:25000 113 / 114 | **F&B: 1:50000** 351

INFOS – Café Uta: im Sommer bewirtschaftete Almhütte; **Rossgumpenalm:** Mitte Mai bis Mitte Oktober bewirtschaftete Almhütte

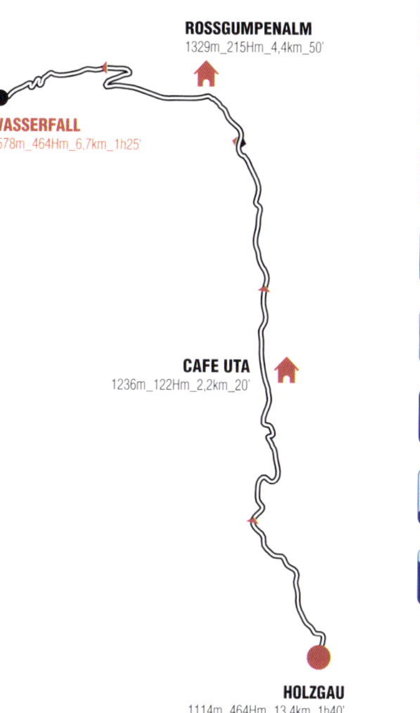

3
13,4 km
01:40
464 Hm
S1 G1
m 1578
1114 m

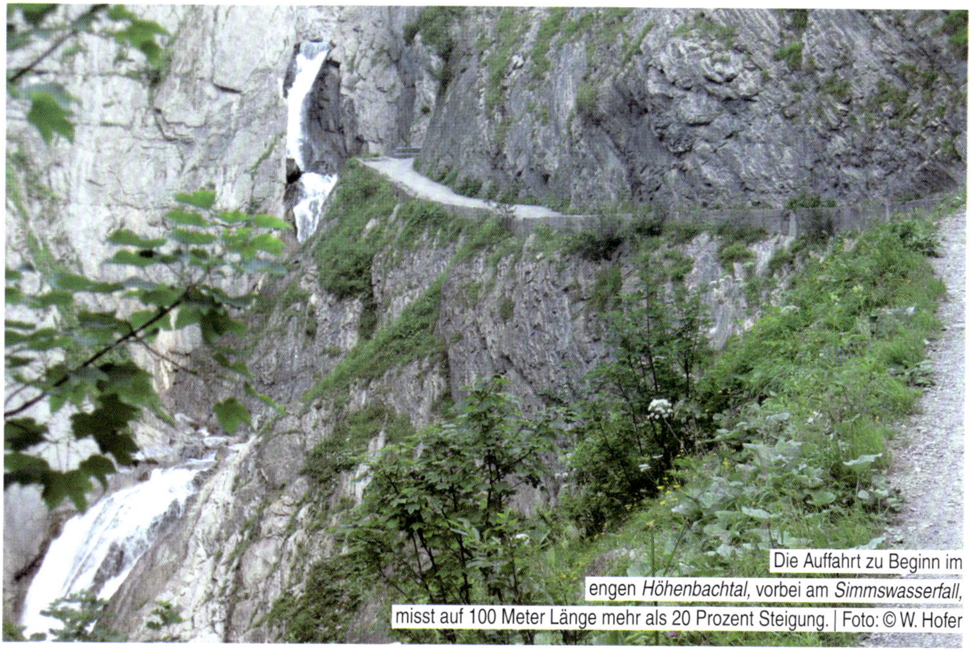

Die Auffahrt zu Beginn im engen *Höhenbachtal,* vorbei am *Simmswasserfall,* misst auf 100 Meter Länge mehr als 20 Prozent Steigung. | Foto: © W. Hofer

089 SULZLALM

ANFAHRT – *Innsbruck – Holzgau* 129 km: A12 Richtung *Bregenz,* Ausfahrt *Mötz,* weiter auf der Bundesstraße Richtung *Fernpass* und *Reutte,* die Ausfahrt *Reutte-Süd* nehmen und der B198 ins *Lechtal* folgen bis nach *Holzgau.* **Alternative:** auf der A12 bis *Imst,* über das *Hahntennjoch* ins *Lechtal;* Vorsicht! Wintersperre beachten!

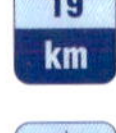

PARKMÖGLICHKEIT – Parkplatz P1 in der Nähe vom *Hotel Neue Post* im Zentrum von *Holzgau*

START – beim *Hotel Post,* nach der Brücke über den Höhenbach rechts abbiegen, 440 m am linken Ufer des *Höhenbachs* entlang, beim Zusammenfluss mit dem *Lech* links abbiegen nach *Stockach,* nach 1,4 km den *Lech* überqueren und anschließend links abbiegen Richtung *Sulzlalm*

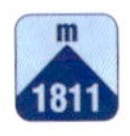

TOURENBESCHREIBUNG – 6,4 km und **341 Hm** sind von *Holzgau* bis zur *Sulzlalm* auf Asphalt, gut präparierten Forstwegen und Single Track zurückzulegen.

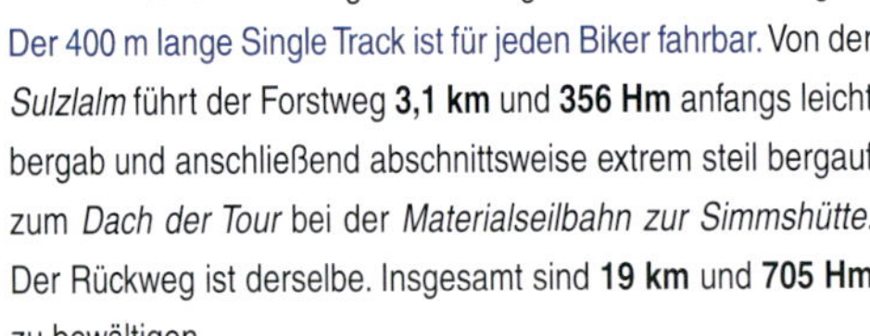

Der 400 m lange Single Track ist für jeden Biker fahrbar. Von der *Sulzlalm* führt der Forstweg **3,1 km** und **356 Hm** anfangs leicht bergab und anschließend abschnittsweise extrem steil bergauf zum *Dach der Tour* bei der *Materialseilbahn zur Simmshütte.* Der Rückweg ist derselbe. Insgesamt sind **19 km** und **705 Hm** zu bewältigen.

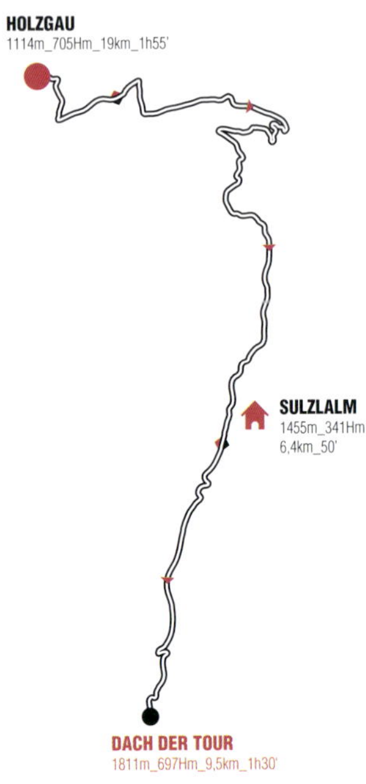

KARTEN – ÖK: 1:25000 114 / 144 | **F&B: 1:50000** 351

INFOS – Sulzlalm: Anfang Mai bis Anfang November bewirtschaftete Almhütte

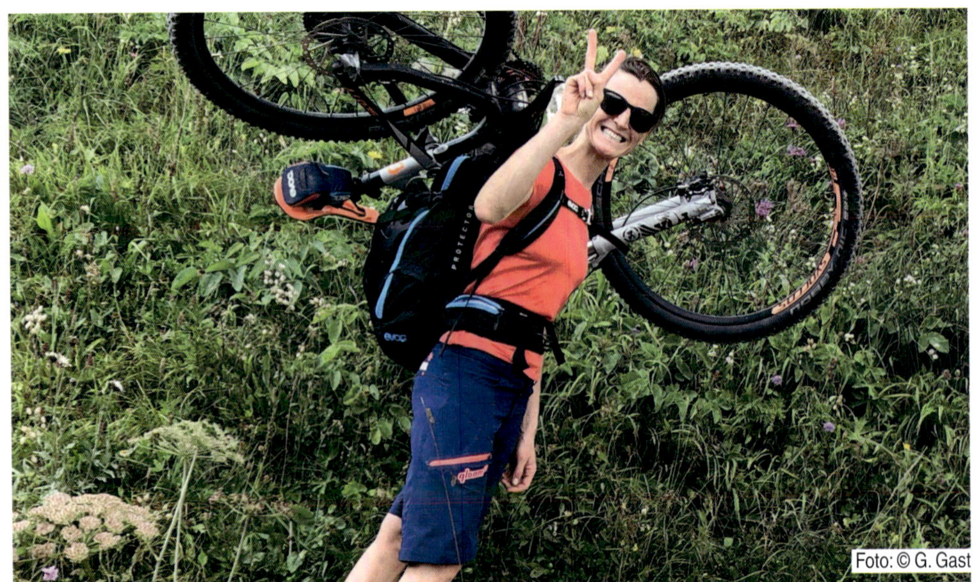

090 HAGER

ANFAHRT – A12 Richtung *Bregenz,* Ausfahrt *Mötz,* weiter auf der Bundesstraße Richtung *Fernpass* und *Reutte,* die Ausfahrt *Reutte-Süd* nehmen und der B198 ins *Lechtal* folgen bis nach *Holzgau.* **Alternative:** auf der A12 bis *Imst,* über das *Hahntennjoch* ins *Lechtal;* Vorsicht! Wintersperre beachten!

PARKMÖGLICHKEIT – Parkplatz P1 in der Nähe vom *Hotel Neue Post* im Zentrum von *Holzgau*

START – beim *Hotel Post,* am *Gasthof Bären* und der *Pfarrkirche Maria Himmelfahrt* rechts vorbei, der Beschilderung zum *Hager* folgen

TOURENBESCHREIBUNG – 13,6 km und **320 Hm** sind auf dieser Rundtour von *Holzgau* über den *Hager* und das *Ghf. Drexl* auf Asphalt, gut präparierten Forstwegen und Single Track zurückzulegen. Der 1 km lange Single Track am Hager ist für jeden Biker leicht zu bewältigen.

KARTEN – ÖK: 1:25000 113 / 114 /143 / 144 | **F&B: 1:50000** 351

HOLZGAU
1114m_320Hm_13,6km_1h15'

GHF. DREXL
1240m_320Hm_6,9km_1h

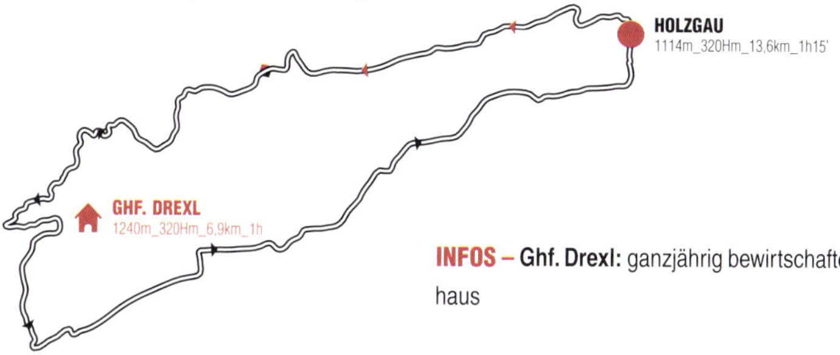

INFOS – Ghf. Drexl: ganzjährig bewirtschaftetes Gasthaus

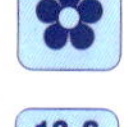
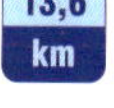

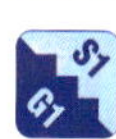

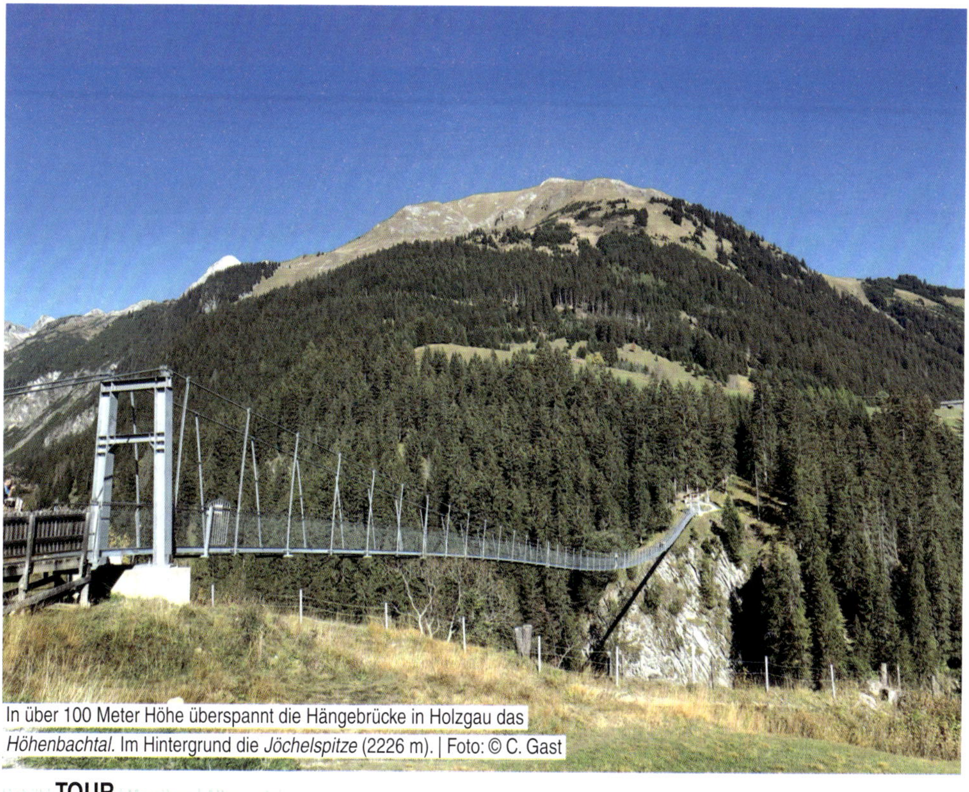

In über 100 Meter Höhe überspannt die Hängebrücke in Holzgau das *Höhenbachtal.* Im Hintergrund die *Jöchelspitze* (2226 m). | Foto: © C. Gast

091 JÖCHELSPITZ

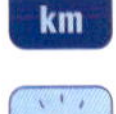

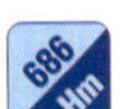

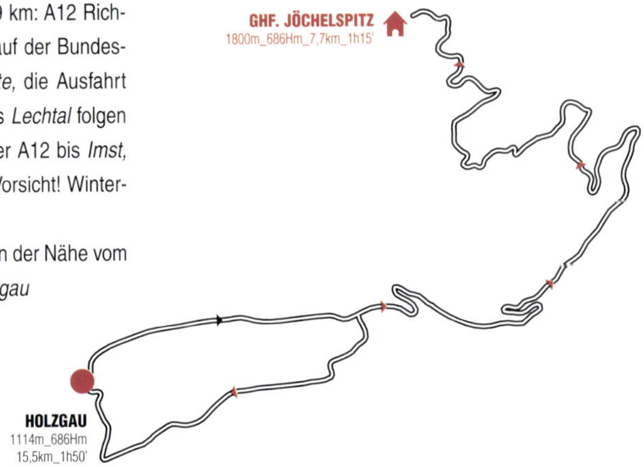

ANFAHRT – *Innsbruck – Holzgau* 129 km: A12 Richtung *Bregenz,* Ausfahrt *Mötz,* weiter auf der Bundesstraße Richtung *Fernpass* und *Reutte,* die Ausfahrt *Reutte-Süd* nehmen und der B198 ins *Lechtal* folgen bis nach *Holzgau.* **Alternative:** auf der A12 bis *Imst,* über das *Hahntennjoch* ins *Lechtal;* Vorsicht! Wintersperre beachten!

PARKMÖGLICHKEIT – Parkplatz P1 in der Nähe vom *Hotel Neue Post* im Zentrum von *Holzgau*

START – beim *Hotel Post,* entlang der Bundesstraße Richtung *Reutte,* nach der Ortschaft *Schönau* bei der Beschilderung *Jöchelspitzbahn* und *Sonnalm* links bergauf in den Forstweg einbiegen

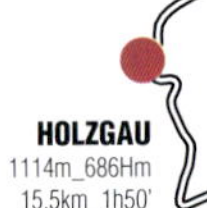

TOURENBESCHREIBUNG – 7,7 km und **686 Hm** sind von *Holzgau* über *Schönau* bis zum *Ghf. Jöchelspitz* auf Asphalt, gut präpariertem Forstweg und Karrenweg zurückzulegen. Die letzten 1100 m führt der Karrenweg abschnittsweise extrem steil bergauf. Der Rückweg ist großteils derselbe. Insgesamt sind **15,5 km** und **686 Hm** zu bewältigen.

Tourverbindungen: 087 *Bernhardseck*

KARTEN – ÖK: 1:25000 114 **| F&B: 1:50000** 351

INFOS – Ghf. Jöchelspitz: ganzjährig bewirtschaftete Schihütte

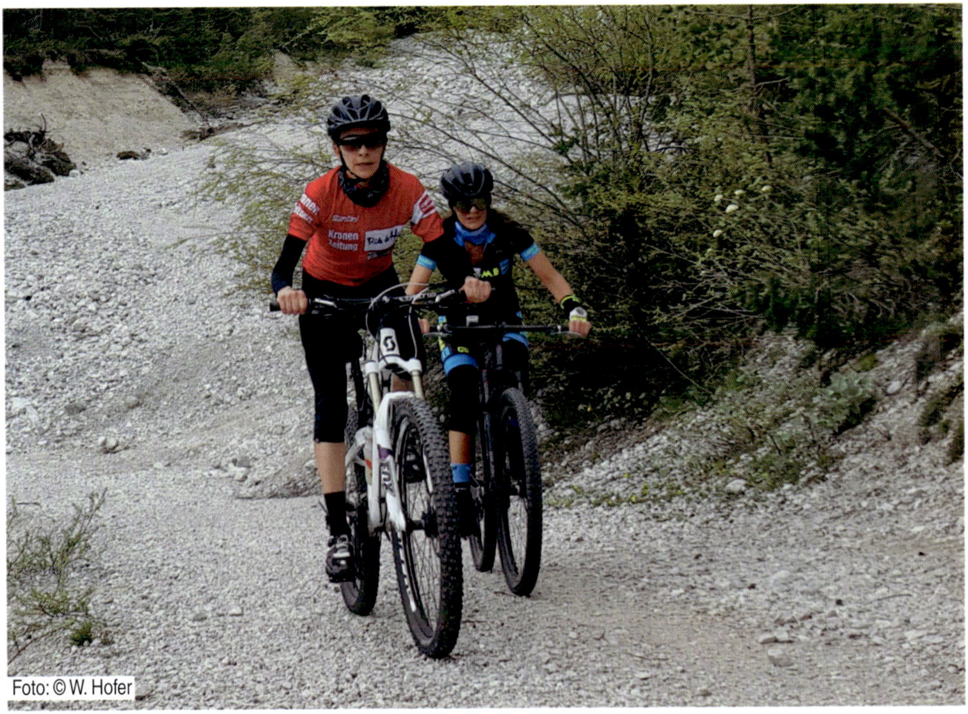

Foto: © W. Hofer

092 ERLACHALM

3

29,2 km

02:15

900 Hm

S1 G1

m 1689

1124 m

ANFAHRT – *Innsbruck – Steeg* 133 km: A12 Richtung *Bregenz,* Ausfahrt *Mötz,* weiter auf der Bundesstraße Richtung *Fernpass* und *Reutte,* die Ausfahrt *Reutte-Süd* nehmen und der B198 ins *Lechtal* folgen bis nach *Steeg.* **Alternative:** auf der A12 bis *Imst,* über das *Hahntennjoch* ins *Lechtal;* Vorsicht! Wintersperre beachten!

PARKMÖGLICHKEIT – Parkplätze zu Beginn der östlichen Ortseinfahrt *Steeg*

START – auf der Brücke über den *Lech* gegenüber vom Lebensmittelgeschäft, der Straße taleinwärts entlang und am *Hotel Post* vorbei, nach 300 m die Brücke über den *Lech* überqueren, anschließend links abbiegen und der Abzweigung nach rechts Richtung *Kaisers* bis zum *Gasthof Alpenhof* folgen, dort rechts abbiegen und der Beschilderung zur *Bodenalm* folgen

TOURENBESCHREIBUNG – 14,6 km und **849 Hm** sind von *Steeg* über den *Ghf. Alpenhof* und die *Bodenalm* bis zur *Erlachalm* auf Asphalt und gut präpariertem Forstweg großteils bergauf zurückzulegen. Der Abschnitt *Ghf. Vallugablick - Bodenalm* verläuft abwechselnd bergauf, bergab und flach. Der Rückweg ist derselbe. Insgesamt sind **29,2 km** und **900 Hm** ohne nennenswerte Schwierigkeiten zu bewältigen.

Variante: Bei Kilometer 8,2 rechts abbiegen zur *Jausenstation Mahdbergalm.* 2,9 km und 310 Hm sind bis zur *Jausenstation Mahdbergalm* auf Forstweg zurückzulegen.

Tourverbindungen: 093 *Kaiseralm,* 074 *Putzenalm*

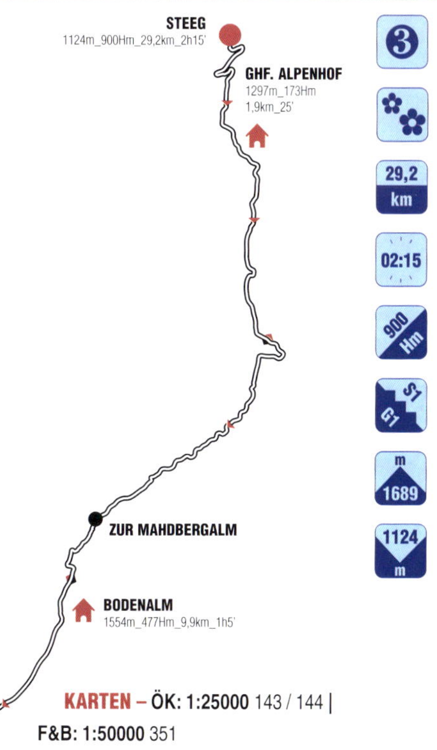

KARTEN – ÖK: 1:25000 143 / 144 | **F&B: 1:50000** 351

INFOS – Ghf. Alpenhof: ganzjährig bewirtschafteter Ghf.; **Bodenalm, Erlachalm:** im Sommer bewirtschaftete Almhütten; **Jausenstation Mahdbergalm:** im Sommer bewirtschaftete Jausenstation

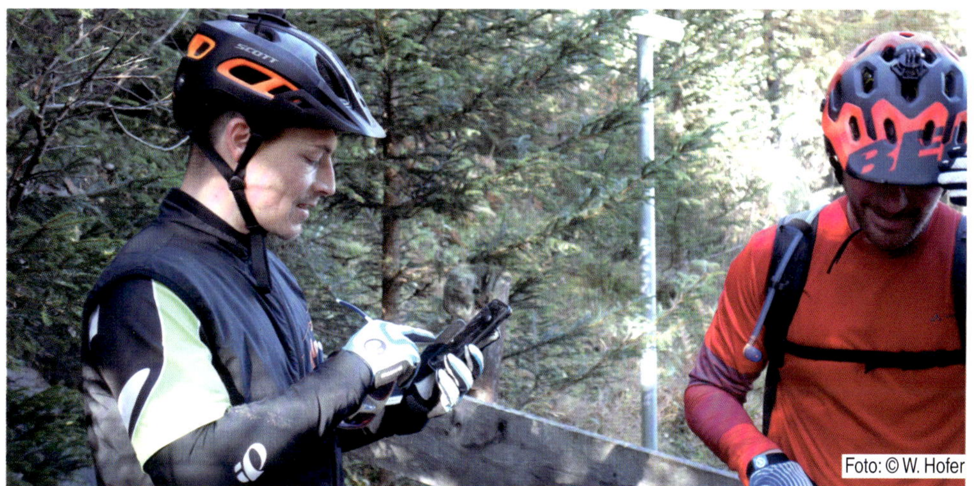

Foto: © W. Hofer

093 KAISERALM

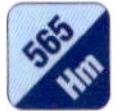
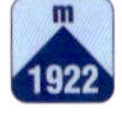

ANFAHRT – *Innsbruck – Steeg* 133 km: A12 Richtung *Bregenz,* Ausfahrt *Mötz,* weiter auf der Bundesstraße Richtung *Fernpass* und *Reutte,* die Ausfahrt *Reutte-Süd* nehmen und der B198 ins *Lechtal* folgen bis nach *Steeg;* **Alternative:** auf der A12 bis *Imst,* über das *Hahntennjoch* ins *Lechtal;* Vorsicht! Wintersperre beachten!

PARKMÖGLICHKEIT – Parkplätze zu Beginn der östlichen Ortseinfahrt *Steeg*

START – auf der Brücke über den *Lech* gegenüber vom Lebensmittelgeschäft, der Straße taleinwärts entlang und am *Hotel Post* vorbei, nach 300 m die Brücke über den *Lech* überqueren, anschließend links abbiegen und der Abzweigung nach rechts Richtung *Kaisers* bis zum *Gasthof Alpenhof* folgen, dort geradeaus weiter der Beschilderung zum *Edelweißhaus* folgen

TOURENBESCHREIBUNG – 8,5 km und **565 Hm** sind von *Steeg* über den *Ghf. Alpenhof* und den *Ghf. Vallugablick* bis zur *Kaiseralm* auf Asphalt und gut präpariertem Forstweg bergauf und flach zurückzulegen. Der Rückweg ist derselbe. Insgesamt sind **17 km** und **565 Hm** ohne nennenswerte Schwierigkeiten zu bewältigen.

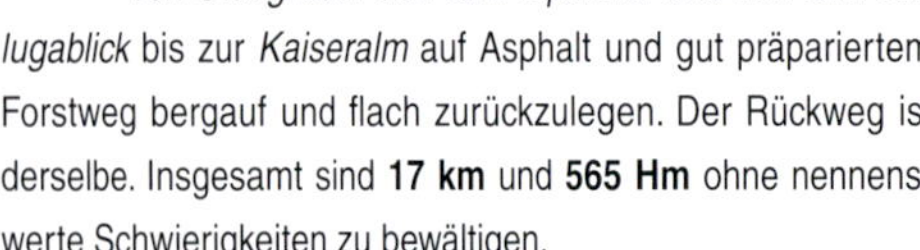

Tourverbindungen: 092 *Erlachalm*

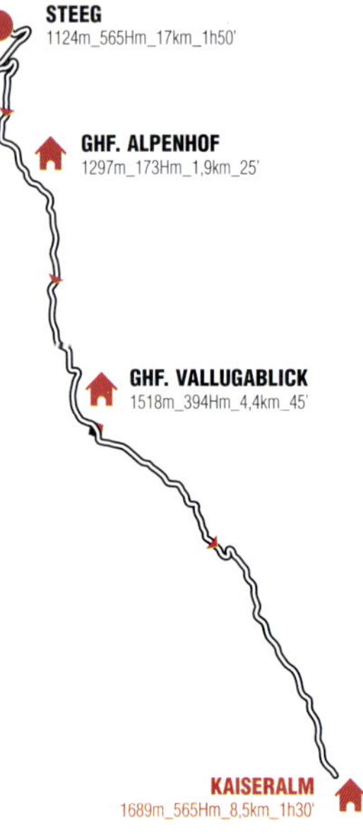

KARTEN – ÖK: 1:25000 143 / 351 | **F&B: 1:50000** 351

INFOS – Ghf. Alpenhof:, Ghf. Vallugablick ganzjährig bewirtschaftete Ghf. **Kaiseralm:** im Sommer bewirtschaftete Almhütte

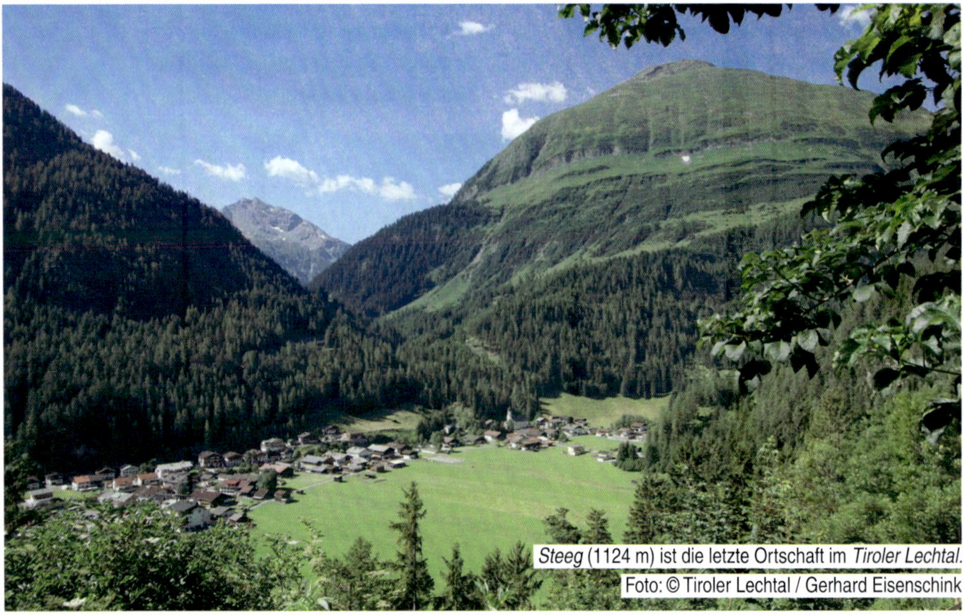

Steeg (1124 m) ist die letzte Ortschaft im *Tiroler Lechtal.*
Foto: © Tiroler Lechtal / Gerhard Eisenschink

094 BOCKBACHER ALM

ANFAHRT – *Innsbruck – Steeg* 133 km: A12 Richtung *Bregenz,* Ausfahrt *Mötz,* weiter auf der Bundesstraße Richtung *Fernpass* und *Reutte,* die Ausfahrt *Reutte-Süd* nehmen und der B198 ins *Lechtal* folgen bis nach *Steeg.* **Alternative:** auf der A12 bis *Imst,* über das *Hahntennjoch* ins *Lechtal;* Vorsicht! Wintersperre beachten!

PARKMÖGLICHKEIT – Parkplätze zu Beginn der östlichen Ortseinfahrt *Steeg*

START – beim Ortstafelschild *Steeg* bei der östlichen Ortseinfahrt, auf der rechten Straßenseite der Lechtal Bundesstraße Richtung *Warth* folgen, nach 600 m bei der Pfarrkirche *Zum Heiligen Oswald* die Brücke über den *Lech* überqueren und rechts abbiegen am Bachufer entlang, anschließend dem Verlauf der Straße folgen bis zur Bundesstraße, dort weiter geradeaus und in *Prenten* links in den Forstweg einbiegen, der dortigen Beschilderung ins *Krabachtal* folgen

TOURENBESCHREIBUNG – 7,8 km und **343 Hm** sind von *Steeg* bis zur *Bockbacher Alm* auf Asphalt und gut präpariertem Forstweg bergauf und flach zurückzulegen. Von der *Bockbacher Alm* führt ein Forstweg 400 m weiter zum *Almstüberl Gams Vroni.* Der Rückweg ist derselbe. Insgesamt sind **16,4 km** und **343 Hm** ohne nennenswerte Schwierigkeiten zu bewältigen.

KARTEN – ÖK: 1:25000 113 / 143 | **F&B: 1:50000** 351

INFOS – Bockbacher Alm, Gams Vroni: Mitte Mai bis Mitte Oktober bewirtschaftete Almhütten

16,4 km

01:20

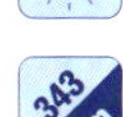

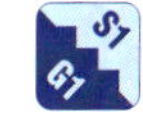

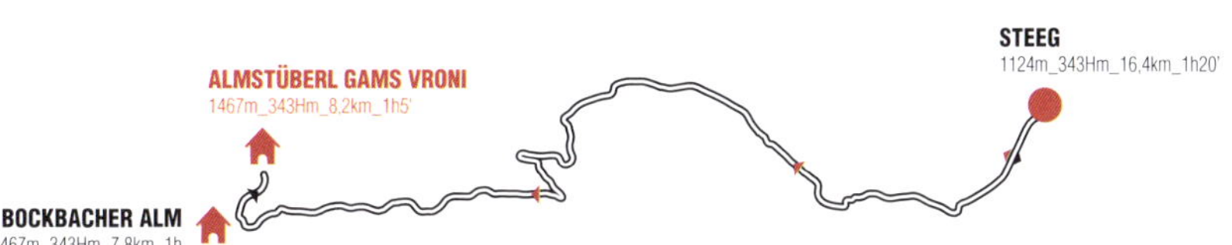

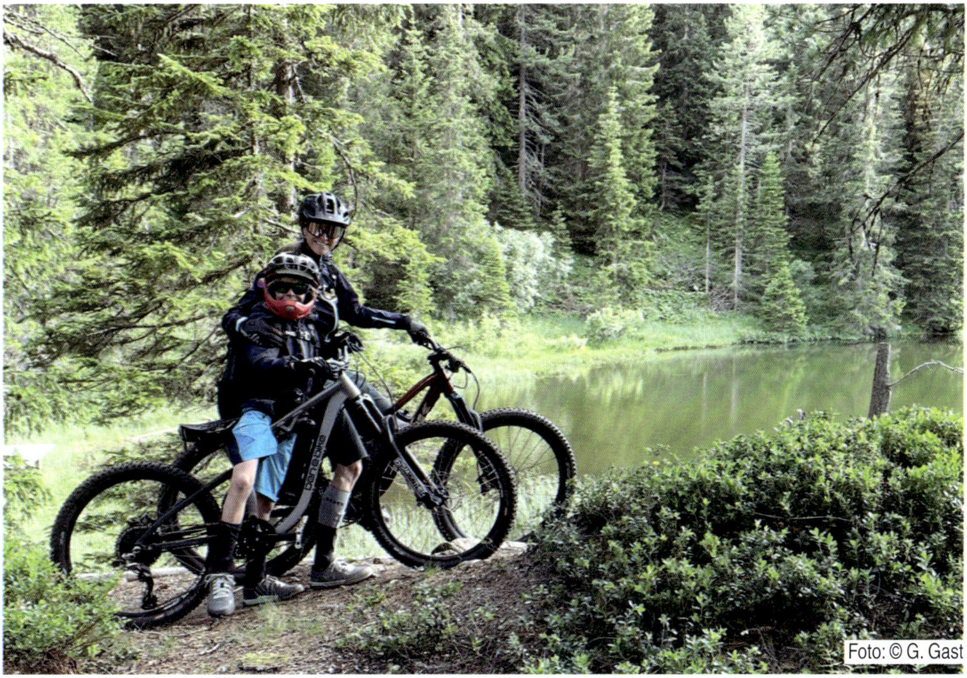

Foto: © G. Gast

095 SCHÖNEGGERHÜTTE

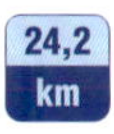

ANFAHRT – *Innsbruck – Steeg* 133 km: A12 Richtung *Bregenz,* Ausfahrt *Mötz,* weiter auf der Bundesstraße Richtung *Fernpass* und *Reutte,* die Ausfahrt *Reutte-Süd* nehmen und der B198 ins *Lechtal* folgen bis nach *Steeg;* **Alternative:** auf der A12 bis *Imst,* über das *Hahntennjoch* ins *Lechtal;* Vorsicht! Wintersperre beachten!

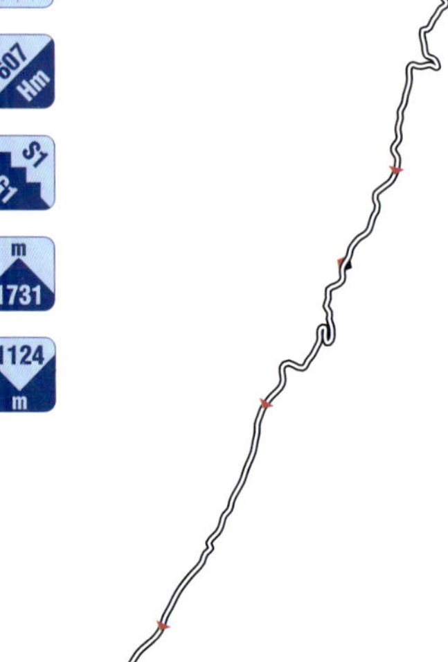

PARKMÖGLICHKEIT – Parkplätze zu Beginn der östlichen Ortseinfahrt *Steeg*

START – beim Ortstafelschild *Steeg* bei der östlichen Ortseinfahrt, der Lechtal Bundesstraße Richtung *Warth* folgen, nach 600 m bei der Pfarrkirche *Zum Heiligen Oswald* die Brücke über den *Lech* überqueren und rechts abbiegen am Bachufer entlang, anschließend dem Verlauf der Straße folgen bis zur Bundesstraße, dort weiter geradeaus und in *Prenten* links in den Forstweg einbiegen, der dortigen Beschilderung ins *Krabachtal* folgen

TOURENBESCHREIBUNG – 12,1 km und **607 Hm** sind von *Steeg* bis zur *Schöneggerhütte* auf Asphalt, gut präparierten Forstwegen und Karrenweg großteils bergauf zurückzulegen. Der Rückweg ist derselbe. Insgesamt sind **24,2 km** und **607 Hm** ohne nennenswerte Schwierigkeiten zu bewältigen.

KARTEN – ÖK: 1:25000 113 / 143 | **F&B: 1:50000** 351

INFOS – Schöneggerhütte: unbewirtschaftete Almhütte

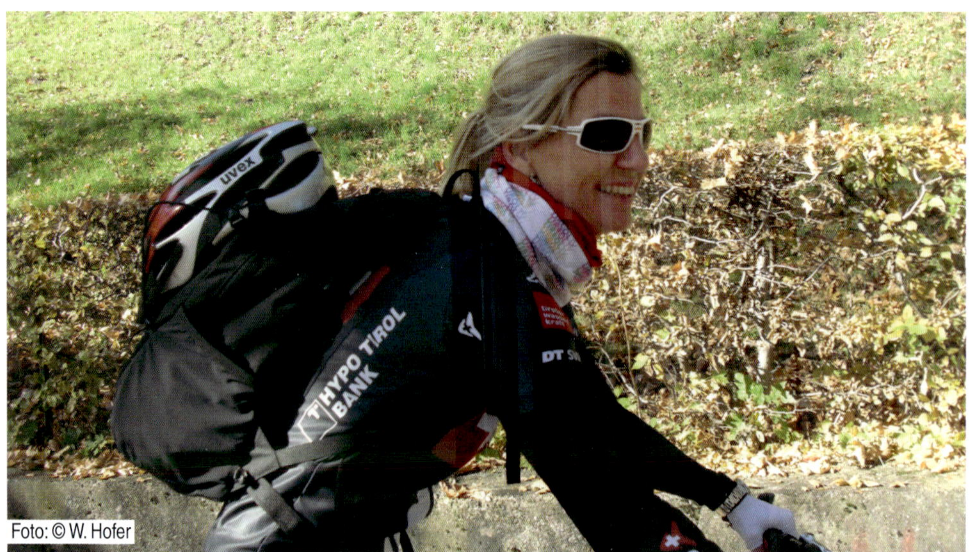

Foto: © W. Hofer

096 RAVENSBURGER HÜTTE

ANFAHRT – *Innsbruck – Warth* 143 km: A12 Richtung *Bregenz,* Ausfahrt *Mötz,* weiter auf der Bundesstraße Richtung *Fernpass* und *Reutte,* die Ausfahrt *Reutte-Süd* nehmen und der B198 ins *Lechtal* folgen bis nach *Warth.* **Alternative:** auf der A12 bis *Imst,* über das *Hahntennjoch* ins *Lechtal;* Vorsicht! Wintersperre beachten!

PARKMÖGLICHKEIT – Parkplätze bei der Talstation der *Schilifte Warth*

START – in *Warth* bei der Talstation *Steffisalp,* der Bundesstraße Richtung *Schröcken* entlang, bei der *Pension Bergheim* links abbiegen und der Beschilderung Richtung *Wolfegg* folgen, anschließend rechts in den Single Track *Alte Straße Hochkrumbach* einbiegen und weiter bis zur Talstation der Bergbahn *Jägeralp*

TOURENBESCHREIBUNG – 35,3 km und **1212 Hm** sind von *Warth* über *Ghf. Jägeralm, Ghf. Adler, Ghf. Körbersee, Batzenalm, Auenfeldalm, Grubenalm, Palmenalm, Spullersalm* und *Ditteshütte* bis zur *Ravensburger Hütte* auf Asphalt, Single Tracks, gut präparierten Forstwegen und Karrenweg abwechselnd bergauf und bergab zurückzulegen. Der 2,2 km lange Single Track von *Warth* bis zum *Ghf. Jägeralm* ist für geübte Biker leicht zu bewältigen. Der 400 m lange Single Track nach dem *Ghf. Adler* ist sehr breit und für jeden Biker leicht fahrbar. Nach der *Grubenalm* führt ein Forstweg großteils extrem steil bergauf zur *Palmenalm* und anschließend sehr steil bergab zur Asphaltstraße. Von dort sind keine nennenswerten Schwierigkeiten bis zur *Ravensburger Hütte* zu erwarten. Der Rückweg führt über die *Innerbrazalm* zum *Stierlochjoch* bergauf, anschließend über die *Stierlochalm* nach *Lech* auf Karrenweg, Forstweg und Asphalt permanent bergab. Der Weg vom Joch zur *Stierlochalm* verläuft auf grobsteinigem Karrenweg teilweise sehr steil bergab. Von *Lech* über die *Bodenalm* zurück nach *Warth* sind auf Asphalt erneut 75 Hm zu bewältigen. Insgesamt sind auf dieser Rundtour **51,8 km** und **1403 Hm** zurückzulegen.

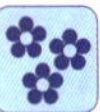

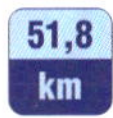

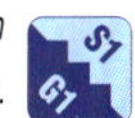

1495
m

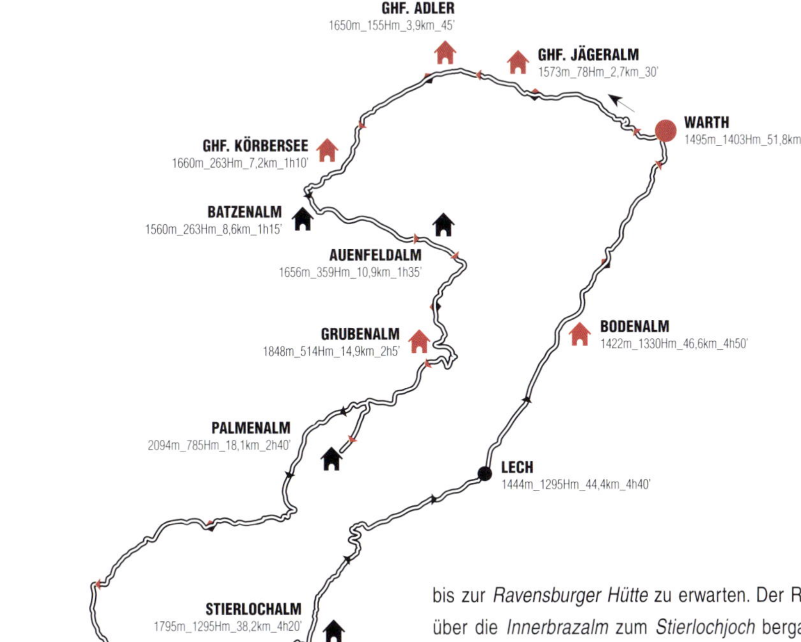

Tourverbindungen: 097 *Stierlochjoch,* 098 *Kriegerhorn,* 099 *Körbersee*

KARTEN – ÖK: 1:25000 113 / 142 / 143 | **F&B: 1:50000** 364 / 372

INFOS – Ghf. Jägeralm, Ghf. Adler, Ghf. Körbersee: ganzjährig bewirtschaftete Ghf.; **Batzenalm, Auenfeldalm, Innerbrazalm, Stierlochalm:** unbewirtschaftete Almhütten; **Grubenalm, Spullersalm, Bodenalm:** im Sommer bewirtschaftete Almhütten; **Palmenalm:** unbewirtschaftete Schihütte; **Ditteshütte:** im Sommer zeitweise bewirtschaftete Almhütte; **Ravensburger Hütte:** Ende Juni bis Ende Oktober bewirtschaftete AV-Hütte

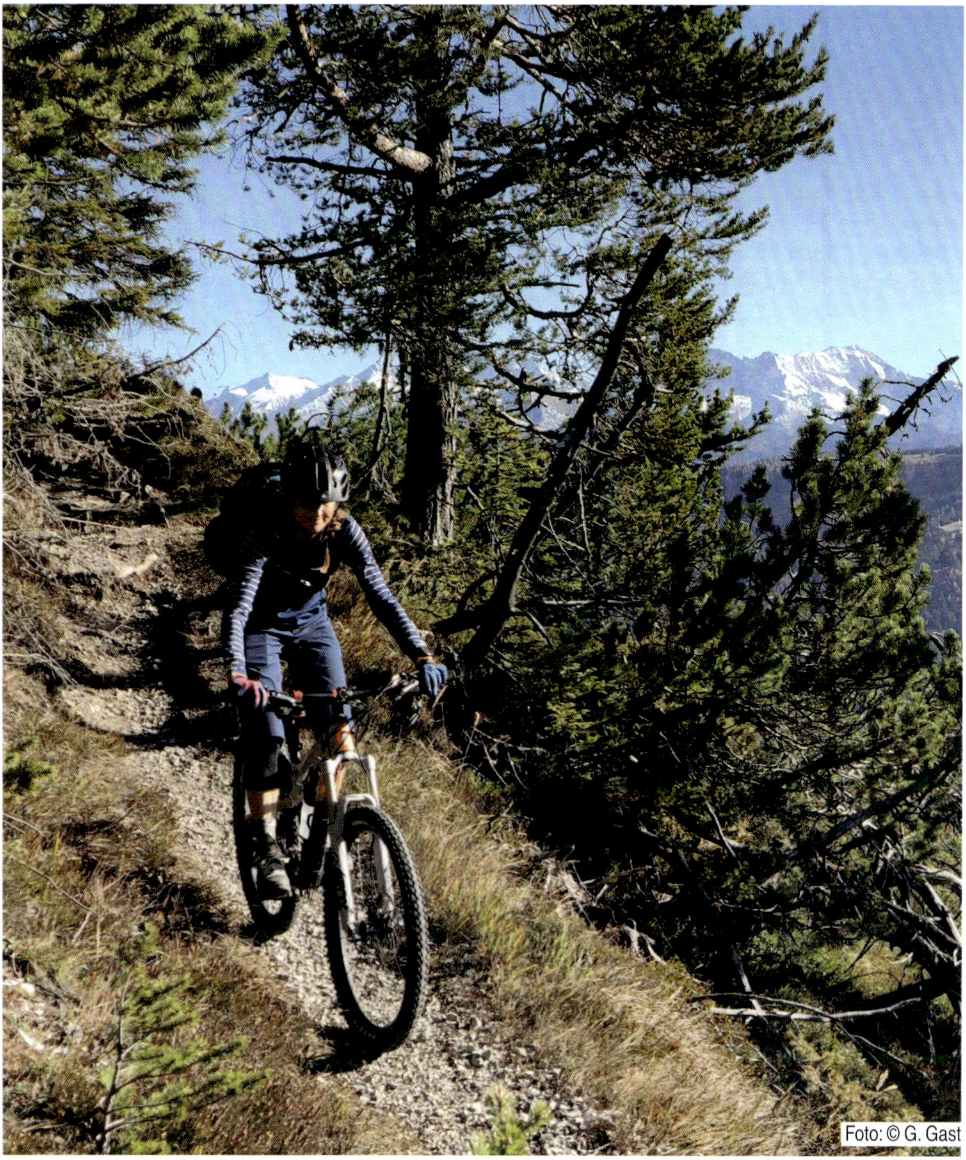

Foto: © G. Gast

097 KÖRBERSEE

ANFAHRT – *Innsbruck – Warth* 143 km: A12 Richtung *Bregenz*, Ausfahrt *Mötz*, weiter auf der Bundesstraße Richtung *Fernpass* und *Reutte*, die Ausfahrt *Reutte-Süd* nehmen und der B198 ins *Lechtal* folgen bis nach *Warth*. **Alternative:** auf der A12 bis *Imst*, über das *Hahntennjoch* ins *Lechtal*; Vorsicht! Wintersperre beachten!

PARKMÖGLICHKEIT – Parkplätze bei der Talstation *der Schilifte Warth*

START – bei der Talstation *Steffisalp*, der Bundesstraße Richtung *Schröcken* entlang, bei der *Pension Bergheim* links abbiegen und der Beschilderung Richtung *Wolfegg* folgen, anschließend rechts in den Single Track *Alte Straße Hochkrumbach* einbiegen und weiter bis zur Talstation der Bergbahn *Jägeralp*

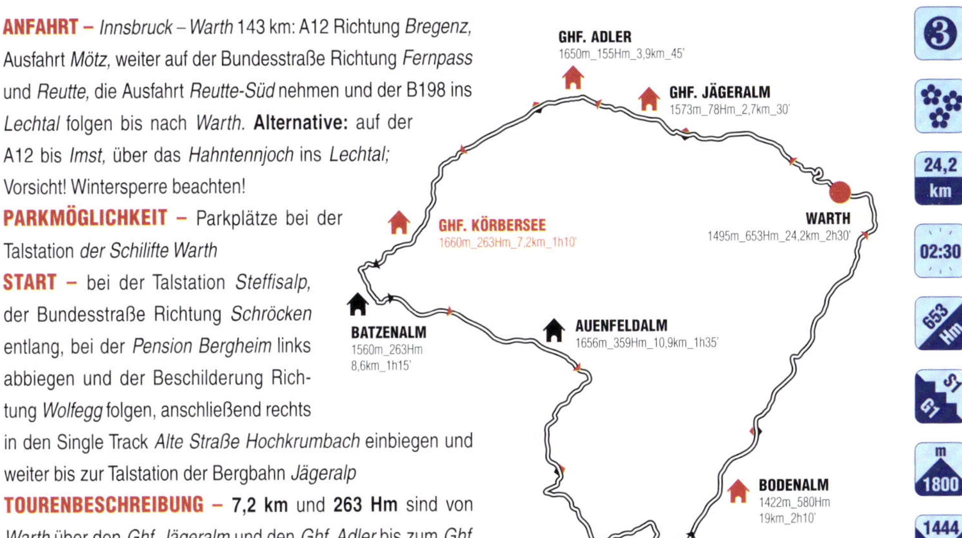

TOURENBESCHREIBUNG – 7,2 km und **263 Hm** sind von *Warth* über den *Ghf. Jägeralm* und den *Ghf. Adler* bis zum *Ghf. Körbersee* auf Asphalt, Single Track und Forstwegen abwechselnd bergauf und bergab zurückzulegen. Der 2,2 km lange Single Track von *Warth* bis zum *Ghf. Jägeralm* ist für geübte Biker leicht zu bewältigen. Der 400 m lange Single Track nach dem *Ghf. Adler* ist sehr breit und für jeden Biker leicht fahrbar. Der Rückweg über die *Batzenalm, Auenfeldalm* und *Bodenalm* führt auf Asphalt und Forstweg abwechselnd bergauf und bergab zurück nach *Warth*. Insgesamt sind auf dieser Rundtour **24,2 km** und **653 Hm** zu bewältigen.

Tourverbindungen: 097 *Stierlochjoch*, 098 *Kriegerhorn*, 096 *Ravensburger Hütte*

KARTEN – ÖK: 1:25000 113 / 143 | **F&B: 1:50000** 364 / 372

INFOS – Ghf. Jägeralm, Ghf. Adler, Ghf. Körbersee: ganzjährig bewirtschaftete Ghf.; **Batzenalm, Auenfeldalm:** unbewirtschaftete Almhütte; **Bodenalm:** im Sommer bewirtschaftete Almhütte

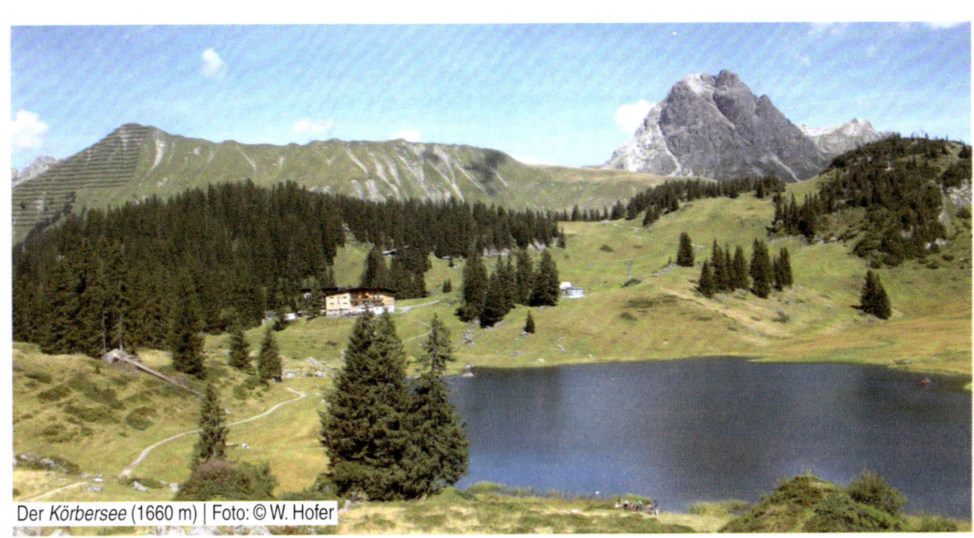

Der *Körbersee* (1660 m) | Foto: © W. Hofer

098 KRIEGERHORN

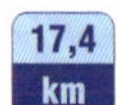

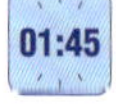

S1 G1

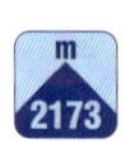

ANFAHRT – *Innsbruck – Lech* 149 km: A12 Richtung *Bregenz,* Ausfahrt *Mötz,* weiter auf der Bundesstraße Richtung *Fernpass* und *Reutte,* die Ausfahrt *Reutte-Süd* nehmen und der B198 ins *Lechtal* folgen bis nach *Lech.* **Alternative:** auf der A12 bis *Imst,* über das *Hahntennjoch* ins *Lechtal;* Vorsicht! Wintersperre beachten!

PARKMÖGLICHKEIT – Parkplätze bei der *Talstation Schlosskopfbahn* in *Lech*

START – in *Lech* nach der ersten Brücke auf der rechten Straßenseite gegenüber von *Rudis Stamperl,* der Bundesstraße entlang Richtung *Warth,* nach 850 m kurz vor dem Ortsendeschild *Lech* links bergauf abbiegen Richtung *Oberlech*

TOURENBESCHREIBUNG – 8,1 km und **650 Hm** sind von *Lech* über die *Grubenalm* bis zur *Palmenalm* unterhalb des *Kriegerhorns* auf Asphalt und gut präpariertem Forstweg zurückzulegen. Nach der *Grubenalm* führt ein Forstweg großteils extrem steil bergauf zur *Palmenalm.* Der Rückweg über den *Ghf. Auerhahn* nach *Lech* führt auf Forstweg und Asphalt abschnittsweise sehr steil bergab. Insgesamt sind **17,4 km** und **650 Hm** zu bewältigen.

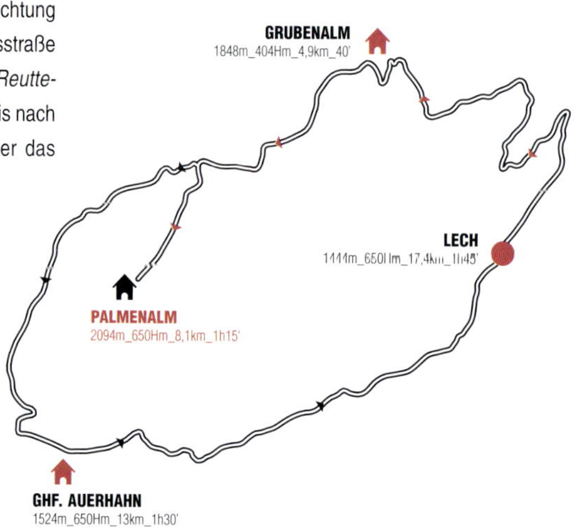

Tourverbindungen: 097 *Stierlochjoch,* 096 *Ravensburger Hütte,* 099 *Körbersee*

KARTEN – ÖK: 1:25000 143 | **F&B: 1:50000** 372

INFOS – Grubenalm: im Sommer bewirtschaftete Almhütte; **Palmenalm:** unbewirtschaftete Schihütte; **Ghf. Auerhahn:** ganzjährig bewirtschafteter Ghf.

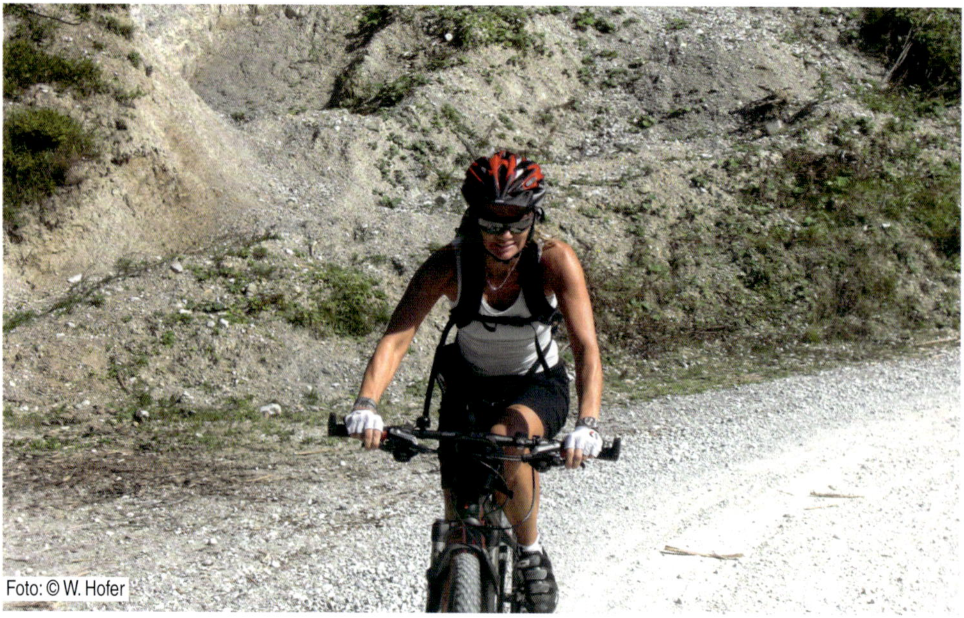

Foto: © W. Hofer

099 STIERLOCHJOCH

4

26,8 km

02:30

617 Hm

S1 G1

m 2009

1444 m

ANFAHRT – *Innsbruck – Lech* 149 km: A12 Richtung *Bregenz,* Ausfahrt *Mötz,* weiter auf der Bundesstraße Richtung *Fernpass* und *Reutte,* die Ausfahrt *Reutte-Süd* nehmen und der B198 ins *Lechtal* folgen bis nach *Lech.* **Alternative:** auf der A12 bis *Imst,* über das *Hahntennjoch* ins *Lechtal;* Vorsicht! Wintersperre beachten!

PARKMÖGLICHKEIT – Parkplätze bei der *Talstation Schlosskopfbahn* in *Lech*

START – in *Lech* nach der ersten Brücke auf der rechten Straßenseite gegenüber von *Rudis Stamperl,* dem Verlauf der Bundesstraße entlang ins Zentrum von Lech, unmittelbar nach dem *Hotel Krone* eine der beiden Brücken des *Lechs* überqueren, anschließend nach links abbiegen und dem Flussufer entlang Richtung *Zug*

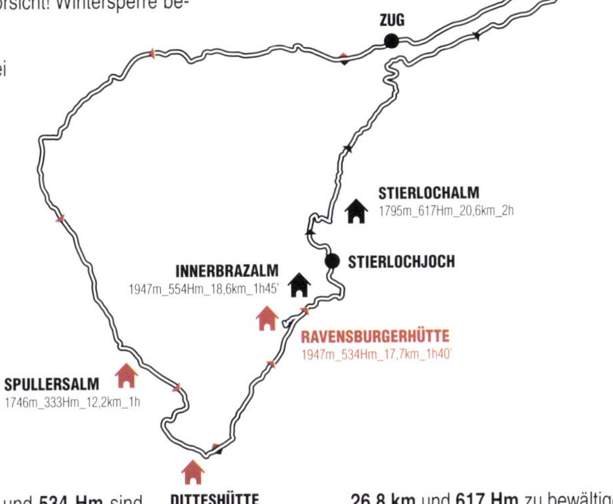

TOURENBESCHREIBUNG – 17,7 km und **534 Hm** sind von *Lech über Zug,* die *Spullersalm,* die *Ditteshütte* auf Asphalt und gut präpariertem Forstweg großteils bergauf ohne nennenswerte Schwierigkeiten zurückzulegen. Der Rückweg führt über die *Innerbrazalm* zum *Stierlochjoch* bergauf, anschließend über die *Stierlochalm* nach *Lech* auf Karrenweg, Forstweg und Asphalt permanent bergab. Der Weg vom *Joch* zur *Stierlochalm* verläuft auf grobsteinigem Karrenweg teilweise sehr steil bergab. Insgesamt sind auf dieser Rundtour **26,8 km** und **617 Hm** zu bewältigen.

Tourverbindungen: 096 *Ravensburger Hütte,* 098 *Kriegerhorn,* 099 *Körbersee*

KARTEN – ÖK: 1:25000 142 / 143 | **F&B: 1:50000** 351

INFOS – Spullersalm: im Sommer bewirtschaftete Almhütte; **Ditteshütte:** im Sommer zeitweise bewirtschaftete Almhütte; **Ravensburger Hütte:** Ende Juni bis Ende Oktober bewirtschaftete AV-Hütte; **Innerbrazalm, Stierlochalm:** unbewirtschaftete Almhütten

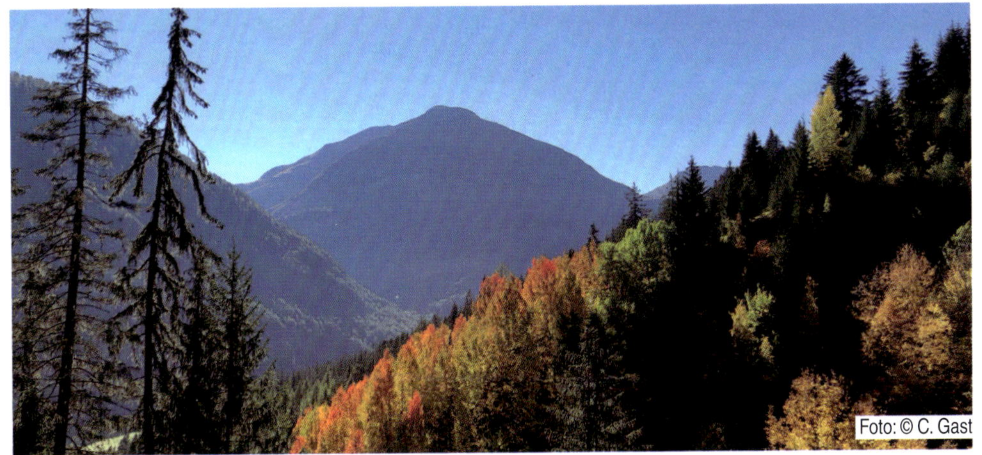
Foto: © C. Gast

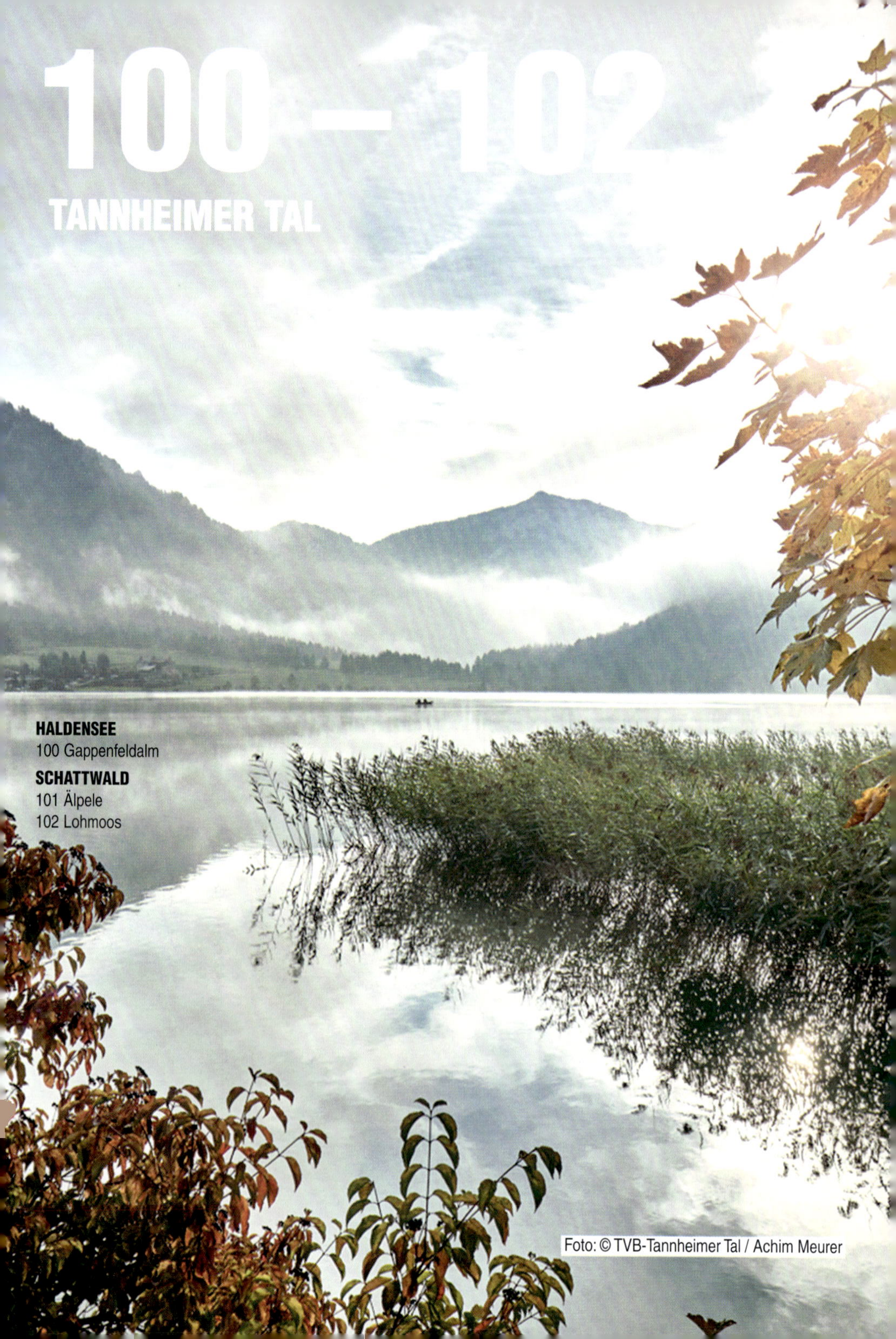

100 – 102

TANNHEIMER TAL

HALDENSEE
100 Gappenfeldalm

SCHATTWALD
101 Älpele
102 Lohmoos

Foto: © TVB-Tannheimer Tal / Achim Meurer

100 GAPPENFELDALM

ANFAHRT – *Innsbruck – Haldensee* 115 km: A12 A12 Richtung *Bregenz*, Ausfahrt *Mötz*, weiter auf der Bundesstraße Richtung *Fernpass* und *Reutte*, die Ausfahrt *Reutte-Süd* nehmen und der B198 ins *Lechtal* folgen bis nach *Weißenbach*, dort rechts abbiegen ins *Tannheimertal* zum *Haldensee*, unmittelbar nach der Ortstafel *Haldensee* links abbiegen und bis zum Ende der Straße

PARKMÖGLICHKEIT – Parkplatz in der Nähe des Campingplatzes am *Haldensee*

START – beim *Parkplatz Haldensee*, beim Parkplatz vorbei und die Brücke über den *Strindenbach* überqueren, anschließend geradeaus weiter und der Beschilderung zur *Strindenalm* folgen

TOURENBESCHREIBUNG – **9,2 km** und **750 Hm** sind von *Haldensee* über die *Edenbachalm* und *Obere Strindenalm* bis zur *Gappenfeldalm* auf Asphalt und Forstweg großteils bergauf zurückzulegen. Der Rückweg ist derselbe. Insgesamt sind **18,4 km** und **800 Hm** ohne nennenswerte Schwierigkeiten zu bewältigen.

KARTEN – **ÖK: 1:25000** 114 | **F&B: 1:50000** 352

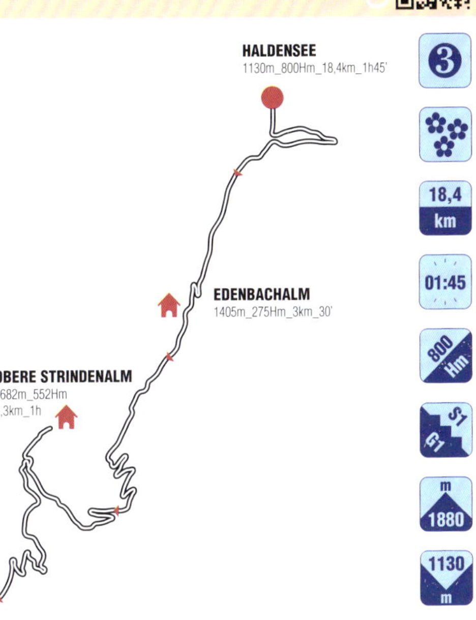

3

18,4 km

01:45

800 Hm

S1 G1

m 1880

1130 m

INFOS – **Edenbachalm, Obere Strindenalm, Gappenfeldalm:** im Sommer bewirtschaftete Almhütten

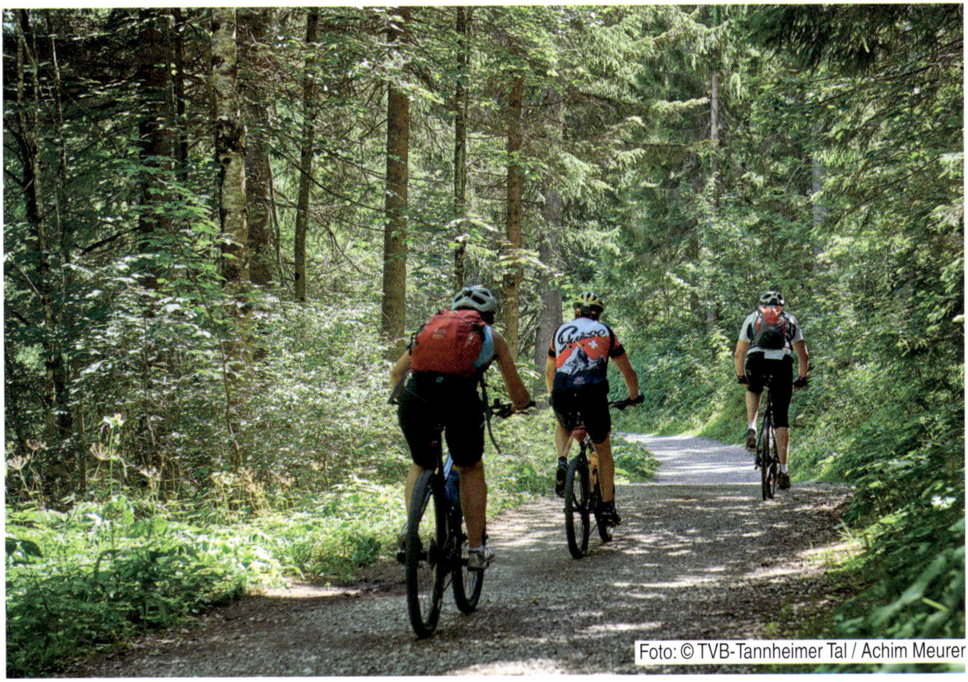

Foto: © TVB-Tannheimer Tal / Achim Meurer

101 ÄLPELE

ANFAHRT – *Innsbruck – Schattwald* 125 km: A12 Richtung *Bregenz*, Ausfahrt *Mötz*, weiter auf der Bundesstraße Richtung *Fernpass* und *Reutte*, die Ausfahrt *Reutte-Süd* nehmen und der B198 ins *Lechtal* folgen bis nach *Weißenbach*, dort rechts abbiegen ins *Tannheimertal* nach *Schattwald*, in *Schattwald* der Beschilderung zur *Dreiersesselbahn Wannenjoch* folgen

PARKMÖGLICHKEIT – beim Parkplatz der *Wannenjochbahn* in *Schattwald*

START: bei der Parkmöglichkeit, am Ende des Parkplatzes die kleine Brücke überqueren, bei der nachfolgenden Kreuzung rechts abbiegen und der dortigen Straße entlang, bei der nächsten Abzweigung links weiter Richtung *Stuibensennalm*

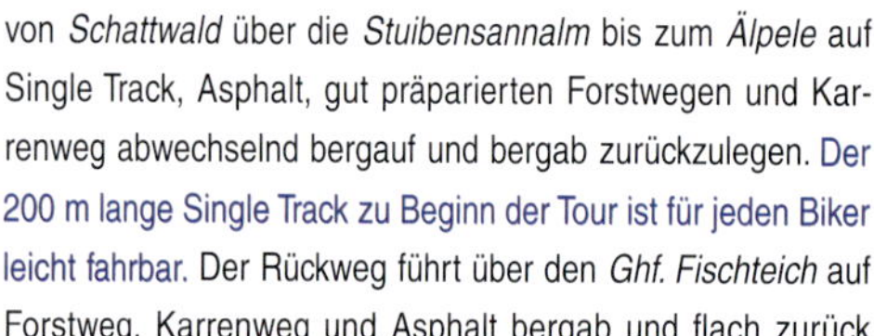

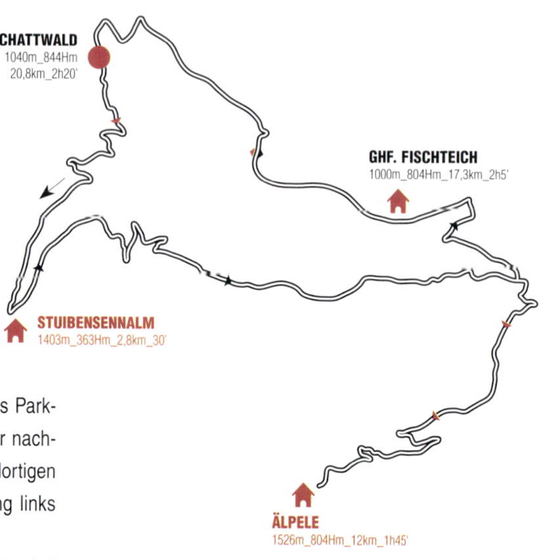

TOURENBESCHREIBUNG – **12 km** und **804 Hm** sind von *Schattwald* über die *Stuibensannalm* bis zum *Älpele* auf Single Track, Asphalt, gut präparierten Forstwegen und Karrenweg abwechselnd bergauf und bergab zurückzulegen. Der 200 m lange Single Track zu Beginn der Tour ist für jeden Biker leicht fahrbar. Der Rückweg führt über den *Ghf. Fischteich* auf Forstweg, Karrenweg und Asphalt bergab und flach zurück nach *Schattwald*. Insgesamt sind **20,8 km** und **844 Hm** ohne nennenswerte Schwierigkeiten zu bewältigen.

KARTEN – **ÖK: 1:25000** 114 | **F&B: 1:50000** 352

INFOS – **Stuibensennalm, Älpele:** im Sommer bewirtschaftete Almhütten; **Ghf. Fischteich:** im Sommer bewirtschaftetes Fischrestaurant

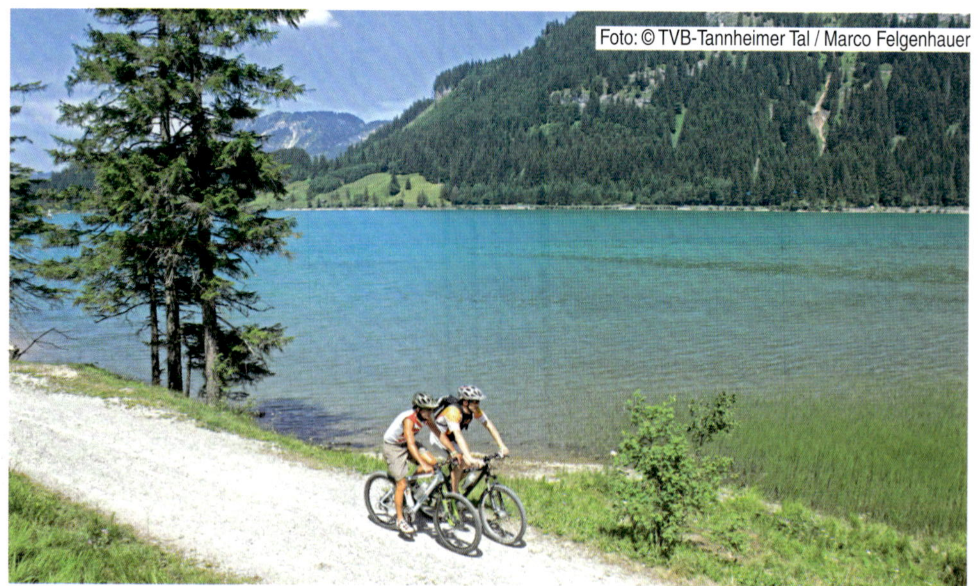

Foto: © TVB-Tannheimer Tal / Marco Felgenhauer

102 LOHMOOS

GPX

ANFAHRT – *Innsbruck – Schattwald* 125 km: A12 Richtung *Bregenz*, Ausfahrt *Mötz*, weiter auf der Bundesstraße Richtung *Fernpass* und *Reutte*, die Ausfahrt *Reutte-Süd* nehmen und der B198 ins *Lechtal* folgen bis nach *Weißenbach*, in *Weißenbach* rechts abbiegen ins *Tannheimertal* nach *Schattwald*, dort der Beschilderung zur *Dreiersesselbahn Wannenjoch* folgen

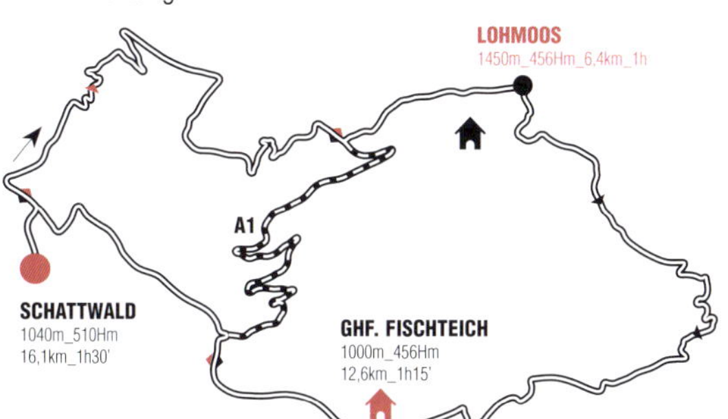

1

16,1 km

01:30

456 Hm

S1 G1

1450 m

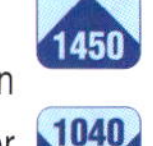

1040 m

PARKMÖGLICHKEIT – beim Parkplatz der *Wannenjochbahn* in *Schattwald*

START – bei der Parkmöglichkeit, vom Parkplatz zurück zur Bundesstraße und dort links einbiegen Richtung *Deutschland*, 50 m vor dem Grenzübergang beim *Café Lutz Guthof* rechts abbiegen in den Radweg Richtung *Kappl*, anschließend die Brücke des *Vils* Baches überqueren und geradeaus weiter, der dortigen Beschilderung nach *Tannheim Berg* folgen

TOURENBESCHREIBUNG – 6,4 km und **456 Hm** sind von *Schattwald* bis zum *Dach der Tour* auf Asphalt und gut präpariertem Forstweg abwechselnd bergauf und bergab zurückzulegen. Der Rückweg führt über den *Ghf. Fischteich* auf Forstwegen und Asphalt bergab, flach und zum Schluss bergauf zurück nach *Schattwald*. Insgesamt sind auf dieser Rundtour **16,1 km** und **510 Hm** ohne nennenswerte Schwierigkeiten zu bewältigen.

Variante Alternativroute A1: Wer die Tour abkürzen möchte, biegt bei Kilometer 5,5 rechts ab, fährt über den *Ghf. Zugspitzblick* nach *Zöblen* und anschließend auf dem beschriebenen Rückweg weiter nach *Schattwald*.

KARTEN – ÖK: 1:25000 84 / 114 | **F&B: 1:50000** 352

INFOS – Ghf. Fischteich: im Sommer bewirtschaftetes Fischrestaurant

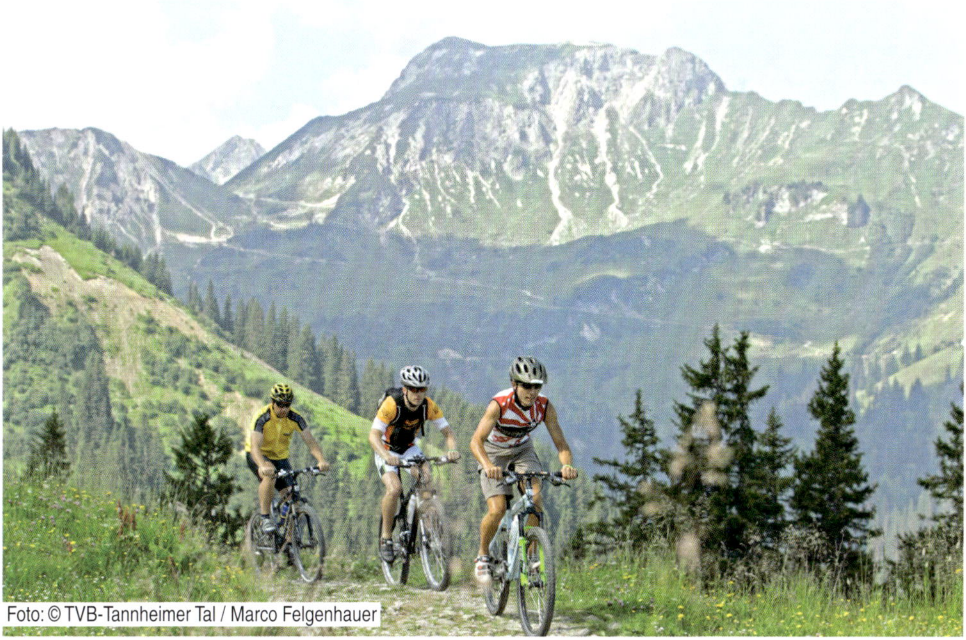

Foto: © TVB-Tannheimer Tal / Marco Felgenhauer

103 – 106

AUSSERFERN

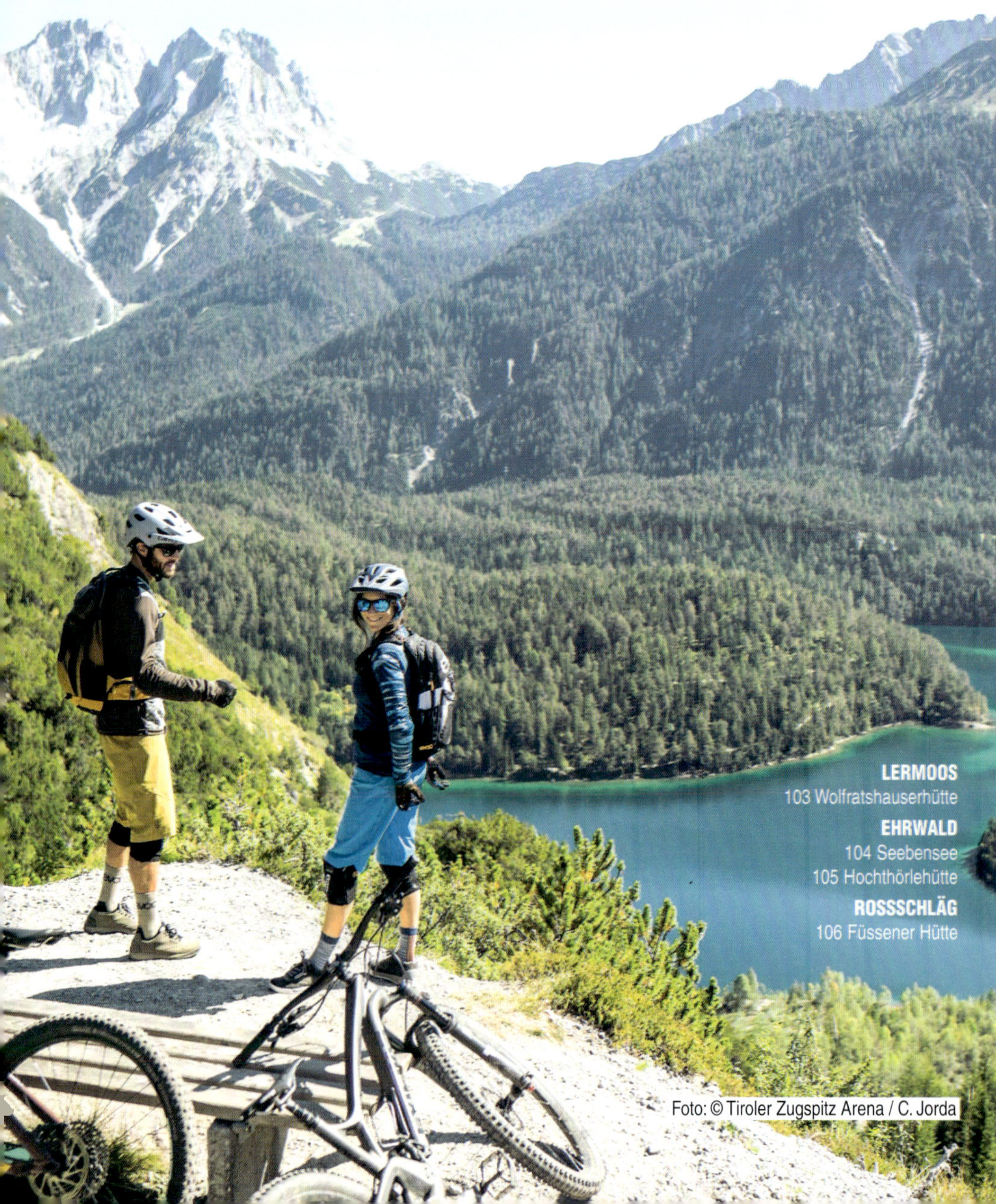

LERMOOS
103 Wolfratshauserhütte
EHRWALD
104 Seebensee
105 Hochthörlehütte
ROSSSCHLÄG
106 Füssener Hütte

Foto: © Tiroler Zugspitz Arena / C. Jorda

103 WOLFRATSHAUSERHÜTTE

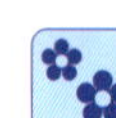
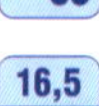

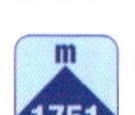

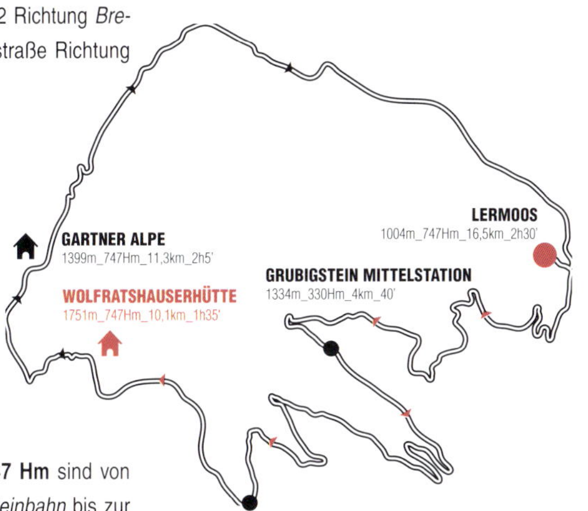

ANFAHRT – *Innsbruck – Lermoos* 69 km: A12 Richtung *Bregenz*, Ausfahrt *Mötz,* weiter auf der Bundesstraße Richtung *Fernpass*, nach dem *Lermooser Tunnel* der Beschilderung nach *Lermoos* ins Zentrum folgen und dort bei der *Pfarrkirche St. Katharina* rechts abbiegen

PARKMÖGLICHKEIT – Parkplatz bei der *Schischule Lermoos*

START – bei der Parkmöglichkeit, beim *Hotel Post* vorbei Richtung *Innsbruck*, nach 550 m beim *Hotel Mohr* von der Bundesstraße rechts bergauf abbiegen und der dortigen Beschilderung zur Mittelstation folgen

TOURENBESCHREIBUNG – **10,1 km** und **747 Hm** sind von *Lermoos* über die *Bergstation 1 der Grubigsteinbahn* bis zur *Wolfratshauserhütte* auf Asphalt und gut präpariertem Forstweg ohne nennenswerte Schwierigkeiten großteils bergauf zurückzulegen. Der Rückweg über die *Gartner Alpe* verläuft auf Single Track, Karrenweg, Forstweg und Asphalt permanent bergab bis *Lermoos*. Der 1,3 km lange Single Track von der *Wolfratshauserhütte* hinunter zur *Gartner Alpe* ist nicht befahrbar. Für diesen Abschnitt ist ein zusätzlicher Fußmarsch von 30 Minuten einzuplanen. Wer nicht marschieren will, fährt besser auf demselben Weg retour. Von der *Gartner Alpe* bis *Lermoos* sind keine nennenswerten Schwierigkeiten zu erwarten. Insgesamt sind auf dieser Rundtour **16,5 km** und **747 Hm** zu bewältigen.

KARTEN – **ÖK: 1:25000** 115 / 116 | **F&B: 1:50000** 352

INFOS – **Wolfratshauserhütte:** Mitte Juni bis Mitte Oktober bewirtschaftete AV-Hütte; **Gartner Alpe:** unbewirtschaftete Almhütte

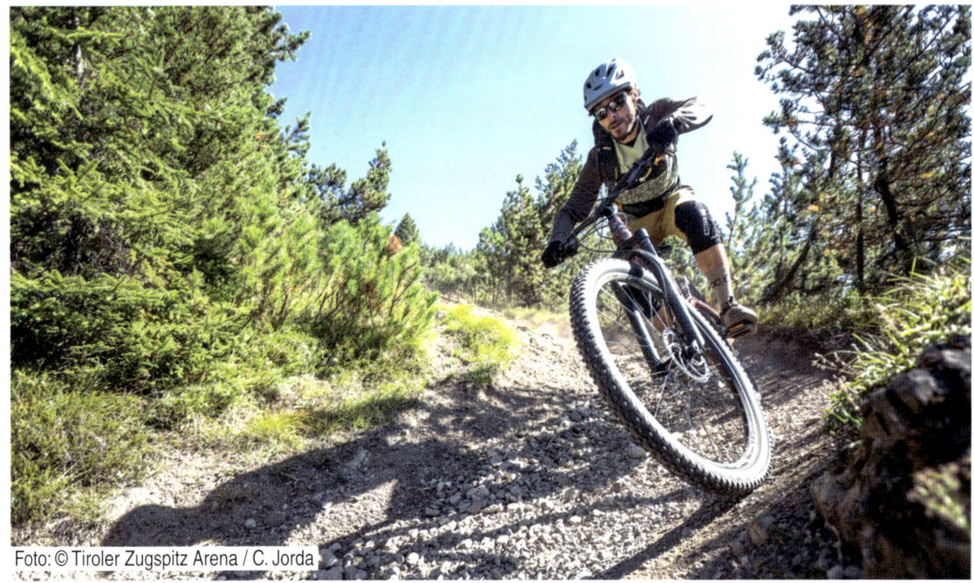
Foto: © Tiroler Zugspitz Arena / C. Jorda

104 SEEBENSEE

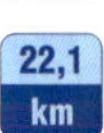

ANFAHRT – *Innsbruck – Ehrwald* 72 km: A12 Richtung *Bregenz,* Ausfahrt *Mötz,* weiter auf der Bundesstraße Richtung *Fernpass* und *Ehrwald,* in *Ehrwald* den Wegweisern Richtung *Ehrwalder Almbahn* folgen

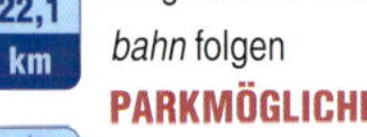

PARKMÖGLICHKEIT – Parkplatz im Zentrum von *Ehrwald* beim Gemeindeamt

START – beim Gemeindeamt, 2 km der Straße entlang bis zur Talstation der *Ehrwalder Almbahn,* anschließend geradeaus weiter und an der *Brent Alm* links vorbei, der dortigen Beschilderung zur *Ehrwalder Alm* folgen

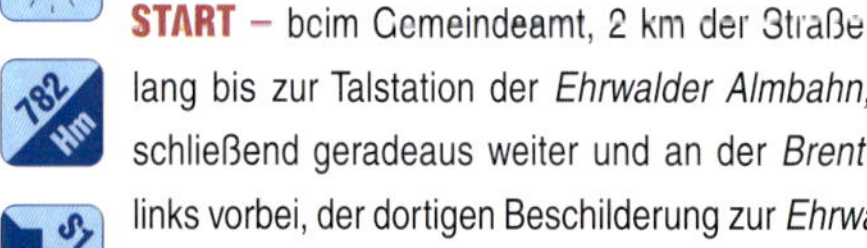

TOURENBESCHREIBUNG – 11,4 km und **715 Hm** sind von *Ehrwald* über die *Ehrwalder Alm,* den *Ghf. Alpenglühn* und die *Seebenalm* bis zum *Seebensee* auf Asphalt und gut präpariertem Forstweg abwechselnd bergauf und bergab ohne nennenswerte Schwierigkeiten zurückzulegen. Der Rückweg ist bis zur *Ehrwalder Alm* derselbe und verläuft anschließend auf Forstweg, Karrenweg und Asphalt permanent bergab bis *Ehrwald.* Der Karrenweg führt abschnittsweise extrem steil bergab, die Tour ist deshalb in umgekehrter Richtung nicht zu empfehlen. Insgesamt sind **22,1 km** und **782 Hm** zu bewältigen.

KARTEN – ÖK: 1:25000 116 | **F&B: 1:50000** 352

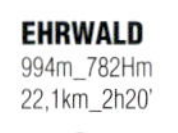

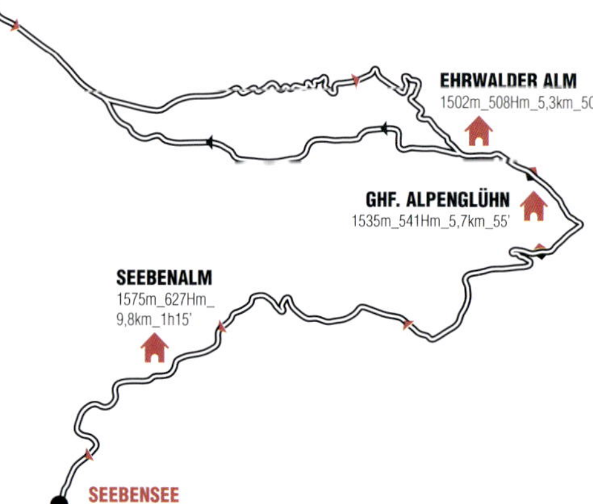

INFOS – Ehrwalder Alm: ganzjährig bewirtschaftete Schihütte; **Ghf. Alpenglühn:** ganzjährig bewirtschafteter Ghf.; **Seebenalm:** im Sommer bewirtschaftete Almhütte

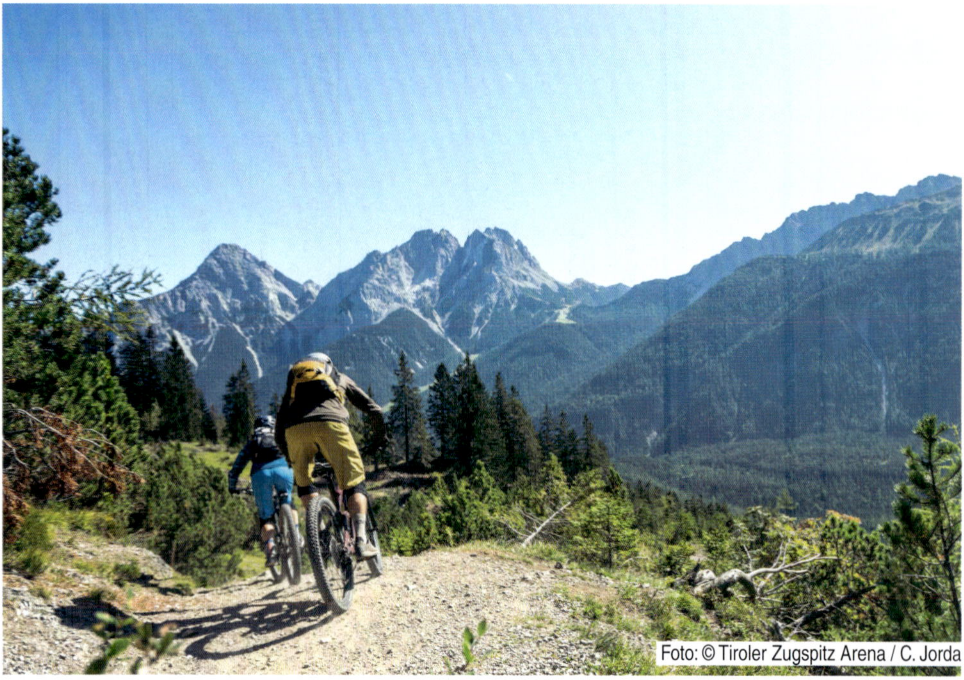

Foto: © Tiroler Zugspitz Arena / C. Jorda

105 HOCHTHÖRLEHÜTTE

ANFAHRT – *Innsbruck* – *Ehrwald* 72 km. A12 Richtung *Bregenz,* Ausfahrt *Mötz,* weiter auf der Bundesstraße Richtung *Fernpass* und *Ehrwald,* in Ehrwald der Beschilderung zur *Zugspitze* folgen vorbei am *Zugspitzhotel Diana Thörle*

PARKMÖGLICHKEIT – Parkplatz *Ponöfen* in der Nähe des *Zugspitzhotels Diana Thörle* in *Ehrwald*

START – bei der Parkmöglichkeit, beim Parkplatz geradeaus weiter und der Beschilderung *Thörle Rundwanderweg* folgen

TOURENBESCHREIBUNG: 12,3 km und **371 Hm** sind von *Ehrwald* bis zur *Hochthörlehütte* auf Asphalt und gut präpariertem Forstweg großteils bergauf zurückzulegen. Der Rückweg führt über den *Ghf. Zugspitzbahn* auf Forstweg und Asphalt permanent bergab zurück zum Ausgangspunkt. Insgesamt sind auf dieser Rundtour **13,7 km** und **371 Hm** ohne nennenswerte Schwierigkeiten zu bewältigen.

KARTEN – ÖK: 1:25000 116 | **F&B: 1:50000** 352

INFOS – **Hochthörlehütte:** im Sommer bewirtschaftete Almhütte; **Ghf. Zugspitzbahn:** ganzjährig bewirtschafteter Ghf.

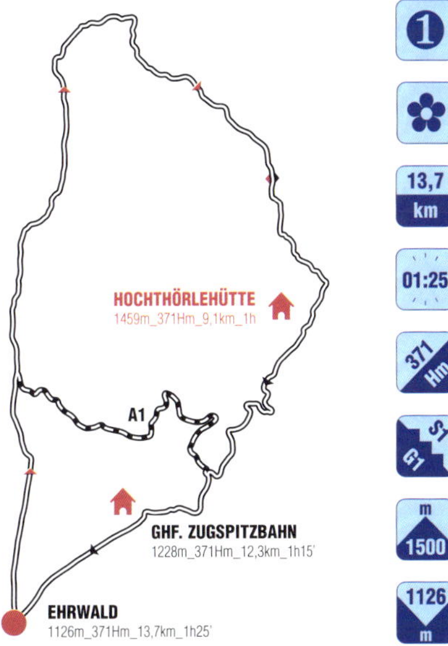

1
13,7 km
01:25
371 Hm
S1 G1
m 1500
1126 m

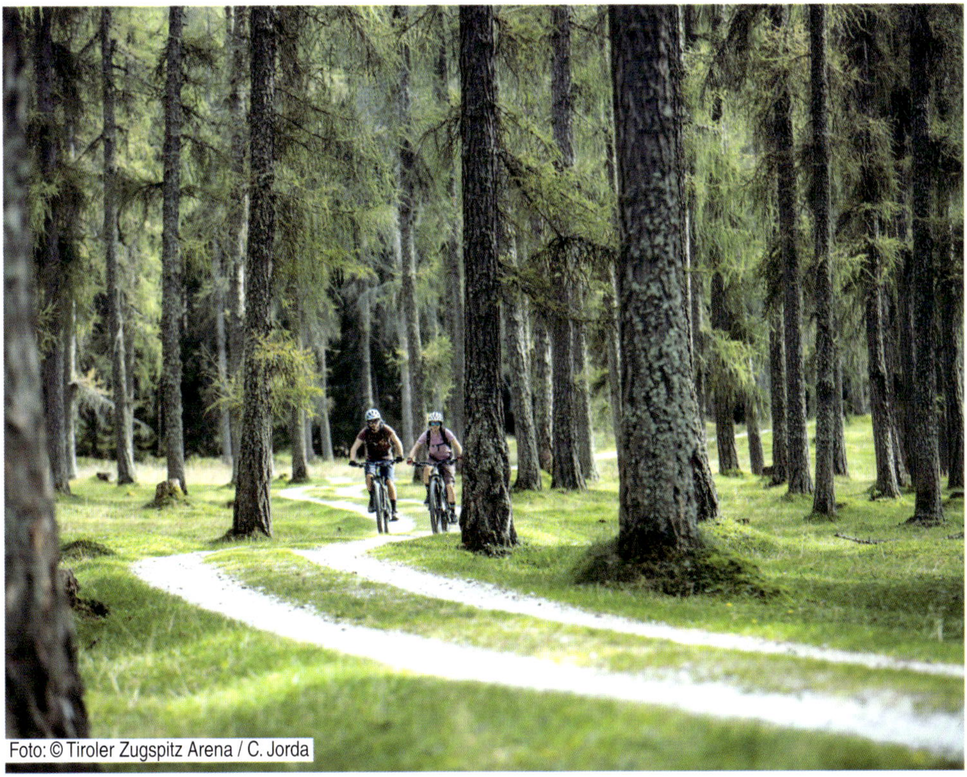

Foto: © Tiroler Zugspitz Arena / C. Jorda

106 FÜSSENER HÜTTE

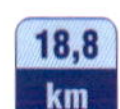

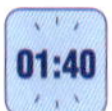

800
m

ANFAHRT – *Innsbruck – Roßschläg* 100 km: A12 Richtung *Bregenz*, Ausfahrt *Mötz*, weiter auf der Bundesstraße Richtung *Fernpass* und *Reutte*, in *Reutte* den Wegweisern nach *Füssen* folgen, kurz vor *Roßschläg* links abbiegen zum *Gasthaus Bärenfalle*

PARKMÖGLICHKEIT – beim *Wanderparkplatz* in *Roßschläg*

START – bei der Parkmöglichkeit, am *Gasthaus Bärenfalle* vorbei und der Beschilderung zur *Otto-Mayr-Hütte* folgen

TOURENBESCHREIBUNG – 9,4 km und **735 Hm** sind von *Roßschläg* über die *Musauer Alm* und die *Otto-Mayr-Hütte* bis zur *Füssener Hütte* auf gut präpariertem Forstweg bergauf und flach zurückzulegen. Der Rückweg ist derselbe. Insgesamt sind **18,8 km** und **735 Hm** ohne nennenswerte Schwierigkeiten zu bewältigen.

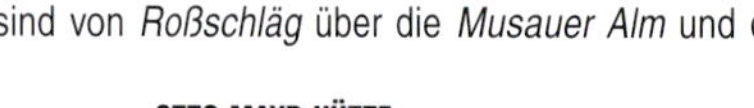

KARTEN – ÖK: 1:25000 85 / 115 | **F&B: 1:50000** 352

INFOS – Musauer Alm: im Sommer bewirtschaftete Almhütte; **Otto-Mayr-Hütte:** Anfang Mai bis Ende Oktober bewirtschaftete AV-Hütte; **Füssener Hütte:** bewirtschaftet von Juni bis Oktober

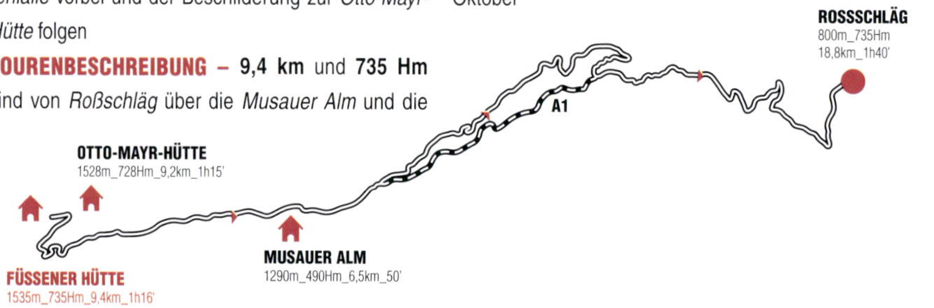

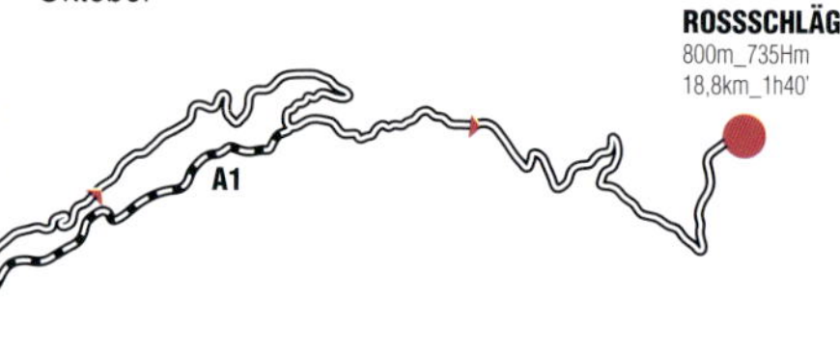

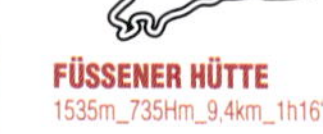

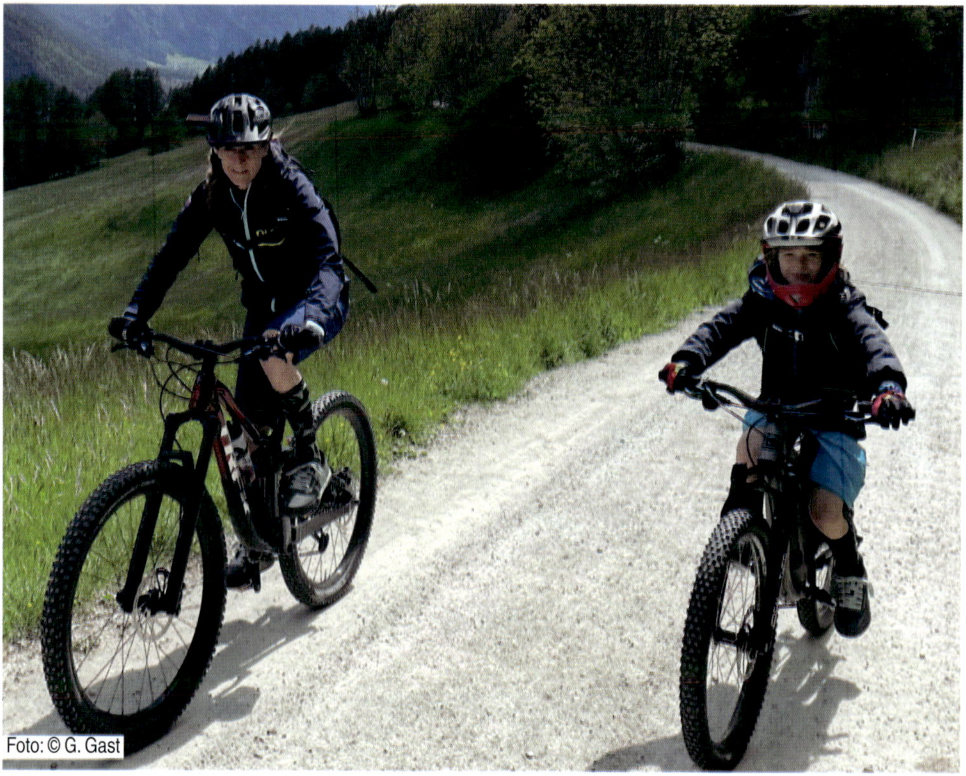

Foto: © G. Gast

REGISTER

SEILBAHNEN FÜR BIKER

TAL	Bergbahn	Ort	Platz	Betriebszeiten	Saison	Talst. [Hm]	Mittelst. [Hm]	Bergst. [Hm]
GERLOSTAL | TUXERTAL | ZILLERTAL | ACHENSEE	SPIELJOCHBAHN I + II 4er-Gondel	Fügen – Kohleralmhof – Bergrest. Spieljoch	ein Bike, vier Personen	08.30–12.00 und 13.00–16.30	Anfang Juni bis Anfang Oktober	640	1194	1862
	ROSENALMBAHN I + II 8er-Gondel	Zell am Ziller – Wiesenalm – Rosenalm	zwei Bikes, zwei Personen	08.40–16.30, in der Nebensaison Mittagspause von 12.30–13.00, Juli und August bis 19.00 Uhr	Ende Mai bis Mitte Oktober	580	1309	1740
	PENKENBAHN 26er-Gondel	Mayrhofen – Bergrast	mehrere Bikes, mehrere Personen	09.00–17.00	Ende Mai bis Mitte Oktober	655	1794	
	KOMBIBAHN PENKEN 8er-Gondel	Bergrast – Penkenalm	zwei Bikes, zwei Personen	09.00–16.30	Ende Mai bis Mitte Oktober		1794	2000
	FINKENBERGBAHN I + II 4er-Gondel / 8er-Gondel	Finkenberg – Almstüberl – Penkenjochhaus	ein Bike, vier Personen zwei Bikes, zwei Personen	09.00–16.30	Anfang Juni bis Mitte Oktober	870	1760	2095
	EGGALMBAHN 4er-Gondel	Lanersbach – Eggalm		08.30–16.30	Mitte Juni bis Mitte Oktober	1280		1950
	GLETSCHER EXPRESS 20er-Gondel	Hintertux – Sommerbergalm	mehrere Bikes, mehrere Personen	08.15–16.30	Mitte Mai bis Anfang Oktober	1499		2100
	ISSKOGELBAHN 8er-Gondel	Gerlos – Arena Center	zwei Bikes, zwei Personen	09.00–16.30	Ende Mai bis Anfang Oktober	1260		1860
	GERLOSSTEINBAHN Großraum-Kabinenbahn	Hainzenberg – Gerlos-steinalm	mehrere Bikes, mehrere Personen	08.30–12.15 und 13.00–16.30, Halbstundentakt, bei Bedarf im Viertelstundentakt	Ende Mai bis Anfang Oktober	900		1650
	KARWENDEL BERGBAHN 8er-Gondel	Pertisau – Alpengasthof Karwendel	zwei Bikes, zwei Personen	08.30–17.00 Uhr Viertelstundentakt	Anfang Mai bis Anfang November	970		1491
OBERPINZGAU	WILDKOGELBAHN I + II 8er-Gondel	Neukirchen am Großvenediger – Aussichts Bergrestaurant	ein Bike, acht Personen, nicht umsteigen	09.00–15.30 Uhr	Ende Juni bis Ende September bzw. Ende Oktober	858	1368	2091
	PANORAMABAHN 8er-Gondel	Hollersbach – Restaurant Sunnseit – Bergrest. Pinzgablick	zwei Bikes, zwei Personen	08.45–16.30	Ende Juni bis Mitte Oktober	806	1210	1870
BRIXENTAL	SALVENBAHN I 8er-Gondel	Hopfgarten im Brixental – Berggasthof Tenn	jede fünfte Gondel ist eine separate Bikergondel, zwei Bikes, zwei Personen	09.00–17.00	Ende Mai bis Mitte Oktober	622	1167	
	GAISBERGLIFT 4er-Sessellift	Kirchberg in Tirol – Gaisbergstüberl	ohne Wetterschutzhaube, ein Bike, vier Personen	08.30–17.00	Anfang Mai bis Ende September	840	1289	
	FLECKALMBAHN 6er-Gondel	Kirchberb in Tirol – Ehrenbachhöhe	ein Bike, zwei Personen	08.30–17.00	Ende Juni bis Ende September	807		1802
	HAHNENKAMMBAHN 4er-Gondel	Kitzbühel – Hocheckhütte	ein Bike, vier Personen	08.30–17.00	Anfang Mai bis Ende Oktober	780		1668
	HORNBAHN I + II	Kitzbühel – Adlerhütte – Alpenhaus		08.30–17.00	Anfang Mai bis Anfang Oktober	770	1270	1670
	ALPENROSENBAHN I + II 4er-Gondel	Westendorf – Sonnalm – Alpinolino	ein Bike, vier Personen, nicht umsteigen	08.30–17.00	Ende Mai bis Mitte Oktober	800	1300	1770
	GONDELBAHN HOCHBRIXEN 6er-Gondel	Brixen im Thale – Hochbrixen	ein Bike, sechs Personen	09.00–17.00	Ende Mai bis Ende Oktober	800		1290
KITZBÜHELER ALPEN	BERGBAHN BUCHENSTEINWAND 4er-Sessellift	St. Jakob im Haus – Ghf. Buchensteinwand	ein Bike, vier Personen	09.00–16.45	Anfang Mai bis Ende Oktober	855		1450
	BERGBAHN STREUBÖDEN 8er-Gondel	Fieberbrunn – Berggasthof Streuböden	zwei Bikes, zwei Personen	08.30–17.30	Mitte Mai bis Ende Oktober	831		1204
	HARTKAISERBAHN 10er-Gondel	Ellmau – Restaurant Bergkaiser	zwei Bikes, zwei Personen	09.00–17.30	Mitte Mai bis Ende Oktober	817		1520
	ASTERBERGBAHN 4er-Sessellift	Going – Blattlalm	ein Bike, vier Personen, mit Wetterschutzhaube	09.00–17.00	Anfang Juli bis Anfang Oktober	772		1267
	BRANDSTADLBAHN 8er-Gondel	Scheffau a. W. K. – Bergrest. Brandstadl	zwei Bikes, zwei Personen	09.00–17.00	Mitte Mai bis Mitte Oktober	680		1650
	GONDELBAHN HEXENWASSER 8er-Gondel	Söll – Alpengasthof Hochsöll	zwei Bikes, zwei Personen	09.00–17.30	Mitte Mai bis Ende Oktober	740		1140

TAL	Bergbahn	Ort	Platz	Betriebszeiten	Saison	Talst. [Hm]	Mittelst. [Hm]	Bergst. [Hm]
CHIEMGAU-ER ALPEN	BERGBAHN STEINPLATTE 6er-Gondel	Waidring – Berghaus Kammerkör	ein Bike, sechs Personen	09.00–16.45	Anfang Juni bis Anfang Oktober	779		1685
	HOCHRIESBAHN 1er-Sessellift	Grainbach – Käseralm	ein Bike, eine Person	09.00–17.00	Anfang Mai bis Mitte November	720		900
GROSSRAUM INNSBRUCK	NORDKETTENBAHN Großraum-Kabinenbahn	Hungerburg – Seegrube	fünf Bikes, mehrere Personen, Viertelstundentakt oder schneller, am Freitag ab 17.30 Uhr im Halbstundentakt	08.30–17.30 jeden Freitag bis 20.00 Uhr	Ende Mai bis Anfang November	868		1906
	HUNGERBURGBAHN Standseilbahn	Innsbruck – Hungerburg	mehrere Bikes, mehrere Personen, Viertelstundentakt	Mo–Fr: 07.15–19.15 Sa, So und Feiertag: 08.00–19.15	ganzjährig Anfang November und Ende April eine Woche außer Betrieb	574		860
	GLUNGEZERBAHN I + II Doppelsessellift / Einsersessellift	Tulfes – Halsmarter – Tulfeinalm	ohne Wetterschutzhaube, ein Bike, eine Person, Liftfahrzeit pro Sektion 20 min	09.00–12.00 und 12.45–16.30	Anfang Juni bis Ende Oktober	930	1567	2035
	MUTTERERALMBAHN I + II 8er-Gondel	Mutters – Nockhof – Mutterer Alm	zwei Bikes, zwei Personen	08.30–17.00	Anfang Juni bis Anfang September, Mo. u. Di. Ruhetag	953	1264	1608
	BERGBAHN ROSSHÜTTE Standseilbahn	Seefeld – Rosshütte	mehrere Bikes, mehrere Personen, Viertelstundentakt	09.00–17.00	Ende Mais bis Ende Oktober	1235		1760
	HÄRMELEKOPFBAHN Seilschwebebahn	Rosshütte – Bergstation Härmelekopf	sechs Bikes, zehn Pesonen	09.15–16.45	Ende Mais bis Ende Oktober	1760		2041
	SERLESBAHN 8er-Gondel	Mieders – Gasthof Koppeneck	zwei Bikes, zwei Personen	09.00–17.00	Anfang Mai bis Ende Oktober	950		1600
	ELFERLIFT 8er-Gondel	Neustift – Bergrestaurant Agrar	zwei Bikes, zwei Personen	09.00–17.00	Anfang Juli bis Ende Oktober	980		1780
OBERINNTAL	IMSTER BERGBAHN I + II 2er-Sessellift	Hochimst – Untermarkter Alm – Alpjoch		Sektion I: 09.00–17.00 Sektion II: 09.15–12.00 und 13.00–16.45 ab Mitte August nur noch Do bis So	Sektion I: Anfang Mai bis Ende Oktober Sektion II: Mitte Juni bis Anfang Oktober	1050	1491	2030
	WALDBAHN 8er-Gondel	Fiss – Bergstation beim Panorama Genussweg	zwei Bikes, zwei Personen	08.30–17.00	Anfang Juni bis Ende Oktober	1410		1800
	KOMPERDELLBAHN 6er-Gondel	Serfaus – Kölner Haus	ein Bike, sechs Personen	08.30–17.00	Mitte Juni bis Mitte Oktober	1429		1950
	LAZIDBAHN 6er-Gondel	Kölner Haus – Lazidkopf	ein Bike, sechs Personen	08.30–16.30	Mitte Juni bis Mitte Oktober	1950		2346
	SCHÖNJOCHBAHN I + II 8er-Gondel	Fiss – Steinegg – Fisser Joch	zwei Bikes, zwei Personen	08.30–16.30	Mitte Juni bis Mitte Oktober	1450		2436
	SONNENBAHN LADIS-FISS 8er-Gondel	Ladis – Sonnenburg	zwei Bikes, zwei Personen	08.30–17.00	Mitte Juni bis Mitte Oktober	1220		1530
	BERGKASTELBAHN 8er-Gondel	Nauders – Restaurant 2200	ein Bike, acht Personen	09.00–16.00	Mitte Juni bis Anfang Oktober	1410		2200
	SCHÖNEBENBAHN 8er-Gondel	Reschen – Schöneben-Hütte	zwei Bikes, acht Personen	09.00–12.00 und 13.30–16.00	Ende Juni bis Anfang Oktober	1520		2087
	HAIDERALMBAHN 8er-Gondel	St. Valentin auf der Haide – Haideralm	ein Bike, acht Personen	09.00–12.00 und 13.30–16.00	Mitte Juni bis Anfang Oktober	1220		1220
	MUTZEKOPFBAHN 4er-Sessellift	Nauders – Bergstation Mutzekopf		09.00–16.45	Ende Mai bis Anfang Oktober	1360		1812
ÖTZTAL	GAISLACHKOGELBAHN I + II 8er-Gondel / 28er-Gondel	Sölden – Mittelstation – Ice Q	Sektion I: zwei Bikes, zwei Personen | Sektion II: mehrere Bikes, mehrer Personen	09:00–16:45 ab Ende September bis zur Mittelsation letzte Bergfahrt 15.45	Ende Juni bis Anfang Oktober	1363	2174	3056
	GIGGIJOCHBAHN 8er-Gondel	Sölden – Bergstation	zwei Bikes, zwei Personen	09.00–16.45 ab September 09.00–15.45	Ende Juni bis Ende September	1353		2284
	ACHERKOGELBAHN 8er-Gondel	Ötz – Hochötz	zwei Bikes, zwei Personen	09.00–12.00 12.45–16.30	Anfang Juni bis Mitte Oktober	800		2020
	HOHE MUT BAHN I + II 8er-Gondel	Ötz – Hochötz	zwei Bikes, zwei Personen	08.45–16.00	Ende Juni bis Mitte September	1930	2670	
	HOCHGURGLBAHN I + II 8er-Gondel	Ötz – Hochötz	zwei Bikes, zwei Personen	09.00–16.00	Ende Juni bis Mitte September	1793		3064

TAL	Bergbahn	Ort	Platz	Betriebszeiten	Saison	Talst. [Hm]	Mittelst. [Hm]	Bergst. [Hm]
PAZNAUNTAL	SILVRETTABAHN I + II 24er-Gondel	Ischgl – Pardatschalm – Idalm	mehrere Bikes, mehrere Personen	08.30–16.00	Mitte Juni bis Mitte September	1360	1638	2321
	FLIMJOCHBAHN 4er-Sessellift	Idalm – Viderjoch	mit Wetterschutzhaube, ein Bike, vier Personen	09.00–15.30	Mitte Juni bis Mitte September	2301		2757
	FLIMSATTELBAHN 4er-Sessellift	Alp Trida – Viderjoch	mit Wetterschutzhaube, ein Bike, vier Personen	09.00–15.30	Mitte Juni bis Mitte September	2265		2754
	ALPE TRIDA SATTELBAHN 4er-Sessellift	Alp Trida – Bergrestaurant Sattel	mit Wetterschutzhaube, ein Bike, vier Personen	09.00–15.30	Mitte Juni bis Mitte September	1360		2757
	TWINLINER Großraumkabinenbahn	Samnaun – Bergrestaurant Sattel	mehrere Bikes, mehrere Personen, Halbstundentakt	08.00–16.30	Mitte Juni bis Mitte Oktober	1778		2500
	MEDRIGBAHN 6er-Gondel	See – Medrigalm	ein Bike, sechs Personen	08.30–12.00 und 13.00–17.00	Mitte Juni bis Ende September	1056		1800
	DIASBAHN 4er-Gondel	Kappl – Alpengasthof Dias	ein Bike, vier Personen	08.30–16.45	Ende Juni bis Ende September	1180		1830
STAN-ZER TAL	RENDELBAHN 8er-Gondel	St. Anton am Arlberg – Rendl-Restaurant	zwei Bikes, zwei Personen	08.00–16.30	Mi und Do von Mitte Juni bis Mitte September	1304		2030
KLO-STERTAL	SONNENKOPFBAHN 8er-Gondel	Innerwald – Mittelstation – Rest. Sonnenkopfbahn	ein Bike, zwei Personen	08.30–16.30	Ende Juni bis Anfang Oktober	1038	1576	1820
AUSSERFERN	GRUBIGSTEINBAHN I + II 8er-Gondel	Lermoos – Brettlalm – Grubighütte	zwei Bikes zwei Personen	08.30–17.00	Mitte Mais bis Mitte Oktober	1000	1334	1916
	EHRWALDER ALMBAHN 8er-Gondel	Ehrwald – Ehrwalder Alm	zwei Bikes zwei Personen	08.30–16.45 im Juli, August und September bis 17.45	Ende Mai bis Anfang November	1100		1502
	MARIENBERGBAHN 6er-Sessellift / 2er-Sessellift	Biberwier – Waldhaus Talblick – Sunnalm	ohne Wetterschutzhaube, das Oberrohr des Bikes liegt im 2er-Sessellift ungeschützt auf der Eisenstange der Haltevorrichtung, wer sein Bike vor Lackschäden schützen will muss vorher im Bereich des Flaschenhalters das Oberrohr demenstprechend präparieren	09.00–16.30	Mitte Mais bis Mitte Oktober	1000	1180	1680
	ALMKOPFBAHN 8er-Gondel	Bichlbach – Heiterwanger Hochalm	zwei Bikes, zwei Personen	09.00–16.30	Ende Mai bis Mitte August, Montag Ruhetag; ab September jeden Do, Sa und So	1050		1605
	SONNALMBAHN 6er-Sessellift	Berwang – Heiterwanger Hochalm	ohne Wetterschutzhaube, ein Bike, sechs Personen	09.00–16.30	Ende Mai bis Mitte August, Montag Ruhetag; ab September jeden Do, Sa und So	1342		1605
ALPBACHTAL	WIEDERSBERGERHORNBAHN I + II 4er-Gondel	Alpbach – Mittelstatin – Bergrest. Hornboden	ein Bike, vier Personen	09.00–12.00 12.45–16.45	Mitte Juni bis Mitte Oktober	900	1350	1850
	REITHERKOGELBAHN 8er-Gondel	Reith im Alpbachtal – Reither Kogel	zwei Bikes, zwei Personen	09.00–12.00 13.00–16.00	Anfang Mai bis Anfang Oktober, Mittwoch Ruhetag	640		1110
WILDSCHÖNAU	SCHATZBERGBAHN 4er-Gondel	Auffach – Koglmoosalm – Schatzbergalm	ein Bike, eine Person, das Vorderrad muss für den Biketransport ausgebaut werden	09.00–12.00 13.00–17.00	Anfang Juni bis Anfang Oktober	864	1302	1176
	MARKBACHJOCHBAHN 8er-Gondel	Niederau – Marchbachjochhütte	zwei Bikes, zwei Personen	09.00–12.00 13.00–17.00	Anfang Mai bis Mitte Oktober	835		1465
VORARL-BERG	BERGBAHN LECH-OBERLECH Kabinenbahn	Lech – Oberlech	mehrere Bikes, mehrere Biker	08.30–12.00 12.30–18.00	Anfang Juli bis Anfang Oktober	1450		1660
	PETERSBODENBAHN 6er-Sessellift	Oberlech – Bergstation	zwei Bikes, zwei Personen	08.30–12.05 12.40–17.00	Anfang Juli bis Anfang Oktober	1660		1920

TAL	Bergbahn	Ort	Platz	Betriebszeiten	Saison	Talst. [Hm]	Mittelst. [Hm]	Bergst. [Hm]
SALZBURG	ASITZBAHN 8er-Gondel	Leogang – Stöcklalm – Bergghf. Alte Schmiede	drei Bikes, drei Personen	09.00–16.30	Mitte Mai bis Mitte Oktober	830	1314	1752
	SCHATTBERG X-PRESS 8er-Gondel	Saalbach – Mittelstation – Sky-Restaurant	zwei Bikes, zwei Personen	09.00–16.15, eingeschränkter Betrieb in der Nebensaison	Ende Juni bis Ende September	1003	1500	2018
	KOHLMAISGIPFELBAHN fünf 8er-Gondeln in Serie	Saalbach – Asteralm – Kohlmaiskopf	mehrere Bikes, mehrere Personen	09.00–16.30 Viertelstundentakt	Mitte Mai bis Anfang September	830	1393	1794
	REITERKOGELBAHN 8er-Gondel	Hinterglemm – Sportalm	zwei Bikes, zwei Personen	09.00–16.15	Ende Juni bis Ende September	1060		1480
	ZWÖLFERKOGELBAHN 8er-Gondel	Hinterglemm – Winkleralm	zwei Bikes, zwei Personen	09.00–16.15	Ende Juni bis Ende September	1061		1550
SÜDTIROL	BERGBAHN KRONPLATZ 2000 8er-Gondel	Reischach (Bruneck) Kronplatzhütte	zwei Bikes, zwei Personen	09.00–17.00	Anfang Juni bis Mitte Oktober	940		2231
	BERGBAHN RUIS 8er-Gondel	Furkelsattel – Kronplatzhütte	zwei Bikes, zwei Personen	09.00–12.25 13.30–17.00	Anfang Juli bis Mitte September	1750		2231
	OLANG II 6er-Gondel	Schimelia – Kronplatzhütte	ein Bike, eine Personen, jede sechste Gondel ist für Biker	09.00–16.15	Ende Juni bis Ende September	2080		2231
	BERGBAHN PEDAGÀ-PIZ DE PLAIES 8er-Gondel	St. Vigil in Enneberg – Ütia Col di Ancona	zwei Bikes, zwei Personen	09.00–12.25 13.30–17.00	Anfang Juli bis Mitte September, Mo und Sa Ruhetag außer im August	1180		1600
	BERGBAHN PLOSE 4er-Gondel	Plose – Bergrestaurant Plose	ein Bike, eine Person	09.00–12.00 und 13.00–18.00 an Wochenenden und Feiertagen 09.00–18.00	Anfang Juni bis Mitte Oktober	1061		2020

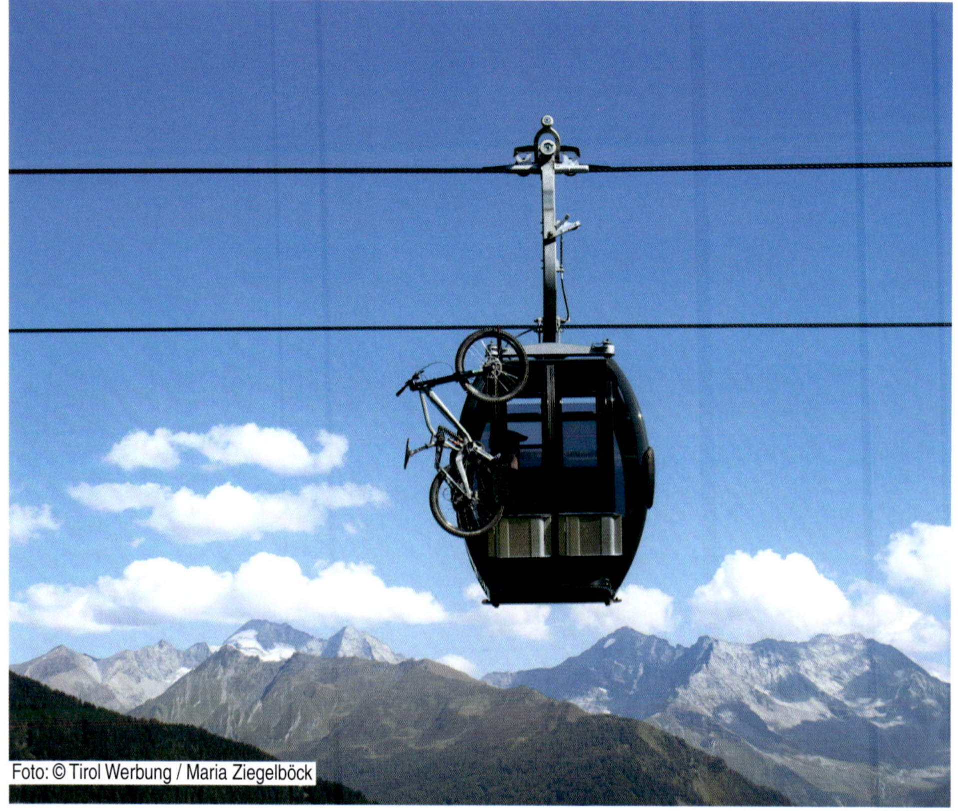
Foto: © Tirol Werbung / Maria Ziegelböck

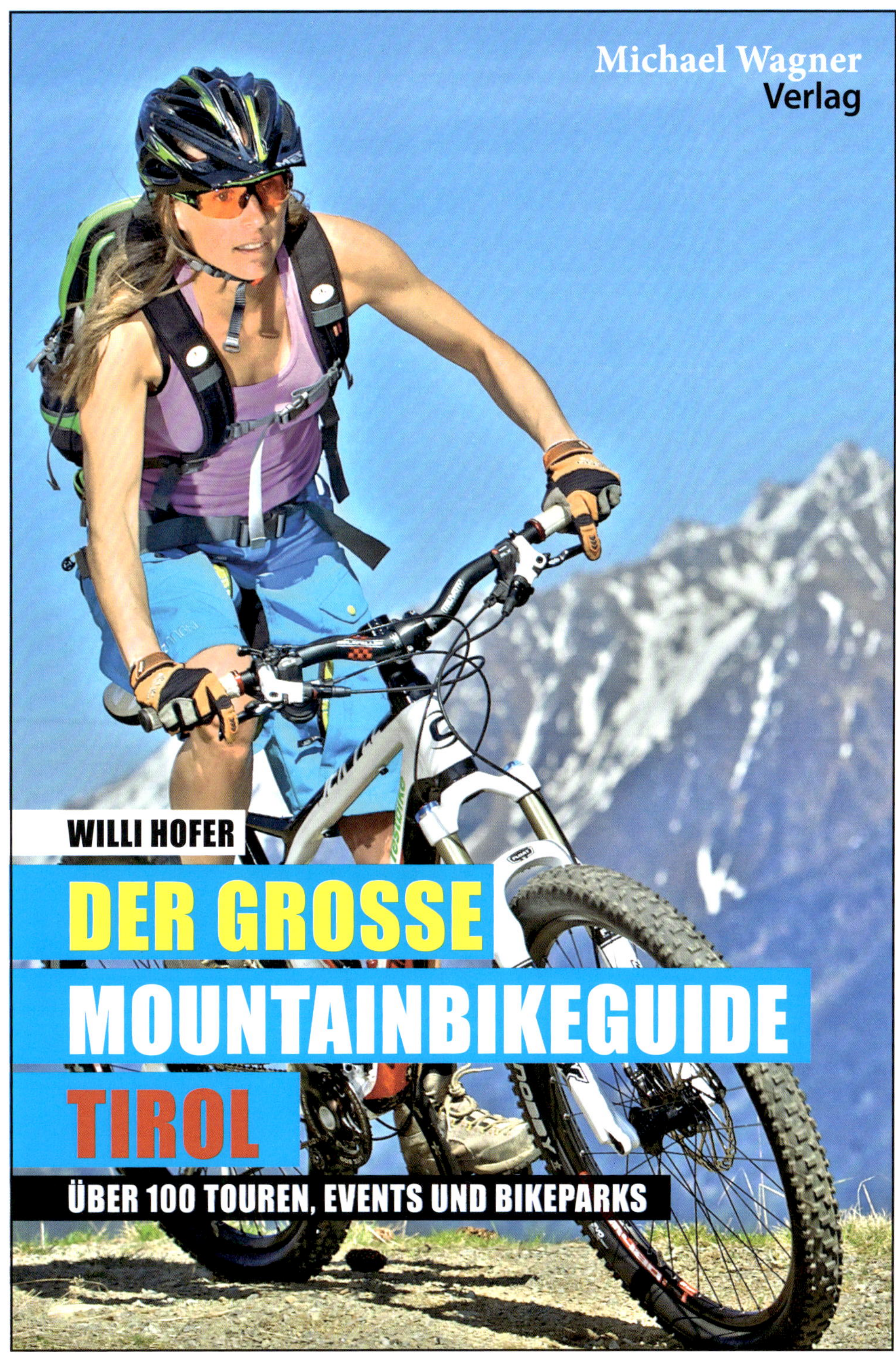
Michael Wagner
Verlag
WILLI HOFER
DER GROSSE
MOUNTAINBIKEGUIDE
TIROL
ÜBER 100 TOUREN, EVENTS UND BIKEPARKS

WILLI HOFER

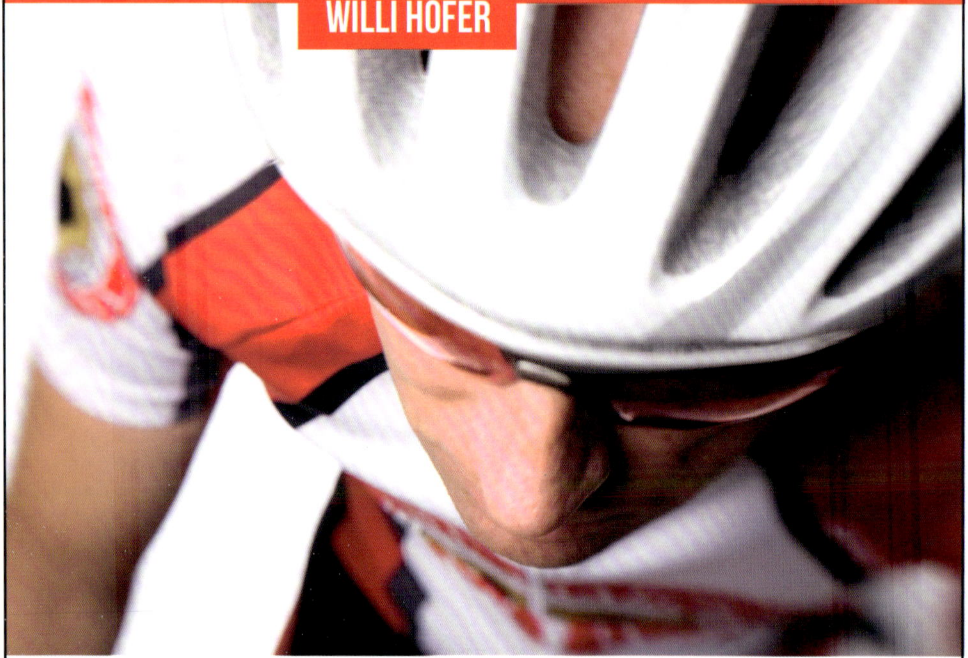

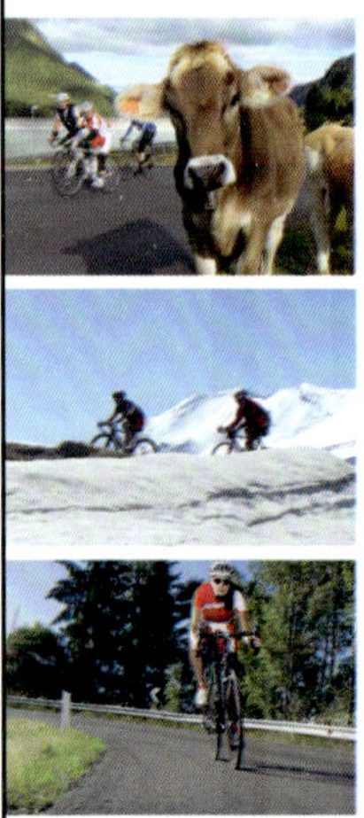

DAS GROSSE RENNRAD TOURENBUCH TIROL

100 ROUTEN UND DIE 16 WICHTIGSTEN RADRENNEN

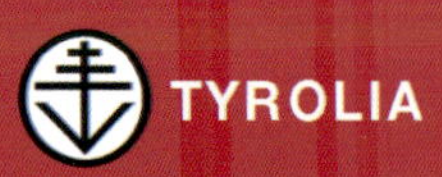

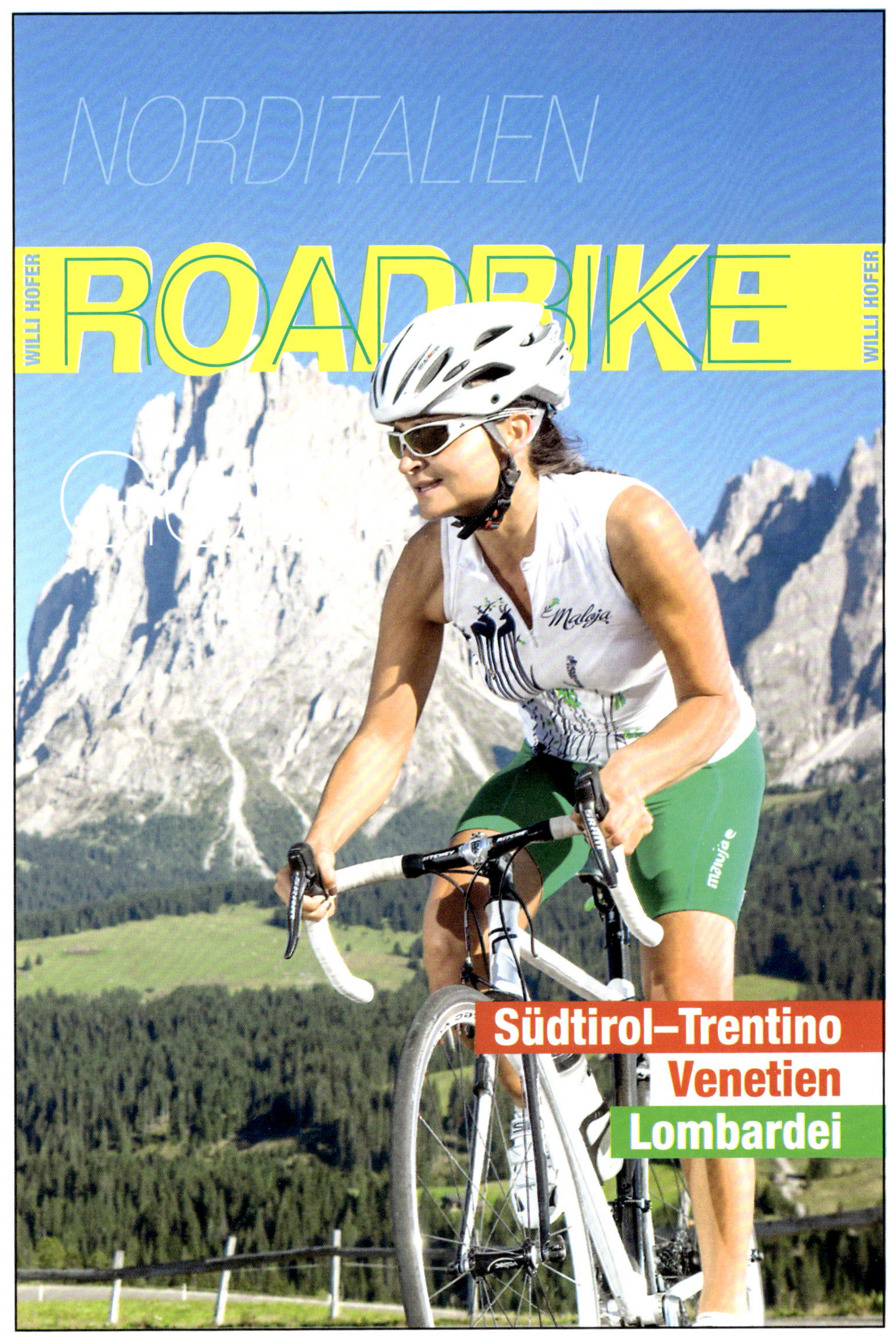
NORDITALIEN
WILLI HOFER
ROADBIKE
WILLI HOFER
Südtirol–Trentino
Venetien
Lombardei

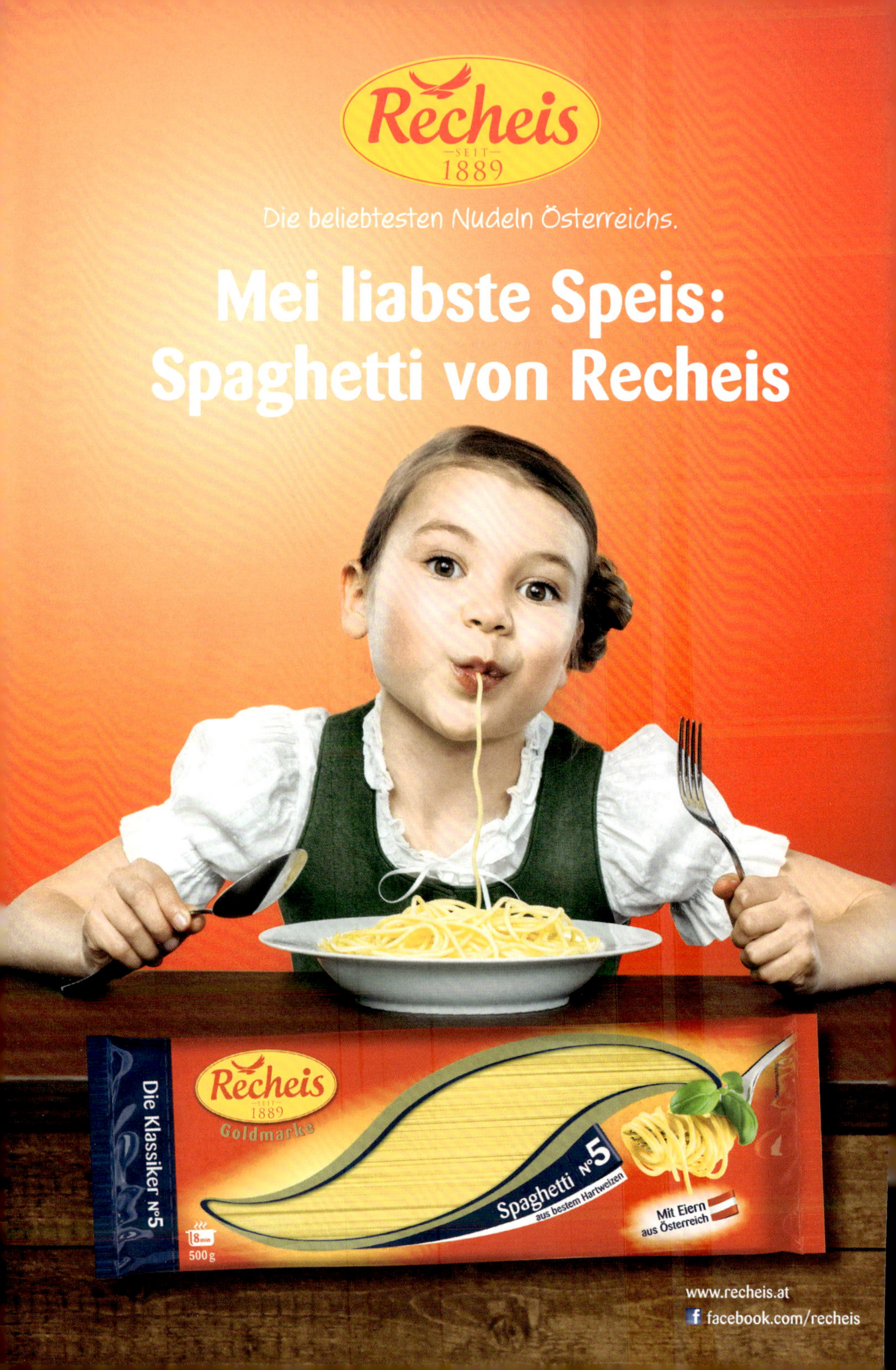

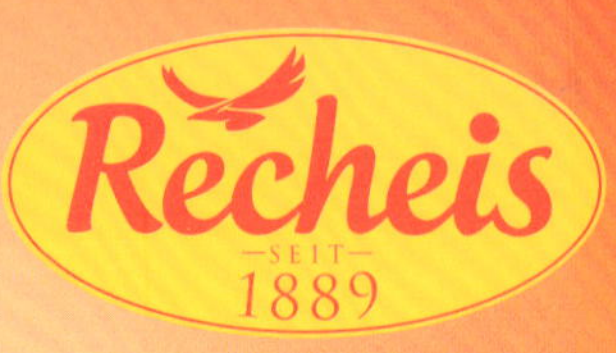
Recheis
SEIT
1889